W0039116

Vollständige Taschenbuchausgabe 1988
Droemersche Verlagsanstalt Th. Knaur Nachf., München
Das Werk einschließlich aller seiner Teile ist urheberrechtlich geschützt.
Jede Verwertung außerhalb der engen Grenzen des Urheberrechts-
gesetzes ist ohne Zustimmung des Verlages unzulässig und strafbar.
Das gilt insbesondere für Vervielfältigungen, Übersetzungen,
Mikroverfilmungen und die Einspeicherung und Verarbeitung
in elektronischen Systemen.
Lizenzausgabe mit freundlicher Genehmigung
des Kindler Verlags, München
Titel der Originalausgabe »Lesbian Nuns: Breaking silence«
© 1985 by Rosemary Curb and Nancy Mannahan
Aus dem Englischen von Gerlinde Kowitzke
© 1986 by Kindler Verlag GmbH, München
Umschlaggestaltung Adolf Bachmann
Druck und Bindung Ebner Ulm
Printed in Germany   5   4   3   2   1
ISBN 3-426-02368-7

Rosemary Curb/ Nancy Mannahan:

Die ungehorsamen Bräute Christi

Lesbische Nonnen
brechen das Schweigen

Nancy Manahan und Rosemary Curb, Juni 1982
(Foto von Barbara Hammer, aufgenommen in Peg Cruikshanks Wohnung
in San Francisco.)

Inhalt

Teil III: Sie sollen sich nicht berühren

Teil IV: Nimm die Keuschheit nicht zu ernst

* Pseudonym. In Klammern die im Kloster verbrachte Zeit.

Teil V: Überraschungen und Widersprüche

Teil VI: Sinnlichkeit hinter Klostermauern

Teil VII: Heilung im Dunkeln

Teil VIII: An der Grenze

Teil IX: Klösterliche Werte und lesbische Ethik

»Lesbische Nonnen in meinem Bekanntenkreis werden tanzen. In Klöstern wird dieses
Buch als heißer Tip herumgereicht werden –
wie damals der HITE-REPORT. Alle haben
ihn gelesen. Lesbische Nonnen werden bei
diesem Buch mehr Hemmungen haben. Außerdem werden sie auf die Reaktion der
anderen Mitglieder ihrer Gemeinschaft lauern und zu Gott beten, daß sie es in Ordnung
finden.

Dieses Buch wird auch viel Schmerz aufrühren. Lesbische Schwestern, die noch immer
versteckt in ihren Gemeinschaften leben
(und ich kenne keine, die nicht versteckt
lebt), werden sich homophobe Bemerkungen anhören müssen. Doch das wird ein
Katalysator sein. Der Teufel wird los sein.
Klösterliche Gemeinschaften werden um
die Diskussion dieses Buches nicht herumkommen. Sie werden auf die Realität reagieren müssen, und das haben sie noch nie
gemußt.«

Schwester Sara, 1958 bis heute

Danksagung

Das Schreiben dieses Buches war ein transkontinentales Puzzle-spiel. Es ist unmöglich, alle Freundinnen, Verwandte und Kolle-ginnen aufzuzählen, die an diesem Patchwork mitgewirkt haben. Unser Dank gilt zunächst Peg Cruikshank. Sie hatte die Idee zu diesem Buch und machte uns miteinander und mit Barbara Grier bekannt, die uns die Veröffentlichung zusagte, noch ehe wir wußten, ob wir überhaupt Autorinnen fänden. Wir danken allen ehemaligen und gegenwärtigen lesbischen Nonnen, die zu Hunderten anriefen und schrieben, anderen von diesem Projekt erzählten, ein örtliches Netzwerk gründeten, uns Herzen und Türen öffneten und heilige, verschwiegene Fragmente ihres Lebens beisteuerten.

Freundinnen und Familienangehörige kritisierten und korrigierten dieses Buch in den verschiedenen Stadien. Nancy dankt Ruth Baetz, Ellen Brannick, Carol Brockfield, Lauren Coodley, Peg Cruikshank, Robin Ruth Linden, Susan Rothbaum, Karen Vertin, der Familie Manahan und vor allem ihrer Partnerin Barbara Evan, die fast jeden Beitrag lektorierte und aufpolierte. Rosemary dankt J. A., ihrer speziellen Freundin im Kloster, für ihre stille Gegenwart und ihren ständigen praktischen Rat; den Kolleginnen des Rollins College, vor allem der Leiterin des englischen Fachbereichs, Cary Ser; den Freundinnen Tina Beer, Lynn Butler, Joanne Glasgow, Rochelle Baluch und Fairolyn Livingston, die die Beiträge gelesen und Ratschläge erteilt haben; der Lektoratsassistentin Kathleen O'Shea, die die Artikel in den Computer eingegeben und eine erste Fassung des Glossars erstellt hat; und ganz besonders ihrer Tochter Lisa Curb, die Botin, Nachrichtenübermittlerin und Trösterin einer leicht durchgedrehten Mami war.

Wir danken auch dem Rollins College, dem Napa Valley College und der Colgate University, deren Computersatz uns ermöglichte, Teile des Buches acht- oder zehnmal zu korrigieren, da wir uns bemühten, jeden Beitrag zu straffen und möglichst viele verschiedene Artikel unterzubringen.

In den zwei bzw. anderthalb Jahren arbeiteten wir redaktionell zwar getrennt oder telefonierten zwischen Florida und Kalifornien hin und her, trafen uns aber zu sechs Redaktionssitzungen: der ersten im Juni 1982 im Haus von Nancy und Barbara in Napa, Kalifornien; der zweiten zur Wintersonnenwende 1982 als Gäste von Sky, Blue, Barbara Deming und Jane Gapen in Sugarloaf Key, Florida; der dritten im Mai 1983 zu Hause bei Peg Cruikshank in San Francisco; der vierten im August 1983 im Büro und Haus von Sharon Postma und Jim Manahan, Nancys Bruder, die uns Schreibmaschinen, Datenverarbeitung, Kopierer und Platz auf dem Fußboden zur Verfügung stellten, so daß wir sogar in ihren Büros in Mankato, Minnesota, schlafen konnten; der fünften im April/Mai 1984 in Matile Poors Haus in San Francisco; und der sechsten im Juli 1984 zu Hause bei Rosemary in Winter Park, Florida.

Schließlich grüßen wir die neunundvierzig ehemaligen und gegenwärtigen Nonnen, deren Beiträge in diesem Buch abgedruckt sind. Wir danken euch, Schwestern, daß ihr das Schweigen gebrochen habt.

Rosemary Keefe Curb, 1963 (Foto: *Terry Keefe (Vater)*

Was ist eine lesbische Nonne?

Rosemary Keefe Curb
(Schwester Mary Geralda, O.P., 1958–1965)

Meine Mutter riet mir davon ab, dieses Buch zu machen: »Warum sich in die Nesseln setzen? Die Leute glauben doch ohnehin, daß die Klöster Lesbennester sind. Ist dir nicht klar, daß du damit beruflich Selbstmord begehst? Und warum diese netten Menschen in der katholischen Kirche vor den Kopf stoßen? Vielleicht beschließen sie zurückzuschlagen.« Ich möchte diese schweigenbrechenden Beiträge mit der Antwort an meine Mutter und an alle einleiten, die ähnliche Fragen haben: Warum wir uns Scherereien einhandeln, wer wir sind, wie wir arbeiten und welche Vorstellung ich von der Auswirkung dieses Buches habe.

Ist es ein gefährliches Buch? Ich glaube schon. Aber nicht in der Weise, wie meine Mutter vermutet. Meine Mutter hat Angst, daß es mir schaden könnte – beruflich und vielleicht physisch. Sie möchte nicht, daß ihre Tochter ein jahrhundertelanges Schweigen bricht. Meiner Meinung nach verewigen solche Ängste das Schweigen, das uns als Dunkellesben im Abseits hält, während uns die Wahrheit über unser Leben befreien kann.

Da unsere Kultur Normalität nach dem Gesichtspunkt männlicher Erfahrung definiert und Frauen nur in Beziehung zu Männern einen Wert haben, werden Nonnen und Lesben verhöhnt und im Verlauf der Geschichte als bedeutungslos abgetan. Der Glaube unserer Väter stützt sich darauf, das ganze weibliche Geschlecht als unterwürfig und abhängig anzusehen. Schon die Existenz autonomer Frauenzusammenschlüsse bedroht den patriarchalen Dünkel. Und eine Anthologie von Erfahrungsberichten lesbischer Nonnen verletzt nicht nur ein patriarchales Tabu, sondern erscheint in unserer polarisierten Gesellschaft einfach undenkbar.

Ironischerweise werden heutzutage Gruppen von Nonnen oder

Lesben oft miteinander verwechselt, denn wir reisen häufig als Weiberhaufen, der blind für männliche Aufmerksamkeit oder Bedürfnisse ist. Da wir Kosmetik und Kostümierung des kommerziell propagierten Weiblichkeitswahns meiden, sind Nonnen wie Lesben dem männlichen Zwang emotional unzugänglich. Zeit und Energie, die heterosexuelle Frauen dem Hätscheln von Männern widmen, können in eigene oder gemeinsame Projekte investiert werden. Eine männlich definierte Kultur, die über die »Sünden des Fleisches«, die Befleckung und die Übel der weiblichen Fleischeslust moralisiert, betrachtet Nonnen und Lesben zwar gleichermaßen als »unnatürlich«, aber von gegensätzlichen Polen der weiblichen Tugendskala aus.

Wir verwenden den Begriff *lesbische Nonne* sowohl für Lesben, die weiterhin in klösterlichen Gemeinschaften leben, als auch für jene, die sie vor Jahrzehnten verließen. Wir verwenden das Wort *Nonne* in seinem bekannten Sinn und meinen damit alle Frauen, die das Gelübde der Armut, der Keuschheit und des Gehorsams in Ordensgemeinschaften abgelegt haben, auch wenn die römisch-katholische Kirche nur die als Nonnen anerkennt, die das feierliche Gelübde ablegen und ein rein klösterliches Leben führen. Die anderen Frauen in der religiösen Welt gelten als *Schwestern*. Das Wort *lesbisch* verdeutlicht unser primäres geistiges und politisches Engagement in der Liebe zu Frauen sowie unsere sexuelle Orientierung, doch nicht unbedingt unsere sexuelle Aktivität.

Wie wird eine Frau eine lesbische Nonne? Hier möchte ich meine Geschichte erzählen. Seit meinem achten Lebensjahr in Chicago, als ich zum erstenmal den Ruf zum religiösen Leben vernahm, trottete ich jeden Morgen um sieben zur Messe. Ich war in meiner Familie das religiös hingebungsvollste Mitglied. An den verschneitesten Morgen bestärkte der verlockende heiße Haferbrei meiner Mutter nur meinen Willen, den Verführungen des Fleisches zu trotzen.

Drei Monate nach meinem Oberschulabschluß trat ich den Dominikanerinnen bei. Ich schob die Eitelkeiten der Welt in Form einer vielversprechenden Schauspielerinnenkarriere beiseite. Weder mein schwer errungener Ausweis als Mitglied der Schauspielerzunft noch meine Flirts mit der Vorstellung von mir als großem Star hielten mich von meiner religiösen Berufung ab. Bei jeder Premiere und jedem Vorhang wußte ich, wohin ich

16

eigentlich ging. Ich plante, verborgen vor der Welt ein langes
Leben in Gebet und Gottesdienst zu führen und auf dem Friedhof beim Mutterhaus begraben zu werden.

Ich liebte das Ordensleben und meine Schwestern. Als ich das
dominikanische Habit und meinen Ordensnamen erhielt, war es
für mich das höchste Glück. Obwohl ich mich dem religiösen
Leben verschrieben hatte, hatte ich in meinem sechsten und
siebten Jahr im Kloster eine emotional aufreibende heimliche
Beziehung mit einer älteren Schwester. Ich möchte hier nicht
meine Klostergeschichte schildern, weil ich Fragmente davon in
fast jeder Geschichte dieser Anthologie wiederfinde.

Ich verließ das Kloster unmittelbar vor Ablegung meines ewigen
Gelübdes, weil ich das klösterliche Leben emotional erstickend
fand. Als ich die vielen Gewänder der weißen Wolltracht und den
steifen, mittelalterlichen, schwarzen Schleier mit den offenherzi-
gen Kleidern der Sechziger-Jahre-Mode vertauschte, hatte ich
das Gefühl, ein Gott gegebenes Versprechen zu brechen. Ich war
zur Anpassung erzogen und kannte meine Sexualität nicht – nicht
einmal meine einfachsten emotionalen Bedürfnisse. Seit ich im
August 1965 das Mutterhaus in Sinsinawa, Wisconsin, verließ,
bin ich nicht mehr dorthin zurückgekehrt, aber noch heute kann
ich das in diesen stillen Korridoren glänzende Bohnerwachs
riechen, die Schlangenlinie schwarzer Schleier bei Begräbnispro-
zessionen zum Friedhof vor mir sehen, das leichte Klicken
unserer langen Rosenkränze bei der mittleren Inklination hören,
wenn wir den Lobgesang »Gloria patri et filio-o-o« am Ende
eines jeden Psalms im Kleinen Marianischen Offizium sangen.
(Religiöse Begriffsdefinitionen siehe Glossar).

Ich hatte Glück und fand eine Arbeit als Biologielehrerin in einer
Oberschule auf dem Land im Norden Nebraskas. Ich heiratete
einen Anglistikprofessor, der an einem nahegelegenen College
lehrte, und bekam im darauffolgenden Jahr eine Tochter. Vier
Jahre später, in Arkansas, verließ ich meinen Mann. Drei Jahre
darauf, 1973, bekannte ich mich als Lesbe.

In diesen zehn Jahren, in denen ich meinen Doktor in Literaturwissenschaft machte und meine Karriere als Anglistikprofessorin
am College begann, als »öffentliche« lesbisch-feministische Aktivistin Reden hielt und publizierte und als alleinstehende lesbische Mutter mit meiner Tochter lebte (die 1985 ihren Oberschul-

abschluß machte), habe ich mich gefragt, ob der Entschluß von vor fünfundzwanzig Jahren, in einer Ordensgemeinschaft von Frauen zu leben, auf mein mir damals unbekanntes Lesbischsein zurückzuführen ist. Wie viele Frauen meiner Generation wohl Nonnen wurden, weil wir bereits Lesben waren? Ich wollte meine lesbischen Schwestern finden, die ins Kloster gegangen waren, nicht nur weil sie dem Ruf Gottes folgten, sondern auch als Zuflucht vor Heterosexualität, katholischer Ehe und aufreibender Mutterschaft.

Bei der »National Women's Studies Association«-Konferenz in Connecticut im Juni 1981 machte mich Peg Cruikshank mit Nancy Manahan bekannt. Wir hatten beide einen autobiographischen Beitrag in dem von Peg herausgegebenen Buch *The Lesbian Path* geschrieben, und Peg drängte uns zu einer gemeinsamen Herausgabe einer Anthologie über Lesben, die Nonnen gewesen waren. Nancy, die ihre klösterliche Vergangenheit mit ihrem gegenwärtigen Radikalfeminismus in Einklang zu bringen versuchte, hatte bereits die Suche nach lesbischen Exnonnen aufgenommen.

Im Oktober 1981, als Barbara Grier vom Verlag Naiad Press Nancy und mich bat, diese Anthologie herauszugeben, wußte niemand von uns, wie viele potentielle Autorinnen es für ein solches Buch gab oder wie viele bereit wären, ihr Leben in einem Buch öffentlich zu machen. Wir schickten einen Aufruf an die lesbischen/feministischen/schwulen Zeitschriften, Zeitungen und Infoblätter, wir verteilten Handzettel bei Fachkonferenzen und verschickten sie an Frauenbuchläden zur Auslage. Fast postwendend trafen Briefe und Anrufe ein. Da ich seit 1968 nicht mehr in der katholischen Kirche aktiv war, erstaunte es mich, von gegenwärtigen Nonnen Antwort zu erhalten. Also erweiterten wir unser Konzept, um Berichte von Lesben aufzunehmen, die in Ordensgemeinschaften leben.

In den vergangenen zwei Jahren kamen Nancy und ich mit einigen hundert lesbischer Nonnen und Exnonnen in Kontakt. Wir haben Treffen arrangiert, Listen in Buchläden, bei Tagungen und Festen ausgehängt und landesweit Gespräche geführt. Im Winter 1982/83 ließ sich Nancy von ihrem Englischunterricht am Napa College befreien und besuchte die Nonnen und Exnonnen, die uns über ihr Leben geschrieben hatten. Ohne mich beurlauben zu lassen, gelang es mir, mich bei meinen Forschungs- und Konferenzreisen mit Autorinnen zu treffen. Allmählich entdeckte ich die vielen gemeinsamen Fäden in unseren Geschichten und Gesprächen. Aus einem Fragebogen, den ich im Juni 1983 erstellte, erfuhr ich etwas über familiäre Hintergründe und Einstellungen, Kenntnis der Sexualität vor, während und nach dem klösterlichen Leben, geistige Entwicklung und religiöse Praxis, momentane Arbeit, Lebensstil und politisches Engagement. Trotz unserer bunten Vielschichtigkeit bezweifle ich, daß die Frauen, die uns geschrieben haben, einen repräsentativen Querschnitt aller lesbischen Nonnen darstellen: Wir sind vielleicht beredter und couragierter als unsere Schwestern, die noch nicht bereit sind, der Welt ihre Geschichte zu schildern.

Das Alter der Frauen, deren Lebenszeugnisse das Schweigen in diesem Buch brechen, liegt zwischen Ende zwanzig und Mitte sechzig. Etwa die Hälfte der Autorinnen ist zwischen achtunddreißig und fünfundvierzig (genau das Alter der Herausgeberinnen), liegt also innerhalb einer Achtjahresspanne. Jene unter uns, die das Kloster verlassen haben, führten im Schnitt acht Jahre lang ein klösterliches Leben – von einem Jahr bis zu neunundzwanzig Jahren. Gegenwärtige Nonnen haben sieben bis fünfundvierzig Jahre in einer Ordensgemeinschaft verbracht. Über die Hälfte von uns ging zwischen 1955 und 1965 mit knapp zwanzig Jahren ins Kloster. In diesem Zeitraum erreichten die amerikanischen Klöster einen Höchststand ihrer Bevölkerung mit etwa 183 000. Allerdings sank in den nächsten zwei Jahrzehnten als Folge des Zweiten Vatikanischen Konzils – der Zeitspanne, in der fast alle Exnonnen in diesem Buch das Kloster verließen – die Bevölkerung um ein Drittel. Zu der Zeit waren wir zwischen Mitte zwanzig bis Ende dreißig.

Die meisten von uns sind weiß und stammen aus irischen, deutschen und italienischen Familien der Arbeiterklasse im Nordosten und Mittleren Westen und aus den Großstädten. Vier von uns sind Schwarze, drei Südamerikanerinnen und drei Kanadierinnen.

Als wir aufwuchsen, hatten wir allgemein das Gefühl, anders als unsere Familienangehörigen und Freundinnen zu sein, empfanden uns als abenteuerlustiger oder sportlicher Wildfang, der weibliche Passivität verweigerte. Wie wir uns erinnern, waren wir sowohl voller Lebensfreude wie Schuldgefühle, waren religiös und rebellisch, fühlten uns gespalten oder konfus. Über ihre Teenagerzeit schreibt Jeanne Cordova: »Das Leben war einfach. Ich lungerte in der Kirche herum oder auf dem Softballplatz.« Zwar sind einige Konvertitinnen unter uns, die meisten aber wuchsen in römisch-katholischen Familien auf. Wir erinnern uns an den täglichen familiären Rosenkranz, an strenge Fastenbußen, Heiligenbilder, Statuen, Kruzifixe, Weihwasserbecken, Adventskränze und Maialtäre bei uns daheim. Wir erinnern uns daran, daß unsere Mütter täglich unter den starren Kirchenlehren zu Geburtenkontrolle, Scheidung und ehelicher Unterwerfung gelitten haben. Die Kirche gestattete in der katholischen Ehe nur Geschlechtsverkehr zum Zweck der Zeugung. Verhütung, Abtreibung, Onanie, Homosexualität und selbst geschlechtliche Lust wurden als Versündigung gegen die Natur erachtet. Wir lernten Haarspaltereien in der Moraltheologie und die Ausübung der täglichen Buße. Kevyn Lutton bringt ihre religiöse Erziehung auf den Punkt: »Katholisches Märtyrerinnenmädchen!«

Wir waren abgrundtief unwissend, was unsere Sexualität anbelangte. So dick war der Mantel homophoben Schweigens, daß Nonnen und Priester uns lediglich vor heterosexuellen Gelegenheiten zur Sünde warnten und uns ermahnten, daß wir unreinen Gedanken widerstehen sollten. Nur eine Handvoll von uns wußte, daß wir lesbisch waren, bevor wir ins klösterliche Leben traten. Allerdings hatten wir alle die Absicht, im Kloster zölibatär zu sein. Etwa die Hälfte von uns hörte als Halbwüchsige die Worte schwul, homosexuell oder lesbisch. Erst heute wird uns klar, daß unsere Zuneigung zu unseren Freundinnen und den Nonnen zusammen mit unserem Unbehagen an Rendezvous mit Jungen nicht – wie wir damals glaubten – das unfehlbare Zeichen religiöser Berufung war, sondern eine Vorahnung unserer lesbischen Spätzündung.

Wir traten ins religiöse Leben, weil wir glaubten, daß Gott uns riefe. Leidenschaftliche Zuneigung zu den Nonnen als intellektuelle, spirituelle und moralische Rollenmodelle brachten viele von uns dazu, sich für das Klosterleben zu entscheiden. Trotz häufiger Anwerbung in katholischen Schulen und der Predigten vom Katheder, daß eine religiöse Berufung ein Ruf zu höherem Leben sei (ein reservierter Platz am Kopf des Tisches beim himmlischen Bankett für alle Ewigkeit inbegriffen), waren die meisten unserer Familien von unserer Entscheidung zum Klosterleben nicht erbaut. Manche waren derart entsetzt, daß sie sich von uns lossagten.

Wir waren so darauf erpicht, ins Kloster zu gehen, daß wir die Tage bis zu unserem Eintritt zählten. Manche wurden bereits in der Oberschule als Aspirantinnen zugelassen. Uns andere, die wir warten mußten, bis wir die Oberschule oder das College abgeschlossen hatten, frustrierte diese Verzögerung. Einige schildern die Erfahrung des Abgelehntwerdens oder die markerschütternden Ängste, bei unserem Eintreffen wieder heimgeschickt zu werden. Manche, denen während des Noviziats oder vor dem ewigen Gelübde nahegelegt wurde, zu gehen – üblicherweise ohne jede Erklärung –, versuchten wiederholt, anderen Ordensgemeinschaften beizutreten.

Obwohl die Arbeit unserer Gemeinschaften sich der Hilfe Bedürftiger widmete, waren die klösterlichen Aktivitäten weit vielseitiger und eine größere Herausforderung als die Arbeiten, die unsere Mütter in unserer Kindheit und Jugend verrichteten. Das Klosterleben bot uns eine bessere Ausbildung, als die meisten unserer Eltern uns angedeihen lassen konnten. Die Mehrzahl von uns ging nach der Oberschule ins Kloster. Nur ein Dutzend hatte beim Eintritt einen akademischen Grad. In unserem von einem Jahr bis zu vierzig Jahre dauernden Ordensleben errangen wir zehn Master- und zwanzig Bachelor-Grade. Die Hälfte von uns absolvierte Collegeseminare, ohne einen Titel zu erwerben, allerdings betrieben die meisten von uns nach Verlassen des Klosters ihre formale Ausbildung weiter. Nahezu alle Autorinnen dieses Buches haben zumindest einen Titel. Über zwanzig haben einen Master- und zwölf von uns einen Doktorgrad.

In vieler Hinsicht bot uns das klösterliche Leben einen Lern- und Wachstumsprozeß, der das, was unsere Eltern für sich oder vielleicht für uns anstrebten, weit überstieg. Neben der formalen Ausbildung, den Graden und beruflichen Erfahrungen ermöglichte uns das Ordensleben die Entwicklung positiver persönlicher Eigenschaften: größere Selbsterkenntnis, Führungsfähigkeiten und Risikobereitschaft, größeren Gemeinschaftssinn und

Zugehörigkeitsgefühl, persönliche Stärke, Sicherheit, Unabhängigkeit, Kreativität, Integrationsfähigkeit und Diplomatie im Umgang mit Autoritäten.

Leider entwickelten wir auch weniger erstrebenswerte Eigenschaften, die unsere Ordensregeln und Vorgesetzten uns abverlangten: blinden Gehorsam, Selbstverleugnung, Disziplin, Züchtigung der Sinne und absolute Selbstbeherrschung. Wir wurden einsamer, asketischer, lernbegieriger, mystischer, skrupelbeladener und introvertierter und gleichzeitig zorniger, rebellischer, revolutionärer. Einige von uns fühlten sich ängstlich, verwirrt, einsam, empfanden Schuldgefühle oder hielten sich für übergeschnappt. Die im Kloster verbleibenden Frauen werden wohl eher berichten, sie hätten sich gesunde Eigenschaften angeeignet. Viele, die weniger als drei Jahre blieben, empfanden das Leben dort als persönlich lähmend.

Auf das Klosterleben versessen, begrüßten die meisten von uns beglückt unsere neue Familie, sobald wir sicher hinter den Noviziatsmauern waren. Die anfängliche unvorstellbare Freude bei unserer Aufnahme in eine Familie liebevoller und großzügiger, schöner und brillanter Frauen trug oft zu unserer ersten und größten Versuchung bei: dem ständigen Kampf gegen spezielle Freundschaften. Viele von uns berichten über die Entdeckung des »S.-F.-Tabus« – wie wir und unsere Schwestern es nannten –, das wir unwissentlich verletzten. Unsere Vorgesetzten erklärten, spezielle Freundschaft sei die ausschließliche Vertrautheit mit einer anderen Schwester, die uns von der totalen Hingabe an Gott und die Gemeinschaft ablenke. Idealerweise wurde von uns erwartet, alle unsere Schwestern gleichermaßen zu lieben und keine Vorliebe an den Tag zu legen. Sicherheitshalber wurde uns geraten, uns in Gruppen zu dritt oder mehr zu unterhalten, mit so vielen Schwestern wie möglich. Zwar sagten unsere Vorgesetzten nicht, daß unkontrollierte spezielle Freundschaften zu lesbischen Liebesbeziehungen werden könnten, doch war das offizielle Gebot von einer solchen Aura verbotenen, gefährlichen und vagen Übels umgeben, daß wir sie als schweren Verstoß gegen die Ordensregel und möglichen Entlassungsgrund fürchteten.

Trotz der feierlichen Verbote berichten einige Geschichten vom unschuldigen Überschwang unserer speziellen Zuneigung in unserer Aspirantinnen- und Novizinnenzeit, die von wachsamen

Vorgesetzten im Keim erstickt wurde. Vorgesetzte und Beichtväter predigten die Verbote zwar, doch gleichzeitig banalisierten sie häufig unsere glühenden Leidenschaften. Die Unterdrückung unserer Liebesgefühle und unseres sexuellen Begehrens brachte viele von uns dazu, sich in einen Erschöpfungszustand hineinzusteigern, indem wir chronische schwächende Krankheiten und Leiden bekamen, die unsere Vorgesetzten oft als psychosomatisch abtaten in dem Versuch, ihre Realität oder unser Bedürfnis nach Behandlung oder Ruhe zu leugnen.

Die Liebe zu einer anderen Schwester, in manchen Fällen zu der, mit der wir nach Monaten oder Jahren unterdrückten Begehrens eine sexuelle Beziehung eingingen, war für viele von uns der Grund, das Kloster zu verlassen. Nachdem sie sich zu lesbischen Neigungen bekannt hatten, entschieden sich manche Schwestern, im Kloster zu bleiben und auf sexuelle Aktivitäten zu verzichten. Andere gegenwärtige Nonnen, deren spezielle Freundschaften sich zu Liebesbeziehungen entwickelt haben, halten Sexualität nicht für unvereinbar mit dem Keuschheitsgelübde.

Jene von uns, die das Kloster vor fünf, zehn, zwanzig Jahren verließen, nachdem sie sexuelle Intimität hinter den Klostermauern erfahren hatten, erinnern sich an unsere Geliebten und unser wundes oder flatterndes Herz so deutlich, als sei das alles erst gestern gewesen. So war jede Erfahrung nicht nur einzigartig, sondern manche von uns glauben darüber hinaus, sie seien die einzigen Schwestern, die es je wagten, den Abgrund zwischen heiliger Jungfräulichkeit und leidenschaftlicher Sexualität zu übersteigen.

Das Verlassen des klösterlichen Lebens war im allgemeinen angstbefrachtet. Je länger wir im Kloster und je abgeschiedener wir von weltlichen Aktivitäten waren – wie beispielsweise eine Arbeit suchen, ein Bankkonto eröffnen, eine Wohnung mieten oder Kleidung kaufen –, desto schwieriger gestaltete sich unsere Anpassung ans weltliche Leben. Ohne den Schutz der Klostermauern und der Ordenstracht, ohne materiellen Rückhalt, abgeschnitten von unserer Ordensfamilie und in manchen Fällen von der ganzen katholischen Kirche, litten die meisten von uns Höllenqualen. Sofern wir das Kloster vor mehr als zehn Jahren verließen, wurden wir wahrscheinlich mit Schande durch die Hintertür abgeschoben, nachdem uns befohlen worden war, niemandem von unserem Austritt zu erzählen. Wenn zu unserem Schuldgefühl, unsere Berufung zu höherem Leben verfehlt zu haben, auch noch das Stigma der Homosexualität als einer unheilbaren Krankheit kam, war unser emotionales Überleben wirklich gefährdet.

Merkwürdigerweise lautet die am häufigsten gestellte Frage von Fremden und Freundinnen, die zum erstenmal von unserer klösterlichen Vergangenheit erfahren: »Warum hast du es verlassen?« Viele von uns fühlten sich einsam, erschöpft, für ein Ordensleben ungeeignet, außerstande, den Konflikt zwischen unserem Keuschheitsgelübde und dem sexuellen Begehren und/oder Ausleben zu lösen. Vor den vom Zweiten Vatikanischen Konzil in Gang gesetzten Veränderungen, die persönliche Unabhängigkeit und Kreativität der Ordensfrauen bestärkten, gingen viele von uns, da das klösterliche Leben keine weitere Entfaltung bot. Eine ehemalige Nonne sagte: »Ich brauche die Unwägbarkeit eines weltlichen Lebens.« Als liberale Theologie und Philosophie uns das radikale Denken eröffneten, gingen einige von uns voller Zorn über die Rigidität der Kirchenhierarchie.

Jene von uns, denen der Austritt nahegelegt wurde, fanden das Verlassen des Klosters am qualvollsten. Unsere Vorgesetzten erklärten für gewöhnlich nicht, warum beschlossen worden war, daß es »Gottes Wille« sei, nicht länger im Kloster zu verbleiben, oder wer diese Entscheidung fällte. Offizielle Erklärungen wurden uns mit passiver Stimme als *faits accomplis* übermittelt. Einige von uns wußten, ob die Entdeckung oder der Verdacht, daß wir spezielle Freundschaften, Geliebte oder lesbische Neigungen hatten, die Entscheidung unserer Vorgesetzten auslöste, uns abzutreiben, doch die meisten wußten es nicht. Wir beobachteten die klösterliche Behandlung anderer verdächtiger Abweichlerinnen: Einlieferung in geschlossene Irrenanstalten, Tabletten oder Elektroschocktherapie, die schließlich einige Nonnen zum Selbstmord trieb. Nonnen, die sich freiwillig oder gezwungenermaßen in Psychotherapie oder Psychiatrie begaben, fiel es schwer, zwischen Depression und geistiger Umnachtung zu unterscheiden. Viele von uns widerstanden der Therapie. Wir waren bestürzt und wütend, daß unsere Vorgesetzten uns für verrückt, krank, abweichlerisch, ungeeignet fürs klösterliche Leben oder für Hypochonder hielten.

Viele von uns hatten nie sexuelle Beziehungen mit Männern. Die Männer, die eine Minderheit von uns gereizt haben, waren oftmals sanft, sensibel, intellektuell und nonnenhaft. Eine ehemalige Nonne, deren Geschichte hier veröffentlicht ist, nennt sich bisexuell. Nur wenige von uns haben geheiratet, und wenige haben Kinder. Chris und Sheila bemuttern gemeinsam einen Sohn, der durch künstliche Befruchtung gezeugt wurde. Ich bin die einzige geschiedene alleinerziehende Mutter.

Das Alter, in dem wir uns als Lesben definierten, schwankt sehr: von zehn Jahren bis Ende vierzig. Im Durchschnitt wurde uns in den Dreißigern bewußt, daß wir Lesben waren – im allgemeinen, nachdem wir einige intime Beziehungen mit Frauen im Kloster oder außerhalb hatten. Die meisten Autorinnen dieses Buches leben mit ihren Geliebten in festen, bis zu achtzehn Jahre dauernden Beziehungen.

Als Frauen, die für die Veränderung und Erhaltung unserer Erde kämpfen, engagieren sich die meisten von uns politisch und sind in der Frauenbewegung aktiv. Sieben von uns haben Ämter in der »National Organization for Women«, sowohl auf lokaler wie nationaler Ebene. Die gegenwärtige und eine frühere Vorsitzende der »National Gay Task Force«, Virginia Apuzzo und Jean O'Leary, sind ehemalige Nonnen. Lesbische Exnonnen waren im Vorstand vieler Schwulenorganisationen und schrieben, lektorierten und publizierten Lesbenzeitschriften. Viele von uns engagierten sich in der Friedens- und Anti-Atom-Bewegung, in der Bürgerrechtsbewegung oder Anti-Rassismus-Bewegung. Wir haben in politischen Parteien mitgearbeitet, in den Lehrergewerkschaften, in der Arbeitersache, in Häusern für geschlagene Frauen, in Gruppen gegen Gewalt gegen Frauen, in Frauengesundheitszentren, feministischen Verlagskollektiven, der Kampagne »Frauen in die Regierung«, in Umweltschutzgruppen, Bankgewerkschaften, Bioläden, Knastgruppen, im SDS, in der Aktion »Lehrstühle für Frauen«, der Gruppe »Zentralamerika in der Schulbildung«, Gruppen für den zivilen Ungehorsam sowie linken, anarchistischen, marxistischen, kommunistischen und sozialistischen Organisationen.

Außer unsere Zeit und unsere Fähigkeiten in Ziele zu stecken, die wir unterstützen, haben wir alle einen Vollzeitberuf. Unter uns gibt es Rechtsanwältinnen, Sozialarbeiterinnen, Collegeprofessorinnen, Grund- und Oberschullehrerinnen, Firmeninhaberinnen, Verwaltungsbeamtinnen, Musikerinnen, Künstlerinnen, Schriftstellerinnen, Redakteurinnen, Psychologinnen, Massagetherapeutinnen, Sekretärinnen, Krankenschwestern. Dann sind da eine Fotografin, Schauspielerin, Tänzerin, Medienproduzentin, Umweltingenieurin, Datenverarbeiterin, Verlegerin, Grafikerin, Möbeltischlerin/Designerin, Chiropraktikerin, Zimmerfrau, Aufseherin, Serviererin, Bäckerin, Akupunkteurin, Kräuterhändlerin und eine Vogelspezialistin. Einige von uns promovieren zur Zeit oder arbeiten an ihrem juristischen Staatsexamen. Spiritualität steht noch immer bei den meisten von uns im Mittelpunkt unseres Lebens. Viele ehemalige Nonnen beklagen den Verlust der spirituellen Gemeinschaft der Schwestern, obwohl die Mehrzahl von uns, die wir das Kloster verlassen haben, auch aus der Kirche ausgetreten ist. Nur fünf ehemalige Nonnen sind weiterhin in der katholischen Kirche aktiv. Zwei engagieren sich in der jüdischen Gemeinde. Zwölf von uns praktizieren Wicca (Hexerei) als feministische Spiritualität. Wir entdecken den heidnischen Feminismus durch die Astrologie, den Göttinnenkult, das Tarot, die Traumdeutung, das I Ging, die Kräuterheilung, die Meditation, die Massage und die Körperarbeit. Wir erschaffen gemeinsame Rituale zur Sonnenwende, zur Tagundnachtgleiche und zum Vollmond. Viele von uns sind in Meditations- und Psychogruppen, um unsere einsame Spiritualität zu festigen.

Als ich mit Nancy Manahan die Beiträge und Interviews redigierte, staunte ich über unsere Stärke, mit der wir die patriarchale Unterdrückung, die Geschlechtsrollenfestschreibung und die vorherrschende Homophobie überlebt haben. Das Lesen dieser Geschichten meiner Schwestern war für mich gleichzeitig qualvoll und befreiend. Ich habe über mich selbst und uns alle geweint, als unser kollektives Leid mich überwältigte. Heutzutage, als radikale Feministin, schäme ich mich manchmal, daß ich mich je so völlig dem Patriarchat ausliefern konnte. Doch selbst wenn die äußere Struktur des Ordenslebens aus dem Deckmantel männlicher Dominanz bestand, ist die innere Realität der Klöster wahre Schwesterschaft.

Den gleichen Mut, den es erfordert, sich Verwandten und Freundinnen gegenüber als Lesbe zu bekennen, erfordert auch das

Bekenntnis als Exnonne (oder gegenwärtige Nonne) unseren lesbischen und feministischen Freundinnen gegenüber. Jene, die das klösterliche Leben als naturfeindlich schildern, erkannten, daß ein Dauerkampf notwendig war, um sich die Gewohnheit anzueignen, persönliches Begehren und spontane Gefühle zu verleugnen. Äußerlich praktizierten wir die Abtötung der Sinne: Wir schlugen unsere Augen nieder und falteten die Hände unter unserem Skapulier. Wir lernten, unseren Überschwang zu zügeln und die Treppen gemäßigten Schrittes hinauf- und herabzuschreiten. Im Innern verleugneten wir unsere Impulse. Wir lernten, nicht auf den eigenen Wünschen, Ideen und Ansichten zu beharren. Auf einer tieferen Ebene entwickelten wir den Glauben, daß alles, was von uns kam, suspekt und wertlos sei. Blinder Gehorsam war unser höchstes Ziel. Wir wurden angehalten, in kindlicher Abhängigkeit zu verbleiben, man belehrte uns, daß unsere Vorgesetzten alle Entscheidungen für uns träfen. Eine derart gewohnte Selbstverleugnung verschwindet nicht einfach, wenn uns der Feminismus entflammt.

Während es für alle Frauen in der patriarchalen Welt schwer ist, sich gegen Fügsamkeit und Abhängigkeit durchzusetzen, lehrte man uns, dem Femininen nachzueifern; für uns, die wir auf das klösterliche Leben gedrillt sind, ist es besonders schwer, stark zu sein und uns unsere Macht zu nehmen. Meine heilende Verschmelzung meiner Vergangenheit als gehorsame Tochter der Kirche mit meinem gegenwärtigen revolutionären Feuer resultiert aus dem Lesen dieser Berichte, den Treffen und dem Briefwechsel mit vielen Autorinnen. Ja, wir tragen die Narben und Schmerzen alter Wunden, aber wir sind Visionärinnen, die fest an die Macht des Geistes glauben, mit der wir uns heilen und uns und die Welt verändern.

Ich kann nicht voraussagen, welche Wirkung das mit diesem Buch gebrochene Schweigen auf die klösterlichen Gemeinschaften haben wird. Manche Nonnen fühlen sich preisgegeben oder empfinden sich als verdächtig. Dieses Buch behauptet weder, daß alle oder doch die meisten Nonnen lesbisch sind, noch verteufelt oder entschuldigt es sexuelle Aktivitäten im Kloster. Vielmehr bricht es einige verkrustete alte Vorurteile auf und vermittelt die Wahrheit, daß Töchter und Schwestern von jeher der Rigidität der Väter widerstanden haben.

Nancy Manahan, 1967

Welches Schweigen bricht dieses Buch?

Nancy Manahan
(Schwester Nancy Manahan, 1966–1967)

»Das Schweigen brechen« hat eine Doppelbedeutung. Die erste ist das Brechen des historischen Schweigens über erotische Liebe zwischen Frauen im klösterlichen Leben. Dies ist das erste zu diesem Thema veröffentlichte Buch. Die zweite Bedeutung ist wahrscheinlich nur denen bekannt, die mit dem Ordensleben vertraut sind. Bevor das Zweite Vatikanische Konzil (1962–1965) radikale Veränderungen in der katholischen Kirche in Gang setzte, war das Silentium eine Regel klösterlichen Lebens, vor allem während der Novizinnenjahre[1]. Nur zu bestimmten Zeiten konnten die Nonnen reden, im allgemeinen in Gruppen. Wir arbeiteten, lernten und aßen schweigend. Das Sprechen zu anderen Zeiten war ein schwerer Verstoß gegen die Klosterregel. Ich weiß noch, daß ich meinen Schwestern und Vorgesetzen beim Schuldkapitel beichtete: »Ich habe fünfmal das Silentium gebrochen.« Alle fünf Mal wahrscheinlich mit Schwester Johanna, meiner speziellen Freundin im Maryknoll »Missionarys Sister's«-Noviziat in der Nähe von St. Louis.
Ich ging nach zwei Jahren College ins Kloster. Maryknoll schrieb lediglich ein Jahr Studium oder Arbeit nach der Oberschule vor, doch ich war nach meinem ersten Jahr noch nicht bereit, die Welt zu verlassen. Mich quälten wachsende Zweifel an der katholischen Glaubenslehre, dazu der Glaube an einen christlichen Gott. Und trotzdem fühlte ich mich zu einem Leben im Dienst der Kirche berufen. Ich hatte in einem Camp für Ghettokinder gearbeitet und war in Chicago mit Martin Luther King marschiert. Ich war über den Buick, einen Fostoria Crystal, meiner Mittelklassefamilie auf dem Land in Minnesota und über den kleinen Flügel entsetzt, da doch so viele hungerten. Meine Reaktion auf meine Freunde glich eher einer Sparflamme. Doch hatten sich die Feuersbrünste, als ich mich in meine Freundinnen in

der Oberschule und im College verknallte, zu keinen befriedigenden Beziehungen entwickelt; wir alle versuchten, heterosexuell zu sein. Ich traf die rationale Entscheidung. Ich konnte mich voll und ganz einem Leben im Dienst der Kirche hingeben, indem ich einem Missionarsorden beitrat. Ich hoffte entweder, daß mein Atheismus keine Rolle spielte oder daß ich, wenn ich mich erst einmal dem Studium der großen Mystiker und Philosophen der Kirche widmete, schon das Licht sehen würde.

Im Noviziat von Maryknoll beichtete ich meiner Postulatsmagistra, Schwester Rita Anne, meine religiösen Zweifel. Sie schlug mir vor, mit Johanna zu sprechen, einer älteren Postulantin und beredten Konvertitin zum Katholizismus. Johanna und ich diskutierten über die Schöpfungsgeschichte, die Ursünde, den Ablaß und die päpstliche Unfehlbarkeit. Vielleicht sah ich nie das Licht, weil ich unsere Gespräche nicht beenden wollte. Ich wußte nicht, daß ich mich in sie verliebt hatte. Ich wußte nur, daß die Kapelle bebte, sobald sie eintrat, und mein Magen hüpfte, wenn sie sich lautlos neben mich kniete. Ich sehnte mich nach ihrer Berührung.

Als Schwesternhelferin lag ich mit Darmkrämpfen und Verdacht auf Magengeschwür im Krankenhaus, und Johanna besuchte mich. In meinem Elend umklammerte ich zum Trost die Enden ihres langen grauen Skapuliers. Selbst da hatte ich Angst, daß andere uns sähen und WÜSSTEN. Ich wußte, daß das, was ich für sie empfand, etwas Unrechtes war. Ich weiß noch, wie ich nach meiner Entlassung aus dem Krankenhaus daheim auf dem Bauch lag – die Glocke hatte heiliges Silentium geläutet – und mit am Rücken aufgeknöpfter Pyjamajacke auf sie wartete. Sie kam schweigend, wärmte die Creme in ihren Händen und berührte mich. Während der ganzen Rückenmassage atmete ich kaum.

Einige Wochen nach Beginn meines zweiten Jahres in Maryknoll hörte ich eine Rede von Robert McAfee Brown. Ich befand mich in einem Saal voller Leute, die für die soziale Gerechtigkeit arbeiteten, und die meisten von ihnen waren keine Nonnen. An diesem Abend wurde mir klar, daß ich nicht im Kloster sein mußte, um Gutes zu tun. Auf der fünfzigminütigen Rückfahrt mit meinen Schwestern zum Noviziat hielt ich Johannas Hand unter ihrem Skapulier und weinte still. Ich wollte nicht fort. Ich liebte es, mit hundert Frauen »Salve« zu singen, eine Frau anzubeten, die Welt zu preisen, während die Sonne durch die Kapellenfenster fiel. Ich liebte es, in der großen Küche Äpfel zu schälen, während Schwester Belinda neben mir den Kuchenteig ausrollte. Besonders aber liebte ich es, jeden Morgen Zeit zum Meditieren und jeden Nachmittag zum Lesen zu haben und abends zu lernen. Doch an jenem Abend wußte ich, daß ich gehen mußte. Trotz meiner Bemühungen, an die Kirche zu glauben, weigerte sich etwas in mir hartnäckig, das zu schlucken. Wenn ich nicht glaubte, wäre ich ewig eine Außenseiterin, eine Heuchlerin. Mein Körper sagte mir auf jede mögliche Weise, daß er im Kloster nicht glücklich war. Und auch Maryknoll hatte nicht meine Idealvorstellung von »Verkaufe alles, was du hast, gib es den Armen und folge mir!« erfüllt. Daß meine Liebe zu einer Frau zu meinem Entschluß beitrug, kam mir nicht in den Sinn.

Zwei Wochen später trat ich aus. Schwester Johanna ging sechs Monate danach. Wir hatten sieben Jahre lang eine Liebesbeziehung. Ich redete kaum mit ihr oder sonst jemand über das Kloster. Es war zu schmerzlich und zu persönlich. Durch meinen Austritt hatte ich eine spirituelle Dimension meines Lebens abgeschnitten. Es schmerzte mich wie ein amputierter Arm. Aber jedesmal, wenn ich mich nach diesem fehlenden Glied sehnte, fragte ich mich: »Was willst du? Das Kloster?« Immer war die Antwort: »Nein.«

Dann, im Jahre 1981, bei meiner Körperarbeit in der Therapie, wurde mir bewußt, daß in meinem Körper tiefe Gefühle in bezug auf mein Leben in Maryknoll existierten und daß ich durch das Verdrängen dieser Gefühle starke sexuelle und spirituelle Energien blockierte. Ich konnte weder mit meiner Therapeutin noch mit meinen Freundinnen oder meiner Geliebten über das Kloster sprechen. Niemand von ihnen hatte ein Klosterleben geführt. Ich brauchte andere lesbische Exnonnen. Die Suche nach jenen Schwestern war der Anfang dieses Buches, das Sie jetzt in Händen halten. Seit der Zeit habe ich mir die spirituelle Dimension meines Lebens zurückgeholt. Heute kann ich über das klösterliche Leben mit Menschen reden, die es nicht selbst erfahren haben. Ich habe nicht mehr das Gefühl, dort, wo mein Zwerchfell sein sollte, befände sich eine Eisenplatte und hinderte mich daran, tief durchzuatmen. Ich habe mitgeholfen, eine

Gemeinschaft ins Leben zu rufen, die ich mir nicht hätte vorstellen können, als ich Schwester Johanna am Tag meines Austritts aus Maryknoll zum Abschied umarmte: eine Gemeinschaft von lesbischen Nonnen und Exnonnen.

Dieses Buch bricht ein vielschichtiges Tabu: das erste ist ein innerliches. Ich war nicht die einzige Nonne, die sich nicht eingestehen konnte, daß sie eine andere Frau liebte. Wir hatten keine Sprache, in der wir unsere Gefühle und Handlungen reflektieren konnten. Wir hatten keinen Namen.

Das zweite Tabu ist ein zwischenmenschliches. Wir sprachen mit niemandem, nicht einmal mit unseren besten Freundinnen oder Geliebten, über das, was wir fühlten und miteinander taten. Auch unsere klösterlichen Gemeinschaften schwiegen sich über das Thema aus, es sei denn, es wurde vage vor den Übeln »spezieller Freundschaften« gewarnt. Die meisten lesbischen Nonnen, die zölibatären eingeschlossen, wagen sogar heute noch nicht, sich in ihren Ordensgemeinschaften zu bekennen.

Diese Schichten des Schweigens sind die Spitze eines jahrhundertelangen historischen Schweigens. Selbst Bücher, die sich mit Sexualität, Schwangerschaft, Austritt aus religiösen Orden und anderen Formen klösterlicher »Abweichungen« befassen, verschweigen das Thema gleichgeschlechtlicher Beziehungen. Boccaccio beispielsweise nahm in seiner Satire nur heterosexuelle Umtriebe in italienischen Klöstern aufs Korn. Scipio de Ricci, ein römisch-katholischer Bischof, untersuchte die klösterliche Korruption in der zweiten Hälfte des achtzehnten Jahrhunderts in einem Buch mit dem Titel: *Female Convents: Secrets of Nunneries Disclosed.* Laut de Ricci waren sexuelle Aktivitäten zwischen Priestern oder Mönchen und Nonnen an der Tagesordnung, und viele Nonnen waren schwanger. Sexuelle Aktivitäten zwischen Nonnen aber erwähnt de Ricci nicht.[2]

In unserem Jahrhundert befaßt sich Eileen Power, Verfasserin von *Medieval English Nunneries,* mit dem großen Problem des Abfalls von der Keuschheit bei Nonnen, doch findet sich bei ihr kein einziger Hinweis darauf, daß vom dreizehnten bis sechzehnten Jahrhundert einige britische Nonnen diesen Fehltritt vielleicht miteinander begangen haben.[3] In jüngerer Zeit veröffentlichte Helen Rose Fuchs Ebaugh, Exnonne und Soziologin, einen Forschungsbericht über Nonnen von drei religiösen

Orden, die nach dem Zweiten Vatikanischen Konzil im Kloster geblieben oder ausgetreten sind. Bei Ebaugh ist weder von Lesben die Rede noch davon, daß die Liebe zu einer Frau den Entschluß einer Nonne zum Austritt oder Bleiben beeinflußt haben könnte.[4] Selbst ein 1975 erschienener vielversprechender Titel wie *A Nun in the Closet* ist lediglich ein Kriminalroman, in dem zwei Nonnen zwischen heterosexuellen Charakteren herumschnüffeln.

Einige historische Hinweise sind allerdings überliefert worden. Die meisten davon wurden nicht von den Nonnen selbst geschrieben, sondern von Außenseitern. Doch welcher Beweis unserer Existenz findet sich da? Folgende Fragmente geben einen skizzenhaften Überblick über einige außergewöhnliche Nonnen der Vergangenheit.

Ein früher Hinweis auf erotische Liebe zwischen Frauen im klösterlichen Leben reicht in das fünfte Jahrhundert zurück, als der heilige Augustinus eine Gemeinschaft von Nonnen, deren Leitung seiner Schwester oblag, davor warnte, daß die Liebe, die sie füreinander empfanden, »keine fleischliche, sondern geistige sein sollte«, und daß »solche Dinge, wie sie unzüchtige Frauen treiben, sogar mit anderen Frauen... selbst von verheirateten Frauen nicht getan werden sollten... schon gar nicht von den Witwen oder keuschen Jungfrauen, die durch ein heiliges Gelübde als Mägde Christi geweiht sind.«[5]

Ein weiterer Hinweis findet sich in den Bußen des Mittelalters und der Renaissance, einem Pönitenzbuch des Klerus zur Bestrafung der Sünden. Es befaßt sich ausführlich mit homosexuellen Handlungen zwischen Männern und beinhaltet Maßnahmen gegen lockere Frauen und Nonnen, die sich lesbisch verhalten. Dem anglikanischen Theologen Derrick Sherwin Bailey zufolge sahen die Bußen eine schwerere Strafe für religiöse Sünder vor als für weltliche. Weltlichen Frauen, die sich zu lesbischem Verhalten bekannten, wurde eine dreijährige Buße auferlegt, den Nonnen aber eine siebenjährige.[6] Bailey verweist auf die kirchlichen Konzile 1212 in Paris und 1214 in Rouen, in dem verboten wurde, daß Frauen zusammen schliefen. Gründer religiöser Orden befaßten sich ebenfalls mit Schlafarrangements; ihre Regeln für das klösterliche Leben widmen sich ausgiebig diesem Thema.

Im sechzehnten Jahrhundert vermerkt der Jurist Antonio Gomez, daß zwei Nonnen verbrannt worden waren, weil sie »materielle Instrumente« verwendet hätten.[7] Louis Crompton schließt aus diesem Begriff auf Dildos, die beim Beischlaf gebraucht wurden, da die Verwendung von Instrumenten beim Onanieren keine so schwere Strafe nach sich gezogen hätte.[8]

Judith Brown glaubt, einen ersten dokumentierten Fall einer lesbischen Beziehung zwischen Nonnen gefunden zu haben. Ihr Artikel »Lesbische Sexualität in der italienischen Renaissance: Der Fall Schwester Benedetta Carlini« beschreibt die kirchliche Untersuchung über eine junge Äbtissin, die außergewöhnliche mystische Behauptungen aufstellte. Die Untersuchung enthüllte ihre sexuelle Beziehung mit einer Nonne. Die Verhandlungsprotokolle enthielten ausführliche Informationen darüber, wie sie einander liebten. Brown stellt die Protokolle in einen historischen Kontext und liefert eine einfühlsame Interpretation.[9]

In einen merkwürdigen Fall war in Spanien im siebzehnten Jahrhundert eine Frau verwickelt, die aus einem Kloster geflohen sein soll, sich als Mann verkleidete und zwanzig Jahre lang als Abenteurer und Söldner lebte. Den Biographen nach war Catalina De Eranso einige Male mit Frauen verlobt, obwohl »das Kämpfen, man stelle sich vor, ihr mehr Spaß machte als das Liebemachen mit jungen Damen oder reichen Witwen«.[10] Um nach einem blutigen Duell ihren Kopf zu retten, gab Catalina ihr Geschlecht preis und wurde wieder in ein Kloster des Ordens der Armen Clara gesteckt. Bei ihrer Entlassung zwei Jahre später wurde sie als Berühmtheit gefeiert und erhielt in einer Audienz beim Papst die Erlaubnis, für den Rest ihres Lebens Männerkleidung zu tragen. Als sie im Jahre 1650 starb, wurde sie in der Kirche begraben »mit den Zeremonien, die einem frommen Geistlichen zukamen«.[11]

Einige Hinweise auf lesbische Erfahrungen lassen sich in den Schriften von Nonnen finden. John Boswell bezeichnet seinen übersetzten Text als »das einmalige Beispiel lesbischer Literatur des Mittelalters«. Dieser Briefwechsel einer bayerischen Nonne im zwölften Jahrhundert mit einer anderen beginnt folgendermaßen: »An G., ihre einzigartige Rose/Von A. – die Bande teurer Liebe«, und weiter: »Denke ich an die Küsse, die du mir gabst/

Und wie du mit zärtlichen Worten meine kleinen Brüste streicheltest/Möchte ich sterben.« Dann bittet das Gedicht die Freundin, bald nach Hause zu kommen.[12]

Im siebzehnten Jahrhundert korrespondierte eine mexikanische Nonne, Sor Juana Inez de la Cruz, bekannt als »die Siebte Muse«, mit den Intellektuellen und Künstlerinnen ihrer Zeit, schrieb feministische Traktate und verfaßte Liebesgedichte an Frauen. Sor Juana ging aus den gleichen Gründen ins Kloster wie viele Autorinnen von »Lesbische Nonnen«: um der Ehe zu entgehen, Bildung zu erhalten und in einer Gemeinschaft von Frauen zu leben.[13]

Biographien über Gründerinnen religiöser Frauenorden lassen auf romantische Freundschaften hinter Klostermauern schließen. So beschreibt beispielsweise *Frances Ward* von Kathleen Healey die enge Beziehung von Ward, der Gründerin des Ordens »Sisters of Mercy« in Amerika, und Catherine McAuley, Gründerin der »Sisters of Mercy« in Irland. Ihre Briefe und Tagebücher sind ein Zeugnis der leidenschaftlichen Liebe füreinander, die ihrer Arbeit den Antrieb gab. Im Gegensatz zu früheren Biographen und Biographinnen schreibt Healey offener über die Liebe der beiden und deckt zum Beispiel auf, daß Frances nicht an Catherines Totenbett gerufen wurde, weil die Nonne, die dieser beistand, auf die Vertrautheit der beiden eifersüchtig war.[14]

Ob diese Frauen je körperlichen Kontakt hatten, spielt keine Rolle. Wie Lillian Faderman schreibt: »»Lesbisch‹ bezeichnet eine Beziehung, in der die stärksten Emotionen und Liebesgefühle zweier Frauen sich auf einander richten. Sexueller Kontakt kann mehr oder weniger dazugehören oder gänzlich fehlen.«[15]

Weit weniger zaghaft als Biographien und Autobiographien sind die in den achtziger Jahren verfaßten Handvoll Artikel, Erzählungen und Stücke, die offen über lesbische Nonnen und Exnonnen schreiben.

Die 1983 erschienene Autobiographie *Nun: A Memoir* von Mary Gilligan Wong enthält die Schilderung zweier Klosterfreundschaften, die eine erschreckend leidenschaftlich, sowie die Wiedergabe eines kürzlich geführten Gesprächs mit einem schwulen Priester.[16] Sie gesteht ihren Irrtum, angenommen zu haben, Homosexualität im Kloster sei eine Seltenheit und »jenen, die solche Neigungen zeigten, würde prompt der Austritt nahegelegt«. Wong kommt zu dem Schluß, daß sie wahrscheinlich nie die Wahrheit erfahren wird, weil »dieses ganze Thema – sowohl innerhalb wie außerhalb des Klosters – so gefühlsbefrachtet ist, und solange dieses intensive Gefühl besteht, werden lesbische Schwestern zweifellos weiterhin sehr diskret sein«.[17]

Wir wurden von Diskretion erstickt. Doch im Kloster und außerhalb erzählen wir endlich unsere Geschichte – in diesem Buch, in Infoblättern und Journalen, bei Konferenzen, in Arbeitskreisen und kleinen Gruppen überall im Land. Wir finden einander und bekennen uns. Nach Jahrhunderten der Unsichtbarkeit brechen wir endlich das Schweigen.

Anmerkungen

1 Religiöse und klösterliche Begriffe siehe Glossar.
2 Scipio de Ricci, *Female Convents: Secrets of Nunneries Disclosed,* Hg. Thomas Rosco (D. Appleton, New York 1834).
3 Eileen Power, *Medieval English Nunneries* (The University Press, Cambridge, England, 1922).
4 Helen Rose Fuchs Ebaugh, *Out of the Cloister: A Study of Organizational Dilemmas* (University of Texas Press, Austin 1977).
5 Siehe Derrick Sherwin Bailey, *Homosexuality and the Western Christian Tradition* (Longmans, Green Co., London 1956).
6 Bailey, S. 120–123.
7 Louis Crompton, »The Myth of Lesbian Impunity: Capital Laws from 1270 to 1791« in *Journal of Homosexuality,* 6, 1/2 (Herbst/Winter 1980/81), S. 17.
8 Crompton in einem Gespräch am 22. Mai 1984.
9 Judith C. Brown, »The Case of Sister Benedetta Carlini«, in *Signs: Journal of Women in Culture and Society,* 9, 4 (Sommer 1984), S. 751–758.
10 Edmund B. D'Auvergne, *The Nun Ensign* (Hutchinson, London, o. J.), S. 26.
11 D'Auvergne, S. 43.
12 John Boswell, *Christianity, Social Tolerance and Homosexuality: Gay People in Western Europe from the Beginning of the Christian Era to the Fourteenth Century* (University of Chicago Press, Chicago 1980), S. 220.
13 Octavio Paz, »Juana Ramirez: Her Life and Writings«, in *Signs: Journal of Women in Culture and Society,* Herbst 1979, S. 80–97.
14 Kathleen Healey, *Frances Ward* (Seabury, New York 1973).
15 Lillian Faderman, *Surpassing the Love of Men: Romantic Friendship and*

Love between Women from the Renaissance to the Present (William Morrow, New York 1981), S. 17–18.

16 Mary Gilligan Wong, *Nun: A Memoir* (Harcourt Brace Jovanovich, San Diego 1983), S. 119–125 und 224–226.

17 Wong, S. 382.

Teil I
Geisterstimmen

Wie war das Leben im Kloster? Wie haben
wir entdeckt, daß wir Lesben sind? Jahrzehnte nach dem Austritt aus unseren Ordensgemeinschaften stellen wir fest, daß die
Geister des Klosters uns noch immer in unseren Träumen verfolgen. Liebevoll denken
wir an unsere tolpatschige Naivität zurück.
Unsere Erinnerung an den Widerstreit der
Gefühle und die unterdrückten Sehnsüchte
gibt unserem heutigen Leben die Stärke als
politische Aktivistinnen und spirituelle Füh-
rerinnen.

Jeanne Cordova, 1983

Mein unbeflecktes Herz

Jeanne Cordova
(1966–1967)

Verschwommen im gespenstischen Winternebel blinken die roten Lichter auf der City Hall von Los Angeles, an und aus – vierunddreißigmal in der Minute. Sollte ich bleiben, oder sollte ich gehen? In diesem Rhythmus hämmerte mein Herz fünf Monate lang, während ich in meiner Zelle lag. Sollte ich bleiben, oder mußte ich gehen?

Man versprach mir klösterliche Gewänder, wunderbare lateinische Liturgien, den Schutz der drei heiligen Gelübde, den Frieden der Heiligen in einer stillen Zelle, die Schwesterschaft einer heiligen Familie. Aber ich trat in dem Jahr ins Ordensleben, als Johannes XXIII. es auseinandernahm: 1966. Die Väter der Heiligen Römisch-Katholischen und Apostolischen Kirche saßen im Vatikanischen Konzil und zerstörten im Namen der ERNEUERUNG meine Träume. Streicht die lateinischen Riten. Laßt das Habit. Verdammt den heiligen Gehorsam. Schickt Nonnen und Priester in die WIRKLICHE Welt. Hätte ich die wirkliche Welt gewollt, wäre ich dringeblieben!

Meine »Zelle« im siebten Stock des Klosters »St. Joseph's Immaculate Heart of Mary«*, im Zentrum von Los Angeles an der Ecke Second Street und Skid Row (Los Angeles Street), war in degenerierter Weise WIRKLICH. Mutter Oberin hatte es überzeugend als »missionarische Arbeit« geschildert. Ich war viel zu jung, die Welt der Säufer zu begreifen, die unter mir, draußen vor den Toren der Mauern lebten, doch meine Seele fühlte die Einsamkeit, zu deren Beschreibung mir die Erfahrung fehlte. Mein Bild von der wirklichen Welt waren die fünf obersten Stockwerke der City Hall mit ihren roten Blinklichtern als Warn-

---

* Die Ordensnamen sind bewußt im Englischen belassen worden, auch da, wo es eine deutsche Entsprechung gibt.

signal für Flugzeuge und Leute, die sich womöglich auf verbotenes Terrain verirrt hatten. Sollte ich bleiben, oder sollte ich gehen? Von je her hatte ich nur den einen Wunsch, Nonne zu werden. Jetzt war ich's, und es war die Hölle.

Wenn Nichtkatholiken fragen, wie sie es IMMER tun: »Warum bist du Nonne geworden?«, meinen sie eigentlich: »Heiliger Bimbam, warum, zum Teufel, hast du das getan? Haben dich deine Eltern einer Gehirnwäsche unterzogen? Warst du zu häßlich, um einen Mann zu ergattern? Schuldgefühle? Konntest du keine Arbeit kriegen? Wolltest du ein kostenloses Collegestudium?« Sogar gewöhnliche Katholiken können den süßen Wahn nicht begreifen, der dich befällt, wenn du die Stimme Gottes vernimmst, die die Auserkorene zur Liebe zwingt.

Meine Eltern waren streng katholisch. »Fromm« war der Ausdruck ihrer Freunde. »Fanatisch« sagten meine, wenn ich ihnen erzählte, daß ich elf Geschwister hatte. Mama war eine wohlbehütete, im Kloster aufgewachsene irische Katholikin der Oberklasse aus Queens, Long Island, die wahrscheinlich zwischen ihrem neunten und zehnten Kind zum erstenmal über Geburtenkontrolle in der *Los Angeles Times* gelesen hat. Mein Vater war ein flatterhafter mexikanischer (»spanischer« sagt er) Soldat, der mit sechsundzwanzig Jahren auf seinem Sterbebett zum Katholizismus übertrat, wundersamerweise geheilt wurde, sich HINAUF heiratete (zum Glück die Frau seiner Träume) und seine »Truppen« mit militärischer Disziplin erzog.

Es wäre leicht, die Erklärung, warum ich Nonne wurde, dieser Herkunft zuzuschreiben oder anzukreiden. Doch widerlegen die weltlichen Berufslaufbahnen meiner Geschwistertruppe diese simple Theorie. Ich habe zwar einen jüngeren Bruder – sie kommen wie die Orgelpfeifen –, der kürzlich den Mönchen beitrat, aber die anderen verschwendeten offenbar nie einen Gedanken ans klösterliche Leben. Meine extremistische Natur, die ich von meinem Vater geerbt habe, hat wahrscheinlich mehr damit zu tun, weshalb ich so völlig auf den Katholizismus abfuhr, allerdings nicht bei meinen obligatorischen Samstagabendrendezvous!

Vielleicht wurde ich Nonne, weil zu meiner Zeit junge Mädchen nur zwei Möglichkeiten hatten: erwachsen zu werden und ein väterliches Abziehbild zu heiraten oder Nonne zu werden. Da ich ein helles Kind war und mir unterbewußt dämmerte, daß ich lesbisch war, was hätte ich tun können? Dutzenden anderer katholischer Freundinnen ist es gelungen, zu ihrem sapphischen Selbst zu finden, ohne ins Kloster zu gehen, doch für mich war das LIEBE.

Mit sieben zimmerte ich meinen großen Lebensplan. Ich legte bei den »Infants of Prague« das Gelübde ab, ins Kloster zu gehen, sobald ich erwachsen war, und mein Leben dem Dienst Gottes zu widmen. Gerade wie im Kino, wo die Stars sich verlieben und heiraten, wäre es auch mit mir und Jesus. Mich in Jesus und Maria zu verlieben war eine unkomplizierte, irrationale und unerklärliche Besessenheit. Jesus gab sein Leben für mich hin. Wer könnte von einem Geliebten mehr verlangen? Maria, süße Mutter, sanfte Beschützerin, unerschöpflich nährender Quell, war allseits die ideale Mutter-Geliebte. Der große Papa Gott selbst versprach Belohnungen wie die Unsterblichkeit, wenn du dich nur dein ganzes vergängliches Leben lang an sein Programm hältst. Zwölf Jahre befand ich mich in der Agonie einer ewigen Hingabe an meinen ersten Geliebten – Gott.

Von meinem siebten bis neunzehnten Lebensjahr ging ich sieben Tage in der Woche morgens zur Messe und Kommunion. Als mein Arzt mich kürzlich fragte, ob ich in meinem Leben viele Eier gegessen hätte, mußte ich einen Rechner hernehmen, um aufzuaddieren, wie oft ich zur Messe gegangen bin. Jeden Morgen packte mir meine Mutter zwei hartgekochte Eier in meinen Frühstücksbeutel, die ich nach der Messe aß. Das macht fast eine Viertelmillion Eier. Montags bis freitags, Monat für Monat, Jahr um Jahr, saßen wir Kinder zu Beginn der ersten Rechtschreibstunde an unserem Pult und mampften unsere hartgekochten Eier. Gepellte Eierschalen und Buttertoastkrümel auf dem Boden hätten uns aus jeder öffentlichen Schule fliegen lassen, doch die Nonnen lächelten nur nachsichtig, wenn ich nicht buchstabieren konnte, weil ich den Mund voll hatte. Bis heute mache ich den christlichen Glauben für meine notorisch schlechte Rechtschreibung verantwortlich.

Täglich, wenn ich von der Pause in die Klasse zurücklief, sagte ich erst einmal Jesus guten Tag. Während alle anderen Kinder sich beim Mittagessen tummelten, ging ich zu meinem Lieblingsplatz in der Kirche, um mit Jesus zu reden, auch wenn es mir manchmal schwerfiel, mein Basketballspiel zu unterbrechen. Ich liebte es, am kleinen Seitenaltar mit der Statue des Jesuskindes der »Infant of Prague« zu beten. Zu bestimmten Jahreszeiten wechselten die Priester die Gewänder meiner vertrauten Statue: Lila zum Zeichen der Trauer in der Fastenzeit, ein leuchtendes Orange zur Weihnachtsfeier, Weiß mit glänzender Goldstickerei zu Ostern. Ich fragte mich, ob das Jesuskind wohl bemerkte, daß ich in der Baseballsaison hin und wieder sehr, sehr spät kam. Das ganze Jahr über stand es da mit seinem leeren Lächeln unter der ewigen kleinen Goldkrone mit den roten Rubinen.

Die nächsten vier Jahre über lief alles glatt – in religiöser Hinsicht, meine ich. Vom siebten bis elften Lebensjahr lernte ich die Kunst der Versenkung, indem ich vier Stunden lang niederkniete und nicht das geringste fühlte. Wenn wir im Sommer 40 Grad hatten, wurden manche Kinder auf ihren Bänken ohnmächtig, weil sie den Kreuzweg nicht schafften. Zu Jesu Aufstieg zum Kalvarienberg, jeden Freitagnachmittag in der Fastenzeit, brachten es die Nonnen fertig, achthundert Kinder in diese Kirche zu stopfen. Die Temperaturen in Südkalifornien konnten bis auf 40 Grad klettern, aber ich wurde nie ohnmächtig, weil ich eine Cordova war, und Vater sagte, daß wir nie aufgeben. Außerdem wußten alle, daß ich ins Kloster ginge, und Nonnen fallen beim Beten nicht um. Das Leben war einfach. Ich lungerte in der Kirche herum und auf dem Softballplatz. Mehr brauchte ich nicht. Das Leben war schön.

Dann wurden die Dinge kompliziert. In der sechsten Klasse trainierte ich für den Uni-Softball und lernte Miss Truillo kennen. Mit dem Einsetzen der Pubertät, die mit dem Erscheinen von Miss Truillo zusammenfiel, begann ich ein Doppelleben: Zu meinem Leben als angehende Nonne gesellte sich mein Leben als latente Junglesbe.

Als ich in die Oberschule kam, wurde es Zeit, mich um die praktischen Aspekte des Eintritts ins Kloster zu kümmern. Wenn eine Exnonne einer anderen Exnonne begegnet, sagte sie nie irgend etwas Dummes wie: »Ach, wirklich! Du siehst gar nicht wie eine Nonne aus.« Oder: »Doch nicht DU. Das glaube ich nicht!« Ihre ersten Worte sind: »Welcher Orden?«

In der Grundschule hatten wir Benediktinerinnen. Also dachte ich nicht nur, die ganze Welt wäre katholisch, sondern auch, daß es nur Benediktinernonnen gäbe. In der Oberschule entdeckte ich zu meiner großen Überraschung die Karmeliterinnen, »St. Louis of France«-Nonnen und, ja, die Nonnen vom »Immaculate Heart of Mary« (IHM). Die einfachste Art, grundlegende Unterschiede deutlich zu machen, ist die der Farben. Karmeliterinnen trugen ein braunes Habit, Benediktinerinnen Braun und Schwarz. »St. Louis of France«-Nonnen trugen nur Schwarz, mit einem lächerlichen kastenförmigen Trumm aus dem siebzehnten Jahrhundert ums Gesicht. Und die IHMs – schweig still, o Herz – trugen dieses herrliche Königsblau und Schwarz. Ich hasse es, die ganze Ausrichtung meines klösterlichen Lebens auf die Ebene der Farbe zu reduzieren, aber...

Schwester Paul Francis und Schwester Mary Anthony, zwei IHMs, gaben schließlich den Ausschlag. Ich war in Paul Francis »verknallt« seit dem Tag, als in meinem zweiten Collegejahr der Lautsprecher in meinen Religionsunterricht dröhnte, Kennedys Tod in Dallas verkündete und ich sie an ihrem Pult schluchzend zusammenbrechen sah. Von dem Tag an saß ich in der ersten Reihe, damit ich »auf sie achtgeben« konnte. Mary Anthony? Was für eine Macholesbe! Damals freilich sagte ich: »Was für eine Trainerin!« Fast brach mir das Herz, als es Kathy O'Brien gelang, sie statt meiner nach dem Baseballtraining heimzufahren.

Abgesehen von meiner latenten Lust auf ein paar IHMs gefiel mir obendrein das erlesene Noviziat in Montecito, etwa südlich von Santa Barbara. Nicht nur Clara, meine Tutorin, trat den IHMs bei, sondern alle, die jemand waren, gingen nach Montecito. Die IHMs hatten Pfiff und Lebensfreude und eine spirituelle Stärke, die ich später als der meinen ähnlich erkannte. In meinen letzten drei Oberschuljahren zählte ich die Tage, bis ich den IHMs in Montecito als Postulantin beitreten konnte.

Am heißen kalifornischen Sommernachmittag des 6. September 1966 traten Papa und Mama und vier meiner älteren Geschwister die zweistündige Fahrt Richtung Norden nach Santa Barbara an. Papa rollte das Kabrioverdeck herunter, und wir sangen und lachten. Ich kann nicht sagen, was meine Eltern dachten oder empfanden. Sie sagten nie etwas, und ich fragte nie. Ich tippte auf das, was andere sagten: daß sie stolz waren, ein Kind zu haben, das ins Kloster geht. (Der Tag meiner Heimkehr nach meinem Austritt aus dem Kloster ist mir noch lebhaft in Erinnerung. Mama saß in unserem abgedunkelten Wohnzimmer und las still. Ich versuchte zu erklären, warum ich ausgetreten war und geriet ins Stottern. Ich konnte nicht sagen: »ICH WAR UNGLÜCKLICH!« Also sagte ich: »Tut mir leid, Mama, es hat nicht geklappt.« Sie fragte nie nach.) Jedenfalls an diesem Septembertag, als Papa und Mama mich beim Mutterhaus absetzten, war ich zu Hause.

Vom nächsten Tag an entwickelten sich die Dinge unerquicklich – zum Beispiel bekam ich Patti als Zimmergenossin. Als eine von zwölfen war ich nicht zu solchen Pingeligkeiten erzogen worden, wer nun wieder die Zahnpastatube nicht zugeschraubt hatte. Aber von morgens bis abends hackte Patti auf meinem schlampigen »Charakter« herum. Manche Mädchen stichelten mich wegen meiner dunklen Sonnenbrille. Ich trug sie, seit Schwester Mary Vincent in der zweiten Klasse zu mir sagte: »Ich kann dir alles, was du fühlst, von den Augen ablesen, Jeanne. Sieh mich nicht so an.« Also sah ich sie oder sonst jemand nie mehr ohne meine dunkle Brille an.

Dann lernte ich Michelle kennen. Ihre blauen Augen brachten mich völlig ins Schleudern. Nachts lag ich wach und fragte mich, wieso sie nicht meine Zimmergefährtin war. Unten im Flur konnte ich Michelle lachen hören, wenn sie sich mit ihrer Zimmergenossin Donna amüsierte. Als die Ehrwürdige Mutter Michelle und mich in ihr Büro rief und uns die Leviten las, weil wir im Garten spazierengegangen waren und »spezielle Freundinnen« seien, verstand ich es nicht – ebensowenig wie ich es begriff, als Mama mich eines Tages in meinem zweiten Collegejahr in ihr Schlafzimmer schleppte, mir Kathy O'Briens Valentinskarte hinhielt und fragte: »Was soll das heißen?« Ich starrte auf die kleine Zehn-Cent-Karte – ein großer Löwe mit roter Pappnase und die gekritzelten Zeilen: »Du bist ein Biest, trotzdem liebe ich dich! Deine Kathy.« Ich sagte: »Was soll das heißen, Mama?« Sie erklärte, daß ich von nun an die Wochenenden nicht mehr bei Kathy verbringen dürfte.

Die Ehrwürdige Mutter erklärte Michelle und mir, daß wir nicht mehr im Garten spazieren dürften und solche »speziellen Freundschaften« nicht »im Sinne Gottes« wären. Einen Monat später rutschte Michelle beim Geschirrspülen in der Küche aus,

erlitt eine leichte Gehirnerschütterung und wurde ins Kranken-
einzelzimmer im Mutterhaus einquartiert, wo Schwester Agnes
Marie, eine Novizin, sie pflegte. Eines Tages raunte mir Patti zu,
daß Michelle und Agnes Marie »spezielle Freundinnen« seien,
und ich war traurig. Nach Jahren der Freundschaft und im Bett
erzählte mir Michelle, daß sie damals ganz passend und ziemlich
häufig »krank wurde«.

Ich war traurig und einsam, als ich Schwester Anne Marie
kennenlernte, die Gitarre spielte und wie ein Engel sang. Sie
brachte mir »Puff, der Zauberdrachen« bei, das ich zwei Monate
lang spielte, weil ich sie nicht oft genug sehen konnte, um ein
neues Lied zu lernen. Ich weiß nicht mehr, wie ich mich in
zwanzig Minuten verlieben konnte, aber ich tat es – in Schwester
Louise und ihre blauen Augen. Sie wurde nach drei Wochen
versetzt. Alle verließen mich, und ich hatte niemanden zum
Reden außer Jesus und Maria.

Mitten in diesem Erdbeben meiner latenten Sexualität gab das
Vatikanische Konzil dem Leben dieser kleinen latenten Lesbe
eine andere Richtung. Die ganzen katholischen Vereinigten
Staaten sollten bald von Schwester Corita und ihren IHMs zu
hören bekommen, »diesem verrückten Orden in Kalifornien, der
es wirklich auf die Spitze treibt«. Ich wurde im Zentrum eines
Hurrikans begraben, indem ich lediglich in meinen Theologieun-
terricht ging wie eine brave (wenn auch unglückliche und verwirrte) kleine Postulantin, als die katholische Kirche ihren
Sprung ins zwanzigste Jahrhundert machte.

Wir beteten nicht mehr lateinisch. Es war die Rede davon, diese
Sitte »abzuschaffen«. Gastpriester namens Berrigan, Elliot,
Duran und andere namhafte Leute hielten Seminare oder blieben auf der Durchreise zum Essen bei uns. Unsere Lehrer
interpretierten die Sakramente neu, Lehren, nach denen ich von
Geburt an gelebt hatte. Wir durften freitags Fleisch essen. Man
sagte uns, Nichtkatholiken könnten ebenso gut wie Katholiken
sein. Wir durften keine Gregorianischen Gesänge mehr anstim-
men. Und bis wir unsere ersten Gelübde ablegten, würde der
Orden wahrscheinlich kein Habit mehr tragen.

Die sechziger Jahre waren hinter die Klostermauern gedrungen.
Die Zeiten änderten sich, und ich war allein mit meiner Gitarre
und einem neuen Lied: »Hello, darkness, my old friend.« Und

als mein Traum in meinem Schweigen zerrann, wurden wir am 1. Januar 1967 ins Büro der Mutter Oberin gerufen, und sie erklärte uns, daß wir nach Los Angeles geschickt würden, damit wir in Klöstern in der wirklichen Welt lebten und aufs »Immaculate Heart«-College gingen.

Mein Zuhause wurde eine Zelle von anderthalb mal drei Metern in neunstöckigem, grauem Beton hinter einem gut vier Meter hohen Maschendrahtzaun, der zum Schutz der Grundschülerinnen vor den Säufern errichtet war. Zuhause war eine Kaserne, die sich Kloster nannte, zwischen Second Street und Skid Row gezwängt. Zuhause war das Aufstehen und Unterrichten der Grundschülerinnen und das Zubettgehen, manchmal ohne auch nur meinen Namen gesagt zu haben, da die vierzehn anderen Nonnen lediglich Spanisch redeten. Zuhause war abgrundtiefe Einsamkeit und Verwirrung.

Ich ging nun nicht mehr um halb sieben zur Messe in die kalte, dunkle Kapelle. Für Nonnen war es nicht mehr »erforderlich«, täglich zur Messe zu gehen. Drüben im College änderten die Nonnen ihre Namen von Schwester Charles Borromeo in Jane Smith. Jetzt spielte nur noch sehr wenig eine Rolle; außer, meiner Qual ein Ende zu machen. Ich fragte mich, ob Gott mir irgend etwas sagen wollte.

Michelles Kloster hatte den Ruf »des fidelen Hauses«. Als ich sie im Unterricht im College traf, sagte sie, sie freunde sich gerade mit ihrer Mutter Oberin an. Ich war sicher, daß meine Mutter Oberin nicht einmal meinen Vornamen kannte. Nachts lachte ich manchmal: ›Gott sei dank, daß die olle Patti nicht mit mir in dieses gottverlassene Vergnügungsviertel-»Kloster« gesteckt wurde.‹ Meistens lachte ich nicht.

Immerhin war das Collegegelände eine völlig neue, herrliche Welt. Berühmte Leute wie Schwester Corita brachten uns die Künste nahe. Eine tolle »Erfahrung« war es, über die Klassenpulte zu laufen, auf Leinwand zu schmieren und »uns auszudrükken«. Schwester Richard, ein großer Geist der Philosophie, verknüpfte die Sakramente der Taufe mit der kosmischen Ordnung. Ich hörte ältere Nonnen über beträchtliche Neuerungen reden und diskutieren, die von Montecito herunter kämen. Wenn auch niemand uns niederen Postulantinnen viel zu sagen hatte, hätte es für einen neunzehnjährigen Collegeneuling eine aufregende Zeit sein können. Jahre später, wenn Freundinnen mich fragten, ob ich *The Doors* besser fände als *The Greatful Dead* oder LSD besser als Meskalin, machte ich nur ein dummes Gesicht. Meine Geliebte staunte immer, wie jemand in meinem Alter es fertigbrachte, die bedeutendsten Ereignisse (Rock und Drogen) des bedeutendsten Jahrzehnts unserer bedeutenden Generation zu verpassen. An der Schwelle des Erwachsenwerdens, als das Leben sich hätte auftun sollen, versank ich im Sumpf zerbrochener Träume.

Eines Abends zerriß ausnahmsweise das Telefon die Stille. Es war Patti, die mich anrief, um mir zu sagen, ich solle meine Freundschaft mit Sally Jacobs beenden. Meine neue Freundin Sally war eines der wenigen Mädchen im College, die mit mir redeten. Ich hielt sie für das klügste Mädchen auf dem Campus. Alle sagten, sie sei ein Genie. Und sie war in den höheren Semestern (damit war sie ein großer Fang für mich). Sie war derart interessant, daß sogar einige junge Nonnen in ihr Zimmer kamen, um sich mit ihr zu unterhalten. Ich war glücklich, daß ich endlich eine Freundin gefunden hatte. Pattis Warnung war die erste von vielen. Andere Postulantinnen sagten, ich sollte mich nicht mit Sally anfreunden.

Schwester Rose, die für uns Postulantinnen verantwortliche Superiorin, rief mich in ihr Büro. Sie fragte nach meiner Familie und meiner Vergangenheit. Ob ich glücklich wäre. Ob ich sicher wäre, daß das Klosterleben das war, was ich wollte? Ob ich wüßte, was Armut, Keuschheit und Gehorsam bedeuteten? Lächerlich! Seit dem Tag meiner Ankunft in Montecito hatte ich keine Armut gesehen. Ich glaubte, Keuschheit bedeute, keine Männer zu küssen. Und natürlich gehorchte ich. Ich wußte ja gar nicht, was zum Teufel ich sonst hätte tun sollen, also tat ich eben das, was man mir sagte. Sie fragte mich über Michelle aus. Sie sagte mir, daß spezielle Freundinnen Personen sein könnten, die nicht Nonnen waren. Damit war Sally gemeint.

Inzwischen war es mir scheißegal, was Schwester Rose sagte. Vielleicht lag es daran, weil ich die Messe schwänzte oder weil ich einfach so gottverdammt einsam war, daß ich glatt mit dem Teufel mit Namensschild geredet hätte, wenn er gewollt hätte. Ich blieb mit Sally befreundet und versuchte, mit ihr über meine Einsamkeit im Kloster zu sprechen. Sie sagte, es sei eben schwer, sich an eine neue Lebensweise zu gewöhnen, und daß ich durchhalten und stark sein sollte und wahrscheinlich im Sommer in ein freundlicheres Kloster geschickt würde. Sally hatte sich verpflichtet, den IHMs beizutreten. Sie glaubte, der ganze Orden wandele auf dem Wasser. Doch als sie eintreten wollte, sagte man ihr, sie solle noch ein Jahr warten. Sie wußte nicht warum. Sally sagte mir, ich solle mir um spezielle Freundschaften keine Sorgen machen, denn sie wüßte, daß einige ältere Nonnen wirklich dicke »Freundinnen« wären. Als ich bei Sally herumhing, konnte ich sehen, daß andere Nonnen ihre speziellen Freundinnen waren, jedenfalls schien es so. Aber ich begriff nichts.

Eines Tages fragte ich Michelle, wieso sie spezielle Freundinnen haben konnte, ich aber anscheinend nicht. An diesem Tag ließ mich ihre Antwort erwachsen werden. »Du machst es nicht richtig«, sagte Michelle. »Du bist da nicht subtil. Du trägst Socken statt Strümpfe. Du schneidest dein Haar zu kurz. Du trägst diese dunkle Sonnenbrille. Du bist da einfach zu auffällig.«

»Inwiefern zu auffällig?« fragte ich.

»In bezug auf spezielle Freundinnen!« Michelle sauste in ihren letzten Freitagskurs.

»Zu auffällig in bezug auf Freundinnen? Das ist der größte Scheiß, den ich je gehört habe«, sagte ich meinem Blinklicht. ›In der Oberschule hatte ich eine Menge Freundinnen. Was haben außerdem meine Socken mit speziellen Freundinnen zu tun? Welche Rolle spielt es, wie oft ich hinaufging, um Sally zu besuchen, und ob ich subtil dabei war?‹

Dann ging mir ein Licht auf: Michelle versuchte, mir zu vermitteln, daß ich klammheimlich sein sollte. Gehorsam bedeutet, zu lügen und »Ja, Schwester« zu sagen und dann das zu tun, was du willst. Heuchelei.

Diesen Frühling 1967 über beobachtete ich Michelle und Sally und die anderen Nonnen. Ich sah eine Menge, die nicht zur Messe gingen, eine Menge spezieller Freundschaften, eine ganze Subkultur an Kern- und Randgruppen, wer sie waren und wie sie es taten und wie du dich einfach aus allem herauslügen konntest. Für die einsame Postulantin in einer unglücklichen Welt ohne Freundinnen war es eine absurde Ungeheuerlichkeit. Das war das Ende meiner Liebe zu Jesus und den IHMs, die Verrat an meiner Unschuld begingen und sie verhöhnten.

In einer warmen Mainacht stieg ich aus dem Bett, schloß die Jalousien und sah nicht wieder zu meinem Blinklicht hinüber. Ich öffnete den kleinen Koffer, den ich nach Montecito mitgebracht hatte, und packte die beiden Handtücher ein, die meine Mutter mir im September mitgegeben hatte, das schwere Eisenkreuz, das Anne Marie mir in Montecito geschenkt hatte, mein Gesangbuch, ein Familienfoto, meine Unterwäsche, meinen einzigen Uniformrock und Blazer, ein weißes Hemd und meine Socken. Ich setzte mich hin und wollte einen Brief schreiben, worin ich Schwester Rose erklärte, weshalb ich ging, konnte aber keine Worte für meinen Zorn und den Verrat finden. Am nächsten Morgen marschierte ich in ihr Büro und sagte: »Ich hau' ab.«

Mit einem Nachwort möchte ich meine Geschichte beenden, die auch Michelles Geschichte ist, da sie bis heute meine spezielle, beste lesbische Freundin ist. Ich erinnere mich nicht mehr an jene traumatischen Tage, die darauf folgten. Du erleidest einen emotionalen Schock beim Tod einer Geliebten. Auch wenn es denen, die nie spirituell geliebt haben, albern vorkommt: Ich hatte mein Leben auf meine Liebe zu Gott und das Nonne-Werden ausgerichtet. Dieses Leben endete in jener Nacht. Die überzeugende Michelle beschwatzte ihre Mutter Oberin, daß sie mir erlaubte, bei ihr im Kloster zu bleiben. Sie erklärte ihr, daß es keinen Ort gäbe, wohin ich gehen könnte, nichts, was mir gehörte, kein Auto, keine Arbeit, keine Ausbildung, kein Geld, keine Kleidung. Vielleicht erwähnte sie auch, daß ich höllisch naiv wäre und nicht in die kalte, grausame Welt hinausgetrieben werden dürfte.

Nachdem ich also ins Kloster gegangen und das Kloster verlassen hatte, wohnte ich nun im Kloster. Ich lebte zwei Monate lang mit meinen ehemaligen Schwestern zusammen, lehrte Fünftkläßler die Unterscheidung zwischen Afrika und Südamerika und bekam meinen ersten Job, indem ich für 75 Cents Stundenlohn für das Sozialamt von Beverly Hills Briefe frankierte.

Mit Michelle schmiedete ich Zukunftspläne und versuchte herauszufinden, was ich mit den nächsten sechzig Jahren meines Lebens anfangen wollte. In meinem zweiten Monat kam Kate, eine »liebe Freundin« der Mutter Oberin, spätabends noch vorbei. Da sie die Mutter Oberin nicht antraf, blieb sie da und unterhielt sich mit mir. In den frühen Morgenstunden ging mir auf, daß sie mit mir FLIRTETE. Kate nahm mich mit »zu sich«, wie wir sagen. Das einzige an diesem Abend, woran ich mich erinnere, waren zwei Whisky sauer und mein erster Orgasmus. Zwei Wochen später verließ ich mit Kate Michelles Kloster. Drei Jahre danach ging Michelle mit Schwester Sebastian! Patti ging mit irgendeinem unglücklichen Mann, den Zeitpunkt habe ich lieber vergessen. Anne Marie ging mit einem netten Franziskanermönch zwei Jahre später. Michelles Mutter Oberin, die liebenswürdige Frau, die mir mein erstes Zuhause als Erwachsene bot, ging kurz nach Michelle und schloß sich den politischen Bewegungen der siebziger Jahre an. Wir gingen alle auf eigene Weise.

Ich ging mit Zorn und Bitterkeit über die geheiligte Heuchelei und glaubte, das sei mein Grund fürs »Abhauen«. Wenn wir eine Geliebte verlassen, konstruieren wir ebenso Lügen, wie wir Wahrheiten eingestehen, damit wir einfach den Schneid aufbringen, aus der Tür zu gehen. Jede Entschuldigung hilft uns zu überleben. Ich funktionierte meinen Zorn um in Liebe für die Schwulen als unterdrückte Menschen. Meine Bitterkeit fordert von der heterosexuellen Welt, Platz zu machen und unsere Rechte zu akzeptieren. Ich habe die Erfahrung gemacht, daß meine Wut mich dorthin führt, wohin zu gehen andere Angst haben, und daß Empörung gut ist angesichts dessen, welche höhere Macht auch immer uns die berechtigte – falls fehlgeleitete – Wut gibt, uns zu schützen.

Ich frage mich, was meine Mutter heute sagen würde, siebzehn Jahre später, wenn ich ihr den wahren Grund dafür erzählte, daß ich den Ruf erhielt, das Kloster zu verlassen. Würde sie einen Schock bekommen, wie so oft in den letzten zehn Jahren, sobald sie von meinen Taten für die Sache der Schwulenbefreiung erfuhr, wenn ich ihr erzählte, »Gott« brauchte mich in der Welt, weil es ihm an lesbischen Aktivistinnen mangelte? Mein Lesbischsein ist mehr als meine Sexualität. Es ist meine Berufung!

Michelle ging, um ihrer wahren Berufung nachzukommen. Mit Lebensmitteln und Obdach rührt sie an das wahre Leben der Menschen. Michelles Mutter Oberin arbeitet in Guatemala. Die Spitzen der Bewegungen für soziale Gerechtigkeit in den siebziger und achtziger Jahren wimmeln von lesbischen Exnonnen.

Heute sehe ich das Kloster als Rekrutierungslager für uns alle, als unsere Alma Mater der Seele.

Falls meine Geschichte nett oder witzig klingt, möchte ich denen, die sie lesen – Katholiken oder Nichtkatholiken, Nonnen oder Priester, draußen oder drinnen, heute und letztes Jahr – sagen, daß Nonne zu sein, vor allem aber eine lesbische Nonne, nicht lustig ist. Wir müssen unsere Jugendlichen in der Oberschule, im College oder im Kloster dahingehend erziehen, daß Schwulsein gepriesen und von keiner Heuchelei seitens der Autoritäten zerstört wird.

1967 verließ ich das Kloster und schloß mich einer anderen Schwesternschaft an: den Daughters of Bilitis. Ich gründete und publizierte von 1971 bis 1980 The Lesbian Tide, *die nationale feministische Zeitschrift. Heute gebe ich* The Community Yellow Pages *heraus, das südkalifornische schwule und lesbische Adreßbuch. Ich lebe in Hollywood, vier Blocks vom früheren Mutterhaus der »Immaculate Heart of Mary« entfernt.*

Sr. John Michael, 1965　　　　　Barbara MacKenna, 1980

Tagebuch einer Novizin

Barbara MacKenna
(1964–1966)

25. Dezember 1964. J. M. J. Ich bin siebzehn. Es ist mein erstes wunderbares Weihnachtsfest im Kloster. Gestern nacht fand ich auf meinem Bett Geschenke der Novizinnen und der Postulatsmagistra, Schwester Helen. Unter meinem Kissen fand ich Schwester Claires Zeilen. Um halb zwölf sangen uns die Novizinnen Weihnachtslieder vor. Es war so schön, daß ich am liebsten geweint hätte. Ich liebe die Mitternachtsmesse. Nachdem wir gefrühstückt und gespült hatten, gegen drei Uhr morgens, gingen Schwester Claire und ich nach draußen auf die Veranda, obwohl es regnete. Wir redeten über unsere Familien, unser Leben und darüber, wie sehr wir einander mochten. Der Himmel war herrlich. Es war so gut, mit Claire reden zu können, nachdem ich den ganzen Advent über gewartet hatte. Ich fühle mich immer ganz aufgekratzt, wenn ich mit ihr zusammen bin. Es war vier Uhr früh, als ich zu Bett ging! Nach dem Wecken durch die Glocke um acht Uhr bekamen wir vor der Messe heiße Schokolade und Toast. Schwester St. Peter, die Novizinnenmagistra, gab uns allen den Friedenskuß. Den ganzen Tag über sah ich Claire kaum.

7. Januar 1965. Die Feiertage vergingen im Flug. Ich sah Schwester Claire jeden Tag. Wir wanderten hinter der Brücke zum Teich hinüber. Wir redeten über uns – wie sehr wir uns wünschten, gute Schwestern zu sein, und wie schwer das manchmal ist. Ich bin so gern mit ihr zusammen, weil sie mich glücklich macht. Schwester Claire ist so gut. Ich weiß, sie würde nie etwas tun, das irgend jemand verletzt. Ich fühle, daß unsere Freundschaft gut und aufrichtig ist. Wir haben über unsere Gefühle gesprochen. Schwester Helen bemerkte, daß ich recht häufig mit Claire zusammen war, und sagte mir, ich solle all meine Liebe mit anderen teilen. Ich war traurig, weil ich die anderen ja liebe.

Eines Abends redete Pater Roland, der Freizeitleiter, über

Freundschaft. Er sagte: »Nur eine unheilige Liebe liegt im Widerstreit mit Gott. Jede andere dient ihm.« Schwester Helen war aufgebracht, weil ich eine seiner Reden verpaßte, um mit Claire zusammenzusein, aber ich kann nicht sagen, daß ich Schuldgefühle habe. Gott hat mir in Claire eine gute Freundin geschenkt, und ich hoffe, Er segnet unsere Freundschaft. Da sie ein so wundervoller Mensch ist, wieviel mehr ist es dann Christus, der unendlich liebenswerte. Sie wird mich zu Ihm führen.

21. Januar 1965. Heute war es wirklich schwer. Ich sah Claire einige Male im Vorbeigehen, aber wir konnten nicht reden. Nach dem Abendessen half ich ihr, den Abfalleimer hinunterzutragen. Ich sagte ihr, ich sei einem Zusammenbruch nahe. Ich kann es einfach nicht ertragen, daß ich nicht mit ihr reden darf. Sie sagt, ihr geht es genauso. Ich bin froh, daß sie mich versteht. Es muß einen Grund geben, warum Novizinnen und Postulantinnen von einander ferngehalten werden, und ich weiß, daß es wahrscheinlich ein guter Grund ist.

22. Januar 1965. Ich versuche, nicht den Wunsch zu haben, mit Schwester Claire zusammenzusein, aber ich kann's nicht.

2. Februar 1965. Heute bin ich nach einem Rodelunfall zum erstenmal aufgestanden, nachdem ich fast eine Woche im Krankenzimmer lag. Die Postulantinnen besuchten mich jeden Tag. Schwester Helen machte sich Sorgen um meinen Rücken, aber ich glaube, da ich jetzt wieder herumlaufen kann, fühlt sie sich besser. Ich vermisse Claire schrecklich und hätte alles darum gegeben, sie zu sehen, doch bekam sie nicht die Erlaubnis, mich zu besuchen. Gleich nach der Kirche sah ich sie heute nachmittag für einen Augenblick.

6. Februar 1965. Gestern nacht, nachdem alle zu Bett gegangen waren, trafen Claire und ich uns unten im Flur neben der Wäscherei und redeten über eine Stunde miteinander. Ich hätte die ganze Nacht mit ihr reden können. Es tat so gut, sie zu sehen, daß es mir gleichgültig war, ob ich das Silentium brach. Hin und wieder konnten wir hören, wie Schwester Helen nach mir suchte, aber ich blieb, wo ich war. Als ich wieder in mein Zimmer kam und gerade zu Bett gehen wollte, klopfte es an die Tür, und Schwester Helen trat ein. Sie sagte kein Wort. Sie sah mich bloß an, drehte sich um und ging. Ich fühlte mich schrecklich, so daß ich nicht schlafen konnte.

Heute nachmittag hatte Schwester St. Peter in ihrem Büro eine lange Unterredung mit Claire, und Schwester Helen redete mit mir. Sie sagte, meine Unterhaltung mit Claire sei bewußter Ungehorsam gewesen. Sie habe sich Sorgen gemacht, daß ich irgendwo gestürzt sei. Sie sagte, sie verstehe, wie ich empfinde, bat mich aber, etwas zu tun, von dem ich nicht weiß, ob ich es fertigbringe. Ich soll außerhalb der entsprechenden Zeiten nicht mehr mit Schwester Claire reden. Wenn ich es doch einmal tue, soll ich es ihr sagen. Gerade jetzt erscheint mir das unmöglich. Ich fühlte mich elend, als ich das Büro der Schwester verließ, weil ich sie enttäuscht hatte. Das Rechte zu tun, kommt mir so schwer vor, und ich fühle mich schwach und klein. Ich war sogar versucht, das Kloster zu verlassen, aber das hätte auch nichts gelöst. Heute bin ich sehr unglücklich und sehr müde. Bitte, hilf mir.

7. Februar 1965. Heute war Besuchssonntag. Ich hatte die Möglichkeit, während der Nachmittagsfreizeit Claire zu sehen. Wir kamen zu dem Schluß, daß wir mit gegenseitiger Hilfe das, was von uns erwartet wird, schaffen können. Sie sagte, sie ginge gleich morgen, wenn sie das Gefühl hätte, meine Berufung in irgendeiner Weise zu beeinflussen. Sie erzählte mir von ihrem Gespräch mit Schwester St. Peter, und ich berichtete von meinem. Sie hatten uns praktisch das gleiche gesagt. Ich bemühe mich sehr, gehorsam zu sein, und ich weiß, sie auch. Sie ist so wunderbar. Ich danke Gott, daß er mich ihre Bekanntschaft machen ließ.

27. Februar 1965. Schwester St. Peters Fest heute war großartig. Es hat geschneit, und alles ist weiß. Ich war mit Claire zusammen, und es war gut, so ohne Schuldgefühle mit ihr zu reden.

5. März 1965. Die Fastenzeit hat begonnen. Sechs Wochen kommen mir sehr lang vor. Ich habe mein Fastenprogramm aufgestellt mit dem Schwerpunkt auf dem Silentium. Bis jetzt war es nicht schlimm, aber es ist ja auch erst der Anfang. Ich habe es mit Claire gebrochen, allerdings nicht zu Zeiten, da ich woanders hätte sein sollen, also weiß ich nicht, ob ich es zählen soll oder nicht. Ich kann einfach nicht gestehen, daß ich sie gesehen habe. Ich weiß, Schwester Helen sagt, sie versteht es, aber trotzdem kann sie nicht umhin, einen gewissen Eindruck von Claire zu gewinnen, wenn ich sage, daß ich mit ihr gespro-

chen habe. Sie wird glauben, es sei allein Claires Schuld, weil sie Novizin und älter ist als ich, und das könnte ich nicht ertragen. Heute im Unterricht redete die Schwester über die Mittagsversuchung, nämlich die Zeit beim Silentium, wenn du das Gefühl hast, unbedingt mit jemand sprechen zu müssen. Ja, das ist genau mein Gefühl. Manchmal muß ich einfach mit Claire reden, selbst wenn es nur im Vorbeigehen ist oder für ein paar Minuten. Wie mir scheint, ist das nicht schlimm, in Wahrheit aber doch, weil es während des Silentiums ist und ich ohnehin nur in der Freizeit mit ihr sprechen darf. In aller Ehrlichkeit und Demut muß ich zugeben, daß wir gehorsamer sind als vor dieser Episode. Ich glaube, daß unsere Freundschaft fester ist. Jetzt, da wir uns nicht so oft sehen können, weiß ich ja, daß sie da ist, wenn ich sie brauche.

15. März 1965. (Während der Seniorenexerzitien.) Heute nachmittag ging es in der Tagung des Paters um Freundschaften – gerade als ich es brauchte. Er sagte, daß jeder Mensch eine Person braucht, die versteht und wohlwollend ist, eine, die die gleichen Ansichten teilt. Eine Person mehr zu lieben als eine andere sei nicht falsch, denn wenn es das ist, sei Christus unvollkommen. Freundschaft bestehe nicht bloß aus einem »Hallo« im Vorbeigehen oder einem »Wie geht's?« oder darin, Seite an Seite zu arbeiten, sondern darin, jemanden wirklich zu lieben. Ich wäre am liebsten aufgestanden und hätte geklatscht.

18. März 1965. Heute wurde uns unser zweites und drittes Habit anprobiert. Es war so komisch, im langen Habit dazustehen. Schwester Maureen ließ mich ihren Rosenkranz und ihr Cingulum umlegen. Sie besserte ein Guimpe aus und hielt es mir hin. Nun brauche ich nur noch das Linnen.

24. März 1965. Heute bin ich achtzehn. Gestern abend, als ich nach oben kam, lag eine Karte von der Familie da und eine von den Postulantinnen. Heute morgen legte mir Claire einen Umschlag mit Heiligenbildern und ein selbstgefertigtes Buch aufs Bett. Sie schrieb mir auch einen Brief, der mich am meisten freute, weil sie mir sagte, wie gern sie mich hatte. Heute abend sind wir alle spazieren gegangen, und ich konnte ein paar Minuten mit Claire reden. Es war wunderbar. Außer in der Freizeit sehen wir uns jetzt kaum.

16. April 1965. Die Fastenzeit ist fast vorbei. Ich frage mich,

inwieweit ich vorangekommen oder zurückgefallen bin. Ich habe eine Million Fehler. Welche? Ich kann sie nicht genau benennen. Morgen werde ich mir mehr Mühe geben, aber ich kann tatsächlich einfach nicht schweigen. Dennoch bin ich auf eines stolz. Heute habe ich nicht mit Claire gesprochen. Als wir uns draußen begegneten, sagte keine von uns ein Wort. Es wäre leicht gewesen, einen Vorwand zu finden. Man sagte mir, daß ich meine Freizeit nicht ständig mit denselben Novizinnen und Postulantinnen verbringen solle. Ich hab's wirklich versucht. Ich liebe ja alle meine Schwestern, aber einige eben mehr als andere. Ich habe mich bemüht, in meiner Freizeit nicht dauernd mit denselben zusammenzusein. Es ist so schwer, alle zu lieben.

21. Mai 1965. Beim gestrigen Bekenntnis redete Schwester Helen über die Hingabe. Sie sagte, selbst nachdem sie nun acht Monate mit mir zusammenlebe, kenne sie mich nicht, weil ich mich nicht wirklich hingebe. Ich liebe Schwester Helen und würde alles für sie tun. Nur weiß ich einfach nicht, was ich sagen soll, wenn ich zu ihr komme. Sie sagt, wenn ich mit Schwester Claire zusammen bin, vergesse ich alle anderen um mich her, und daß die anderen das Gefühl haben, nicht stören zu können. Ich bin durcheinander.

23. Juni 1965. (Exerzitien: acht Tage bevor wir den Schleier bekommen.) Unser Semester fuhr für eine Woche in ein Sommercamp, und es war wundervoll. Ich lernte Schwester Paulette kennen, eine Nonne im zweiten Jahr. Sie hinterließ mir einen Gedichtband und einen Brief. Sie ist jetzt hier im Mutterhaus, aber wir können nicht mit den Juniorinnen reden. Gestern abend gingen die meisten Schwestern ins Lois-Marshall-Konzert. Ich habe Claire nicht gleich gesehen, entdeckte aber Paulette und ging hinüber, weil sie mir gesagt hatte, daß sie mich vor den Exerzitien noch sehen wolle. Ich saß mit ihr zusammen und sah nach einem lächerlichen Durcheinander Claire am Ende überhaupt nicht. Nun kann ich nicht mit ihr reden und ihr erklären, was passierte. Ich habe geheult und wünschte, ich müßte die Exerzitien nicht auf diese Weise beginnen. Ich bete, daß ich während der Exerzitien ein paar Dinge klarkriegen kann, vor allem in bezug auf die Liebe. Ich weiß, ich reite die ganze Zeit darauf herum, aber sie ist so sehr Teil meines Lebens, daß ich's nicht ändern kann. In einem Brief schrieb mir Paulette, daß im

klösterlichen Leben die Freundschaft eine Art Armut ist, weil wir distanziert sein müssen, und daß uns womöglich größere Gnade zuteil werde, wenn wir von einer Freundschaft ablassen, als wenn wir sie weiterführen. Ich glaube, das wird in meinem Klosterleben das Schwerste sein.

25. Juni 1965. In einer Woche werde ich nicht mehr Barbara MacKenna sein, sondern Schwester??? Wenn ich mich mit einer Postulantin anfreunde, möchte ich gut für sie sein und möchte nicht, daß die Liebe ihr im klösterlichen Leben zum Problem wird. Ich weiß, wie weh es tut, sich mit jemand anzufreunden, besonders hier.

2. Juli 1965. Ich bin jetzt Schwester John Michael. Heute morgen gegen halb neun gingen wir hinunter, um uns anzukleiden. Ich zog Mutters Hochzeitskleid an. Als wir nach oben kamen und den Flur entlang gingen, standen die Schwestern Spalier. Sobald wir die Kapelle betraten, setzte die Orgel ein, und die Schwestern sangen, während wir durch den Seitenchor schritten. Ich fühlte mich wunderbar. Als Mutter mich sah, weinte sie. Da fing ich auch an zu weinen. Wir standen an unseren Plätzen, und Bischof Grant stimmte »Veni Creator Spiritus« an. Dann kam er herab und segnete unser Habit. Dom Josef Thomas (unser Exerzitienleiter) hielt die Predigt und erklärte noch einmal die Gelübde (Armut: Lösung von den Dingen; Gehorsam: Lösung vom Selbst; Keuschheit: Lösung von den Menschen). Anschließend fragte Bischof Grant: »Was begehrt ihr, meine Kinder?« Wir begehrten den Schleier; dann entsagten wir den Nichtigkeiten der Welt und gelobten ein Leben nach den Statuten der Gemeinschaft. Schließlich sagte der Bischof: »Nun geht, meine Kinder, und empfangt den heiligen Schleier.« Wir flogen nach unten. Ich konnte kaum glauben, daß all das geschah. Schwester Luke und Danielle halfen mir beim Ankleiden. Ich konnte mir nicht einmal die Strümpfe hochziehen. Schwester Regina kam und schnitt mir das Haar ab. Mir war, als würde ich skalpiert, aber es war mir gleich. Nach einer Ewigkeit waren wir angezogen. Ich sah mich um, und da stand mein Novizinnensemester. Sie sahen so schön aus. Wir schritten durch das Kirchenschiff zu unseren Plätzen, und dann kam, worauf wir gewartet hatten – unsere Namen. »Miss Barbara MacKenna, dein kirchlicher Name sei Schwester John Michael.« Ich war glücklich. Als ich bei

der Kommunion das »Suscipe« sagte, meinte ich jedes Wort. Ich hatte es bei den Exerzitien nicht gesagt, damit ich es aus vollem Herzen am Einkleidungstag sagen konnte. Nach fast einem Jahr war ich begeistert, meine Familie wiederzusehen. Als die Verwandten gegangen waren, sangen wir den Novizinnen im zweiten Jahr unser Abschiedslied, da sie morgen abreisen. Es war ein glücklich-trauriger Tag.

7. Juli 1965. Wir begannen heute unser Schuldkapitel. Ich hatte ein merkwürdiges Gefühl, als ich zuhörte, wie die Novizinnen des zweiten Jahrgangs sagten, sie hätten die und die Verfehlung begangen. Wir bekannten unsere Schuld diese Woche nicht, werden es aber das nächste Mal.

22. Juli 1965. Heute war wieder Schuldkapitel. Ich fühlte mich komisch. Meine Stimme war belegt. Es war wirklich demütigend, und genau das brauche ich. Ich glaube, im Habit bin ich eitler und stolzer als vorher. Immer muß ich mein Linnen gerade so haben und meinen Schleier präzise auf der richtigen Scheitelhöhe. Zumindest verbringe ich nicht mehr die Hälfte meiner Zeit vor dem Spiegel, wie zu Anfang. Einige Tage vor dem Schuldkapitel waren Claire und ich wirklich böse aufeinander. Ich war sarkastisch und hänselte sie. Ich weiß nicht, warum das passierte. Ich liebe sie so sehr, warum verletze ich sie dann? Nach unserem Gespräch war alles wunderbar. Das ist es, was mir gefällt – über Dinge reden zu können, wenn es ein Mißverständnis gibt. Manchmal, wenn sie und Schwester Janice (eine Frau aus meinem Semester) zusammen sind, bin ich, glaube ich, eifersüchtig, dabei liebe ich sie beide. Manchmal fühle ich mich reif für den Psychiater.

10. August 1965. Die Tagungen während der Exerzitien unseres zweiten Novizinnenjahrs gefallen mir richtig. Heute abend sprach der Pater über die Liebe, die wir in unserer »klösterlichen Familie« empfinden sollten. Wahre Nächstenliebe hieße Christus zuerst, als zweites die anderen und ich zuletzt. Genau das möchte ich, und doch glaube ich manchmal, wenn ich Dinge für andere tue, daß ich sie in Wahrheit mache, damit sie mich gut finden. Manchmal denke ich auch, wie glücklich ich bin, zu den Menschen zu gehören, die du auserkoren hast, Herr. Wie verdiene ich das, wenn doch so viele andere Mädchen soviel bessere Schwestern wären, als ich es je sein werde? Der Pater sagt, daß

du religiös lieben mußt, du, die du täglich ein Dutzend Vorsätze faßt und ein dutzendmal fehlst, doch nimm sie täglich wieder auf, so daß du »vollkommen wirst, wie dein himmlischer Vater vollkommen ist.« Wir begannen mit der Geißelung.

31. August 1965. Seit kurzem bin ich furchtbar unruhig. Ich spüre, daß ich etwas tun muß, und weiß nicht, was. Manchmal frage ich mich sogar, welchen Zweck es hat, weiterzumachen. Alles ist eine solche Mühe. Ich weiß, Herr, daß ich weiterhin auf Dich vertrauen und Dich lieben muß, und daß dies Teil des Kreuzes ist, aber die Hälfte der Zeit denke ich nicht daran. Ich bin zu sehr in mich selbst verstrickt. Ich liebe Claire so sehr und fühle mich ihr so nahe. Ich weiß, daß ich nicht jede Sekunde mit ihr zusammensein kann. Ich habe es mit Kasteiung versucht, um die Versuchung zu bezwingen, immerfort mit ihr reden zu wollen. Wenn ich aber sehe, wie sie mit anderen redet, tut es mir so weh. Ich zeige es nicht, und außer mir weiß zum Glück niemand, was los ist. Ich bin so schwach, Herr, ich brauche deine Liebe, damit ich fortfahren kann. Verlaß mich nicht.

18. November 1965. Das Noviziat ist zweifellos anders als das Postulat, Gott sei dank. Mein Leben kommt mir jetzt soviel lebendiger vor. Claire und ich stehen uns dieses Jahr näher. Sie ist ständig in meinem Bewußtsein. Ich kann's einfach nicht ändern. Ich kann nicht umhin zu denken, daß meine Liebe für sie egoistisch ist, weil ich manchmal so gern nur mit ihr allein reden möchte. Dieses Gefühl haben wir beide, doch oft reden wir tagelang nicht miteinander. Herr, du weißt, wie es in meinem Herzen aussieht. Du weißt, was ich für Claire empfinde. Bitte, laß es eine »selbstlose« Liebe für mich sein. Ich öffne mich ja anderen und niemand sonst weiß, was in mir vorgeht – ich glaube nicht.

16. Dezember 1965. Ich muß so erwachsen werden, daß es pathetisch klingt. Ich bin von Claire zu abhängig, um meiner Stimmungen Herr zu werden. Es ist mir peinlich, das niederzuschreiben, aber so ist es. Schwester Catherine sagte, sie glaube, ich sei von einer fremden Kraft geleitet. Sie habe letztes Jahr bei einer anderen Novizin das gleiche Gefühl gehabt. Auch wenn sie jetzt in verschiedenen Häusern seien, werde die Bindung zwischen ihnen stärker. So muß es auch bei mir sein. Ich bemühe mich sehr, allerdings macht es mich manchmal verrückt.

30. Januar 1966. Ich habe dies schon so oft geschrieben, daß ich allmählich glaube, ich spinne. Ich liebe Claire so sehr, doch wir sind nie zusammen. Ich begreife das nicht. Ich weiß, ich habe gesagt, daß ich nicht zu abhängig von ihr sein und ihr nicht ständig nachlaufen will, aber dies ist lächerlich. Ich muß entsetzlich egoistisch sein. Ich versuche mein Bestes, mich ganz Dir, Herr, und meinen Schwestern hinzugeben. Warum ist alles so verworren? Es scheint jetzt, als müsse Claire immer ihre Zeit mit Schwester Janice verbringen, und das ertrage ich nicht. Aber ich liebe sie beide. Warum habe ich dann ein solches Gefühl? Hilf mir, selbstlos zu sein und meine Gedanken auf andere Dinge zu lenken. Ich möchte schreien. Ich muß nachdenken. Bitte, hilf mir.

21. April 1966. Ich bin jetzt neunzehn. Heute, Herr, habe ich zum erstenmal Frieden seit meinem Eintritt. Du schenktest mir die Gnade, Dir wirklich zu folgen und mein Leben für Dich hinzugeben. Endlich kann ich »ja« sagen, dies ist es, was ich tatsächlich will. In der Fastenzeit faßte ich den Plan meiner Wiedergeburt, und es veränderte meine Ansicht beträchtlich. Bitte, laß diesen Frieden von Dauer sein, selbst in meinen bedrückten Tagen. Nach anderthalb Jahren der Unentschlossenheit und Unsicherheit kann ich endlich »ja« sagen.

23. Mai 1966. Letzte Woche verließen Claire und Janice das Noviziat. Ich weiß nicht, was ich sagen soll. Sie sind glücklich, und dafür danke ich Gott. Ich vermisse sie so sehr. Claire sagte es mir, nachdem wir uns den Film »Nobody Waved Good-bye« angesehen hatten. Gerade als ich allmählich begriff, daß sie ginge, sagte sie mir, daß Janice ebenfalls ginge. Ich brach völlig zusammen. So geheult habe ich noch nie. Ich konnte nicht anders. O Herr, es war ein solcher Schlag. Ich verstehe es im Grunde nicht. Ich weinte ganz schrecklich am Samstag, Sonntag und manchmal am Montag, ich konnte es einfach nicht unterdrücken. Es tut so weh. Ich habe noch nie so etwas empfunden. Noch immer erwarte ich, sie am Tisch sitzen oder durch die Halle gehen zu sehen. Ich bin leer.

5. August 1966. Ich glaube nicht, daß das klösterliche Leben meine Berufung ist. Ich redete mit Schwester St. Peter, und sie sagte mir, ich solle warten... doch wie lange? Ich weiß, daß ich nicht wegen Claire gehe. Mir ist, als wäre ich eine Verräterin und

ließe das Noviziat im Stich. Aber ich kann nicht der anderen wegen bleiben, egal, wie sehr ich sie liebe. Ich habe Angst. Vielleicht begehe ich einen Fehler. Die Schwester sagte, ich solle dieses Leben eine Zeitlang von einem Tag zum anderen leben, um zu sehen, ob die Entscheidung klarer wird oder ob es nur eine Versuchung ist. Was immer ich hier gelernt habe, werde ich nie verlieren; es ist zu tief in mir, zu sehr Teil von mir. Die einzige Antwort ist Liebe, und die Menschen draußen brauchen sie so nötig. Vielleicht kann ich eines Tages meine Liebe einem Mann geben, der ebenso tief empfindet wie ich.

10. September 1966. Heute bin ich mir meiner als Frau bewußt, und dieses Bewußtsein birgt eine große Verantwortung. Wenn ich gehe, falls es das ist, was du willst, Herr, werde ich kein Kind mehr sein, und ich werde nie wieder so leben oder Menschen und Ereignisse im selben Licht betrachten können. Christin zu sein heißt in Wahrheit, sich ans Kreuz zu liefern. Laß mich das Christentum voll und ganz annehmen.

(Ich verließ das Kloster am 9. Oktober 1966: Erntedankfest.)

Als ich bei den »Sisters of St. Joseph« in Kanada war, schrieb ich ein Tagebuch, das wie durch ein Wunder erhalten blieb, da ich die meisten Briefe und Papiere aus dieser Zeit vernichtet habe. Mit einunddreißig Jahren bekannte ich mich als Lesbe; erst da begriff ich die Bedeutung meiner Klosterbeziehung mit Claire.
Ich bin Autorin, Mitgründerin und ehemalige Herausgeberin von The Radical Reviewer, *einem feministischen Journal kritischer und kreativer Texte. Nach jahrelanger Herausgebertätigkeit bei kanadischen Verlagen arbeite ich jetzt als bezahlte Sozialarbeiterin in der Säuferszene von Vancouver. Ich widme diesen Beitrag Barbara, meiner Lebensgefährtin seit vier Jahren, Linda, einer ebenfalls lesbischen Exnonne, und Claire.*

Nicht einmal Ministrantin

Diana T. Di Prima
(1960–1962)

Mit acht Jahren fragte ich: »Warum gibt es keine Ministrantinnen?« Diese schreiende, arrogante Unlogik einer sexistischen Kirche, in der die Rolle der Frauen seit Urzeiten durch Tradition und Bequemlichkeit definiert ist, war mir ein Dorn im Auge. Als die von Gott oder der Natur oder der Evolution oder anderen unkontrollierbaren Mächten bestimmten katholischen Frauenrollen gelten die der Ehefrauen, Mütter und Hausfrauen.

Im klösterlichen Leben nehmen diese Rollen eine andere Gestalt an. Das Weib Christi zu sein heißt, asexuell zu sein. Als ich Anfang der sechziger Jahre im Kloster war, erweckte unsere Kleidung den Eindruck eines Neutrums. Meterweise verhüllte schwerer Stoff unsere weibliche Figur. Frauen mit weniger Formen mußten weniger überwinden als die fülligeren. Eine großbusige Schwester mußte sich mit speziellen Bandagen plattwickeln. Unser Haar wurde geschoren, um uns noch unweiblicher zu machen. Unsere identischen Zimmer durften keine individuelle Vorliebe in Stil oder Farbe verraten. Bereitwillig akzeptierten wir diese Klosterregeln als Befreiung von unseren weltlichen Interessen, damit wir uns um so intensiver der hehren Besinnung auf unseren Bräutigam widmen konnten.

Wir alle sind spirituelle Mütter. Ungeachtet individueller Fähigkeiten oder Vorlieben bemuttern wir Kinder, Alte, Kranke und Schwache als Lehrerinnen oder Krankenschwestern. Bedürfnisse der Gemeinschaft oder Wünsche von Pastoren der Pfarrkirchen und des Bischofs der Diözese bestimmten die Laufbahn unserer »Karriere«. Ich wurde aufs College geschickt, weil Lehrerinnen gebraucht wurden. Zum Glück hatte ich wissenschaftliche Neigungen und konnte mir einige höhere Titel erwerben, wobei ich gleichzeitig meinen anderen Pflichten nachkam.

Ja, Pflichten. Denn außer unserer Rolle als Ehefrauen und

Mütter waren wir auch Hausfrauen. Wir verrichteten sklavische, niedere, monotone Dienste von Hand, trotz technischen Fortschritts. Wer die Hände rührt, hat weniger Zeit zum Müßiggang, der »Gelegenheit zur Sünde«. Freizeit wurde auf wissenschaftliche Studien und Unterrichtspläne konzentriert.

Die Wellen der Homophobie schlugen hoch. Wir verbrachten unsere Freizeit in Gruppen: »Selten allein, nie zu zweit, stets zu dritt oder mehreren.« Von Menschen umringt, lebte ich doch isoliert. Ich sollte mich einzig auf meinen spirituellen Herrn beziehen. Wir glorifizierten Maria als die ideale Ewige Frau, statt eine authentische individuelle Persönlichkeit zu entwickeln – einzigartig, selbstkritisch, aktiv, forschend. Eher geheimnisumwittert denn als echte menschliche Persönlichkeit anerkannt, schrieb man der Ewigen Frau ein Talent zur Hingabe und Verschwiegenheit zu. Zwar werden Frauen in der Gesellschaft allgemein zunehmend als Menschen mit gleichen Rechten wie die Männer anerkannt, doch existieren die klischeehaften Vorstellungen über ihre vermeintliche Natur innerhalb der Klostermauern weiterhin.

Der blinde Gehorsam, den unser Gelübde verlangt, beinhaltet, daß Frauen nicht denken können. Alles wurde auf eine spezielle Weise oder nach einer bestimmten Methode getan, und bekamen wir den Auftrag, etwas zu tun, gab es keine Fragen! Ich weiß noch, daß ich die Aufgabe hatte, die Handtücher der dreihundertköpfigen Gemeinschaft zu waschen und zu trocknen. Man sagte mir, ich solle sie zum Trocknen nach draußen hängen, obwohl die Gemeinschaft einen Trockner hatte. Da es nieselte, zweifelte ich am Sinn dieser Aktion. Als mir befohlen wurde, meine Aufgabe auszuführen, wußte ich, daß mein Gehorsam geprüft wurde. Später am Tag, als die immer nasser werdenden Handtücher auf der Leine hingen, wurde ich gerügt, weil ich sie in den Regen gehängt hatte. Da ich also an diesem Tag eine Verfehlung begangen hatte, mußte ich beim Abendessen meine Schuld bekennen und am Refektoriumseingang kniend die Gemeinschaft um Vergebung bitten. Wenn ich heute an dieses Ereignis zurückdenke, sehe ich nichts als Vergeudung von menschlichem Potential und Energie.

Die Schwester, die sich nicht zur Lehrerin oder Krankenschwester eignete, wurde eine »Laienschwester«, festgelegt auf die

Verrichtung erniedrigender weiblicher Aufgaben. Schwester Maria Haushälterin plante und bereitete die Mahlzeiten zu, erledigte die Einkäufe, wusch und bügelte die Kleidung und versorgte das Haus, während wir anderen unterrichteten oder Kranke pflegten. Ihre individuellen Neigungen oder künstlerischen Begabungen schlummerten weiterhin. In unserer »klassenlosen« Gesellschaft wußten alle, daß die Rolle der »Laienschwester« niedriger bewertet wurde als die Rolle der Lehrerin oder Krankenschwester.

Im Grunde wurden wir diszipliniert, indem wir verhaßte Aufgaben auferlegt bekamen wie das Stärken und Bügeln der Ordenstrachten, wobei die demütigenden Aspekte traditioneller weiblicher Pflichten, für gewöhnlich von Laienschwestern verrichtet, besonders betont wurden. In meinem Kloster rangierte als unser Rollenmodell Maria über Schwester Martha.

Um soweit gefügig zu werden, daß ich dem Ideal entsprach und alle individuellen Ansichten und Vorlieben aufgab, mußte mein Bewußtsein einer achtzehnjährigen persönlichen Geschichte ausradiert werden. Die Moral der Selbstverleugnung des Matthäus-Evangeliums vollendete diese Gehirnamputation. Ich kam und ging, begab mich von einem Teil des Klosters in einen anderen, verrichtete Aufgabe um Aufgabe, aß und befriedigte meine elementaren menschlichen Bedürfnisse nur mit der verbalen Erlaubnis derer, die die Verantwortung für mein spirituelles Wachstum und meine Entwicklung hatten. Dem Geist Christi entsprechend, wie in der Bergpredigt verkündet, wurden alle Aspekte des menschlichen Lebens von Geboten und Befehlen gelenkt. Wie Er bis in den Tod gehorcht hatte, mußte ich es auch!

Wiederaufgebaut zur Klosterfrau mußten wir alle gleich aussehen, gleich sprechen, gleich arbeiten, gleich beten und gleich sein. Da Gleichheit der gemeinsame Nenner war, waren wir zu »Bräuten Christi« in einer total männerorientierten Welt geworden, in der Gott ein Mann ist, Priester Männer sind und allen Männern der Vorzug gegenüber Frauen gegeben wird. Nur als »geweihte Jungfrau« durfte ich hinter die Altarabsperrung und in die Sakristei. Doch jeder Mann, »geweiht« oder nicht, durfte das auch. Meine Sehnsucht als Achtjährige, dem Altar nahe zu sein, lebte wieder auf. Allmählich dämmerte mir die Unlogik frauenfeindlichen Denkens, die eine Aura angeblich göttlicher Billigung umgab.

Ich ging, bevor der letzte Gürtel der Diana gereicht wurde. Mit dieser letzten Faser versuchte ich, mich selbst und meinen Platz in der Außenwelt wieder neu zu weben. Das achtjährige Mädchen, heute eine erwachsene Frau, hat Leid, Ängste und Seelenprüfungen durchgemacht, bis ihm klar wurde, daß der wahre Geist des Christentums in der institutionalisierten Kirche auf der Strecke geblieben ist. Indem ich mich von den Evangelien des Johannes und Matthäus leiten lasse, finde ich diesen Geist in meinen täglichen Begegnungen mit den Menschen. In dem Maß, in dem die Kirche mein Wachstum und die potentielle Stärke ihrer Frauen behinderte, hat sie die eigene Existenz reduziert und entstellt. Da die Kirche eine mächtige kulturelle Institution ist, hat diese Entstellung einen – ansteckenden – Einfluß auf die ganze Gesellschaft.

Als Vierzigjährige lebe ich mit meiner Geliebten in New York und lehre dort. Wir sind in der Schwulen- und Lesbenbewegung engagiert sowie in der New Yorker Schwulensynagoge.

Sr. Mary Vianney, S. P., 1960   Sr. Mary Vianney, S. P., 1967

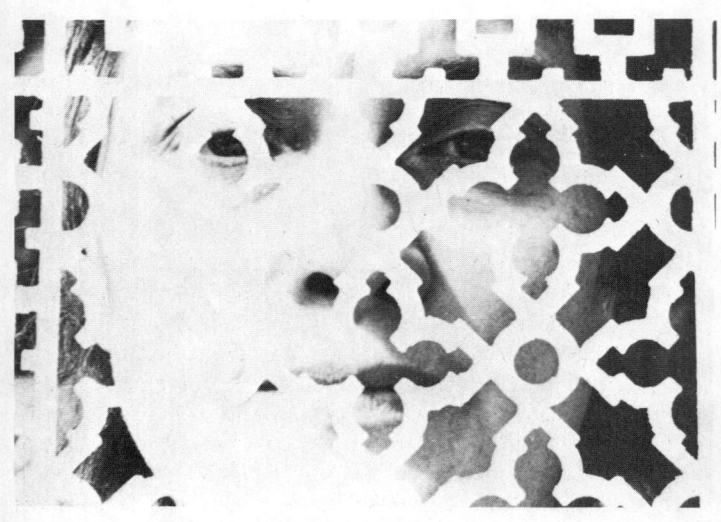

Judy Smith (Selbstportrait), 1983

Gewissensprüfung

Judy Smith
(1959–1968)

(Anmerkung der Herausgeberinnen: Vor Mitte der sechziger Jahre vollzogen die meisten Nonnen ein abendliches Ritual, indem wir unser Gewissen erforschten, ob wir an diesem Tag gesündigt und gegen die Regel verstoßen hatten.)

O Schwestern, oft denke ich an euch und frage mich, wo ihr seid, meine Freundinnen, Semesternovizinnen, Ebenbilder aus anderen Orden. Wir lebten unsere religiöse Berufung so lange und so gut wir konnten, verließen dann das Kloster, um die Scherben eines Lebens »in der Welt« zusammenzuklauben.

Was geschah mit Schwester Mary Vianney, S. P., nachdem sie an den Papst schrieb und um Dispens von den ewigen Gelübden bat und ihr klar wurde, daß diese Bitte um Dispens überflüssig war, da sie doch ginge, auch wenn er nein sagte? Hat diese Person aufgehört zu existieren? Ist die Identität mit dem heiligen Habit an jenem Morgen verschwunden, als sie es mit ihrer weltlichen Kleidung vertauschte und in Windeseile zur Busstation gekarrt wurde? (1959–1968, requiescat in pace.) Sie (die ich stets »ich« nannte) ist in meinem Unterbewußtsein begraben. Jetzt verfolgt sie mich in meinen Träumen.

Was geschah mit deiner Schwester Ann Brigid, Schwester Fidelia, Schwester Thomas Marie? Hast du versucht, diese Figur zu vergessen, als sei »Schwester« nur eine Rolle, die du einmal gespielt hast? Hast du den Leuten gesagt, daß du eine Exnonne bist, oder hast du diese Jahre deiner Vergangenheit verschwiegen? (Die meisten mir nahestehenden Menschen finden es ziemlich bald heraus. Ich kann die Suspendierung nicht ertragen und glaube wenn sie davon erfahren, erklären sie damit meine Eigentümlichkeit.) War das Kloster für deine Entwicklung notwendig, oder betrachtest du es als peinlichen Fehler? Macht es dir etwas aus, wenn ich dich »Schwester« nenne?

Verstehst du diese Fragen: »Warum bist du eingetreten? Warum bist du ausgetreten? Wie war es wirklich? Gab es dort viele Lesben? Feilst du, wie ich, noch immer an deinen Antworten? Konntest du die Gelübde aufgeben, ohne dich mit Schuldgefühlen und dem eingebildeten Versagen zu quälen? Versuchst du noch immer, diesen Lebensstil beizubehalten? Befremdet dich das Wort »wirkliche Welt«?

Hinterließ das Klosterleben der Mittelklasse bei dir die Sehnsucht nach tieferer Armut? Bist du noch immer der Armut verhaftet? Hast du Angst vor Geld? Hat der Feminismus dir geholfen, dir zuzugestehen, daß du aufblühst? Bist du der patriarchalen Rattenrasse beigetreten? Ist es der Mühe wert?

Hat deine Scheidung von Jesus dich unfähig gemacht, Geliebte eines einfachen Menschen zu sein? Wie ist deine heutige Beziehung zu Jesus? Warst du bei deinem Austritt in eine Frau verliebt? Vielleicht hast du eine Geliebte am Klostertor zurückgelassen. Hast du deine Liebe zu einer anderen Frau eingestanden? Hast du dich mit den sozialen Konsequenzen des Lesbisch- oder Bisexuellseins auseinandergesetzt? Glaubst du, daß aufrichtige Liebe zu einem bestimmten Mann oder zu Männern dich davon abhält, eine lesbische Separatistin zu werden, obwohl eine reine Frauenwelt und ein Leben ausschließlich mit Frauen eine mächtige Anziehung auf dich ausüben? Warst du sexuell promiskuitiv? Lebst du manchmal zölibatär? Ist der Verlust deiner Gemeinschaft eine schmerzende Wunde für dich?

Hast du Probleme mit Autoritäten – schwankst du zwischen passivem Gehorsam und glühender Rebellion? Fühlst du dich manchmal vor Unentschlossenheit gelähmt und hast Angst, mit deiner Zeit etwas Falsches anzufangen, und sehnst du dich manchmal nach einer Person, die dir eine Erlaubnis oder einen Befehl gibt? Hast du Schuldgefühle, wenn du dir ein berufliches Ziel steckst?

Hast du das Gefühl, du hättest emotional Schaden genommen? Hast du eine Therapie gebraucht, um zu lernen, daß deine Gefühle zählen und daß Zorn eine berechtigte Reaktion auf Ungerechtigkeit ist? Wirst du nostalgisch und bildest dir ein, deine Klosterwelt sei ein sicheres, idyllisches Nest, aus dem du gestoßen worden bist?

Vermißt du deine alte Liturgie zutief? Brichst du in Tränen aus, wenn du dir »Veni, Sponsa Christi« vorsingst? (»Komm, Braut des Herrn« – Gregorianischer Gesang, der beim Ablegen der Gelübde gesungen wird.) Sind Weihnachten und Ostern besonders problematisch für dich? Sehnst du dich nach dem Silentium? Bist du eine Perfektionistin? Erinnerst du dich an persönliche quälende Demütigungen seitens deiner Vorgesetzten im Namen der Einübung von Tugenden? Bist du zynisch geworden? Läßt du Haß bei dir zu? Hast du dich selbst gequält, statt unterdrückerische Strukturen zu bekämpfen?

Als du das Kloster verließest, hast du da auch die Kirche verlassen? Betest du heute noch? Vermißt du den Status, den du als Nonne hattest? Hast du dich darauf eingestellt, lediglich irgendein Mensch zu sein? Hat deine Familie dir den Eintritt ins Kloster verziehen? Den Austritt? Hat deine Mutter deine alten Habseligkeiten aufgehoben? Haben deine im Kloster verbliebenen Schwestern heutzutage Zeit für dich – oder du für sie? Bist du mit anderen Exnonnen befreundet?

Hattest du eine Glaubenskrise? Hast du verschiedene Wege erforscht mit Hilfe der Theologie, der Psychologie, des Atheismus, des Heidentums, der Scientologie, des Buddhismus, des Feminismus, der Hexenlehre, der radikalen Politik? Hast du einen Weg gefunden, wie du Beziehungen mit Gleichgesinnten pflegen kannst? Hat deine Kreativität irgendwie überlebt?

Traditionellerweise enden Prüfungen mit einem Reueakt, aber ich bedauere nicht, daß ich ins Kloster ging, dort blieb oder das klösterliche Leben verließ. Ich bedaure nicht, daß ich mich von einem zutiefst unterdrückerischen System befreit habe. Das Leben hier draußen ist oft schwer und einsam, doch zumindest schweige ich nicht länger oder bin unsichtbar. Ich bin hier in wahrer Schwesterschaft mir dir.

Ich bin bisexuelle Künstlerin, Schriftstellerin, Fotografin und Dramatikerin. Ich gehöre dem Kollektiv der Frauenbäckerei in Washington, D. C., an und WATER (Women's Alliance for Theology, Ethics and Ritual). Ich habe in elf Staaten gelebt, dreizehn Schulen besucht und hatte sechzehn seriöse Jobs. Ich gehörte früher zu den »Sisters of Providence of Saint-Mary-of-the-Woods«, Indiana.

Sr. M. Danielle, C. P. P. S., 1965

Wendy Sequoia, 1983

Geisterstimmen, auch die des Heiligen

Wendy Sequoia
(1958–1967)

Als ich vor kurzem über das Rätsel von Lesben und Nonnen nachgrübelte, beschwor ich plötzlich Geister herauf. Sobald ich an meine verstaubten Klostererinnerungen rührte und sie Gestalt annahmen, überschnitten sich Bilder dessen, wer ich war und bin, mit Bildern von anderen, damals und heute.

Sieh doch die Nonne! Das war ich einmal. Wie komisch, dieses Bild eines so reservierten, unantastbaren, in einer anderen Welt befindlichen Menschen. Betrachten wir da wirklich mich? *(gott ruft nur wenige. wir wissen nicht, warum er uns aus dem kreis der gefährtinnen erkor. er gab uns das größte privileg von allen, die berufung zum klösterlichen leben.)*

Siehst du die Lesbe? Es scheint, als wäre ich das. Wie nervös sie dasteht, wie auf dem Sprung zur schleunigen Flucht. Schließlich halten sie viele in dieser Menge für eine Sünderin, eine Entartete, eine, die kleine Mädchen verführt. Glaubst du, Jesus würde ihr die Füße waschen? *(homosexuelle tun unnatürliche dinge, die gegen die gebote gottes verstoßen und normale menschen anekeln.)*

Wie konnte ich nur auf manche einen so madonnenhaften Eindruck machen? So angenehm? Einen so hurenhaften auf andere? So unangenehm? Ich hatte nie die Absicht, ungewöhnlich zu sein. 1958, als ich ins klösterliche Leben trat, war ich voller Idealismus. Mit achtzehn hatte ich die Absicht, bis zum Tod eine Nonne zu sein.

Ich war ein Stadtkind der Mittelklasse. Als ich den »Sisters of the Precious Blood« beitrat, einer achthundertköpfigen bescheidenen Gemeinschaft mit Sitz in Dayton, Ohio, war es ein Schritt in eine andere Klasse und Kultur. Ich begriff nicht, warum die älteren Schwestern eine große Sammlung heiliger Reliquien verehrten, die in kleinen Monstranzen aus Bronze in Seitenkapellen des Mutterhauses ausgestellt waren. Jede Seitenkapelle diente auch als Krypta. In einer lagen die Gebeine von Mutter Brunner. Ihr Gesicht und ihre Hände waren Nachbildungen aus Gips, als wäre sie eine Statue; aber sie trug ein Habit mit durchsichtigen Plastikstreifen über Armen und Beinen, so daß man ihre echten Gebeine sehen konnte. In einer anderen Krypta lag die aufgebahrte Jungenstatue des Märtyrers St. Cruzier mit versteinerten Augen. Die blutige Kehle des Halbenthaupteten war von einem Ohr zum anderen durchtrennt. Damals kam mir nicht in den Sinn, nach der Zweckdienlichkeit solcher Vorbilder zu fragen.

Von dem Augenblick an, als ich das »Precious Blood«-Mutterhaus betrat, nahm ich das klösterliche Leben aus vollem Herzen an – ohne jede Frage. *(gib dich jesus vollkommen hin.)* Besonders bereitwillig akzeptierte ich die Silentium-Regel. *(gott spricht in der stille unseres herzens),* die Kasteiung der Sinne *(seht nicht aus dem Fenster, riecht nicht an den Blumen)* und die geheime Selbstverleugnung *(setzt euch kleinen unbequemlichkeiten und enttäuschungen aus).* All das wurde uns als erster Schritt zum Leben höchster Vollkommenheit nahegelegt. *(der herr nimmt eure kleinen opfer wahr.)* Das stürzte mich in Isolation, Depression und Verwirrung. *(nur aus Sehr Triftigem Grund darfst du die silentium-regel brechen).* Zu meiner Gesundheit brauche ich die Interaktion; diese Praktiken liefen auf psychologische Einzelhaft hinaus.

Natürlich unterstützte unsere Gemeinschaft diese Isolation. Unserer Kommunikation mit der Außenwelt wie auch untereinander wurden schwere Beschränkungen auferlegt. Unsere Familien konnten uns nur einmal im Monat für drei Stunden besuchen. *(ihr habt der welt den rücken gekehrt.)* Nur bei einem Todesfall im engsten Familienkreis wurde uns gestattet, nach Hause zu fahren. Unsere eingehende und ausgehende Post wurde zensiert. Telefonieren war verboten. Wir hatten kein Geld, keine Kleidung außer unserer Klostertracht, keinen Zugang zu Verkehrsmitteln außer durch unsere Vorgesetzten. *(gott sprach unmittelbar zu euch, um euch zu klösterlichem leben zu berufen, jetzt aber spricht er durch eure vorgesetzten. der teufel wird euch in versuchung führen, das kloster zu verlassen. eurer superiorin fiel die gnade des amtes zu, sie wird entscheiden, ob ihr gehen oder bleiben werdet.)*

Als Juniorenschwester erhielt ich einen Brief von meiner Mutter, die mir schrieb, mein Vater habe einen Herzanfall erlitten und sei in die Intensivstation des Krankenhauses eingeliefert worden. *(ihr habt der welt den rücken gekehrt.)* Weil Fastenzeit war, durften wir keine Briefe schreiben. *(ihr gehört jetzt gott.)* Ich war durcheinander, weil meine Mutter den Begriff Koronarthrombose gebraucht hatte, nicht Herzanfall. Auch nachdem ich im Lexikon nachgeschlagen hatte, war mir die Bedeutung nicht klar. *(nur aus Sehr Triftigem Grund darfst du die silentium-regel brechen.)* Ich ging mit meinen Ängsten zu meiner Superiorin, die wenig Geduld mit mir hatte. *(du zeigst deine gefühle zu sehr.)* Indem sie mir die Bitte abschlug, beim Schreibverbot eine Ausnahme zu machen, bewies sie, daß auch sie nicht wußte, was Koronarthrombose bedeutete. *(das wichtigste gelübde ist gehorsam.)* Wieder schrieb meine Mutter, diesmal unverblümter und eindringlicher. Nun wurde mir ein Telefongespräch gestattet, und meine Klassenkameradinnen unterschrieben eine Genesungskarte. Doch ein Besuch wurde mir nicht erlaubt, und ich erhielt keine Vergebung. Gottes Instrument wollte keine Fehlbarkeit eingestehen.

Zum damaligen Zeitpunkt meines klösterlichen Lebens war ich wiederholt krank gewesen. *(eine schwester, die ihrer berufung nicht nachkommt, begeht eine todsünde und ist zur ewigen hölle verdammt.)* In meinem zweiten Jahr bekam ich ein Magengeschwür, das erst in meinem fünften Jahr diagnostiziert und behandelt wurde. *(bring opfer, schwester, bitte jesus um kraft.)* Außerdem bekam ich in meinem zweiten Jahr eine chronische Hyperventilation. Diese Hyperventilation wurde weder diagnostiziert, behandelt oder auch nur erwähnt, solange ich Nonne war. *(dein wunsch, das klösterliche leben zu verlassen, ist eine versuchung, schwester, sehr intelligente mädchen sind im kloster selten erfolgreich.)* Also folgte ich dem kleinen Kreuzgang der hl. Theresa und brachte Opfer, doch war ich durch die wöchentlichen zwei Anfälle chronisch geschwächt, geistig zerrüttet, depressiv und konfus. *(gott zuerst du zuletzt nicht wert krankheit im kopf versuchung gehorsam.)*

Irgendwie machte ich 1963 meinen Abschluß an der Universität von Dayton mit *magna cum laude.* Während meine Gemeinschaft und meine Familie stolz auf mich als beste Examinierte waren, quälten mich unerträgliche Magenschmerzen. Ich wäre lieber im Bett geblieben. Das Selbstvertrauen, mit dem ich damals ins klösterliche Leben trat, war nach fünf Jahren als Postulantin, Novizin und Juniorenschwester erschüttert. Im September 1963 übernahm ich voller Angst den Englischunterricht der achten Klasse in Falls Church, Virginia. Zu meiner Überraschung stellte sich heraus, daß ich eine gute Lehrerin war. Langsam verheilte mein Magengeschür. Meine Hyperventilation klang allmählich ab.

Daß ich damals eine Freundin hatte, eine etwas ältere und sehr kluge Schwester, die mich unter ihre Fittiche nahm, war ein großes Glück für mich. Sie war meine Mentorin und Trösterin. Endlich war meine Isolation aufgebrochen. Andere waren nicht begeistert. *(du bist hier, um dich gott hinzugeben. du mußt dich davor hüten, dich mit einer schwester zu sehr anzufreunden. du mußt alle gleich behandeln mit der liebe christi).*

Die Möglichkeit einer sexuellen Beziehung zwischen uns war kein Thema. Wir nahmen unser Gelübde ernst und hatten außerdem beide eine Homophobie. Aber wir liebten uns insgeheim auf platonische Weise, indem wir Händchen hielten und uns umarmten. Wir hielten uns kaum an die Schicklichkeiten des Klosters. *(du mußt dich vor Speziellen Freundschaften in acht nehmen.)* Nie habe ich eine mehr geliebt. Sie war zu einem kritischen Zeitpunkt meine Rettung, und ich ignorierte die Stimmen, wenn es um sie ging.

Ich lehrte vier Jahre. Nach meinem dritten Jahr machte das Generalkapitel der Ordensgemeinschaft zum erstenmal das Eingeständnis meiner langwierigen Beschwerden. Sie erlaubten mir nicht, mit meinem Semester termingerecht die ewigen Gelübde abzulegen. Statt dessen erneuerte ich auf ihren Vorschlag hin die zeitlichen Gelübde für ein weiteres Jahr.

In diesem Jahr bekam ich psychosomatische Herzbeschwerden, woraufhin ich mich in psychiatrische Behandlung begab. Nach sechsmonatigen wöchentlichen Sitzungen erklärte der Psychiater, ich sei geheilt und könne das klösterliche Leben fortsetzen. Ich schrieb einen Brief an die Generaloberin, doch ohne Erfolg. Mir wurde weiterhin nicht gestattet, die ewigen Gelübde abzulegen. Da ich die Obergrenze zeitlicher Gelübde erreicht hatte, bedeutete die Entscheidung, daß ich das Kloster verlassen mußte. Ich bat um eine Erklärung, bekam aber nur zur Antwort, man hielte es für das Beste, daß ich ginge.

Ich verstand den Zeitpunkt der Ablehnung nicht. Einen Ausschluß in meinem zweiten Jahr, als ich zum erstenmal über Beschwerden klagte, hätte ich noch begriffen. Ich hatte ja darum gebeten. Der Ausschluß in meinem neunten Jahr war schwer zu verkraften. Ich verließ das Kloster ohne einen Blick zurück. Ein Jahr später erfüllte mich eine so große Wut, daß ich der katholischen Kirche für immer den Rücken kehrte.

Lesbisch wurde ich eher auf indirekte Weise. In der Annahme, ich sei heterosexuell, ließ ich mich mit unterschiedlichem, unbefriedigendem Ergebnis auf Männer ein. Nachdem ich 1970 bei einer blind getroffenen Verabredung vergewaltigt wurde, kaufte ich mir Kate Milletts Buch »Sexus und Herrschaft« und entdeckte den Feminismus. Er eröffnete mir das Leben. Von da an las ich viele der großartigen feministischen Bücher, die Anfang der siebziger Jahre ihren großen Aufschwung nahmen, und engagierte mich in der »National Organization of Women« (die Büstenhalter verbrennenden Emanzen).

1972 sagte ich zum erstenmal laut zu meiner besten Freundin in »NOW«: »Ich fürchte, ich bin vielleicht lesbisch« (ablehnend, angewidert). Aber 1975 kandidierte ich offen als Lesbe für meine zweite Vorstandsperiode bei »NOW«. 1977 organisierte ich dann zusammen mit meiner Geliebten das Lesbische Aktionszentrum in Cincinnati. 1978 wurde ich Hauptrednerin der jährlichen Lesben/Schwulenparade in Cincinnati. In jener Zeit als Aktivistin wurde mein Haus verschiedentlich mit Eiern beworfen, mit Obszönitäten beschmiert (Schwule Sau, Votze raus), und mein Auto wurde mit einer ätzenden Flüssigkeit besprüht, die den Lack zerfraß.

Die ständige Belästigung verletzte und bedrohte mich. Allerdings wußte ich, schon als mir klar wurde, daß ich lesbisch war: Ich wäre eine offene, aktive Lesbe. Meine Kämpfe als Nonne haben mich gelehrt, bei aller Furcht stark zu sein. Mein Feminismus hat mich dahin gebracht, daß ich meine Rechte kenne. Ich bin zu sehr mit dem Kern meiner Integrität in Berührung gekommen, um mich von alten Stimmen – oder neuen – abhalten zu lassen.

Dennoch erwartete mich ein neuer Kampf. Meine Eltern ließen

mich fallen. *(wir können deinen lebensstil nicht billigen.)* Mein öffentlicher Aktivismus war ihnen peinlich. *(du stellst deinen lebensstil zur schau und verhöhnst die werte deiner eltern.)* Ihre Ablehnung tat mir weh, aber meine Integrität ließ mich darauf keine Rücksicht nehmen. *(warum tust du uns das an? was haben wir bloß falsch gemacht?)* Von 1977 bis 1981 sahen wir uns nicht und hielten nur spärlichen Briefkontakt. Unsere Distanziertheit wurde durch die Tatsache erleichtert, daß ich in Ohio und sie in Florida lebten. Ich gab es auf, sie wiedersehen zu wollen. Ich sagte: »Ich habe keine Eltern.« Als sie dann bei einer Reise durch die Stadt kamen und einen Besuch von einigen Stunden einfädelten, fiel ich aus allen Wolken. Ihr höflicher, zwangsläufiger Besuch erschien mir lediglich als Versöhnungstropfen in einem Meer an Entfremdung, doch es war ein Anfang.

Meine Geliebte und ich besuchten sie ein Jahr später in Florida aufgrund ihrer warmherzigen Einladung. Es war, als hätte es nie eine Entfremdung gegeben. Der Besuch war wunderbar heilsam. Wir redeten kaum über das, was zwischen uns passiert war, aber meine Mutter sagte: »Dein Vater und ich kamen zu dem Schluß, daß wir überheblich, intolerant und unchristlich gewesen sind.« Ich habe diesen Satz immer wieder in meinem Kopf gewälzt. Durch ihre Versöhnung gaben mir meine Eltern, die in den Siebzigern sind, im tiefsten Selbst Hoffnung und Optimismus. Sie haben über viele Jahrzehnte und Ebenen sozialer Konditionierung hinweg die Hand ausgestreckt und gesagt: »Du bist unsere Tochter, und wir lieben dich.« Sie sind seltsame Wege mit mir gegangen, Wege, die niemand von uns voraussah, als ich ihr aufgewecktes, erfolgreiches Mädchen war, das ihre Träume voll zu erfüllen versprach. Diese Träume mußten sie aufgeben und akzeptieren, wer ich statt dessen geworden war. Dafür lobe und liebe ich sie und danke ihnen.

Manches aus meinem klösterlichen Leben vermisse ich. Geister, die mir von Herzen willkommen sind. Ich vermisse die Musik und die Poesie der Liturgie, das Erhabene und Klagende Gregorianischer Gesänge, den Chor der Novizinnen wie aus einem Mund. Ich vermisse die Sommer im Mutterhaus mit Hunderten von Schwestern, die zum Sommerkurs heimgekehrt sind, über das Gelände bummeln in Dreier- und Vierergrüppchen, mit ihrer liebevollen Energie die Kapelle füllen. Ich vermisse die Festtage, wenn die Regeln gelockert wurden und wir lachten und spielten. Ich vermisse es, Teil eines Ganzen zu sein, das so wertvoll erschien, die vielen Rollenmodelle, die Konzentration von soviel Zuneigung und Talent an einem Ort.

Vermutlich nimmt es nicht wunder, daß ich mich weiter zu Frauen hingezogen fühle. Ich liebe die Energie von Frauen, die darum ringen, sich selbst, ihre Beziehungen und ihr Leben auf unserer Mutter Erde zu verändern. Damit meine ich Schwestern, die ich sowohl im Kloster als auch in der Welt der Lesben, Feministinnen und Hexen kennengelernt und geliebt habe.

Diese guten Schwestern sind immer bei mir, in der Vergangenheit, Gegenwart und Zukunft – jene Schwestern, die mich liebten, die Nonne, im Jahre 1963; jene Schwestern, die mich lieben, die Lesbe, im Jahre 1983; und jene Schwestern, die mich lieben werden, wer ich auch sein mag, im Jahre 1993. Es liegt in meiner Macht, diese anscheinend widersprüchliche, stets gegenwärtige Liebe aufrechtzuerhalten. Was diese vielen Geister und ihre Stimmen anbelangt, unterhalte ich mich nur mit denen, die ich mag, und exorzierte den Rest. Auch das liegt in meiner Macht.

Ich bin eine weiße Lesbe mittleren Alters aus der Mittelklasse, lebe in Cincinnati, Ohio, mit meinen Träumen, mehr Liebe in die Welt zu bringen. Mein Gefühl des Zerrissenseins zwischen einem autonomen, freigeistlichen Selbst und einem traditionellen konformistischen Selbst ist mein täglicher Kampf. Zur Zeit konzentriere ich mich auf tiefe Selbstheilung und Freisetzung meiner persönlichen Kräfte.

Teil II
Rasse, Klasse und Kultur

Sind Klöster Himmel multikultureller Freiheit? Leider nein! Rassismus, Antisemitis-
mus und »Klassismus« grassieren in klösterlichen Gemeinschaften genauso wie in jedem anderen Bereich unserer Gesellschaft.
Wo wir auf Nächstenliebe hofften, erfuhren
jene von uns, die dunkelhäutig sind, aus
dem Ausland oder der Arbeiterklasse stammen, Erniedrigung, Mundverbot oder unverblümte Schikane. Wir waren gezwungen,
unsere Kultur reinzuwaschen und Werte
und Verhaltensweisen der Mittelklasse im
Namen heiligen Gehorsams anzunehmen.

Schmeißt diese Nonne raus

Marie Dennis
(1960–1968)

Ich war die erste Schwarze, die den Schwestern von »Notre
Dame de Namur« beitrat. Das Noviziat war in Reading, Ohio.
Damals gab es in Reading eine Verfügung, die Schwarzen verbot, dort zu leben. Alle Schwarzen, die in diese Stadt kamen,
mußten sie bis sechs Uhr abends verlassen haben. Niemand
wußte, wie diese Stadt mein künftiges Leben im Noviziat auf-
nähme. Die Anwälte krempelten die Ärmel auf, doch der Stadt-
rat beschloß, keinen Wirbel zu machen.
Im Kloster grassierten Rassenvorurteile. Die älteren Nonnen
äußerten sie ganz unverblümt. Eine sagte mir gleich bei meinem
Eintritt: »Ja, du wirst eine gute Hausschwester abgeben; Neger
sind für das Lehramt nicht gescheit genug.« Ich hatte nicht im
Traum daran gedacht, Lehrerin zu werden. Ich hatte lediglich
angenommen, Hausschwester zu werden und körperliche Arbeit
zu verrichten. Ich kam aus der Armenschicht. Aber der Orden
erkannte meine Intelligenz und beschloß, mich in medizinischer
Technologie auszubilden. Anschließend studierte ich weiter und
machte meinen Abschluß als Lehrerin für Mathematik und
Naturwissenschaften.
Als man mich im Schuldienst einsetzte, wurde ich mit offener
Feindseligkeit konfrontiert. Die Klöster erhielten Drohanrufe:
»Schmeißt diese Niggernonne raus.« In einer Stadt wurde ein
Stein in unser Fenster geworfen. Das war 1966 in Columbus,
Ohio. Ich hatte Angst. Kaum war in der Gemeinde durchgesik-
kert, daß eine schwarze Nonne käme, steckte man vor dem
Kloster ein Kreuz in Brand. Auch die anderen Nonnen im
Kloster hatten Angst. Einige wollten fort, andere wollten dem
Ganzen die Stirn bieten. Die Oberin war eine großartige Frau.
Sie bemühte sich, mir einen guten Empfang zu bereiten, und wies
die anderen Schwestern an, das gleiche zu tun.

Ich wurde zum Unterricht in der Oberschule eingeteilt. Am ersten Tag boykottierten fünfzig Prozent der Schüler/innen den Unterricht. Der Schulleiter war unerbittlich: Wer nicht zum Unterricht erscheint, fliegt raus. Sie kamen zum Unterricht. Anfangs machten sie gemeine Bemerkungen, aber in diesem Jahr lag meine Mathematikklasse an der Spitze. Da ich mir vergegenwärtigte, wie sehr ich die Schule gehaßt hatte, bemühte ich mich stets, so zu unterrichen, wie ich gern unterrichtet worden wäre. Im zweiten Jahr bekam ich die Auszeichnung als beste Mathematiklehrerin des Jahres. Die Kinder rangelten mittlerweile darum, in meine Klasse zu kommen.

Im Kloster wußte ich nicht, daß ich eine Lesbe war. Aber ich verliebte mich in eine andere Nonne, mit der ich zusammen unterrichtete. Ich schwebte die ganze Zeit im siebten Himmel. Schwester George Ann und ich bekamen gemeinsam den Preis »Freshman Teacher of the Year«. Die Schüler/innen sagten, es sei schön, Lehrerinnen zu haben, die einander mögen und so warmherzig seien; sie wünschten, die anderen Nonnen hätten das gleiche Gefühl füreinander. Doch nach einem Jahr wurden Schwester George Ann und ich getrennt. Unsere Oberin ermahnte uns, daß spezielle Freundschaften für die Gemeinschaft destruktiv seien und zum Regelbruch anstiften. Sie versetzte Schwester George Ann in eine andere Stadt.

Ich verließ das Kloster aus zwei Gründen. Der eine war die Entdeckung, daß ich so tiefe Gefühle für eine andere Person empfinden konnte. Der andere war meine wachsende Desillusionierung hinsichtlich der Kirche. Ich konnte den katholischen Standpunkt nicht vertreten, schon gar nicht in sexueller und sozialer Hinsicht.

Heute glaube ich an die letztendliche Evolution zur Liebe hin: der Liebe zu sich selbst, zu anderen und zur Erde. Das schließt praktische Ziele wie Abrüstung und Umweltschutz mit ein.

Meine acht Jahre im Kloster bereue ich nicht. Das klösterliche Leben gab mir das Instrumentarium, das ich seither zum Denken, Leben, Lieben und zur Entwicklung verwendet habe. Weil ich eine Nonne war, bin ich heute ein besserer Mensch.

Ich bin 1942 geboren und im Ghetto von Cincinnati, dem sogenannten West End, aufgewachsen. Zur Zeit arbeite ich als Techni-

kerin im Forschungslabor der Universität von Cincinnati, Fachbereich Medizin. Ich war Diakonin in der Metropolitan Community Church, Mitbegründerin von Labyris, einer radikalen Lesbengruppe, und Verfechterin der Rechte von Lesben und Schwulen im Fernsehen und Rundfunk.

Dieser Artikel basiert auf einem Interview mit Nancy Manahan im Februar 1983.

Sr. Kevin, Ad. P. P. S., 1962   Kevyn Lutton, 1984

Vom Kloster zum Hexenzirkel
Ein arbeitsames Leben

Kevyn Lutton
(1960–1967)

(Dieses von Donna Warnock geführte Interview fand in San Francisco statt.)

Donna: Wie bist du aufgewachsen?

Kevyn: Ich bin 1943 in Granite City, Illinois, geboren, einer Stahlhüttenstadt im Nordosten von St. Louis. Ich war das achte von neun Kindern – Arbeiterklasse. Mein Vater war Lokomotivführer bei der Eisenbahn. Meine Mutter putzte Büros, wusch für andere Leute die Wäsche und arbeitete eine Zeitlang als Buchhalterin bei einem Arzt. Außerdem versorgte sie einen Elfpersonenhaushalt. Ich habe eine weiße Haut und wünschte, ich wüßte mehr über meine ethnische Abstammung. Ich empfinde es als Mangel. Ich vermute, daß meine Großmutter väterlicherseits amerikanische Ureinwohnerin war. Mein Großvater war französischsprachig und hatte einen deutsch klingenden Namen.

Donna: Wie war deine religiöse Erziehung?

Kevyn: Katholisches Märtyrermädchen. Ich war sehr religiös. Von meinem neunten Lebensjahr an grübelte ich besessen, warum das Leben so schwer war. Der katholische Ritus, das symbolische Drum und Dran, die Musik und die mysteriöse Sprache setzten sich in meinem Herzen fest. Das tröstete mich, wie es dramatisierte Rhythmen und Jahreszeiten immer tun, und gab mir einen Ort, an dem ich über das Mysteriöse nachdenken konnte.

Donna: Mit welchen Frauenbildern bist du erzogen worden?

Kevyn: Gott, soviel Leid! Soviel Elend! Das tägliche Kreuz – du trägst es! Als meine Mutter im fünften oder sechsten Monat schwanger war, erlitt sie einen Autounfall und brach sich das Becken. Die Ärzte drängten sie, das Kind abtreiben zu lassen, da große Wahrscheinlichkeit bestand, daß sie nie wieder gehen

89

könne. Als der Gemeindepriester das hörte, verbot er die Abtreibung aufgrund des kirchlichen Standpunkts. Meine älteste Schwester, die Vertraute meiner Mutter, wußte, daß es sich außerdem um eine unerwünschte Schwangerschaft handelte, »verlor ihren Glauben« und trat aus der Kirche aus. Darunter litt meine Mutter mehr als unter der eigenen Misere. Wie sich dann herausstellte, kam meine Schwester geistig behindert zur Welt. Die Reaktionen der Erwachsenen auf die Behinderung meiner Schwester brachten eine Dauerkrisensituation, die meine Kindheit charakterisierte, da von mir erwartet wurde, daß ich mich darum kümmerte, nicht aber meine Brüder.

Meine Mutter lehrte mich auch, als Mittelschichtkind zu gelten. Unser Haus war nicht bloß sauber, sondern immer SEHR SAUBER. Es war eine Sache des Stolzes, hübsch auszusehen. Meine Mutter betete ständig – noch heute. Das ist ihre Art, ein schweres Leben zu akzeptieren. Meine Mutter gewann den Wettbewerb als vorbildliche amerikanische Mutter, gleich nachdem Granite City, Illinois, zur vorbildlichen Stadt des Jahres gekürt wurde. Im Jahre 1957 gab es einen wilden Aufruhr in den Stahlhütten wegen der Umweltverseuchung und brutaler Arbeitsbedingungen – allerdings herrschte damals Vollbeschäftigung. Meine Mutter hatte neun Kinder, darunter ein behindertes Baby und drei Söhne beim Militär während des Vietnamkrieges.

Donna: Wie ist deine Erinnerung in bezug auf Sexualität?

Kevyn: Der Katechismusunterricht über die Sexualität als Hauptsünde hatte mich tief betroffen. Ich erinnere mich noch, wie ich mit zwölf zum erstenmal onanierte. Es war ein heißer Sommertag, und niemand war zu Hause, was selten vorkam. Ich hatte gerade gebadet und stand nackt vor dem Spiegel. Ich streichelte mich und wurde völlig erregt und bekam meinen ersten Orgasmus. Dann war ich erschüttert, als ich feststellte: »Das ist es – die Ursünde! Jetzt muß ich auf der Stelle beichten gehen, denn sonst schmore ich für alle Ewigkeit in der Hölle, wenn ich sterbe.« Diese Beichte war ein Alptraum. Da war diese lange Reihe von Leuten im Kirchenschiff, die auf die Vergebung warteten. Es war heißer als die Hölle, doch jedesmal, wenn ich an der Reihe war, in den Beichtstuhl zu treten, verließ mich der Mut, und ich stellte mich wieder hinten an. Drei Stunden lang stand ich in der vollgepfropften Kirche. Ich schämte mich so.

Donna: Weißt du noch, was du zum erstenmal über das Nonne-Sein dachtest?

Kevyn: Im dritten Jahr in der Oberschule war ich überzeugt, daß ich ins Kloster gehen wollte, wo ich mit Frauen leben und arbeiten könnte – ohne Männer. Es würde mich all meiner Probleme entledigen. Ich arbeitete als Kartoffelschälerin von vier bis acht Uhr morgens in der Cafeteria Hullings in St. Louis, ehe ich zur Schule ging. Das wollte ich nicht bis ans Lebensende. Das Privileg und der Status der Nonnen betörten meine Phantasie.

Donna: Was würde nach deiner Erwartung geschehen, wenn du ins Kloster gingst?

Kevyn: Das beschauliche Leben hatte etwas Verführerisches für mich. Es bedeutete totale Befreiung von jeglichem Bezug zur Welt. Ich dachte, ich geriete in diesen Zustand wie Teresa von Avila, die Mystikerin, die Bücher über die geistige Liebe schrieb und von der man sagte, daß sie schwebte.

Donna: Welchem Orden bist du beigetreten?

Kevyn: Den »Sister Adorers of the Most Precious Blood of Jesus Christ«. Sie leiteten meine Oberschule. Jedes Jahr schickten sie Schwester Timothy zur Anwerbung. Ich verknallte mich in sie. Ich liebe sie noch heute.

Donna: Was war an den »Sister Adorers« so einmalig – verglichen mit anderen Lehrorden?

Kevyn: Schwester Timothy!

Donna: Wie gefiel dir das Klosterleben?

Kevyn: Es gefiel mir sehr. Die ersten drei Jahre waren absolute Spitze. Ordnung, Sauberkeit, Frieden, das Leben auf dem Land, tolles Essen, frisches Brot aus dem eigenen Ofen. Dort mußte ich das Armutsgelübde ablegen, und dabei hatte ich in meinem ganzen Leben noch nie so gut gegessen! Natürlich arbeiteten wir, um das alles zu erschaffen, doch nicht annähernd so hart, wie ich es zu Hause mußte. Im Kloster existierte absolute Sicherheit. Ich hatte, was ich brauchte. Meine Familie mußte mich nicht versorgen. Mir wurden eine Menge Privilegien zuteil, besonders die Ausbildung. Meine liebste Postulantinnenschwester war aus Chicago. Sie ist in Armut aufgewachsen. Wir waren total ineinander verschossen, lebten aber ein streng klösterliches Leben. Wir hatten nur zwei Gelegenheiten am Tag, insgesamt eine Stunde und fünfzehn Minuten, bei denen wir miteinander reden konnten. Meine Freundin war fast ein ganzes Jahr da, als sie eines Morgens überraschend verschwunden war. Man hatte sie ihrer Gesundheit wegen heimgeschickt. Sie hatte nie so gutes Essen gehabt. Sie hatte sich überfressen und ein Magengeschwür bekommen.

Donna: Wie waren die Beziehungen im Kloster?

Kevyn: Es bestanden viel tiefe Zuneigung, Interesse und Aufmerksamkeit. Aber Klassentrennungen kamen besonders zwischen den Haushälterinnen und den Akademikerinnen zum Ausdruck. Ich glaube, daß sich die Klassenunterdrückung gegen mich und andere richtete. Ich sollte Anstandskurse besuchen: Wie serviere ich Tee? Was sich nicht zu sagen schickt. Das lehnte ich ab.

Donna: Wie verhielt es sich in bezug auf Rasse?

Kevyn: Es gab nur eine Farbige unter fünfhundert Frauen in unserem Kloster. Das spiegelte den Rassismus unserer größeren Pfarrgemeinde wider. Farbige waren dort unsichtbar.

Donna: Beschreibe deine Sexualität als Nonne.

Kevyn: Ich war sexuell auf Eis gelegt. All diese Energie wurde durch meinen analytischen Verstand umgeleitet. Ich strebte nach einer anderen Ebene geistigen Bewußtseins.

Donna: Ist dir irgendwelche lesbische Aktivität im Kloster aufgefallen?

Kevyn: Nein – höchstens in Nuancen. Da war eine Lehrerin, die ich wirklich liebte. Sie wurde meine besondere Ratgeberin und war die erste Person, die mich dazu brachte, über Klassismus nachzudenken. Sie war in Armut aufgewachsen, irisch-katholisch erzogen und hatte ihre Kindheit zum Großteil in Waisenhäusern verbracht. Als meine Englischlehrerin spornte sie mich an, über meine Kindheit und Jugend in Granite City zu schreiben. Eines Abends im Sommer, als ich wieder im Mutterhaus war und mich deprimiert fühlte, da ich inmitten der politischen Auseinandersetzungen Gleichgesinnte vermißte, kam sie noch spät zu mir, und wir umarmten uns und kuschelten. Das war sehr sexuell und riskant. Ihre Zuneigung und Unterstützung waren wirklich wundervoll.

Donna: Was veränderte das Zweite Vatikanische Konzil?

Kevyn: Überall brachen Schwestern das erhabene Silentium und redeten über Vietnam und die Ausbeutung der Länder der

Dritten Welt. Pierre Teilhard de Chardins Bücher wurden ins Kloster geschmuggelt. Die Kirche hatte sie auf die Schwarze Liste gesetzt. Chardin wurde exkommuniziert, weil er Dinge gesagt hat wie: Die Erde ist der Leib Christi und heilig, und Christen müssen die Verantwortung für deren Evolution übernehmen. Solch sakrilegisches Reden führte zu einer inneren Spaltung. Viele Nonnen wollten sich mehr politisch in der Welt engagieren und meinten, wir hätten nicht das Recht, bequem und sicher so herumzusitzen. Jene von uns, die sich offen äußerten, wurden bewußt von einander isoliert und zu entlegenen Pfarreien verfrachtet, wo rigide Oberinnen sich ihrer annahmen. Schwester Esther, eine brillante Frau, die ich liebte, verschwand eine Zeitlang. Sie bekam eine Schocktherapie.

Mutter Oberin wollte mir einreden, daß mein Geist verwirrt sei, weil ich über diese Themen redete. Etwa ein Jahr lang unterzog sie mich ihren Disziplinierungslektionen, bis mein Vater an Krebs erkrankte. Ich durfte nach Hause zurückkehren und meiner Mutter bei seiner Pflege helfen. Es war ein Alptraum. Er schrie vor Schmerz. Ich gab ihm Morphiumspritzen, aber dann wurde er süchtig und schrie vor Halluzinationen. Meine Mutter und ich fanden kaum Unterstützung in meiner Gemeinschaft. Als mein Vater starb, war ich sehr depressiv, durfte mich aber nicht grämen. Wir Nonnen waren in der Kunst der Distanzierung sehr gedrillt. Ich kehrte in die Gemeinschaft zurück, in der ich siebenundzwanzig Siebentkläßler in Fächern wie Geographie unterrichtete, womit ich mich seit meiner siebten Klasse nicht mehr befaßt hatte.

Nachdem ich drei Wochen wieder dort war, brachte mich die Mutter Oberin spätabends in die Nervenklinik von St. Louis. Der Mann in der Aufnahme fragte: »Warum sind Sie hier?« »Ich weiß nicht. Sie brachte mich her. Fragen Sie sie«, antwortete ich und zeigte auf die Mutter Oberin. Sie wechselten einen wissenden Blick. Ich wurde eingeliefert und mit Tabletten vollgepumpt. Der Arzt sagte mir, daß sie eine Schocktherapie in Erwägung zögen. Zum Glück kam es dazu nicht.

Drei Wochen später wurde ich zum Unterricht in dieselbe Schule zurückgeschickt, aber die Gemeindemitglieder hatten von meiner Einlieferung erfahren und machten eine Unterschriftenaktion, damit man mich versetzte. Ich war ohnehin deprimiert, da ich über den langwierigen und grausamen Sterbeprozeß meines Vaters nicht reden durfte. Plötzlich als geisteskrank bezeichnet zu werden unterhöhlte tatsächlich meine inneren Ressourcen. Daraufhin wurde ich zu einer abgelegenen Pfarrei geschickt, wo die Oberin strikten Gehorsam verlangte und die Nonnen vor ihr niederknien und die Befehle entgegennehmen mußten.

Donna: Wie hast du das Kloster verlassen?

Kevyn: Man legte mir nahe zu gehen, doch ich weigerte mich. »Nein, ich werde hierbleiben und kämpfen.« Ich schrieb an das Provinzialmutterhaus in Rom und erhielt die Erlaubnis zu bleiben. Aber nach einem Jahr wollte ich fort und ging. Eine Nonne fuhr mich zum Haus meiner Mutter. Ich ging hinein, legte mein Habit ab, zog Straßenkleidung an, die meine Schwester mir besorgt hatte, gab das Habit der Nonne, und sie fuhr weg. Es war ein scharfer Trennungsstrich von meinem ganzen Leben. Mein Gefühl der Befremdung und Entfremdung vom weltlichen Leben tat so weh. Und es war schwer, mich nach all diesen Jahren wieder auf meinen Körper zu besinnen. Ich brauchte eine Weile, in der ich mich mit nachwachsendem Haar und barhäuptig im Spiegel betrachtete, bis ich mit der Freiheit eines selbstgewählten »Aussehens« zurecht kam. Kleidung, Mode und Stil irritierten mich.

Diesen ersten Monat draußen war ich sehr deprimiert, ging wieder zum Seelenklempner vom Krankenhaus und nahm Tabletten. Die klösterlichen Kämpfe aufzugeben, war wie ein sterbender Traum. Ich hatte keine Gemeinschaft außerhalb – nur meine Familie. Obwohl sie liebevoll und in materieller Hinsicht hilfsbereit waren, konnten sie mit meinen radikalen Ideen, wie sehr die Kirche einer Veränderung bedurfte, nichts anfangen. Kunststudien an der Southern Illinois Universität waren sehr heilsam. Ich studierte auch Theologie und wurde ein »As« in der Thematik »Der Tod Gottes und die Säkularisierung der Religion« – damals heißumstritten in Theologiekreisen. In diesem Jahr gingen noch andere, auch meine Postulantinnenmagistra und Schwester Timothy. Ich half ihr beim Wiedereingliederungsprozeß, und mir wurde klar, daß ich seit eh und je in sie verknallt war. Aber sie verliebte sich in einen Exmönch.

Donna: Hegst du irgendein Bedauern, daß du ins Kloster gegangen bist?

Kevyn: Heute nicht. Bei den gegebenen Lebensumständen war es ein Glücksfall. Doch nach meinem Austritt bereute ich zehn Jahre lang die Zeit, die ich dort verbracht hatte. Ich fühlte mich von der katholischen Kirche seit meiner Kindheit ausgebeutet, und mir war, als hätte ich sieben sinnlose Jahre als Nonne vergeudet. Anfangs war ich so wütend, daß beim Anblick einer Nonne eine Menge Groll in mir hochkam. Ich dachte, daß alle Nonnen und Priester blöd seien und alle gescheiten gegangen waren. Inzwischen betrachte ich mich wieder als religiösen Menschen und empfinde Achtung für alle, die sich für spirituelle Ziele einsetzen, sofern sie an die Übernahme der Verantwortung für diese Erde gekoppelt sind. Viele katholische Priester und Nonnen sind dem politischen Kampf tief verpflichtet. Heute sehe ich Nonnen nur als arbeitende Frauen, die untereinander verschieden sind.

Donna: Ich arbeite für eine Friedensorganisation, die ein antimilitärisches Rekrutierungsprogramm für Leute anbietet, die sich mit dem Gedanken herumschlagen, in die Armee einzutreten. Sie beraten sie bei Alternativen und bieten ihnen Referenzen zur Arbeitsvermittlung sowie Aus- und Weiterbildungsmaßnahmen, vor allem für Menschen mit niedrigem Einkommen. Glaubst du, daß es in der Frauenszene ein Antirekrutierungsprogramm für junge Frauen geben sollte, die daran denken, ins Kloster zu gehen?

Kevyn: Ja, sicher. Ich hätte auch gern, wenn es in der Frauenszene Hilfsmaßnahmen gäbe, die den Wiedereintritt der Exnonnen in die weltliche Gesellschaft erleichtern. Wir brauchen eine Bewußtseinserweiterung hinsichtlich der Exnonnen. Es ist unterdrückerisch, wenn Leute Frauen belächeln, die eine Zeit im Kloster zugebracht haben. Es reduziert die Person, ihre Wahl, ihre Herkunft; und es fördert die verinnerlichte Unterdrückung der Exnonnen. Ich hätte gern, daß Katholiken aufhören, Nonnen auf den Sockel zu stellen. Ich hätte gern mehr Gemeinschaftssinn zwischen Nonnen und Frauen außerhalb des Klosters. Informative Psychiatriekritik hätte mir geholfen, meine psychiatrische Behandlung als das unterdrückerische Mundtotmachen zu erkennen, das es war. Ich hoffe, daß es heutzutage zumindest ein Trauercounselling gibt. Außerdem träume ich von einem Netzwerk zwischen lesbischen Hexen und Nonnen. Es wäre für beide Gruppen großartig.

Donna: Wie war deine erste sexuelle Beziehung?

Kevyn: Als ich aus dem Kloster kam, machte ich mein Examen und lehrte Kunst an Schulen der Innenstadt von St. Louis, die in diesem Labyrinth ärmlich gebauter, überfüllter Hochhäuser für arme, städtische Schwarze verstreut sind. Mit siebenundzwanzig heiratete ich und zog nach Florida, wo ich Kunst unterrichtete und gegen die Rassentrennung an Floridas Schulen eintrat. Als ich wieder auf die Kunstakademie ging, reizten mich eigentlich Frauen, doch herrschte eine so heftige Homophobie, daß ich lieber im dunkeln blieb.

Donna: Wie hat sich deine spirituelle Anschauung nach deinem Klosteraustritt entwickelt?

Kevyn: Zuerst gab ich alle spirituellen Praktiken auf. Ich betrachtete mich als Exkatholikin und schrieb und las eine Menge über die Säkularisation des Geistes, wie ich es nannte. Gott war tot. Ich beklagte diesen Verlust und tröstete mich mit der Kunst. Ich hatte Angst. Von Zeit zu Zeit trieb ich mich zu politischen Aktionen, wurde mir aber schauderhaft meiner Machtlosigkeit und Unterdrückung durch Sexismus und Klassismus bewußt. Das ausschlaggebende Moment kam 1975, als ich keine Arbeit finden konnte und bei der Sozialhilfe landete. Das Sozialamt schickte mich zur beruflichen Umschulung, wo man mich zum Psychiater schickte. Die nächsten fünf Jahre wurde ich mit Tabletten vollgestopft und ausgebeutet.

Aber in dieser Zeit freundete sich eine junge jüdische Frau mit mir an und bewunderte meine Kunst. Sie betrieb Hexenforschung und gab Kurse in Hexerei. Sie wollte, daß ich ihrem Zirkel beitrete, den sie gerade ins Leben rief. Depressiv, unter Drogen gesetzt und zurückgezogen, wie ich war, lehnte ich zwei Jahre lang ab, doch schließlich trat ich ihm bei. Ein Jahr später machte sich meine Wut auf den Psychiater Luft, der mich emotional und sexuell mißbraucht hatte. Ich wurde in die Psychiatrie eines Krankenhauses eingeliefert, mit noch mehr Tabletten vollgepumpt und in eine Zwangsjacke gesteckt. Mein Zirkel besuchte mich täglich, beruhigte die Aufseher und holte mich heraus. Von da an beschäftigte ich mich ernsthafter mit dem Glauben der Hexen an ihre Fähigkeiten, sich ihre Macht zu NEHMEN. Ich erhielt die formale Initiation als Hexe und Priesterin von meinem Zirkel und verpflichtete mich zu einer leidenschaftlichen Beziehung zur Göttin, dem weiblichen Geist, wie ich sie immanent in der Erde und all ihren natürlichen Kreaturen und in Frauen finde.

Donna: Wann hattest du dein Coming out als Lesbe?

Kevyn: Ich identifizierte mich als politische Lesbe, drei oder vier Jahre bevor ich mich sexuell engagierte, was etwa drei Jahre her ist.

Donna: Kannst du Parallelen zwischen deinen Erwartungen als Nonne und als Lesbe ziehen?

Kevyn: Es bestand die Erwartung, außerhalb männlicher Privilegien und männlicher Dominanz zu leben und zu arbeiten. Das Kloster bot mir diese Illusion, aber unsere Machtlosigkeit in der patriarchalen Kirche wurde uns täglich vor Augen geführt. Als ich mir vorstellte, eine Nonne zu werden, träumte ich von geistiger Ekstase, und wenn ich mir vorstellte, eine Lesbe zu werden, erträumte ich mir sexuelle Ekstase. Heute sind beide Erwartungen erfüllt, weil ich für meine sexuellen Gefühle in befriedigender Weise offen bin. Die Arbeit mit anderen Frauen, die mich sexuell antörnen, ist das Höchste. Arbeit zu haben, die bewußt erotisch aufgeladen ist, gibt mir Energien. Es gibt noch andere Parallelen zwischen Lesben und Nonnen: die Art, wie wir zusammen arbeiten, die Art, wie wir kommunizieren, die Art, unsere Ziele klarzukriegen, die Art, sie anzugehen, die Art, wie wir uns umeinander kümmern. In den Gruppen, in denen ich mitarbeite, engagieren wir uns für feministische Spiritualität, für alternatives Bauen und für die Übernahme der Verantwortung für die Erde.

Kevyns Anmerkung: Ich danke meiner Schwester aus der Arbeiterklasse und meiner politisch aktiven Partnerin, Donna Warnock, dafür, daß sie mich trotz meines ganzen Widerstands dazu gedrängt hat, diese Geschichte zu vermitteln. Allerdings verursachte mein sturer Glaube, daß ich nicht normal sei, eine Menge Schmerz. Dann wurde mir klar, daß »normal« so ist, wie uns jene, die die Macht besitzen, haben wollen und wie unterdrückte Menschen es nie sind. So bin ich schließlich glücklich, meine Geschichte erzählt zu haben.

Was tat so ein nettes jüdisches Mädchen
wie ich im Kloster?

Ayyelet Hashachar
(1962–1968)

Liebe Shoshi,
seit Wochen liegt Dein Brief nun schon auf meinem Schreibtisch.
Ich habe mir geschworen, daß ich Deine Frage beantworte,
bevor ich etwas anderes tue, doch wann immer ich vor diesem
weißen Papier saß, konnte ich nicht anfangen. Was tat so ein
nettes jüdisches Mädchen wie ich im Kloster? Ich hatte keine
Ahnung, daß es mir so schwer fiele, mich daran zu erinnern. Und
doch muß ich diese Geschichte schreiben, eher meinet- als
Deinetwegen. Kennst du das rabbinische Sprichwort: »Wenn ich
nicht für mich bin, wer wird dann für mich sein? Und wann, wenn
nicht jetzt?«
Kein Wunder, daß mein früheres Leben als Nonne Dich überrascht. Das Bemänteln durch die Biographie ist ein Reflex. Eine
ganze Periode meines Lebens habe ich verschleiert, um den
Fragen über meine Klosterjahre auszuweichen. Als ich Dich
kennenlernte, lebte ich seit zehn Jahren als Jüdin. Nicht, daß Du
meine Glaubwürdigkeit als Jüdin angezweifelt oder mir meine
christliche Vergangenheit vorgeworfen hättest. Aber nachdem
ich von Israel in die Vereinigten Staaten zurückgekehrt und
bevor mein Übertritt offiziell war, gab es eine Zeit, da bekam ich
keine Antwort, da war mein Engagement für Israel verdächtig,
da zweifelten manche Studenten sogar meine berufliche Kompe-
tenz an. Stell Dir die Reaktion vor, hätten solche Leute erst
gewußt, daß ich Nonne war.
So wurde ich eine Heuchlerin und versuchte, die sechsjährige
Lücke im Paß meiner jüdischen Identität zu vertuschen. Um
diese Jahre für Juden verständlich zu machen, müßte ich die
frostige Atmosphäre des Katholizismus ausmalen, wie sie Mary
Gordon so gut in ihrem Roman beschreibt. Als ich *Final Pay-
ments* zu Ende gelesen hatte, war mir, als wäre auch ich nur durch

den Antrieb selbsterhaltender Wut aus diesem Treibsand gerettet worden.

Seit ich das Kloster verließ, habe ich nach etwas gesucht, das wert war, aus jener Zeit herübergerettet zu werden. Immerhin habe ich eine ausgezeichnete liberale Kunstausbildung erhalten und einige gute Freundschaften geschlossen. Niemand riet mir davon ab, irgendein Fach zu studieren, bloß weil ich eine Frau war; im Gegenteil, ich wurde zu guter Leistung angespornt. Obendrein faszinierten mich die Nonnen in der Oberschule, weil sie so unabhängige Frauen waren. Vor allem erinnere ich mich an die Nonne, die Literatur und kreatives Schreiben unterrichtete; sie war klug, gewitzt, stark, nonkonformistisch, sportlich und hatte einen Männernamen. Ich wollte so sein wie sie.

Mit siebzehn ging ich ins Kloster, obwohl ich nie »religiös« war und nie einen »Ruf« (Berufung) erfahren hatte, lediglich ein Schuldgefühl, das mir die Nonnen einflößten, weil ich Pläne für mein Leben nach dem Oberschulabschluß schmiedete, ohne Gott in Erwägung zu ziehen. Die anderen jungen Frauen, die mit mir eintraten, waren da nicht anders. Die Schwestern schöpften die »crème de la crème« ab, die Spitze einer jeden Abschlußklasse: die Sprecherinnen einer jeden Schülervertretung, die klügsten, kreativsten Schülerinnen, die besten Sportlerinnen. Ich erinnere mich nur an eine Außenseiterin: Sie wurde heimgeschickt, als sie ihre Vision der gebenedeiten Jungfrau Maria schilderte.

Meine Ambivalenz gegenüber dem Eintritt ins Kloster hätte mir bewußt werden sollen, als ich im Sommer nach meinem Oberschulabschluß ein Magengeschwür bekam. Damals aber erkannte ich den Zusammenhang nicht. Meine Eltern fanden sich mit meiner Entscheidung eher ab als daß sie beglückt gewesen wären davon, daß ihr einziges Kind sie für ein Leben im Dienst der Kirche verließ. Manche Leute waren der Ansicht, ich sei ins Kloster gegangen, um von zu Hause fort zu kommen, doch war die Gemeinschaft, der ich beitrat, wie meine Familie irisch-katholisch, autoritär und konservativ. Als mir klar wurde, daß das Kloster nicht das war, was ich mir erhofft hatte, bin ich nicht gleich gegangen. Ich beschloß, zu bleiben und es mit Anpassung zu versuchen. Von meiner Familie, die sich immer politisch engagiert hatte, lernte ich, innerhalb des Systems zu kämpfen – allerdings nur innerhalb. Ich fügte mich dem, was mir nicht gefiel, und unterdrückte meinen Zorn. Jedes Jahr dachte ich, das nächste würde schon besser: Die Dinge müßten sich einfach ändern. Künftig hätte ich mehr Freiheit. Obwohl mir jeder Arbeits- oder Lehrauftrag schlimmer vorkam als der vorherige, glaubte ich, daß eine so bedeutsame Entscheidung wie diese sich nicht auf eine bestimmte Konstellation der Umstände gründen sollte. Ich hatte die Gelübde in der Absicht abgelegt, sie lebenslänglich zu halten. Wenn ich das Kloster verließe, gelänge es mir womöglich nie wieder, eine ewige Verpflichtung einzugehen.

Ich habe mich nie dem Reglement langer Betgottesdienste im Morgengrauen gefügt oder den Messen, dem Rosenkranz, der Beichte, den Predigten übers klösterliche Leben, dem Lesen spiritueller Bücher bei den Mahlzeiten, dem Schuldkapitel, den Tagen und Nächten des Silentiums, dem Bürstenschnitt, der die Haube im Stil mittelalterlicher Helme hielt, und dem Knien, um für alles die Erlaubnis zu erbitten, von Seife und Binden bis hin zu meinem Studienplan. Ich tat, was von mir erwartet wurde, sofern die Unterlassung aufgefallen wäre. Von Jahr zu Jahr tat ich weniger. Durch abendliches Yoga ersetzte ich die Meditation, die ich morgens verschlief. Ich verlor alles, nicht nur das Vertrauen in die institutionalisierte Religion, sondern auch die Spiritualität und den Glauben an Gott.

Obendrein wurde ich gegen das Gemeinschaftsleben allergisch, das sich für ein Einzelkind zum Gewinn wie zur Bürde entwickelt hatte. Weder konnte ich einsam sein, da ich von Menschen umringt war, noch konnte ich allein sein, wenn mir der Sinn danach stand. Vierundzwanzig Stunden am Tag war ich wandelnde Repräsentantin der Kirche, in Laien- wie klösterlichen Diensten.

Anfangs konnte ich zu den zehn bis fünfzehn Jahre älteren Frauen aufsehen, die offenbar meine Werte teilten. Aber die Gemeinschaft versagte darin, die vom Zweiten Vatikanischen Konzil beabsichtigten Neuerungen im klösterlichen Leben durchzuführen. Die Frauen an der Macht beschlossen, »den Kurs zu halten«. Viele Schwestern gaben die Hoffnung auf, das System von innen her verändern zu können, und zwischen 1966 und 1968 gingen fünfundzwanzig- bis fünfzigjährige Frauen in Scharen. Nachdem meine Rollenmodelle verschwunden waren, hatte ich keine Perspektive, außer zu arbeiten, um die Arztrechnungen für die älteren Schwestern zu bezahlen. Als eine dieser Empfängerinnen meines Gehalts Meldung erstattete, daß ich eines Sonntagmorgens statt Habit Bermudashorts getragen hatte, explodierte ich vor Zorn. Ich haute ab.

Rückblickend sehe ich heute, daß das Kloster eine frühe Version der frauenbewegten Separatistinnen war. Wir waren Frauen, die der Welt, in der eine Frau von Mann zu Mann weitergereicht wird, den Rücken kehrten. Wir waren alle mehr oder weniger lesbisch, je nach Bewußtsein von uns selbst als frauenidentifizierte Frauen. Allerdings war das Kloster nicht im mindesten eine utopische reine Frauengemeinschaft. Genau die Konstellation, die Frauen-lieben-Frauen hätte befördern können, verbot deren stärkste Bindungskraft. Als Frauen hätten wir gemeinsam stark sein können, doch die Krux im Szenario, die das Kloster von der vollen Verwirklichung seines Potentials als separatistische Gesellschaft abhielt, war Sexualität. Homophobie grassierte im Kloster in noch größerem Maß als in der Gesellschaft allgemein.

An meinem ersten Abend, als wir uns anschickten, zu Bett zu gehen, schweigend und im Halbdunkel, setzte meine Angst vor Lesbianismus ein. Heute finde ich das lustig. Achtzehn schliefen in meinem ersten Schlafsaal. Das Große Silentium wurde nur von drei Frauen um mich her gebrochen, die im Schlaf redeten. Großes Silentium, Gruppenschlafräume, lakenverhangene Betten, Schlafsäle, die tagsüber nicht betreten werden durften – all das verhinderte physische Intimität.

Wir wurden über die Gefahren »spezieller Freundschaften« belehrt. Niemand nannte das Wort »lesbisch«. Das Verbot einer engen Freundschaft zwischen zwei Frauen basierte auf der Ideologie des Gemeinschaftslebens: Wenn du deine Zeit und Aufmerksamkeit zu sehr auf eine Person konzentrierst, schränkt es deine Verfügbarkeit für die Gemeinschaft als ganze ein. Ich begriff nicht, daß dieses Verbot auch aufgestellt wurde, um die Entwicklung physischer Intimität zu unterbinden. Von uns wurde das Sublimieren »der Regungen des Fleisches« erwartet, aber die spürte ich nie, weil ich nie meinen Körper erforschte. Sogar die Verwendung von Tampons war uns untersagt. Keuschheit, ein Gelübde, das nur in heterosexuellem Sinn verstanden wurde, war leicht: Ich vermißte nicht, was ich nicht kannte und mir nicht vorstellen konnte.

Ungeachtet dessen konnten Verbote und Regeln die Frauen nicht davon abhalten, sich zu verlieben. In meinem ersten Jahr verliebte ich mich heftig – die erste Liebe meines erwachsenen Lebens. Wir hielten es für eine großartige Freundschaft. Wir entdeckten in einander die Seelenverwandtschaft. In jenem Jahr verleitete unsere emotionale Nähe uns allmählich zu dem Wunsch, einander körperlich nahe zu sein und uns zu berühren. Schließlich erschreckte uns die Intensität unserer Gefühle. Meine Freundin kam zu dem Schluß, daß sich unsere Wege zum Wohl der Gemeinschaft trennen mußten. Da sie sich selbst nicht zutraute, eine sensible Balance zu halten, indem sie ihre Zeit und Aufmerksamkeit aufteilte, gab sie mich ganz auf. Obwohl wir im selben College lebten, redete sie drei Jahre lang nicht mit mir. Wäre die Trennung beiderseitig gewesen, hätte sie mir nicht so weh getan. Aber ich war nicht bereit, meine Freundin aufzugeben.

Das Ende dieser Freundschaft hatte später Konsequenzen. Wie Berenice in *The Member of the Wedding,* die »Teile« ihrer ersten Liebe in einem anderen Mann heiratete, lernte ich nach Verlassen des Klosters den Bruder meiner Freundin kennen, verliebte mich leidenschaftlich und heiratete ihn beinahe. Ich hätte mißtrauisch sein sollen, daß er, mehr als jeder andere Mann, eine so heftige Reaktion in mir weckte. Doch mit achtzehn verleiteten mich die Intensität meiner Gefühle und mein Zorn über den Verlust der Liebe seiner Schwester zu dem Versuch, meine Emotionen zu unterdrücken. Fast gelang es mir, die Fähigkeit zur Liebe zusammen mit meinem Zorn auszutreiben.

Bevor ich dem Kloster den Rücken kehrte, ließ ich mich schließlich auf eine andere Frau ein. Als ich von der unheilbaren Krankheit meiner Mutter erfuhr, versuchte meine Zimmergenossin, mich zu trösten. Die relative Privatheit unseres Zimmers ermöglichte uns körperliche Nähe und Zärtlichkeit, doch aus Angst vor Entdeckung wagten wir nicht, in einem Bett zu schlafen. Unsere natürliche Neugier verführte uns zu Experimenten, indem wir uns auf den Mund und unsere Brüste küßten. Weiter gingen wir nicht, da keine von uns etwas von der Macht sexueller Erregung ahnte, die zwischen unseren Beinen schlummerte. Was wir taten, gab uns ein schönes Gefühl und stillte die Bedürfnisse in uns beiden. Selbst als wir einen Lehrauftrag an verschiedenen Orten bekamen, setzten wir unser körperliches Engagement bei unseren Besuchen fort. Dann brach auch sie die Beziehung ab, bevor sie ihre Gelübde erneuerte. Als ich ihr einige Monate später erklärte, daß ich das Kloster verließe, sagte sie mir, ich sollte mich zum Teufel scheren.

Nach Verlassen des Klosters ließ ich mich sofort wieder mit Männern ein, um herauszufinden, was ich in der heterosexuellen Welt vermißt hatte. Ich ging kurze Beziehungen ein, machte einige sexuelle Erfahrungen, las Bücher über Sex und lernte das Onanieren. Ich wurde in der Bürgerrechtsbewegung aktiv, in der Frauenbewegung, der Anti-Kriegs- und Friedensbewegung. Meine feministischen Freundinnen unter den Doktorandinnen beförderten mein Bewußtsein vom mittelalterlichen Katholizismus ins zwanzigste Jahrhundert. Sie diskutierten offen über alle Themen, die sie als Frauen betrafen, einschließlich Lesbianismus. Ich verliebte mich in eine dieser Freundinnen und hatte später eine Affäre mit einer anderen. Das war mein wahres sexuelles Erwachen und der Beginn, mich selbst als Lesbe zu akzeptieren.

Einer der Charaktere in Djuna Barnes' *Nachtgewächs* behauptet, daß »das kontemplative Leben ein Versuch ist, den Körper zu verbergen, damit die Füße nicht rausschauen«.

Mir gefällt dieses Bild. In meiner Klosterzeit versuchte ich tatsächlich eine Art Selbstmord durch meine Bemühungen, mich anzupassen, doch meine Sexualität schaute weiterhin raus, egal, wie sehr ich versuchte, sie zu unterdrücken. Später versuchte ich, diese sechs Jahre meines Lebens auszulöschen und dort anzusetzen, wo ich mich mit achtzehn verlassen hatte, vielleicht aus einem Schuldgefühl heraus: Ich war mitschuldig in dem Prozeß, mein *Selbst* zu töten. Weder die Kirche noch das Kloster hätten mir das ohne Hilfe antun können.

Erinnerst du dich noch an das Lied von Meg Christian über ihre Heimat im Süden: »Nicht mehr schuldig am Leid, das ich überall hätte finden können«? Es wird Zeit, daß ich aufhöre, dem Kloster für das Leid jener Jahre die Schuld zu geben; es hätte mir überall zustoßen können. Es wird Zeit, daß ich aufhöre, Lachen und Vergessen als Betäubungsmittel für meine Vergangenheit herzunehmen. Ich bin bereit, zu »umarmen, was ich geliebt habe. und den Rest über Bord zu werfen«, wie Meg sagt.

Shoshi, es ist mir schwer gefallen, diesen Brief zu schreiben, doch ich bin froh, daß ich es getan habe. Die Geschichte, wie ich Jüdin wurde, hebe ich mir für später auf. Schreib bald. Du fehlst mir.

Deine Ayyelet

Ayyelet Hashachar, Starke Gazelle der Dämmerung oder Morgenstern, ist eine jüdische Lesbe, die an der Universität judäische Literaturwissenschaft lehrt, mit ihrer Geliebten fast auf dem Land lebt, einen Lesbenroman schreibt, Gewichte hebt, Vögel füttert und wünscht, sie hätte eine Katze namens Balagan – Unordnung, Chaos.

Sr. Mary Agnita, M. M. (r) und Sr. Bernard Damien, M. M. (l), 1966

Jessie (r) und Fran (l), 1981

So gut, so richtig

Jessie
(1959–1967)

Ich wurde in den Vereinigten Staaten geboren, und so bin ich durch den Zufall meiner Geburt eine sogenannte Amerikanerin. Statistisch bin ich als negroid eingestuft, doch in Wirklichkeit bin ich gemischtrassig.

Meine Eltern waren Katholiken, und ich wuchs in einer sehr katholischen Atmosphäre auf. Meine Familie war arm. Die Werte und das Leben der Mittelklasse wurden mir in meinen Klosterjahren nahegebracht. Als ich das Kloster verließ, behielt ich den Lebensstil der Mittelklasse fünf Jahre lang bei. Heute bin ich bewußt arm.

Als ich aufwuchs, war meine Einstellung zur Sexualität von der katholischen Kirche geprägt, die lehrte, daß Sexualität ein notwendiges Übel ist, eine Funktion, die in der Ehe mit dem Segen der katholischen Kirche allein zum Zweck der Arterhaltung zu erfüllen sei. Wie viele Katholiken war ich verunsichert und hatte Schuldgefühle.

Mein erstes bewußtes Interesse an Frauen – im Gegensatz zu Freundinnen – hatte ich mit zehn Jahren, als ich bei meiner Freundin übernachtete. Luna und ich schliefen im selben Bett. Es reizte mich, ihr körperlich nahe zu sein, sie anzufassen und zu streicheln. Ich erinnere mich noch an die starke Erregung, die ich bei dem engen Körperkontakt mit Luna empfand, als sie sich auf dem Spielplatz aus meinem »Schwitzkasten« freistrampelte.

Sexualität war in meiner Familie kaum ein Gesprächsthema. Ich erinnere mich dumpf an gelegentliche Bemerkungen über Männer, die »komisch« waren, sich also unmännlich verhielten. Einige Frauen in meiner Nachbarschaft nannte man »männlich«, aber es gab keine sexuellen Rückschlüsse. »Männlich« bezog sich auf Kleidung: die damals ungewöhnliche Sitte, Hosen zu tragen und kurzgeschorenes Haar, auf ihre »ungewöhnliche« Körperkraft oder die Verrichtung von Arbeiten, die im allgemeinen mit Männern identifiziert wurden. »Homosexualität« gehörte bis zu meinem fünfundzwanzigsten Lebensjahr nicht zu meinem Vokabular. »Lesbe« war mir erst mit zweiunddreißig ein Begriff. Damals hatte ich bereits sechs Jahre lang eine emotionale, romantische und sexuelle Liebesbeziehung mit einer Frau.

Als ich aufwuchs, ist mir nie in den Sinn gekommen, aufs College zu gehen. Ehe, Familie und Arbeit waren die einzigen mir bekannten Wahlmöglichkeiten. Aber ich spürte eine religiöse Berufung. Um meine Berufung zu prüfen, traf ich Verabredungen mit Jungen. Natürlich hatte ich das Ergebnis dieser Prüfung schon vorher festgelegt. Die Rendezvous gaben mir auch einen normalen Anschein, so daß es bei meinem Klostereintritt schien, als hätte ich alle Dinge genossen wie normale Mädchen und gäbe sie nun für eine höhere Berufung auf.

1958 trat ich einer unbekannten Missionsgemeinschaft im Norden der Vereinigten Staaten bei. Bis dahin war ich nie über hundert Meilen von meiner Heimat im Süden hinausgelangt. Unter etwa zweitausend Missionsschwestern in dieser Gemeinschaft war ich erst die zweite Schwarze, die zur Ausbildung zugelassen wurde. Das Kloster stellte eine drastische Veränderung jeder Ebene meines Lebens dar. Doch aufgrund meiner Anpassung wurde ich für den größten Teil meiner achteinhalb dort verbrachten Jahre vorbildlich religiös.

In meinem Klosterleben unterdrückte ich überwiegend meine emotionalen und sexuellen Bedürfnisse oder lenkte sie auf Gebete, Arbeit oder andere annehmbare Aktivitäten. Als junge Ordensschwester schloß ich mit Frauen in meiner Gemeinschaft tiefe, echte Freundschaften, von denen viele noch heute bestehen. Eine dieser Freundschaften war meine erste Liebe zu einer Frau. Ich identifizierte meine Gefühle nicht als romantische Emotionen. In ihrer Gegenwart war ich einfach hingerissen und sprühte. Tagelang weinte ich, als sie fortfuhr, um anderen Gemeinschaftspflichten nachzukommen, und schwelgte in unserem Wiedersehen. Unsere Begegnungen waren intensiv, doch nie offen sexuell. Wir umarmten uns zur Begrüßung und hielten oft unsere Hände, doch hinderte uns eine tiefe Furcht an dem Eingeständnis möglicher Regungen, unser Verlangen zu äußern. Außer sozialen Tabus verbot uns unser Gelübde, an sexuelles

Verhalten auch nur zu denken. Wären wir uns außerhalb des Klosters begegnet, läßt sich nur ahnen, was sich da entwickelt hätte Wir sind noch heute enge Freundinnen.

Offenes sexuelles Einlassen erfolgte einige Jahre später mit einer anderen Schwester, die eine enge Freundin war. Frans erster Eindruck von mir war, daß ich zu allen wesentlichen Dingen keine Meinung hatte. Sie war eine auf Veränderungen erpichte Aktivistin. Ich kam ihr still und spirituell vor. Allmählich wuchs unser Verständnis füreinander, da wir gemeinsame Freuden und Enttäuschungen, spannungsgeladene und sorglose Momente erlebten. Wir diskutierten über Veränderungen innerhalb und außerhalb unserer Gemeinschaft und darüber, wie uns diese Veränderungen betrafen. Als unsere Beziehung sich vertiefte, fühlte sich Fran durch unsere Nähe bedroht und versuchte, mich wegzuschieben. Da ich sie besser kannte, als sie ahnte, kratzte ich an ihrer Abwehrhaltung, sie verlor ihre Ängste ein wenig und gewann mehr Vertrauen.

Eines Abends, während eines heftigen Sturms am Pfingstsonntag, wurde mir bewußt, daß wir im Begriff waren, die Schwelle zu einer romantischen Beziehung zu überschreiten. Dieser Abend, den wir angezogen und eng bei einander sitzend verbrachten und der mit einem Kuß endete, den ich ihr auf die Stirn drückte, war gefühlsgeladen. Am nächsten Tag fuhren wir zu verschiedenen Sommerkursen, und die Meilen zwischen uns ließen uns Zeit, uns über unsere Gefühle klar zu werden. Wir schrieben uns viele Briefe. Am Ende des Sommers waren wir zu mehr als einer Freundschaft bereit. Was das bedeutete, wußten wir beide nicht. Die Tabus und Verbote meines früheren Lebens hatten allmählich ihre Relevanz verloren. Meine Entschlüsse richteten sich mehr nach meinem Inneren und wurden verantwortungsvoller, weniger von außen motiviert und reaktionär.

Nach Monaten des Fummelns, Herantastens und emotionaler Qual erkannten wir, daß wir uns zutiefst liebten. Wie sich herausstellte, war unsere Beziehung so gut und richtig, so weiterbringend für jede einzelne und für uns gemeinsam, daß uns nie in den Sinn kam, sie könnte falsch oder sündig sein. In unserer sexuellen Naivität herrrschte bei uns beiden Verwirrung über die wahre Natur dieser Dimension, die wir da erforschten, aber wir hatten weder Schuld- noch Angstgefühle. Unsere Vorgesetzten hatten uns den Weg der Selbstverleugnung gelehrt. Eine Fülle an Geben, Nehmen und Selbstbejahung wurde zu unserer Erfahrung in der Liebe.

Anderthalb Jahre nachdem wir Geliebte geworden waren, verließ Fran das klösterliche Leben. Fünf Monate später ging auch ich. Keiner von uns beiden wurde der Austritt nahegelegt, doch hatten wir beide das Gefühl, dem klösterlichen Leben entwachsen zu sein, weil es sich in seiner Zweckmäßigkeit überlebt hatte.

Nach Verlassen des Klosters nahmen wir an katholischen Riten unserer Gemeindepfarrei teil (ein Fiasko) und dann an avantgardistischen, privaten, eucharistischen Feiern. Innerhalb eines Jahres nach unserem Klosteraustritt nahmen wir an gar keinen derartigen Riten mehr teil.

In den ersten acht Jahren unserer Beziehung hatten wir keinerlei Kontakt zu anderen lesbischen Gemeinschaften. Wir hatten kein System, das uns stützte, keine öffentliche Anerkennung unseres Lebensstils und keine Vorbilder. Wir hatten keinen Namen oder Begriff für unsere Gemeinsamkeit, und vielleicht hatte dieser Mangel einen positiven Einfluß auf unsere Beziehung. In jener frühen und manchmal stürmischen Zeit waren wir gezwungen, uns miteinander zu konfrontieren und unsere Probleme gemeinsam zu lösen. Später boten unsere Beziehungen zu anderen Lesbengemeinschaften die Möglichkeit, unsere Erfahrung mit anderen Lesben auszutauschen, und jene langersehnte öffentliche Anerkennung unserer lesbischen Identität.

Wir halten uns für moralische und spirituelle Menschen, denen die Goldene Regel als Norm dient. Wir streben danach, mit der natürlichen Ordnung der Dinge in Übereinstimmung und mit einem Minimum an Konflikten zu leben. In unserer unmittelbaren Umgebung kommunizieren wir mit empfindungsfähigen und nicht empfindungsfähigen Wesen auf unserem Planeten und den Monden, Planeten und Sternen in unserem Weltraum und darüber hinaus. Wir stoßen verschlossene Türen und spüren ungenutzte Energien in uns auf, nehmen früher unvorstellbare Risiken auf uns. Täglich entdecken wir neue Stärken, neue Heilkräfte, neue Dimensionen unserer Liebe und Fürsorge für einander und für andere.

Wir meinen, daß Göttinnen und Götter von Menschen geschaffen sind aus dem Bedürfnis heraus, das Unerklärliche zu erklären, sich egoistische Macht über andere Menschen und Dinge anzueignen oder der Verantwortung für Taten oder Tatenlosigkeit zu entgehen. Wir begnügen uns damit, über das Unerklärliche zu staunen, und sehnen uns nicht nach Macht über Personen und Dinge. Wir übernehmen die volle Verantwortung für unsere Taten und Tatenlosigkeit. So bemühen wir uns beispielsweise, nur die Energie und Materialien zu verwenden, die wir brauchen, betreiben keinen Mißbrauch oder Verschwendung, leben ein einfaches, von Besitztümern untangiertes Leben. Seit sieben Jahren leben wir in einer Zweizimmerblockhütte eine halbe Meile im Wald. Nach Sonnenuntergang wird unser Haus von Petroleumlampen erhellt. Unsere Wasserquelle ist ein Brunnen mit Handpumpe einige Meter vor der Hütte. Wir heizen und kochen mit Holz. Wir entschieden uns gegen ein Telefon, als wir erfuhren, daß einige Masten aufgestellt werden müßten, um die bestehende Leitung neu zu verlegen. Die unerschwinglichen Kosten, die unsere Naturlandschaft zerstörenden Maschinen sowie das Fällen der Bäume waren allesamt nicht mit unserem Lebensstil vereinbar.

Politisch sind wir engagierte Anarchistinnen. Wir rackern uns als freiberufliche Tischlerinnen/Anstreicherinnen/Umbauerinnen/ Reparaturhandwerkerinnen ab, unsere Lohnforderung ist an unseren Bedürfnissen orientiert. Unser ganzer Stolz liegt darin, eine Arbeit gut zu machen, unsere Bezahlung entspricht in keiner Weise dem Wert, den wir unserer Arbeit beimessen. Viele Leute, auch einige Feministinnen, finden, daß wir uns unterbewerten, weil sie die männliche Tradition beibehalten, den Arbeitswert mit der Preisskala gleichzusetzen.

Seit sechzehn Jahren suchen wir nach neuen Lebenswegen. Manches, das wir ausprobiert haben, klappte nicht oder zumindest nicht vollkommen; manches war nur für gewisse Phasen unseres Lebens gut; manches bleibt ein beständiger Teil von uns; und vieles müssen wir noch versuchen. Gemeinsam, als zwei sich liebende, einander und unserem Lebensstil verpflichtete Frauen sind wir dahin gekommen, wo wir jetzt sind; und gemeinsam gehen wir weiter. Einzeln wäre keine von uns auch nur halb so weit gekommen.

Jessie und Fran leben und lieben in Maine.

Teil III
Sie sollen sich nicht berühren

Unsere Vorgesetzten trieben uns zu blindem Gehorsam an, zur Selbstverleugnung, Abtötung der Sinne, Kasteiung des Fleisches und zur Vermeidung spezieller Freundschaften. Einander zu berühren war uns verboten. Wir wurden als krank, übel, gefährlich bezeichnet – unentschuldbar. Verunsichert und voller Schuldgefühle arbeiteten wir uns auf, uns von unseren widerspenstigen Sehnsüchten zu läutern und uns für sie zu bestrafen. Man riet uns, verstärkt um die Gnade zu beten, nicht das zu empfinden, was wir fühlten.

Sie sollen sich nicht berühren,
nicht mal im Scherz

Margaret
(1963–1975)

Im Juni 1963 machte ich meinen Oberschulabschluß. Ich wollte nicht heiraten, und ich wollte etwas Gutes für die Welt tun. Ich war idealistisch. Als ich meiner Mutter erklärte, ich wollte dem Orden beitreten, dessen Nonnen in unserer Schule lehrten, weinte sie und sagte, seit Jahren hätte sie darum gebetet, daß eine von uns eine religiöse Berufung hätte. Sie hielt es für das beste, wenn sie es meinem Vater sagte, also ging ich eines Abends aus. Als ich heimkam, lag mein Vater im Wohnzimmr auf dem Boden und weinte im Dunkeln. Er weinte nie, und er lag auch nie am Boden. Er fragte mich, warum ich das täte. und bat mich, nicht einzutreten. Er sagte, er würde mich auf jedes gewünschte College schicken und mich studieren lassen, was und so lange ich wollte. Ich erklärte ihm, was ich wollte, sei das Kloster. Da weinte er noch mehr und sagte, er begreife es nicht. Wir redeten nie wieder darüber. Nach meinem Eintritt beschloß er irgendwie, stolz auf mich zu sein, und stellte mein Foto auf seinen Schreibtisch im Büro und prahlte vor seinen Kollegen mit mir.

Bei meinem Eintritt ins Kloster war ich zum erstenmal von zu Hause fort, und es waren zweitausend Meilen. Ich liebte die Gemeinschaft, der ich ihres Geistes wegen beigetreten war. Ich liebte das Gefühl, daß wir alle in einem gemeinsamen Ziel vereint waren. Die »Wir«-Erfahrung war neu für mich und sehr befreiend. Wir waren um einer viel größeren Sache als unseretwillen hier, und es existierte Einheit, Gemeinschaft, ein Rahmen, der Individualität zuließ und akzeptierte. Zudem liebte ich das Singen. Oh, die Herrlichkeit dieser Frauenstimmen, die Evangelien und Gesänge sangen. Manchmal hielt ich im Singen sekundenlang inne und ließ den Klang mich durchströmen. Es war wie eine Erklärung ans Leben. Die Klänge und Farben und Gefühle erfüllten mich so, daß ich zu bersten glaubte.

Eine der ersten Regeln, die wir lernten, war: »Sie sollen einander nicht berühren, nicht mal im Scherz, nur beim Abschied oder bei der Rückkehr von einer Reise – und dann nur dem Brauch entsprechend.« Man ermahnte uns, keine speziellen Freundschaften zu schließen, wenngleich wir nicht wußten, was das bedeutete.

Eines Tages hatten wir Anprobe unserer Postulantinnentracht. Meine war in der Brust zu weit. Ich hatte Größe 34 B, und dies war mindestens 38 D. Ich traf meine Postulantinnenmagistra im Korridor und fragte sie, ob ich es ändern lassen könnte. Ich schlug meinen Umhang zurück, um ihr zu zeigen, daß es zu groß war. Sie sah mich an, dann meinen Busen, streckte sodann beide Hände aus und streichelte meine Brüste einige Male mit ihren Zeigefingern von der Seite zu meinen Brustwarzen. »Oh nein, Liebe, es ist fein, es ist fein.« Ich war entgeistert. Ich konnte nicht fassen, daß sie meine Brüste berührte. Nicht nur einmal, sondern zwei- oder dreimal und in aller Öffentlichkeit. Niemand hatte je meine Brüste berührt. Schauer überliefen mich. Ich konnte nicht sprechen. Ich habe nie mein Kleid geändert bekommen.

Als John Kennedy im November 1963 ermordet wurde, war es ein emotionales Trauma für mich. 1964 sahen wir Novizinnen uns im Fernsehen die Gedenkfeier zu seinem einjährigen Todestag an. Die meisten von uns weinten. Schwester Barbara, auch eine Novizin, legte ihren Arm um mich, als ich weinte. Nachdem alle anderen aus dem Zimmer gegangen waren, blieben Schwester Barbara und ich dort. Sie hielt mich fest, und es war eine solche Wohltat. Ich hatte mich einsam gefühlt, und dieses Halten, diese Zärtlichkeit nahmen mir das Gefühl. Dieses Gehaltenwerden erschien mir wie der Himmel. Bald entwikkelten wir eine neurotische Beziehung. Ich spielte die Leidende, und sie spielte die Trösterin.

Wir begannen, uns heimlich zu treffen, im allgemeinen direkt vor der Nachmittagsfreizeit, manchmal in der Kofferkammer, doch meistens im Badezimmer. Die eine setzte sich dort auf den Stuhl, die andere auf den Wannenrand. Wir umarmten uns. Dann hielten wir einander die Brust, legten nur unsere Hände drauf, aber streichelten sie nicht. Wir redeten kaum. Die Stimmen wären im Korridor zu hören gewesen. Wenn wir gingen, blieb immer eine einen Augenblick länger.

Eines Abends nach dem kleinen Silentium war Schwester Barbara in meiner Schlafnische. Wir waren zu acht im Schlafsaal, jede Nische durch einen Vorhang oder einen Wandschirm abgeteilt. Die Privatheit war rein visuell. Um neun Uhr läutete die Glocke zum heiligen Silentium. Schwester Barbara ging nicht. Als nächstes erinnere ich mich, daß sie mich flach auf dem Bett hatte. Sie lag auf mir, küßte mich auf den Mund. Ihre Zunge stieß immer wieder in meinen. Ich war noch nie auf den Mund geküßt worden. In diesen wenigen Sekunden schossen mir eine Menge Gedanken durch den Kopf: »Was zum Teufel ist das denn? Was tut sie da? Was soll die Sache mit der Zunge? Oh, ich mag es!« Als ich darauf reagierte und meine Zunge ausstreckte, abwechselnd mit ihrer, stieß sie mich weg und flüsterte eindringlich: »Das dürfen wir nie wieder tun.« Benommen fragte ich naiv: »Warum nicht?«

Natürlich wurden wir gemeldet. Am nächsten Tag, während ich auf den Unterrichtsbeginn wartete, kam Schwester Barbara aus dem Büro der Novizinnenmagistra. Ihre ganze Schüchternheit war verflogen. Grimmig erklärte sie, daß die Mutter mich sehen wolle. Sie sagte mir, ich solle abstreiten, daß sie nach dem heiligen Silentium bei mir war, weil sie es abgestritten hatte. Ich ging hinein und sagte der Mutter, sie hätte meine Schlafnische um neun Uhr verlassen. Die Mutter fragte, ob ich sicher sei, und ich sagte ja. Es folgten keine weiteren Fragen. Schwester Barbara und ich begannen, zusammen zu schlafen, nur schlafen nach der Löffelmethode auf den feldbettgroßen Pritschen. Immer stieg ich zu ihr in die Schlafnische. Manchmal ging ich vorm »Licht aus« ins Bad und saß dort, bis die Nachtschwester vorbeikam, »Laudetur Jesus Christus« rief und dabei die Lichter löschte.

Anfangs schliefen wir in unseren Nachthemden. Dann schliefen wir nackt. Einmal ließ ich meine Hand (zufällig mit Absicht) über ihr Schamhaar streifen und entschuldigte mich. Sie sagte, es sei schon in Ordnung. Wir küßten uns nach diesem ersten Mal nicht wieder. Nie streichelten wir uns oder fummelten. Wir nahmen unsere Löffelposition ein und redeten und schliefen und erwachten vor der Morgenglocke.

Eine Weile gab ich das, was wir taten, als »mitmenschlichen Trost«

aus. Dann ging ich eines Tages, nachdem ich mit Schwester Barbara im Badezimmer war, zu meiner Nische und onanierte. Dann sagte ich Schwester Barbara, daß wir nun aufhören müßten, da ich, nachdem ich mit ihr zusammen war, onaniert hätte. Sie fragte mich, wie ich das getan hätte! Sie, die mich nie wieder küßte, wollte wissen, wie das Onanieren ging! Ich war wütend, konfus und hilflos.

Einmal waren Schwester Barbara und ich und einige andere Novizinnen im Noviziat bei einer kurzen Freizeit vor dem Unterricht. Die Novizinnenmagistra wurde jeden Moment erwartet, und wir alle standen herum und plauderten und lachten. Schwester Barbara packte mich am Gürtel und wirbelte mich daran herum. Sie lachte und machte sich über mich lustig und ließ nicht los. Es war mir so peinlich. Sie stellte mich und unsere Beziehung bloß. Ich konnte lediglich zähneknirschend wiederholen: »Laß mich los!« Sie gab mit ihrer Macht über mich an. Nach einer Ewigkeit ließ sie mich los und lachte weiter.

Das Beichten war für mich die Hölle. Der Priester war alt, pensioniert, schlurfte morgens nur mit Mühe herbei und nuschelte sich durch die Messe. Wenn ich vor der Messe zur Beichte gehen mußte, war mir hundeelend zumute. Irgendwann erhielt ich die Erlaubnis, mit einem Priester außerhalb des Klosters zu sprechen. Ich wollte die Zustimmung zu einer körperlichen Züchtigung und dachte, daß den Sehnsüchten meines Körpers nur durch physische Geißelung beizukommen sei. Ich dachte dabei an Dinge wie auf dem Boden schlafen. Ich fühlte mich irgendwie verkrampft, weil dieser Priester ein Freund von Schwester Barbaras Familie war. Er sagte, daß derartiges manchmal in isolierter Umgebung passiere und ich mir keine Sorgen machen oder Extrastrafen auferlegen solle. Ich solle einfach die Regeln befolgen, und das halte mich schon von solchen Gelegenheiten ab. Ich versuchte es und versagte einige Male, ließ das Bedürfnis nach Wärme und Trost siegen, bis die Schuldgefühle einsetzten. Dann wuchsen die Bedürfnisse aufs neue.

Ich bat die Mutter, mich in einen anderen Schlafsaal zu verlegen, der an ihr Büro/Schlafzimmer grenzte, weil das Gerücht kursierte, sie hätte einen leichten Schlaf. Sie verdächtigte mich des Versuchs, Schwester Barbaras Schlafsaal näher zu kommen. Ich erklärte ihr, ich wolle in der Nähe ihres Büros sein, nicht Schwester Barbaras Schlafsaal, der auf derselben Etage lag, und sie erlaubte es mir. Nach einer oder zwei Wochen schlich ich mich des Nachts davon, trotz der Möglichkeit, von der Novizinnenmagistra überrascht zu werden.

Schließlich konnte ich es nicht mehr aushalten. Der emotionale Aufruhr, die Schuldgefühle und Qual, die Isolation und Einsamkeit. Ich spürte sie in meinem Körper, meiner Brust, meinem Sein. Das zermürbte mich. Ich ging zur Mutter und bat, unter vier Augen mit Schwester Barbara reden zu dürfen. Angewidert musterte sie mich lange, ehe sie es gestattete.

Die Regel reichte nicht aus. Selbst Gott reichte nicht aus. Die Wahrheit war meine letzte Hoffnung. Wenn Schwester Barbara und ich es nur beim Namen nennen könnten, indem wir einander in die Augen sahen, würde es die Situation verändern. Ich raffte allen Mut zusammen, sah Schwester Barbara in die Augen und fragte sie, ob sie das Wort wisse für das, was wir getan hatten. Sie wandte sich ab, und ich wußte, ich war verloren. Immer wieder sagte sie: »Nicht! Nicht!«

Ich forderte: »Sag es! Siehst du denn nicht, daß wir damit umgehen können, wenn wir es benennen?« Ich war kalt und voller Angst und Groll.

Immer wieder sagte sie »Nicht!«, bis ich schließlich hinausging. Wir schliefen nie mehr zusammen.

Zwischen unserer Unterredung und meiner Entscheidung lag wahrscheinlich eine Woche. Ich mußte ein paar Wochen warten, bis mein Haar nachgewachsen war. Ich hatte es bis auf die Kopfhaut abgeschnitten, damit ich drinnen blieb. Die Mutter setzte ein Datum für meine Abreise fest ohne ein »Bist du auch sicher, Liebe?«. Kein Gespräch über Probleme. Nichts.

Verabschiedungen waren verboten. Niemand sollte es wissen, bevor eine ging. Nach der üblichen Prozedur hielt die Mutter am Tag, nachdem eine Person gegangen war, die Morgenlehre: »Der Herr gibt, der Herr nimmt, der Name des Herrn sei gelobt. Schwester Soundso ist gestern abend nach Hause gefahren. Die Lehre für heute ist . . .«

Ich ging zur Vordertür hinaus, als ich das Kloster verließ. Ich drehte mich um und warf noch einen letzten Blick auf die riesige, graue, steinerne Abtei. Meine Augen glitten am Glockenturm hinauf, mein Gesicht war vor Zorn und Bitterkeit verzerrt. Mit einer Hand packte ich die Autotür, die andere hob ich zur Faust geballt. In mir kochte die Wut, als mein Blick an der Haustür hängen blieb. Da stand meine Novizinnenmagistra. Vor Schreck hatte sie Mund und Augen aufgerissen über das, was sie meiner Gestik und Mimik entnahm. Unsere Blicke kreuzten sich einen kurzen Moment. Endlich! Endlich hatte ich mit einer kommuniziert. Ich drehte mich um, verbarg meinen Zorn und stieg in den Wagen.

Ich lebe mit meiner Geliebten an der Westküste.

Garantiert hetero

Kate Quigley
(1961–1966)

1940 in einer Präriestadt in Kanada geboren, als einziges Kind
von einem Ehepaar um die Dreißig adoptiert, wuchs ich im
mittelständischen Vorort auf, der sich langsam, aber sicher in die
Prärie ausdehnte. Mein Vater war schottisch-presbyterianischer
Abstammung, und meine Mutter kam aus einer irisch-römisch-
katholischen Familie. Obwohl ich adoptiert war, identifizierte
ich mich stark mit ihrer Herkunft, bestärkt durch mein »kelti-
sches Aussehen«, dunkelhaarig, hellhäutig und farbenfrisch.
Mein Vater dominierte meine frühe und relativ einsame Kindheit, erklärte mir Dinge wie Napoleon Bonapartes Verbannung
oder wie Vulkane entstehen. Während unserer Sommerferien
arbeiteten wir im Geräteschuppen an Außenbordmotoren, so
daß ich mit zehn Jahren eine Zündkerze oder einen Scherbolzen
auswechseln konnte. Als meine Tante beklagte, daß mein Vater
keinen Jungen hatte, den er mit zum Fischen nehmen konnte,
erwiderte meine Mutter scharf, den brauche er nicht – er habe ja
mich. Meine Mutter hämmerte mir schon früh ein, daß mein
Verhalten und Aussehen auf sie zurückfielen. Unsere Nachbarn
lachten über meinen Widerwillen, als meine Mutter mir in meinem elften Sommer verbot, mich öffentlich ohne Hemd zu
zeigen, da ich jetzt eine junge Dame sei. Ich stellte fest, daß
Jungen mehr Freiheiten hatten und daß Freiheit Spaß bedeutete.
Mit sechs Jahren verliebte ich mich unsterblich in die hübsche
Nonne, die mich auf meine Erste Heilige Kommunion vorbereitete. Ich weiß noch, wie ich in der Unterstufe der Oberschule
einmal beim Baseballspiel hinter Schwester Coleen stand, meinem damaligen Liebesobjekt, und sie sich unter einem Ball
wegduckte, der mich statt dessen mitten auf die Stirn traf. In
einem Anflug erwachsender Ritterlichkeit beugte ich mich über
sie und fragte benommen, ob sie in Ordnung sei. Meine Schwär-

merei für die Nonnen in meiner Oberschule kannte keine Grenzen. Jeden Abend lungerte ich in der Schule herum, sang im Glee Club unter der Leitung einer brillanten Nonne, für die ich eine zehn Jahre während Leidenschaft entwickelte.

Mein Verhalten war typisch für die meisten Schülerinnen dieser Zeit. Wir spürten, daß die Nonnen uns liebten, also liebten wir sie auch. Da ich selbst Lehrerin bin, staune ich heutzutage, wieviel Zeit uns die Nonnen trotz ihres enorm gedrängten Stundenplans widmeten. Angesichts dieser gegenseitigen Zuneigung überraschte es nicht, daß viele von uns erwogen, der Ordensgemeinschaft beizutreten.

Mein Weg ins Kloster war alles andere als leicht. Ich wollte nach der zwölften Klasse eintreten, aber meine Klassenlehrerin überredete mich, zuerst zu studieren und mein Bachelorexamen zu machen. Widerstrebend ließ ich mich darauf ein, da ich einerseits dachte, daß mein Aufnahmeantrag nicht angenommen werden könnte, und andererseits, daß meine Motive vielleicht nicht die reinsten wären. Was, wenn Gott nicht wollte, daß ich Nonne würde? Was, wenn mein Hang zum klösterlichen Leben auf meinem emotionalen Engagement bei den Nonnen basierte? Noch schlimmer: Was, wenn sich der Reiz für mich auf Sinnlichkeit gründete oder – o Schreck aller Schrecken – auf Sexualität? Meine Grundehrlichkeit trieb mich dazu, mit meinen Beichtvätern über meine Zweifel zu reden. Ein Priester sagte mir, ich sei aus dem Stoff, aus dem die Heiligen sind. Ein anderer gestand mir fröhlich zu, daß ich womöglich lesbisch sei, doch derartige Neigungen durch völlige Offenheit zu meinen Vorgesetzten ausgleichen könne.

Als ich in meinem letzten Universitätsjahr bei meiner örtlichen Oberin den Aufnahmeantrag stellte, wurde mir gesagt, ich solle noch ein Jahr warten. Alles brach über mir zusammen. Es verschlug mir die Sprache, daß diese Nonne, die selbst wie ein Kleiderschrank aussah, durchblicken ließ, ich sei sehr »männlich« ich solle besser erst einmal meine Lehramtsprüfung machen und etwas erwachsener werden. Ich war am Boden zerstört, wütend und in Panik.

Meine Geschichtsprofessorin, eine bemerkenswerte Frau und Nonne dieser Ordensgemeinschaft, nahm mich sofort unter ihre Fittiche. Einige Monate lang beriet und unterstützte sie mich, während sie sich gleichzeitig bei den Vorgesetzten für mich verwandte. Im März erhielt ich die Nachricht, daß mein Antrag bearbeitet würde. Wie ich später erfuhr, hatte mein Beichtvater gedroht, sich über die Köpfe der örtlichen Vorgesetzten hinwegzusetzen, wenn nicht sofort etwas unternommen würde. Als meinem Eintritt schließlich im Juli stattgegeben wurde, kamen meine alten Zweifel wieder hoch und dazu meine Angst, als Novizin vor den öffentlichen oder ewigen Gelübden abgelehnt zu werden. Diese Angst sollte während meines ganzen klösterlichen Lebens nicht mehr weichen und sich am Ende bewahrheiten.

Der Zeitplan im Noviziat ließ uns wenig Muße. Aus Gründen, die mit der morgendlichen Meditation zu tun hatten, wurde uns nicht erlaubt, im Bett zu lesen, auch keine Meditationsbücher. Da ich gewöhnt war, mich in den Schlaf zu lesen, lag ich abends lange wach und fragte mich, wie ich das körperliche Unwohlsein und Heimweh überstünde, die mich immer wieder niederdrückten. Wenn ich auf der langen Galerie stand und über Doval hinweg die Flugzeuge abheben sah, wünschte ich mir sehnlichst, an Bord zu sein. Feuchtheiße Sommer im Noviziat von Montreal, in denen mich meterweise Serge umhüllte, ließen meine Kindheitsallergie gegen Wolle erneut aufblühen und dazu noch eine Pollenallergie, was zu einer anscheinend unheilbaren chronischen Erkältung führte. Ich sehnte mich nach meiner Stadt, meinem Zuhause, dem Klima und vor allem nach den Nonnen, die mich unterrichtet hatten. Vielleicht hatte diese Oberin recht mit ihrer Empfehlung, noch ein Jahr zu warten und erwachsen zu werden. Warum ich blieb? Ich hatte mir eingeredet, daß mein Entschluß für den mir damals höchst ideal erscheinenden Weg, den sichersten Pfad zur Heiligkeit, Gottes Wille war. Vermutlich war ich auch zu stolz, meiner Mutter meinen Irrtum einzugestehen. Obendrein fand ich schließlich Gesellschaft und lebte in einer Gruppe intelligenter, idealistischer junger Frauen. Das Verlassen des Klosters wäre damals dem Verlassen des Mutterleibs gleichgekommen.

Vor den berühmten speziellen Freundschaften gewarnt (wie könnte eine Freundschaft nicht speziell sein?), wahrten wir im Noviziat körperliche Distanz, aber die intensive emotionale Bindung war für mich sowohl eine Quelle der Stärke als auch der Furcht. Was wäre, wenn eine Person mein Bewußtsein beherrschte und Gott beim Beten verdrängte? Warum war ich so verstört, wenn ich in der Freizeit nicht mit ihr reden konnte? Später, als junge Ordensschwester, erlebte ich diese Konflikte viel stärker. In der Beichte sprach ich über meine Sorge, daß übermäßige Bindungen (die nie als sexuelle Sünde bezeichnet wurden) meinem Gebetsleben in die Quere kommen könnten. Bei den achttägigen Exerzitien, bevor ich meine öffentlichen Gelübde ablegte, kamen die alten Zweifel und Ängste wieder in mir hoch. Meine Vorgesetzten taten ihr Bestes, meine Furcht zu beschwichtigen. Doch als ich meine Gelübde ablegte, war mir, als beginge ich eine Todsünde.

Die Feierlichkeiten und die Reise in den Westen waren eine Qual für mich. Ich konnte mit keiner im Mutterhaus meine Seelennöte besprechen, und schon gar nicht mit meiner Mutter, die mit mir im Zug zurückfuhr. Zu Hause suchte ich meine Geschichtsprofessorin auf, sobald es der Anstand zuließ, und erzählte ihr von meiner Angst, daß das klösterliche Leben für mich nicht Gottes Wille sei. Sie war nüchtern, beruhigte mich jedoch. Sie bedauerte, daß meine Skrupel mich um die Freude brachten, die ich hätte empfinden sollen, als ich Gott mein Leben weihte.

Jenes erste Jahr, in dem ich in einer entlegenen Bergwerkstadt mehr als fünfhundert Meilen nördlich vom Zuhause die zehnte Klasse unterrichtete, strapazierte all meine geistigen, emotionalen und physischen Energien aufs äußerste. Im Oktober hatte eine der Nonnen ein Auge auf mich geworfen. Nach meinem anfänglichen Sträuben (Ich werde mich niemals auf Schwester Genevieve einlassen!) war ich plötzlich verstrickt. Ich hätte gut daran getan, auf meine warnende innere Stimme zu hören und Genevieve wie die Pest zu meiden. Doch wie ist jemand in einem Haus mit sechs Personen und kaum einem sozialen Ventil zu meiden? Wir aßen zusammen, beteten zusammen, verbrachten unsere Freizeit zusammen. Ihr Schlafzimmer lag neben meinem. Ich konnte jede ihrer Bewegungen verfolgen, ob ich wollte oder nicht. Die Anziehung wurde zur Besessenheit, angestachelt durch ihr Flirten und ihre Aufmerksamkeit.

Obwohl kein sexueller Kontakt stattgefunden hatte, brachte ich meine Besessenheit in der Beichte zur Sprache. Der Priester hatte Erbarmen und war guter Laune. Er empfahl ein wenig Zurückhaltung. Ich versuchte es, war allerdings zu Weihnachten ganz hoffnungslos verknallt. Die Oberin, eine kluge und sanfte Frau, die, wie mir langsam dämmerte, jahrelang eine platonische Beziehung mit einer Nonne lebte, sagte einmal mit großer Eindringlichkeit: »Verschenk nur nicht dein Herz!« Auch Schwester Pauline versuchte, mich zu warnen, daß ich Schwester Genevieve nichts bedeutete. Damals fiel es mir allzu schwer, das zu akzeptieren, doch später wurde mir klar, daß sie recht hatte.

Die Dinge spitzten sich zu, als Schwester Pauline und Schwester Genevieve im Januar eine Reise zum Provinzialhaus unternahmen, angeblich in Ordensangelegenheiten. Mir wurde klar, daß die Ordensfinanzen nicht der einzige Punkt auf der Tagesordnung waren. Nach ihrer Rückkehr war Schwester Genevieve kalt und distanziert, von der alten Vertrautheit und Zuneigung keine Spur. Ich stand im Regen. Die Temperaturen von minus 48 Grad Celsius draußen waren nichts im Vergleich zu der Eiseskälte, die sich auf mein Gemüt legte und mich fast in abgrundtiefes Elend stürzte. Ich versuchte, mich meiner Freundin anzudienen, sie aber ließ mich abblitzen, lachte mich sogar aus. Die Freundschaft, falls ich sie so bezeichnen kann, bestand fünf Jahre lang, selbst nachdem ich die Gemeinschaft verlassen hatte. Die Vorgesetzen sorgten dafür, daß wir die nächsten zwei Jahre meiner Lehrtätigkeit getrennt wurden.

Als meine Zeit kam, die Gelübde zu erneuern, legte die Provinzialoberin mir nahe zu gehen. Die Spannungen hatten meine Gesundheit angegriffen, mich reizbar gemacht und ein Zusammenleben mit mir sehr erschwert. Sie war zu dem Schluß gekommen, daß ich die Fürsorge und Gesellschaft eines Menschen brauchte, eines Mannes. Die Weigerung, mich die Gelübde ablegen zu lassen, vermittelte mir ein *déjà vu*-Gefühl. Vor fünf Jahren hatte ich es schon erlebt. Das auf mir lastende Gefühl der Ablehnung verließ mich vorerst am Tag, als meine Gelübde erloschen. Die aufgestaute Spannung der letzten fünf Jahre zerstreute sich zum Teil.

Angesichts dieser fünf Jahre meines Lebens muß ich eins klarstellen: Offene sexuelle Aktivitäten zwischen den Nonnen habe ich weder miterlebt noch davon gehört. Ihr Keuschheitsgelübde wurde ernstgenommen. Meine Beobachtungen wurden von meiner Geschichtsprofessorin bestätigt, die über fünfundzwanzig Jahre im Kloster lebte. Selbstredend blühten die berühmten speziellen Freundschaften und wurden mit Kommentaren bedacht – nicht ohne Humor. Die meisten Nonnen schienen mit diesem Phänomen spielend fertigzuwerden, ob im eigenen Leben oder in dem der anderen. Vielleicht war das frappierendste Beispiel dieser elementaren geistigen Gesundheit die Bemerkung einer älteren Provinzialoberin bei einer Gemeinschaftsversammlung in den zwanziger Jahren, die in bezug auf s. F. sagte: »Laßt sie doch! Gott sei Dank liebt irgendwer irgendwen!«

Nach einem katastrophalen Jahr, in dem ich mit meiner Mutter an der Westküste lebte und an meinem Masterdiplom in Geschichte arbeitete, hatte meine Mutter, die sich schämte und glaubte, ich hätte irgend etwas Gräßliches verbrochen, so daß ich aus der Gemeinschaft verstoßen wurde, mein restliches bißchen Vertrauen untergraben. Hatte sie mich nicht schließlich schon vor meinem Eintritt im Verdacht gehabt, daß ich »schwul« sei? Die Vorgesetzten (Gott segne sie!) hatten ihr versichert, ich sei tatsächlich eine gewissenhafte Nonne gewesen, doch das Leben sei für meine Gesundheit zu schwer.

Nach meinem Examen fühlte ich mich physisch und geistig erschöpft, nahm eine zweijährige Lehrtätigkeit an einer großen öffentlichen Oberschule an und wurde immer einsamer und deprimierter. Ich sehnte mich nach meinen Freundinnen in der Gemeinschaft, vermißte ein Ventil für mein Hauptinteressensgebiet, Kirchengeschichte. Meine Mutter hatte mein Gefühl der Wertlosigkeit noch verstärkt. Die Depression wurde schlimmer und begann, sich in Magen- und Darmverstimmungen niederzuschlagen. Mein Arzt bestand darauf, daß ich einen Psychiater aufsuchte. Über ein Jahr lang konsultierte ich einen netten Arzt, der mich nicht bloß mit Pillen vollstopfte. Wir diskutierten über Geschichte, Religion und die Möglichkeit, daß ich lesbisch sei. Er wollte mir Brief und Siegel geben, daß ich hetero sei. Als ich umzog und im Osten meine Promotion begann, ging ich zum psychologischen Dienst der Universität, um meine Depression behandeln zu lassen. Ein Psychiater, der mir empfohlen wurde, versicherte mir, ich sei nicht schwul, und schickte mich mit der Bemerkung heim, er wolle keine gesunden Leute behandeln.

Im Sommer kam ich zu Hause mit einem ökumenischen, charismatischen Gebetskreis in Kontakt und mit einem Gebetshaus, das von Schwestern meiner früheren Ordensgemeinschaft geleitet wurde, mit denen ich über meine Einsamkeit und Depression reden konnte. Da ich nichts als Öde empfand, riet mir eine Frau, ich solle mich den Taten Gottes in meinem Leben öffnen, indem ich ihm nicht nur für die guten Dinge in meinem Leben danke, sondern auch für die problematischen. Ihre Erkenntnis erwies sich als grundlegender Durchbruch in meinem Gefühls- und Geistesleben. Das Gebetshaus wurde für mich zum Zentrum der Hoffnung. Ich liebte die freitagabendlichen Liturgien, das gemeinsame Beten und die Gespräche mit den Schwestern, von denen einige meine Altersgenossinnen im Kloster waren.

Ich schloß Freundschaft mit Maura, einer Nonne, die ich schon vor meinem Eintritt gekannt hatte. Wir hatten zusammen an der Universität studiert. Endlich gab es da eine, die es anscheinend ebenso genoß, mit mir zusammenzusein, wie ich mich nach ihrer Gesellschaft sehnte. Unsere gemeinsamen Erfahrungen im Kloster schufen eine Bindung zwischen uns. Jede wußte, was die andere sagen wollte, noch bevor wir es aussprachen. Nach einem besonders bitteren Besuch bei meiner Mutter suchte ich bei Maura Trost, und sie zeigte sich großzügig und warmherzig. Zuerst war ich dankbar, dann bekam ich Angst. Hatte ich Bedürfnisse in ihr geweckt, die sie im klösterlichen Leben nicht befriedigen konnte? Obwohl nichts Sexuelles zwischen uns geschehen war, hatte ich Angst, daß ich eine Nonne korrumpierte. Zum Glück konnten wir über meine Skrupel reden, und sie tat ihr Bestes, mir zu versichern, daß ich sie nicht auf den Pfad der Sünde führte.

Ich erkundigte mich nach der Möglichkeit eines Wiedereintritts ins Kloster. Selbst auf die Gefahr hin, masochistisch zu klingen, muß ich gestehen, daß sich die alte Sehnsucht nach dem klösterlichen Leben wieder zu regen begann. Sowohl die Ordensgemeinschaft als auch ich hatten radikale Umbrüche durchgemacht.

Gerade als ich den Wiedereintritt erwog, schrieb mir Maura, ihre Beraterin habe ihr nahegelegt, sich entweder einer erneuten Weihe zu unterziehen oder zu gehen. Ich war erschüttert. Sie war die ideale Ordensfrau: ernsthaft, intelligent, warmherzig, andächtig, hingebungsvoll. In den folgenden Monaten versuchte ich, ihr zu helfen und sie bei ihrer Suche nach einem Arbeits- oder Studienplatz zu unterstützen. Eine Weile sah es so aus, als ließe sie sich in der Stadt nieder, in der ich studierte, doch war sie überraschenderweise nicht daran interessiert, mit mir zusammenzuwohnen. Meine Sehnsucht nach dem klösterlichen Leben schwand. Ich mußte mich mit der Tatsache auseinandersetzen, daß ich mich nach der Gegenwart meiner Freundin, nicht nach dem Klosterleben gesehnt hatte.

Ich blieb mit Maura in engem Kontakt, indem ich lange Ferngespräche führte und die viertausend Meilen der Hin- und Rückfahrt zweimal mit dem Wagen und dreimal mit dem Flugzeug bewältigte. Bei diesen Besuchen sprachen wir über die Möglichkeit, daß ich lesbisch sei. Ihre Akzeptanz und die Unterstützung eines Jesuitenfreundes im Osten halfen mir schließlich, mich im Alter von fünfunddreißig zu meinem Lesbischsein zu bekennen. In dieser Zeit erklärte mir Maura sanft, aber entschieden, daß sie Männer vorziehe. Dann folgte eine schmerzliche Phase der Distanzierung, die durch meine Wahrnehmung ihrer Ambivalenz mir gegenüber noch komplizierter wurde.

Als sie auf hundertzwanzig Meilen in meine Nähe zog, ein Nichts verglichen mit den zweitausend Meilen, die ich in meinem klapprigen Auto jeden Sommer durchnagelte, beunruhigte sie die Aussicht, daß ich womöglich jedes Wochenende auf ihrer Matte stünde, ihre Arbeit und ihr soziales Leben störte. Sie sagte, sie sei nicht bereit, einen so großen Teil ihres Lebens mit mir zu verbringen wie bisher, und wolle eigentlich nur einen kleinen Teil mit mir zusammensein.

Zum erstenmal in meinem Leben war ich wirklich selbstmordgefährdet. Ihre Ablehnung überzeugte mich beinahe, daß niemand eine Beziehung mit mir haben wollte. Wenn das, was ich für die beste Beziehung meines Lebens hielt, so endete, was für ein Mensch war ich dann? Ich gab alle Hoffnung auf, irgend jemanden zu finden.

Ich hatte noch einige Freundinnen und Freunde, die mich mochten. Eine Beraterin vom »Gay Social Service« arrangierte für mich ein Treffen mit einer freiwilligen Gruppenberaterin. Durch Empfehlung der Beraterin verabredete ich mich zum Skilaufen mit einer Frau, die die gleichen Interessen hatte wie ich. Als ich erfuhr, daß die Frau verheiratet war, wenngleich eine platonische Beziehung zu ihrem Mann existierte, schwante mir Übles. Allerdings wußte ich nicht, daß meine Skikameradin mich augenblicklich als Exnonne identifizierte, sich an ihre unglücklichen Erfahrungen in der Klosterschule erinnert fühlte und beschloß, nicht mehr mit mir Ski zu laufen.

Etwa sechs Wochen später wurden wir Geliebte, und die letzten sechs Jahre habe ich einen Kompromiß gelebt, als Freundin der Familie an Familienfeierlichkeiten teilgenommen, mich zeitweilig deren Bedürfnissen gefügt. Louise sieht ihren Mann jetzt öfter als vor unserem Kennenlernen. Ihre Lebensweise ist ruhiger, besinnlicher. Ihre Gegenwart ist und bleibt für mich Stabilität, Bestätigung, Wärme, ein Gottesgeschenk.

Wenn ich auf meinen Weg zur Annahme meines Selbst zurückblicke, staune ich über die Eilfertigkeit, mit der meine Therapeuten mir versicherten, daß ich nicht lesbisch sei. Schon lange vor meinem Coming out waren meine Gedanken und Gefühle auf Frauen gerichtet. Bereits mit elf Jahren wußte ich, daß ich nie einen Mann heiraten würde. Hätten der Jesuitenpater und Maura meine Gefühle nicht ernstgenommen, wäre ich wahrscheinlich noch heute eine Dunkellesbe.

Kurz nach meinem Coming out trat ich dem hiesigen Domkapitel der »Dignity« bei. Einige Wochen später legte der Präsident, überfordert von seiner Arbeit, das Präsidentenamt auf meine Schultern, bis ein ehemaliger Priesterseminarist es übernahm, so daß ich wieder an meine Promotion gehen konnte.

Meine Erfahrung mit »Dignity« hat mich überzeugt, daß wir eine katholische oder christliche Lesbenorganisation brauchen. Frauen kämpfen nicht nur gegen eine frauenfeindliche Gesellschaft, auch gegen eine Kirche, die praktisch seit zweitausend Jahren unbeirrbar die Frauen diskriminiert. Manche von uns sind so unterdrückt worden, daß sie den Glauben an die Männer schlechthin verloren haben. Ich glaube, daß die Erfahrung mit Männern als Unterdrücker und nicht die Minderheit der katholischen Lesben für die relativ wenigen Frauen in »Dignity« verantwortlich ist.

Wir brauchen eine Theologie, die sich mit menschlicher Freiheit auseinandersetzt und respektiert, daß wir in der Lage sind, uns in verantwortlicher Weise unsere Liebesobjekte zu wählen. Als Lesbe weigere ich mich, eine Theologie zu akzeptieren, die uns unserer Freiheit beraubt, damit sie uns von unserer »Schuld« freisprechen kann. Wir sind zur Liebe berufen. Wie könnten wir es wagen, nicht zu lieben?

Ich habe mich im Osten Kanadas niedergelassen, wo ich Geschichte, Geographie und Englisch an einer privaten Oberschule unterrichte. Ich habe über das Mittelalter promoviert und arbeite zur Zeit an meinem Masterdiplom in Pastoraltheologie. Meine Hobbys sind Skilaufen, Gärtnern und meine Hauskaninchen, Vita Sackville-West und Virginia Woolf.

Sr. Robert Mary, 1966

Betsy Snider, 1979

Neubeginn

Betsy Snider
(1964–1967)

Mein Entschluß im Jahre 1964, ins Kloster zu gehen, war eine Geste der Verzweiflung und Rebellion. Ich wußte, daß ich nie heiraten würde und auch nicht ins katholische Frauencollege gehen wollte, in dem meine Mutter und Schwester gewesen waren. Ich wollte Gott dienen und in die Fußstapfen Schwester Redemptas treten, meiner Staatsbürgerkundelehrerin in der Oberschule, in die ich verliebt war. So hatte ich schließlich die Grundfreiheit derer, die keine Wahl haben.

Der Orden, für den ich mich entschloß, gehörte zu den progressivsten in Cleveland, war aber noch immer gewissen Traditionen verhaftet; wir trugen das Habit (zwei Jahre nachdem ich das Kloster verließ, wurden es Kostüme, und dann verschwanden alle Vorschriften); unsere einzigen beruflichen Alternativen waren Krankenpflege und Lehramt (fünf Jahre nach meinem Fortgang wurde die uneingeschränkte Berufswahl gebilligt); wir hatten tägliche Silentiumstunden und wöchentliche Schuldkapitel; wir gingen täglich zur Messe und zum Abendkomplet. Die Atmosphäre war eine Mischung aus vage Progressivem (wir konnten Besuche zu Hause machen, als wir Novizinnen waren) und Traditionellem (keine Verbindung zwischen Ordensnonnen und Novizinnen oder zwischen Novizinnen und Postulantinnen). Ich glaube, das klösterliche Leben befriedigte zwei meiner Hauptbedürfnisse: Es erfüllte meinen Wunsch nach Alleinsein und Innenschau, und es gab mir ein tiefes Gefühl der Zugehörigkeit und Nähe. Ich war Teil einer Gemeinschaft, mit Schwestern verbunden, die eine große Mission im Leben hatten.

Wenn mir auch im Kloster mein Lesbischsein nicht bewußt war, so wurde ich doch ständig ermahnt, keine speziellen Freundschaften mit meinen Mitpostulantinnen und -novizinnen zu schließen. Ich wußte nie, daß dieser Ausdruck sich auf lesbische

Beziehungen bezog. Obwohl ich vor meiner Freundschaft mit einer Postulantin gewarnt wurde, schloß ich eine wirkliche spezielle Freundschaft erst, als ich den Schleier nahm.

Gina war ein Jahr älter als ich. In meinem Postulantinnenjahr hatte ich Angst vor ihr und mied sie nach Möglichkeit. Als ich aber Novizin wurde, beaufsichtigten sie und ich eine Gruppe Kinder beim Sommertagescamp. Wir verbrachten einen Großteil des Sommers miteinander. Wir begannen, einander zu massieren. In meiner Postulantinnenzeit hatte ich anderen Postulantinnen häufig Massagen gegeben. Es war alles recht harmlos. Doch Gina massierte gern den Rücken und verwendete Öl und Puder. Das fand ich aufregend und schrecklich beunruhigend. Den ganzen Winter über trafen wir uns weiterhin allein, machten lange Spaziergänge miteinander, aßen zusammen und verbrachten gemeinsam unsere meiste Freizeit.

Damals befand ich mich in einem großen Aufruhr der Gefühle. Rückblickend war ich zweifellos in Gina verliebt. Als sie anfing, ihre Zeit mit einer anderen Postulantin zu verbringen, war ich eifersüchtig. Ich hatte Schuldgefühle, sobald wir ein paar Minuten für uns allein ergattern konnten. Ich dachte an sie, wenn wir nicht zusammen waren. Zerrissen zwischen meiner Sehnsucht nach ihr, die ich nicht bekennen konnte, und meinem Bedürfnis, eine gute Nonne zu sein, versprach ich mir ständig, daß ich sie nicht mehr allein treffen würde, und mit der gleichen Beständigkeit brach ich das Versprechen. Schließlich rief mich im Sommer unsere Novizinnendirektorin (mein Idol) zu sich ins Büro und sagte mir, ich müsse aufhören, soviel Zeit mit Gina zu verbringen. Ich war unglücklich und doch erleichtert und versprach, Gina nicht allein zu treffen, solange die Direktorin im Sommer fort wäre. Allerdings hatte ich diese Zusage ohne Gina gemacht, und sie war außer sich, daß sie wie ein Kind behandelt wurde. Da es unser letzter Sommer wäre – Gina legte die Gelübde ab und ginge im Herbst in einen anderen Staat –, waren alle Versprechen rasch vergessen, und wir verbrachten noch mehr Zeit miteinander. Während die Direktorin fort war, ignorierten wir ziemlich unverblümt alle Regeln. In meiner Erinnerung war dieser Sommer idyllisch, aber spannungsgeladen und mit Befürchtungen befrachtet.

Am Vorabend der Rückkehr unserer Novizinnendirektorin rief

mich meine frühere Postulantinnendirektorin in ihr Büro und las mir die Leviten. Sie sagte, sie würde meine Novizinnendirektorin davon in Kenntnis setzen, daß ich den ganzen Sommer damit zugebracht hätte, mein Versprechen zu brechen. Am Boden zerstört kam ich aus dieser Unterredung. Die Enttäuschung meiner Novizinnendirektorin am nächsten Tag traf mich mehr als jede Moralpredigt. Wie im Frühling redete sie nur mit mir und nicht mit Gina.

Wir trafen uns auf dem Friedhof, wo ich Gina die schlechte Nachricht überbrachte. Sie war entgeistert. Ich sagte ihr, daß ich es nicht mehr aushielte, die Regeln zu brechen. Und so brach ich zwei Wochen vor Ginas Abreise ins Juniorinnenjahr jeden Kontakt mit ihr ab. Mir war, als hätte man ein Stück von mir herausgerissen. Was es so schwer machte, war unsere Unfähigkeit, die Wahrheit über unsere Beziehung einzugestehen. Die Worte lesbisch oder homosexuell wurden in dieser ganzen Zeit von keiner erwähnt.

Mein endgültiger Bruch erfolgte sechs Monate später – fünf Monate bevor ich meine Gelübde ablegte. Ich fühlte mich innerlich leer. Nach intensiver Gewissensprüfung beschloß ich, das Kloster zu verlassen, warum, wußte ich nicht genau, ich wußte nur, daß ich nicht bleiben konnte.

Seit dieser Zeit habe ich mich für den traditionellen Katholizismus engagiert, den ich nun nicht mehr tolerieren kann, und bei den katholischen Ostermarschierern, die mir schließlich alle traditionellen religiösen Impulse austrieben. Ich habe kein Bedürfnis danach, Gott durch Göttin zu ersetzen, obwohl ich fest an unsere spirituellen Wurzeln glaube und vage an eine universelle (göttliche) Macht. Matriarchale Riten und Sonnen- oder Mondwendfeiern geben mir ein unbehagliches Gefühl. Spirituell neige ich entfernt zum Pantheismus, und Mystizismus fasziniert mich weiterhin.

Meine Erfahrungen im Kloster haben unauslöschliche Eindrücke hinterlassen: Die Weigerung, den Status quo zu akzeptieren, und die völlige Trennung von der Vorstadtgesellschaft. Die Verbindung spirituellen und kollektiven Frauseins gestattete mir, meinen nichttraditionellen Lebensstil beizubehalten, der nicht mehr an soziale Erwartungen geknüpft ist. Diese drei Jahre verschafften mir eine Ruhepause von meiner Familie und meiner

Zukunft, genug Zeit, um zu erkennen, daß das Leben ein ständiger Neubeginn ist.

Ich bin Firmenanwältin und lebe in einem älteren Haus in Hartford, Connecticut, mit zwei Hunden und zwei Katzen. Ich liebe Skilanglauf und Fahrradfahren, Bergsteigen und besonders den Marathonlauf.

Selbstfindung in Harlem

Marie
(1952–1970)

Obwohl ich meinen religiösen Orden schon vor zwölf Jahren
verließ und auch den Abbruch einer zehnjährigen heimlichen
(Klammer-)Beziehung überlebte, stellte sich doch erst vor kurzem ein gutes Gefühl bei mir ein. Wissen Sie, wie es ist, so lange
nach etwas zu suchen, ohne zu wissen, daß ich es suchte, und es
schließlich zu finden? Die Liebe zu einer Frau gut zu finden?
Zuzulassen, daß aufgestaute Leidenschaften, die ich mein Leben
lang größenteils unterdrückt hatte, mir Auftrieb geben, statt
mich zu ersticken?
Ich wurde 1938 in einem Achthundertseelendorf in Wisconsin als
drittes von zehn Kindern treudeutsch-amerikanisch-katholischer
Eltern geboren. Seit meiner Kindheit galt mein Mitleid denen,
die »es nicht so gut haben«. Missionarsgeschichten über China
und über so hingebungsvolle spirituelle Menschen wie die heilige
Therese von Lisieux, Tom Dooley, Anne Morrow Lindbergh
und Francis Libermann rührten mich tief. Ich spürte das Mitgefühl meiner Mutter für andere, als ich sah, wie sie unseren
notleidenden Nachbarn half. Meine Mutter erhob zwar keine
Einwände, als meine ältere Schwester und ich ins Kloster gingen,
gibt aber heute dem Kloster die Schuld an meinem Lesbischsein.
Sie glaubt, daß Sexualität zum Zweck der Fortpflanzung da ist
und wir nicht auf der Welt sind, um glücklich zu sein.
Meine ersten lesbischen Gefühle reichen genaugenommen in
mein sechstes Lebensjahr zurück, als ich mich in die Nonne
verliebte, die in der ersten, zweiten und vierten Klasse meine
Lehrerin war, eine großartige Frau, bei der das Lernen eine
Freude war. Sie sagte meiner Mutter, ich sei eine Frohnatur und
habe eine guten Charakter. Ich vertraute ihr meine größten
Familiengeheimnisse an, sehr zum Leidwesen meiner Mutter
und Schwester. Sie lehrte uns nicht nur, zu Gott zu beten,

sondern auch auf das zu hören, was Gott uns zu sagen hatte. Fünfzehn Jahre später, als der Orden mich aufgrund einer Rükkenverletzung von der Krankenpflege abzog, sagte sie: »Ich weiß, du wirst jetzt wütend sein, doch ich bin froh, daß du aus der Krankenpflege genommen wurdest. Du bist die geborene Lehrerin.« (Sie hatte so recht, aber damals sah ich das nicht ein!)

Mit vierzehn trat ich einem Lehr- und Pflegeorden bei und kam mit einigen wunderbaren jungen Frauen in Kontakt. Als Aspirantin in der Oberschule bewunderte ich die »alten Mädels« (fünfzehn und sechzehn). Ich liebte Edna, weil sie so zartfühlend und fürsorglich war und Sinn für Humor hatte. Die ernsthafte Jean half mir, mich in dem riesigen, zwei Häuserblocks umfassenden Kloster zurechtzufinden, und riet mir, mich in fünfzehn Minuten anzukleiden. Es traf mich sehr, als Edna uns verließ, um nach dem Nervenzusammenbruch ihrer Mutter die jüngeren Geschwister zu versorgen. Jean war so nett an dem Abend, als Lee und ich erfuhren, daß unser Vater krank sei, und es hieß, es sei »Gottes Wille, daß wir heimfahren und helfen«. Welch eine kalte und einsame mitternächtliche Zugfahrt.

Als es Vater besser ging, kehrten Lee und ich ins Kloster zurück und wurden »alte Mädels«, denen es oblag, den »neuen Mädels« zu helfen. Augenblicklich empfand ich Zuneigung zur vierzehnjährigen Darlene mit ihrem schwarzen Haar, den Grübchen und den fröhlichen irischen Tänzen. Wir hielten Händchen unter dem Tisch, bis die Aspirantinnenmagistra uns auseinandersetzte. Unbeirrt füßelten wir unter dem Tisch, bis man uns aufgrund der Tapser am Saum unserer schwarzen Röcke auf die Schliche kam.

Mit siebzehn geriet ich unter die Fuchtel der Postulantinnenmagistra, eine der neurotischsten Nonnen, die mir je begegneten. Ihr Gebrüll jagte mir derartige Angst ein, daß ich jedesmal in ein Zimmer oder auf die Toilette flüchtete, sobald ich das Klicken ihres Rosenkranzes vernahm. Zu denen, die sie nicht mochte, war sie so grausam, daß sie meiner Schwester beim heiligen Silentium zum Frühstück vor allen achtzig Postulantinnen den Haferbrei aufzwang und sie ankeifte, damit sie schneller aß.

Sharon, eine Postulantin, und ich wurden bestraft, weil wir zu nahe am Pult der Geometrielehrerin gestanden hatten. Die Postulantinnenmagistra warf uns vor, wir hätten die Autorität der Lehrerin verletzt. Nach ihrer »Hölle und Verdammnis«-Predigt ging ich in die Kapelle und fragte: »Gott, du bist nicht so, nicht wahr?« »Nein«, bekam ich zur Antwort, und ich sagte: »Das habe ich auch nicht geglaubt.«

Als Novizin im Seniorinnenjahr, mit neunzehn, lernte ich Schwester Francis Ann kennen, eine Juniorinnennovizin, deren Vater ein Säufer war. Ihre Geschichten, wie er im Suff ihre Mutter prügelte und die Möbel demolierte, und die Geschichte vom Unfalltod ihres Bruders Ted schufen Vertrautheit zwischen uns. Manchmal hielten wir Händchen, das war alles. Ich wußte, daß ich sie sehr schätzte; und wenn wir uns in der Halle trafen, wo Silentium vorgeschrieben war, nickten und lächelten wir uns mit soviel Liebe und Verständnis zu, wie wir einander geben konnten.

Auch Schwester Nathan mochte ich sehr. Was ich falsch machte, als ich sie über den Tod ihrer Mutter befragte, weiß ich nicht, jedenfalls machte mir die Novizinnenmagistra die Hölle heiß und sagte: »Du bist wie ein junger Hund. Du gibst nie auf. Ist dir klar, wie weh du Schwester Nathan getan hast?« Bestürzt und verletzt erstickte ich mich in Schweigen. Nach dreiundzwanzig Jahren dämmerte mir, daß Schwester Nathan wahrscheinlich der Liebling der Novizinnenmagistra war. Ich sollte die »Hände davon lassen«, methaphorisch, selbstredend, weil sich nichts abspielte. Da ich zur Novizinnenmagistra aufsah, verstärkte ihre Anschuldigung mein Schuldgefühl und meine negative Selbstachtung.

»Spezielle Freundschaften« waren für mich Anlaß endloser Gewissensprüfung. Immer hatte ich den Wunsch, umarmt und gehalten zu werden und meinen Kopf an eine Frauenbrust zu legen, sublimierte aber diese Gefühle in ein sehr mütterliches Bild Gottes. Uns wurde geraten, sexuelle Versuchungen augenblicklich zu unterbinden, da sie einer perversen, sündigen Natur entsprängen. In solchen Versuchungen zu schwelgen, wenn sie uns bewußt würden, sei eine Sünde. Uns wurden kalte Duschen oder kalte Waschungen des Genitalbereichs empfohlen. Da ich kaltes Wasser unerträglich fand, war es für mich eine reine Tortur. »Sexuelle Träume« waren keine Sünden, sobald »sie dir bewußt sind und du dich bemühst, sie auszuschalten«. Insgeheim hoffte ich, daß ich sie hätte und sie mir nicht allzu rasch beim Aufwachen bewußt würden.

Mein erstes Jahr als Ordensschwester und Krankenschwesternschülerin im Alter von zwanzig war eins meiner glücklichsten Jahre. Ich liebte Schwester Olga, die mich am Krankenbett unterwies. Wie ich entdeckte, verbarg sich hinter ihrer kalten Attitüde eine warmherzige, fürsorgliche Frau. Unglücklicherweise trieb sie vermutlich ihr äußerst strenges, melancholisches, gnadenloses, schuldgeplagtes Gewissen mit fünfunddreißig Jahren zum Selbstmord. Während meiner Lehrzeit als Krankenschwester redete ich mit ihr über meine Familie und meine Gefühle. Ich wußte, daß sie mich wirklich gern hatte. Zu Weihnachten schenkte sie mir ihre Uhr, die ich noch heute habe. Wie geboten, erzählte ich es niemand, erst vier Jahre nachdem ich das Kloster verließ, zeigte ich sie allein meiner Geliebten. Ich hielt sie immer für eine Lesbe, so wie sie mit anderen Nonnen umging, aber sie wollte nie etwas von mir. Als ich wegen meiner Rückenverletzung aus der Krankenpflege abgezogen wurde, war sie wütend über die Art, wie ich behandelt wurde. Verwundert es also, daß ich ihre Loyalität und ihr Gerechtigkeitsgefühl nie vergessen habe?

Die Rückenverletzung zog ich mir als Schwesternschülerin mit einundzwanzig zu. Ich war am Boden zerstört, da die Krankenpflege der Traum meines Lebens gewesen war. Folgsam beendete ich das College und wurde Lehrerin, aber es erregte meinen Zorn, als Schwester James sagte: »Deine Rückenverletzung ist lediglich in deinem Kopf. Auf den Röntgenbildern ist nichts zu sehen. Vielleicht solltest du in ein anderes Milieu wechseln, beispielsweise das Lehramt.« Meine sechs Jahre dauernden wahnsinnigen Rückenschmerzen habe ich ihr zu verdanken. Später entwickelten sie sich infolge von Autounfällen und Verschleiß zu ständigen täglichen Schmerzen. Ich lernte von Schwester James eine Menge darüber, wer ich nicht sein durfte.

Während meiner darauffolgenden sechsjährigen Lehrtätigkeit unter unvorstellbaren Rückenschmerzen stand mir Schwester Bertha mit ihrer Fürsorge und ihrem medizinischen Wissen zur Seite. Sie sagte mir: »Du darfst nicht bitter sein.« In dieser Zeit drohte mir Mutter Oberin wiederholt an, mich nach Hause oder zu einem Seelenklempner zu schicken. Ich wollte keins von beidem und setzte mich durch.

Zu dieser Zeit lernte ich bei einem Sommerkurs Schwester

Annunciata kennen. Sie war mir bald eine treue Freundin. Sie konnte nicht begreifen, wieso mein Orden mir die Rückenbehandlung verweigerte. Einmal bat sie mich um einen Kuß. Ich sagte: »Nein, ich möchte uns unsere Freundschaft erhalten und sie Gott zurückgeben.« Sie stimmte mir zu. Wir blieben über vierzehn Jahre lang Freundinnen.

Seit meinem Coming out hat sie mich als Freundin fallen gelassen. Aber ihre Loyalität und Unterstützung sind mir unvergeßlich. Ich korrespondierte viel mit ihr, obwohl meine Oberin, aus Furcht vor s. F., meine Post zensierte und sogar meine Kommode durchwühlte. Ich machte täglich Notizen – eher eine Art Tagebuch – und gab sie Schwester Annunciata bei unseren Besuchen. Als sie mir Jahre später erzählte, sie hätte ihren Koffer leergemacht und meine Briefe in einem Anflug von Distanzierung weggeworfen, hatte ich das Gefühl, als wäre ein Teil von mir fortgeworfen worden. Der Anflug von Distanzierung erschien mir so grausam!

In den Jahren der Erneuerung – den sechzigern – kamen mir hinsichtlich der Kirche, des klösterlichen Lebens und der Gesellschaft eine Menge Zweifel. Mein Rücken trieb mich in eine finanziell unerquickliche Richtung. Wer nicht ständig produziert, arbeitet, ist wertlos. Darunter habe ich mein Leben lang gelitten.

Ich beschloß, mich nicht durch Schwester James' Haß und den einiger anderer aus dem Leben, das ich liebte, vertreiben zu lassen. Ich legte die zeitlichen Gelübde in dem Bewußtsein ab, daß ich womöglich wegen meines Rückens nie wieder laufen könnte. Diese Möglichkeit wurde mir vom Orthopäden und dem Chirurgenteam in meinem ersten Jahr in Harlem bestätigt. Die nächsten sechs Jahre, die ich in der Innenstadt lebte und arbeitete, waren voller Kämpfe, Erfolgserlebnisse und Schmerzen. Die Arbeit mit denen, die »es nicht so gut hatten«, war für mich erschöpfend, befriedigend und mit Dauerschmerzen verbunden. In dieser Zeit hatte ich einige sehr enge Freundinnen und korrespondierte mit Schwester Annunciata. Ich bezeichnete meine starken sexuellen Triebe als Einsamkeit. Ich glaubte, ich litte unter dem Ansturm dieser vielen verschiedenen Kulturen in New York und unter der Entfremdung von den eigenen Wurzeln. Ich vergrub mich in die Arbeit, unterrichtete in der Gemeindeschule, hielt abends und samstags den Religionsunterricht.

Einen Sommer besuchte ich mit einem halbwüchsigen Puertoricaner zweihundert Familien. Wir gingen treppauf, treppab durch stickige, stinkende, heiße Flure auf der Suche nach dem Herzen, der Seele, dem Leid, der Schönheit des Ghettos. Als 1967 die Aufstände ausbrachen und ich Menschen sinnlos sterben sah, formierte ich eine Sympathisantengruppe. Ich wußte, daß ich »ein Apostolat ohne Billigung der Mutter Oberin« initiierte. Aber die Leiden, die Verzweiflung und die Einsamkeit der Leute waren überwältigend. Als danach meine Oberin meine Versetzung nach Michigan bekanntgab, damit ich meinen »Ungehorsam« und mein »sündiges Apostolat« auf die Armen beschränkte, befürchtete ich einen Nervenzusammenbruch. Ich hatte die Bedürfnisse der Armen gesehen. Die Zustimmung zu einer Versetzung von meiner Arbeit würde mich dazu bringen, genauso gedankenlos und unmenschlich zu werden wie einige Nonnen, die ich kannte. Mit zweiunddreißig Jahren verließ ich das Kloster.

Verschiedene befreundete Nonnen schrieben mir, daß ich einen Irrtum beginge. Wenngleich ich nicht zurückschrieb, vermißte ich sie. Auch das war ein schmerzliches Türenschließen. Seit meinem zwölften Lebensjahr wollte ich Nonne sein. Ich hatte im Kloster viel Frieden gefunden. Die Zeit, die ich in der Kapelle, mit Spaziergängen allein, mit Lesen, Singen, dem Beten des Breviers verbrachte, vermittelte mir Trost und unvorstellbare Lebenserkenntnisse. In diesen zwölf Jahren als Ordensschwester, erst als Schwesternschülerin, dann als Lehrerin im Mittelwesten und in New York, gab ich alles.

Als ich das Kloster verließ, war es gut, daß keine Oberin und andere Leute über alles, was ich tat, ein Urteil fällten. Ich ging eine sehr enge Beziehung mit Ruby ein, die Mutter und Gemeindeorganisatorin war. In unserer zehnjährigen heimlichen Beziehung lernte ich (weiß, aus dem Mittelwesten) eine Menge von Ruby (schwarz, in Harlem aufgewachsen). Ich lernte von ihr mehr als von irgendwem sonst in meinem Leben. Ruby half mir, die Scham über mein Gefühl des Versagens zu überwinden, die ich empfand, wenn ich den Leuten sagte, ich sei Nonne gewesen. Meine Liebe zu Ruby bereitete mir keine Schuldgefühle. Zwar waren meine mystischen Gotteserfahrungen innerhalb wie außerhalb des Klosters eine lebenserhaltende Kraft für mich, doch die Liebe erfuhr ich erst auf so tiefe und spezielle Weise, als ich mit Ruby Liebe machte. Allerdings dauerte es nicht lange, bis wir eine S/M-Beziehung hatten. Ich war die Masochistin. Aufgrund meiner geringen Selbstachtung und meines Mangels an Erfahrung unterwarf ich mich und fügte mich ihren verwirrenden Forderungen. Immerfort sagte sie mir, ich solle mich mit Männern verabreden, doch wenn ich es tat, wurde sie böse. Weil ich mich mit Männern nicht wohlfühlte, glaubte ich, etwas stimme nicht mit mir. Sie erlöste mich auch von den drei lesbischen Frauen, die wir kennenlernten. »Es ist Liebe«, sagte ich ihr immer wieder.

Zehn Jahre später, nach weiteren Rückgratoperationen, verließ mich Ruby mit der Bemerkung: »Ich will dich nie wiedersehen.« Ich war zerstört. Nach Rubys Weggang war ich über ein Jahr lang sehr allein, versuchte, zu heilen und herauszufinden, wer ich war. Eines Tages ging ich im Park spazieren und dachte: »Vielleicht bin ich bisexuell; ich hab's mit Männern probiert, und es hat nicht geklappt. Na ja, ich liebte Ruby. Ich wette, ich könnte eine Frau finden.«

Die Organisation der schwulen Lehrer/innen und »Dignity« waren die ersten beiden Orte, an denen ich willkommen war. Die nächsten drei Monate hatte ich noch gemischte Gefühle über mein Lesbischsein. Einen Tag ging es mir gut damit, am nächsten Tag empfand ich Scham und hatte Angst, man könnte mir auf die Schliche kommen. Mich als Lesbe zu bezeichnen bereitete mir anfangs Probleme. Bei einer Freizeit katholischer Lesben sagte ich in den zwielichtigen Momenten: »Ich wünschte, ich würde eines Morgens aufwachen und all dies (Homosexualität) wäre verschwunden.« Schließlich kam ich wieder zu Verstand, und mir wurde klar, daß meine Sexualität von Gott kommt. Es ist meine Aufgabe, mich zu akzeptieren.

Der Eintritt ins Kloster bedeutete für mich, alles zu verlassen und Jesus zu folgen. »Coming out« als Lesbe war für mich eine noch ehrlichere Nachfolge Gottes. Zusammen mit anderen Schwulen fordere ich meine verlorene Welt in unermeßlichem Frieden und in Erfüllung zurück. Der Kampf für das, was ich richtig finde, umreißt meine lebenslange Suche. Das zu sein, was ich bin – lesbisch –, ist ein integraler Bestandteil meines Strebens.

Ich bin fünfundvierzig und lebe allein. Ich habe ein Masterdiplom in Erziehungswissenschaften und das Äquivalent einer Promotion in den anrechenbaren Vorlesungsstunden. Ein Schulunfall setzte meiner Lehrerinnenlaufbahn ein Ende, und durch Rückgratverletzungen bin ich in meinen Alltagsaktivitäten auf Dauer behindert.

In den vielen Stunden, die ich flach auf dem Rücken im Streckverband zubringe, mache ich vom Bücherhördienst Gebrauch. Außerdem kann ich beten.

Sr. Theresa Stephen, 1969

Sonja Meidell, 1983

Meine Kunst und meine Kraft

Sonja Meidell
(1965–1970)

Als ich in der siebten Klasse war, erklärte ich meiner Mutti, daß ich beschlossen hatte, ins Kloster zu gehen. Sie war entsetzt. »Dann bekomme ich keine Enkelkinder. Du liebst mich nicht.« Papa sagte, ich solle mir mein Leben selbst aussuchen, war aber vom Klosterleben nicht gerade begeistert. Von der Luftwaffe hielten sie ebensowenig. Und sie konnten sich auch nicht leisten, mich aufs College zu schicken, damit ich Sportlehrerin würde. Bei meinem jüngeren Bruder allerdings ging das schon. Mädchen lernten Tippen, Jungen gingen aufs College. Wenn ich ins Kloster ginge, käme ich zumindest aufs College.

1965 trat ich ein fürs Leben. Das Leben endete fünf Jahre später, als meine Ideale nicht die meiner Gemeinschaft waren. Ich brannte darauf, nach Afrika zu gehen, mit den Armen zu arbeiten und wie Christus zu sein. Ich entschied mich für die Bernardinerinnen, Dritter Orden des Heiligen Franziskus, weil ihr Habit praktisch war und ich den heiligen Franziskus bewunderte. Ich arbeitete hart und genoß die beiden ersten Jahre. Kaum verließ ich das Noviziat, wurde mir klar, daß die Lehre des Ordens nicht unbedingt seiner Praxis entsprach. Meine Ideale schwesterlicher Liebe wurden durch bittere, eifersüchtige Frauen erschüttert, die stritten und logen. Soviel Kleinlichkeiten. Als meine Mutter an Krebs starb und mein Vater mich weder besuchen noch ich nach Hause fahren durfte, gab mir das den Rest.

Nach dem Kloster brauchte ich drei Jahre, um mich umzuprogrammieren. Ich zog nach Connecticut, tat mich mit einer anderen Exbernardinerin zusammen, und wir gründeten unsere eigene Gemeinde. Maria und ich waren sehr eng befreundet. Ich vertraute ihr völlig. Aber im fünften Jahr unseres Zusammenseins heiratete sie. Die Feststellung, daß sie nicht wirklich eine Gemeinde wollte, traf mich schwer.

Die nächsten zwei Jahre engagierte ich mich weiter in der Kirche. Ich predigte, hielt Volksmessen, veranstaltete Lichtbildervorträge und bezog Pfarrpriester in die Gemeinde ein. Ich war auch neun Monate lang verheiratet – puh, Humbug. Ich hatte eine Fehlgeburt und wäre fast dabei krepiert. Ich gab Ehe und Kirche auf. Veränderung in der Kirche ließ zu lange auf sich warten. Frauen waren wahrhaftig die Gelackten. »Dignity« war wie die Kirche – gut für Männer, doch Frauen blieben weiterhin außen vor und zogen eine Nummer ab, um mitzumischen. Ich verabschiedete mich von der Kirche. Ich vermißte das Singen, nicht aber die Heuchelei.

Erst nach meinem Ehefiasko und nachdem mir über die Kirche die Augen aufgingen, begann ich, meinen Sexualtrieb zu erforschen. Meine Freundin Dolores gestand mir, daß sie lesbisch war und Angst hatte, es könnte mich umhauen, wenn sie mich zu ihren Freundinnen mitschleppte. Das fand ich idiotisch – jede nach ihrer Fasson.

Da ich noch nie Schwule gesehen hatte (dachte ich jedenfalls), fuhr ich mit Dolores nach Provincetown. Ich dachte, Teufel, Teufel. Den ganzen Abend hatte ich eine Maulsperre. Natürlich ließ mich Dolores eine Weile allein, und ich wurde angemacht. O Gott! Was nun? Kurz darauf durchkämmte ich allein die Schwulenbars, allzu aufgedonnert und allzu naiv. Ein paar Drinks und einige interessante Frauen (ich tanze leidenschaftlich gern) brachten mich zu mir selbst zurück. Ich sehne mich noch immer danach, für Frauen eine bessere Welt zu schaffen. Meine Kunst und meine Kraft bringen mich mit mir selbst und anderen in Berührung.

Ich arbeite im »Reader's Feast«, einem Buchladen in Hartford, Connecticut. Meine Energie investiere ich in mein Buntglaskunsthandwerk und meine Aquarelle, meine Musik und meine Lyrik. Zuletzt machte ich ein Poster zur Gleichberechtigung schwangerer Arbeiterinnen. Soeben wurde ich Schiedsrichterin des amerikanischen Softballverbands.

Auflösung meines Alter ego

Jane E. McLarson
(1964–1970)

Ich wuchs in der Nachkriegszeit in einem irisch-italienischen Elternhaus der Mittelklasse auf. Meiner Mutter oblag die Hausfrauenrolle, während mein Vater sich in drei Jobs nebeneinander abrackerte, um uns zu versorgen und die Chiropraktikerschule zu absolvieren. Als ich zehn war, wurde mein Bruder geboren – die Antwort auf meine sechsjährige Novene an Unsere Liebe Frau.

Schon als unternehmungslustiges kleines Mädchen mit einem Hang zum Wildfang, wie man in den vierziger Jahren sagte, beglückten mich die den Frauen und Mädchen zugewiesenen Hinterbänke in der katholischen Kirche nicht. Ich lernte sämtliche lateinischen Ministrantengebete und die dazugehörigen Riten auswendig, um für den Tag gewappnet zu sein, da Mädchen mit den Priestern den Altar betraten. Obwohl ich mit Freude Nonne spielte, fand ich es doch viel aufregender, Priester zu spielen. Zur Kommunion verteilte ich Waffelplätzchen an neugierige protestantische Freunde und amüsierte Verwandte, die »der Messe beiwohnen mußten«, wenn sie uns besuchten. Da ich auch noch den Kirchendiener spielte, sammelte ich im zweckentfremdeten Frittensiebklingelbeutel immer ein paar Dollar und investierte die Ausbeute zu gleichen Teilen in Baseballkarten und den Erwerb eines weiteren Heidenkindes.

Mit neun wollte ich Tankwart werden. In der Schule war ich im Sport sehr gut, doch als Mädchen die Beste zu sein, war offenbar nicht ganz koscher. Deshalb schuf ich mir eine Traumwelt, in der mein Alter ego *Michael* bei großen Abenteuern gefährliche Dinge unternahm und Frauen liebte. Es war eine kreative Art zu überleben, wenn ich auch instinktiv wußte, daß ich nicht so war wie andere Mädchen meines Alters. Meine Gefühle für Mädchen entsprachen eher dem, was ich für Jungen-Mädchen-Gefühle hielt. Ich betete, die heilige Bernadette möge erscheinen und eine Flasche Lourdes-Wasser über mein Haupt gießen und meine Fremdartigkeit für immer verschwinden lassen. Ich gelobte, ihr zu Ehren ein Denkmal zu errichten, wenn sie mir erschiene.

Glück, Freude, Zufriedenheit und Sicherheit waren keine Gemütszustände, die mit Gott zu tun hatten. Leiden war der erste Weg zur Erlangung der Seligkeit, lernte ich, und das verlieh vielen frühen Erfahrungen eine Bedeutung. Aber verdienstvolles Leid, Einsamkeit und Verstörtheit ergaben für mich als Kind in Wahrheit keinen Sinn. Ich sehnte mich nach normalen Gefühlen der Liebe und Beschütztheit. Ich hatte Angst, von Mami oder Papa verlassen zu werden, wenn ich ungezogen war. Am lebhaftesten erinnere ich mich, wie ich nachts plötzlich aufwachte, das bekannte Keifen aus dem Elternschlafzimmer vernahm und einen Schreck bekam, am Ende allein zu sein. Ich weiß noch, daß ich ganz fest die Augen schloß und meine Hand einem Gott entgegenstreckte, von dem ich glaubte, er gäbe mir Trost und behütete mich. Das war mein erster Glaubensakt. Er transzendierte goldene Sterne oder den Segen der Anpassung zum Ritual. Er war ein persönlicher Pakt mit Gott.

Als ich aufwuchs, begeisterten mich viele Spiele, darunter auch das Schmusen mit Mädchen. So probierten meine beste Freundin und ich verschiedentlich aus, wie wir die Jungen umarmen und küssen würden. Wieviel leidenschaftlicher liebte ich die Proben als die eigentliche Sache. In meiner Oberschule, einer reinen Mädchenschule, wurde ich bald Klassensprecherin, ein großer Star hier, Beste da, höchstwahrscheinliche Siegerin. An glücklichen Tagen genoß ich, daß jüngere Mädchen in mich verknallt waren, haßte allerdings die furchtbaren Bälle und Schulfeste und fühlte mich befremdet, während ich Begeisterung heuchelte. Mein Alter ego *Michael* lebte alle Gefühle aus, die ich innerlich nicht in Einklang bringen konnte. Doch war seine Existenz beängstigend und entsetzlich.

Öffentliche Vorbilder für den Gottesdienst oder das Abenteuer waren damals kaum vorhanden. Es hatte den Anschein, als stellten Nonnen das beste Beispiel dar für das, was ich tun wollte. Mir wurde vage bewußt, daß der Eintritt ins Kloster eine Möglichkeit war, der Konfrontation mit der unvermeidlichen Frage nach meiner Sexualität auszuweichen, das gute Leben in der

Oberschule fortzusetzen und meinem Leben einen Sinn zu geben. Im Glauben, daß der Dienst und die Hingabe an Gott das leidenschaftliche Begehren, das ich für Frauen empfand, schon ausmerzen würden, sprang ich als Achtzehnjährige zusammen mit siebzig gleichaltrigen Frauen ins klösterliche Leben. Doch meine wachsende Befremdung verursachte noch größeren Schmerz und Angst. Ich fühlte mich von dem, was ich war, abgeschnitten.

Besuchstage haßte ich besonders. Nicht, daß irgend etwas unerquicklich gewesen wäre, nur hatte ich das Empfinden, als würden bestimmte Gefühle von mir erwartet. Meine Abneigung verheimlichte ich den anderen, die offenbar die Tage zählten. Obwohl meine Familie mich unterstützte und vermißte, fühlte ich doch immer anders, als man meiner Ansicht nach erwartete.

In meinem ganzen Klosterleben empfand ich stets eine Zuneigung zu irgendeiner, ließ mir aber nichts anmerken, da ich nicht verletzlich oder wählerisch erscheinen wollte, indessen ich mich nach der Liebe, Wärme und Berührung einer anderen Frau sehrte. Nur durch das Aufrechterhalten meiner *Michael*-Identität, manchmal abgespalten, manchmal symbiotisch, konnte ich mit meiner Homosexualität zurechtkommen, wenn ich sie auch nicht als solche identifizierte. Meine Verschmelzung mit der männlichen Person verwirrte mich. Ich glaubte, ich hätte von meiner Mutter eine Geisteskrankheit geerbt.

Im ersten Jahr meines klösterlichen Lebens suchte ich Hilfe bei einem Priester, der mir riet: »Du mußt deine Gefühle jetzt verändern, sonst wirst du später einige Probleme haben.« Allerdings wartete er mit keinem Vorschlag auf, wie sich meine Gefühle verändern ließen. Ich versuchte, die emotionalen Kümmernisse Gleichaltriger zu imitieren: Heimweh und Krisen durch die Trennung von Freunden. Als ich mich und meine Postulantinnenmagistra von meiner Sehnsucht nach einem Freund überzeugt hatte, wurden meine Briefe nach Hause zensiert, während mein Herz sich weiter in Gefühlen für Frauen verzehrte.

In meinem zweiten Jahr erklärte mir meine Novizinnenmagistra, daß zwei Novizinnen ganz bestürzt seien, weil sie starke Gefühle für mich empfanden. Diese deutsche Matriarchin befahl mir, was immer ich da tat zu unterlassen. Mir war nicht bewußt, irgend etwas getan zu haben, doch bekam ich Angst, *Michael* wäre zutage getreten und meine kranken Gefühle kämen wieder zum Vorschein.

Kurz darauf legten wir unsere ersten Gelübde ab. Zur Zeremonie gehörte, daß wir uns unter dem langen schwarzen Pallium niederwerfen und Keuschheit, Armut und Gehorsam geloben sollten. Ich versprach Gott, nie wieder Gefühle zu haben, nie wieder sichtbar zu werden, meinem Pfad zur Größe zu folgen, der mir beschieden sei, wie mir alle sagten. Mit dem Segen der Gelübde würden meine beunruhigenden Sehnsüchte sicher verschwinden.

Ich trat ins dritte Jahr meines College- und Klosterlebens mit dem Vorsatz, es gut zu machen und die Person zu sein, die allen ein gutes Gefühl vermittelte. Ich wandte mich keiner besonders zu, wenngleich ich eine schmerzliche Zuneigung zu einer meiner »Verräterinnen« im Noviziat empfand. Eine andere Schwester, ein Jahr älter als ich, die sehr schön und sehr geistreich, liebenswert und beliebt war und eine unvergeßliche Liebe ausstrahlte, rührte mein Herz und durchbrach meine hartnäckige Reserviertheit. Wie Liebe die Furcht überwindet, bleibt meine lebhafteste Erinnerung. Zum erstenmal empfand ich Freude. Einige Monate lang fühlte ich mich überwiegend um meinetwillen geliebt, soweit ich sehen konnte. Ich hatte geglaubt, alle liebten nur den *Michael* in mir. Schwester Sarah und ich redeten nie über die Vertrautheit, die wir empfanden, und vermieden sorgfältig jedes Gerücht über eine spezielle Freundschaft. Wir waren beide angehende Stars. Ich schwelgte in der Vorstellung zweier Frauen, die sich liebten und so gut waren, wie wir aufgrund dieser Bestärkung sein konnten: der Liebe zur einen und zu vielen. Doch nach ein paar Monaten zog ich mich zurück. In späteren Beziehungen habe ich ein ähnliches Abschotten erlebt. Ich mied Frauen, die mich anzogen, weil es für alle schmerzlich war. Heute macht es mich traurig, daß so gute Gefühle derart von Verstörtheit und Angst erstickt wurden.

Ich kann mich nicht erinnern, mich damals mit meiner Qual und meinen Schuldgefühlen auseinandergesetzt zu haben. Allerdings beichtete ich meine sexuellen Gefühle für Schwester Sarah. Mein Beichtvater sagte, ich solle meine Gefühle ändern und nicht mehr sündigen. Heute wünschte ich, ich hätte damals mit einer sensiblen Frau reden können. Mein spirituelles Leben schien sich in jenen Jahren nicht sonderlich zu entwickeln. Ich stützte mich auf denselben schlichten Glauben an Gott, den ich als Kind in jener Nacht verspürt hatte, als ich im Dunkeln lag und ihm die Hand reichte.

Gegen Ende meines vierten Jahres wurde ich zum Lehrpraktikum geschickt. Ich hatte panische Angst. Mir war, als verließe ich zum erstenmal mein Zuhause. Augenblicklich wurde ich eine Spitzenlehrerin, fühlte mich aber von der heterosexuellen Umgebung erschreckend befremdet. Ich beendete meine letzten Ausbildungswochen mit Entsetzen. Ich täuschte Magenbeschwerden vor, um einen Arzt zu konsultieren, dem ich meine Probleme gestand. Ich fühlte mich ausgeliefert und verzweifelt. Die *Michael*-Sache verschwieg ich, erzählte ihm aber von meinen Gefühlen für Frauen. Er antwortete: »Sie werden im Himmel eine Heilige sein, Schwester«, bot jedoch keinen irdischen Rat. Im nächsten Jahr ließ ich mich physisch auf eine etwas ältere Schwester ein; dies war meine erste sexuelle Erfahrung. Sie war mit nächtlichem Schleichen ins Zimmer der anderen verbunden, wo wir uns umarmten und küßten. Ich vermißte die Freude und Spontaneität der nichtsexuellen Liebe im Juniorinnenjahr. Jetzt kam zu meiner Befremdung und Verstörtheit auch noch das Schuldgefühl, weil ich meine Gelübde brach. Wie eine Alkoholikerin schwor ich mir: noch einmal – und dann nie wieder. Wenngleich ich als Jüngste der Gemeinschaft in ein offizielles Amt gewählt wurde, hatte ich weiterhin das Gefühl zu versagen. Und im Laufe des Jahres dachte ich immer öfter an Selbstmord. Ich erklärte meiner Oberin, daß ich Hilfe brauchte. Sie erwiderte, ich gehörte nicht zu jenen Menschen, die Hilfe brauchten, aber aufgrund ihrer Liebe schaffte ich es. Ich wurde zu einem Arzt geschickt, der eine zweijährige Beurlaubung empfahl, damit ich »hetero« würde, so daß ich bei meiner Rückkehr ein besseres Keuschheitsgelübde ablegen könnte. Bei unserer ersten nachklösterlichen Sitzung schlug er mir vor, in die Armee einzutreten, da gäbe es massenhaft Männer! Doch wo waren die guten Frauen, die ich brauchte?

In den letzten Klostertagen, als ich Kleidung kaufte und mich auf mein neues Leben vorbereitete, verliebte ich mich sehr unzeitgemäß in eine gleichaltrige Schwester. Ich verstieß gegen die ärztliche Anordnung und traf Marcella weiterhin jahrelang.

Schließlich verließ Marcella das Kloster und lebte mit mir zusammen.

Jene ersten Jahre nach dem Kloster war *Michael* weiter ein Teil von mir, wenn er auch etwas in den Hintergrund trat. Ich ging nicht mehr so häufig zur Kirche, und dann nur zur Eucharistie. In diesen dunklen Zeiten meiner spirituellen Entwicklung bezog ich nicht offiziell Stellung gegen die Kirche, brauchte allerdings die religiöse Praxis immer weniger. Als mein Bedürfnis nach *Michael* schwand, erkannte ich allmählich meine Gefühle als meine eigenen. Mit neunundzwanzig Jahren begann ich eine intensive Meditationsphase, von der ich mir Befreiung und Heilung und den Frieden des Geistes erhoffte.

Ein Jahr später, als ich in einem selten lichten Moment am Strand von Hawaii spazierenging, beschloß ich, die Lesbenwelt zu erforschen. Ich fand eine, die eine kannte, und redete mit ihr. Das war der Augenblick meines Coming out. Sobald ich Anspruch auf meine lesbische Identität erhob, löste sich *Michael* auf. Ich gewann Freude am Leben und bekam es in den Griff, wenn es auch das Ende meiner Beziehung mit Marcella war.

Meine spirituelle Entwicklung ist fest mit dem Prozeß der Selbstwerdung verknüpft. Der katholischen Kirche bin ich nicht mehr verhaftet, obwohl ich behaupte, in ihren Traditionen erzogen zu sein. Sie läßt mir keinen Raum, mich zu meiner ganzen Identität zu bekennen. Ich will mich nicht länger in eine Position begeben, wo über mich geurteilt wird. Es war eine zu große Qual, dahin zu kommen, wo ich jetzt bin. Und dieses Leid hat meine Philosophie geformt, eine, die sich entwickelt und verändert und unkomplizierter wird. Mich reizt ein Denken, das östliche Philosophien mit den Lehren Jesu verbindet. Ich bin Christin, weil ich glaube, daß Jesus das tat, was wir alle tun sollten: Ängste überwinden, die uns daran hindern, uns selbst und andere zu lieben und mit unserem wahren christlich-göttlichen Selbst in uns zu verschmelzen. Ich betrete den Planeten, das Universum mit aller Schöpfung, als Teil eines Ganzen.

Ich bin froh, sagen zu können, daß ich eine lesbische Christin bin, aber noch lieber sage ich, ich bin ganz. Ich bin froh um meine klösterliche Erfahrung. Mit anderen Lesben, die Nonnen gewesen sind, fühle ich mich doppelt wohl. In meinem Idealismus erwarte ich, daß die Gemeinschaft der Lesben so wie das Juniorinnenjahr ist: Frauen, die einander lieben und mögen. Tiefe Trauer hat mich ergriffen, als ich sah, wie sich meine Ideale in Luft auflösten. Trotzdem, keine Enttäuschung, kein Herzeleid über Anfang und Ende einer Beziehung können je an die Qual heranreichen, nicht ich zu sein, mich für krank und sündig zu halten, das Gefühl zu haben, mich von mir selbst abzuspalten.

Da ich seit Verlassen des Klosters als Lehrerin und Gutachterin im Bildungsbereich arbeite, verwende ich ein Pseudonym. Ich lebe im Mittelwesten und führe ein aktives Leben mit Reisen, Hobbys und beruflicher Weiterbildung.

Teil IV
Nimm die Keuschheit nicht zu ernst

Ist es möglich, eine zölibatäre Lesbe zu sein? Ist es legitim, aktives Mitglied einer Ordensgemeinschaft und aktive Lesbe zu sein? Was ist der Sinn des Keuschheitsgelübdes? Fünf gegenwärtige Nonnen analysieren die Beziehungen und Widersprüche zwischen Liebe und Zölibat, zwischen Sexualität und dem Keuschheitsgelübde.

Nimm die Keuschheit nicht zu ernst

Schwester Agatha
(1957 bis heute)

Ich bin Mitte fünfzig und lebe seit fünfundzwanzig Jahren in einer Gemeinschaft, die klein, eng verbunden, traditionell, doch für Veränderungen und Neuerungen aufgeschlossen ist. In den ersten zehn Jahren in der Gemeinschaft stellte sich mir das Thema Sexualität nicht. Ich hatte keine engen Beziehungen. Dazu wurde damals nicht ermutigt.

Meine erste Beziehung, eine Freundschaft mit einer Schwester, die ich sehr bewunderte, war nie deutlich sexuell, wenngleich mir später klar wurde, daß sexuelle Nuancen existierten. Meine zweite Beziehung, die über fünf Jahre währte, bezog beiderseits eingestandene sexuelle Gefühle und physisches Ausagieren mit ein, dem Hemmungen und das Gefühl, was für zölibatär Lebende schicklich sei, Grenzen setzten. Es war eine gute Beziehung, an der wir beide individuell gewachsen sind. Sie endete, weil meine Freundin in der Gemeinschaft immer unglücklicher wurde und sie schließlich verließ. Als sie sich von mir abwandte, da sie die eigenen Probleme mehr und mehr in Anspruch nahmen, zog ich mich psychologisch von ihr zurück. Damals war ich nicht so weit, mich durch den Konflikt zwischen Berufung und einer Liebesbeziehung, die mich zum Verlassen der Gemeinschaft verleiten könnte, zu arbeiten.

Die nächsten Jahre waren eine Zeit der Identitätsfindung. Ich rang mit Schuldgefühlen und religiösen Zweifeln. Ich erkannte, daß ich die Verurteilung seitens der Kirche und der Gesellschaft verinnerlicht hatte, und als ich endlich meine sexuelle Orientierung als gut und potentiell kreativ annehmen konnte, entwickelte ich allmählich ein wirklichkeitsnäheres und persönliches Vertrauen. Ich hörte von der Schwulenbewegung und ihren Kämpfen. Ich las alles, was ich kriegen konnte; ich redete mit erfahrenen Menschen; ich versuchte, das Denken der Leute zu

159

beeinflussen; und ich bekannte mich sogar bei einigen vertrauenswürdigen Freundinnen zu meinem Lesbischsein. Ich wartete auf eine Form der Geistlichkeit in der Schwulenbewegung. Langsam bekam ich Kontakte und schließlich schloß ich mich einem Netzwerk schwuler Priester und Ordensgeistlicher an.

Ich versuchte auch, meine zölibatäre Berufung unter dem Aspekt meines neu gefundenen sexuellen Bewußtseins zu sehen. Zu diesem Zeitpunkt erwartete ich nicht, eine neue Beziehung einzugehen, obwohl ich mich der Möglichkeit nicht völlig verschlossen hatte. Ich glaubte, ich sei mit einem Element der Einsamkeit und Ruhelosigkeit klargekommen als etwas, womit ich mich eben mein Leben lang abfinden müßte.

Doch letztes Jahr begann ich meine dritte Beziehung. Mir war bewußt geworden, daß eine andere Schwester und ich auf einander zugingen, und schließlich gestanden wir uns unsere Liebe. Unsere Beziehung vertiefte sich rasch, und etwa einen Monat lang genossen wir sie voll, ohne uns den Kopf zu zerbrechen, wie sie in unser Leben als Ganzes paßte. Es war eine herrliche, erfüllte und unvergeßliche Zeit.

Allerdings dauerte es nicht lange, bis sich ein schwerer Konflikt anbahnte, da die Sehnsucht nach einem eigenen Heim von Tag zu Tag größer wurde. Es war eine qualvolle Erfahrung, weil ich ein starkes Gefühl der Verbundenheit mit der Gemeinschaft hatte und mir der Liebe und Achtung meiner Schwestern wohl bewußt war. Ich spürte, daß ein Abschied mir sehr weh täte. Ich würde das Vertrauen meiner Schwestern mißbrauchen. Ich befand mich in einem grausamen Dilemma, einer unmöglichen Situation, aus der ich kein Entrinnen sah.

Wir steckten vier Monate lang in diesem Stadium akuten Konflikts und wußten nur, daß wir unsere klösterliche Berufung einer fairen Prüfung unterziehen mußten. Wir beide hatten nicht das Gefühl, die Gemeinschaft verlassen zu müssen. Und doch empfanden wir weiterhin das Bedürfnis, unsere Liebe auf eine Weise auszuleben, die sich mit dem Zölibat, wie wir es verstanden, unmöglich zu vereinbaren schien. Es war ein Seiltanz. Wie konnten wir einen Weg finden, der sowohl unserer Liebe als auch unserer Berufung gerecht wurde? Wir lebten in einer moralisch zweifelhaften Art und konnten nur in gutem Glauben handeln und die Verantwortung für unsere Entscheidung von Augenblick zu Augenblick übernehmen, und so lernten wir, mit jener Unsicherheit und dem Zweifel zu leben, die in solchen Grauzonen offenbar zwangsläufig sind.

Schließlich kippte das Gleichgewicht. Unser Gefühl für die Berufung hatte sich durchgesetzt und wurde letztlich stark genug, um die Grundlage einer Entscheidung zu bilden. Nach vielen Kämpfen und Prüfungen gelangten wir zu dem Schluß, daß wir ein Ausleben unserer Liebe vermeiden mußen, da es unsere Sehnsucht nach einem Heim derart verstärkte und den Konflikt unerträglich machte. Diese Entscheidung brachte uns einen gewissen Frieden, wenn auch noch immer große Zerrissenheit und Bedauern über »den nicht eingeschlagenen Weg« herrschten. Wir konnten unsere Entscheidung ohnehin überhaupt nur durchführen, als wir die Notwendigkeit erkannten, um die Gnade zu bitten, die unserer Berufung zugrunde lag.

Die Stärke der Liebe zwischen uns läßt sich daran ermessen, daß wir schließlich eine zölibatäre Lebensweise als einzig möglichen Weg für uns aus ganzem Herzen akzeptierten. Damit sollen keinesfalls die Qualität und das kreative Potential von Alternativen geleugnet werden. Für mich gewinnt das Zölibat tatsächlich eine direkt im Kontext klösterlicher Gemeinschaft stehende Bedeutung. Mir scheint, als schaffe genitale Intimität eine starke Bindung zwischen zwei Menschen, wie das Zölibat eine gleichermaßen reale Bindung zwischen Frauen, die sich Gott und einander durch gemeinsame Gelübde verpflichtet haben, ermöglicht und zum Ausdruck bringt.

Auch hat sich mein Verständnis des Zölibats verändert. Während ich früher dachte, es bedeute, die Augen zuzumachen und nichts zu empfinden, bedeutet es heute für mich, jene Emotionen und sexuellen Gefühle zu erfahren, die die Liebe weckt, sie aber so auszudrücken, daß es mit meiner Berufung zu vereinbaren ist. Ich betrachte unsere Sexualität als tiefen Strom, der von Gott ausgeht und unser Leben durchfließt, unsere kreativen Kräfte erneuert, unsere Geistlichkeit belebt, in unsere zwischenmenschlichen Beziehungen innerhalb unserer Gemeinschaft und darüber hinaus Wärme und Realität bringt. Unsere Aufgabe ist es, nichts zu tun, wovon wir glauben, es könnte den Strom ableiten oder blockieren. Dies trifft besonders auf meine Freundin und mich zu, und wir haben gleichzeitig erkannt, wie wichtig es ist, einander den Raum zum Sein und Wachsen zu geben.

Es gibt keinen Zweifel in meinem Innern, daß unsere Beziehung ein Segen und ein Weg der Gnade für uns beide gewesen ist. Zu lieben und zu wissen, daß ich geliebt werde, hat meinem Leben eine neue Dimension verliehen. In einem realen Sinn habe ich meine Weiblichkeit erhalten. Mir ist bewußt, daß die Liebe zu Gott, die mich zum klösterlichen Leben führte, weiterbesteht und daß Leid und Konflikt, wie ich sie im vergangenen Jahr erfahren habe, mich irgendwie auf einer tieferen Ebene als vorher für Gott geöffnet und mich vielleicht meinen Mitmenschen gegenüber gütiger und mitfühlender gemacht haben.

In diesem ganzen Prozeß – genaugenommen seit ich vor etwa zwölf Jahren das Thema meiner sexuellen Orientierung aufgeworfen habe – war meine Oberin eine große Stütze. Ich weiß noch, daß sie einmal, als mich in jener ersten Zeit Schuldgefühle quälten, zu mir sagte: »Nimm die Keuschheit nicht zu ernst.« Meine Freundin und ich konnten absolut offen zu ihr sein. Ohne ihre weise und verständnisvolle Führung hätten wir meines Erachtens in der Gemeinschaft nicht überleben können. Jede Oberin, die dies liest, bitte ich eindringlich, mit dem gleichen Vertrauen, der Bejahung und der nicht verurteilenden Haltung auf eine Schwester in ähnlicher Situation zuzugehen. Es könnte ganz ausschlaggebend sein, ob eine Berufung gerettet oder verloren wird. Ich bin überzeugt, daß eine Schwester, der geholfen wird, durch eine solche Erfahrung kreativ zu leben, am Ende eine glücklichere, menschlichere Person werden wird, die ihrer Gemeinschaft mehr zu geben vermag.

Unterstützung (von meiner Oberin ausdrücklich, von verschiedenen anderen stillschweigend) habe ich auch für meine geistliche Schwulenarbeit erhalten, die sich in den letzten Monaten ausgedehnt hat. Vielleicht hätte sie sich nicht entwickeln können, wenn ich mich nicht so voll mit der eigenen Sexualität auseinandergesetzt, sie mit Freude akzeptiert und den Integrationsprozeß in meine Berufung betrieben hätte.

Wenn ich auf das letzte Jahr zurückblicke, das sicher eins der wichtigsten meines Lebens ist, habe ich das Gefühl, von einer Weisheit geleitet zu sein, die größer ist als die eigene. Wie nie zuvor mußte ich im Glauben leben. Ich habe einiges an Selbstgenügsamkeit verloren, mein Bedürfnis, zu begreifen, zu kategorisieren und zu kontrollieren. ist geringer geworden. Als ich mir den Kopf zerbrach, wie unsere Berufung und unsere Liebe, beides eine Gabe Gottes, zusammenpassen können, wurde mir klar, daß es nicht so sehr ein Problem ist, das gelöst, sondern ein Mysterium, das gelebt werden muß.

Meine Erfahrung in der Gemeinschaft hat pastorale, administrative und literarische Arbeit umfaßt. Einige Jahre lang habe ich mich still in der geistlichen Schwulenarbeit engagiert. Meine lesbische Identität ist nur einigen vertrauenswürdigen Menschen bekannt.

Lesbisch und zölibatär mit fünfundsechzig

Schwester Marla
(1935 bis heute)

(Zum Zeitpunkt des Interviews mit Nancy Manahan im Dezember 1982 war Schwester Marla fünfundsechzig und im Ruhestand.)

Nancy: Siehst du dich als Lesbe?

Schwester Marla: Ich weiß, daß ich lesbisch bin. Ich liebe Frauen. Ich verehre Frauen – im Kloster und außerhalb. Gleichzeitig bin ich zölibatär.

Nancy: Bist du glücklich?

Schwester Marla: Ich bin äußerst glücklich. Meine Arbeit – als Lehrerin und in der Verwaltung – war dankbar. Auch mein Privatleben ist zufriedenstellend. Ich habe gute Freundinnen und lebe seit über zwanzig Jahren mit einer Schwester, die ich liebe. Wir sind nie körperlich intim geworden. Oh, ich habe sie einmal geküßt, vor vielen Jahren, als ich sie aufweckte, um zum Bowling zu gehen. Damals mußten wir frühmorgens zum Bowling gehen, damit niemand sah, wie wir unsere Röcke rafften und uns amüsierten. Ja, ich habe sie direkt auf den Mund geküßt. Sie schien überrascht.

Nancy: Wie ist dein Gefühl zu Männern?

Schwester Marla: Ich mag Männer eigentlich überhaupt nicht. Ganz und gar nicht. Oh, es gibt ein paar nette. Es macht mir nicht einmal etwas aus, wenn sie zum Spaß den Arm um mich legen.

Nancy: Wie hast du entdeckt, daß du lesbisch bist?

Schwester Marla: Ich habe immer Frauen geliebt. Ich wuchs inmitten starker, wundervoller Frauen auf. Meine Großmutter lehrte mich die Hälfte dessen, was ich weiß. Ich habe Erz gewaschen und mein eigenes Gewehr gehabt. Ich habe Jagen und Fischen und Autofahren gelernt, als ich noch sehr jung war.

Nancy: Hattest du im Kloster eine lesbische Beziehung?

Schwester Marla: Im Noviziat waren spezielle Freundinnen verboten. Niemand hat uns je gesagt, warum. Doch abgesehen von der Tatsache, daß wir soviel Spaß hatten, empfanden wir allergrößte Angst, daß sie uns einfach heimschicken könnten. Wenn sie also nicht wollten, daß wir spezielle Freundinnen hatten, na gut, dann hatten wir sie eben nicht. Aber es tat etwas weh. Aufgrund meiner flatterhaften Natur hatte ich meine Hochs und Tiefs. Einmal wurde ich bestraft, weil ich eine spezielle Freundin hatte, doch echte Liebesbeziehungen kamen im Noviziat keinesfalls vor.

Nancy: Und nach dem Noviziat?

Schwester Marla: Oh ja. Mein erster Auftrag war der Unterricht in der zweiten Klasse. Sofort fühlte ich mich zu einer Schwester hingezogen, die Lehrerin der sechsten Klasse war, und wir schlossen eine kleine spezielle Freundschaft. Sie dauerte vier Jahre. Dann kamen andere Nonnen, zu denen ich mich hingezogen fühlte. Eine hielt ich für die umwerfendste Frau der Welt. Sie war – häßlich will ich nicht gerade sagen – die unschönste Person, die mir je begegnet ist. Aber sie war ein Genie, ein Universalgenie. Sie wußte einfach alles. Das hat mich an ihr fasziniert. Ich liebte diese Frau wirklich. Sie hatte furchtbare Migräne, und ich massierte ihr immer Kopf und Nacken und Schultern. Dann tauchte da eine kleine Schwester auf, die mir Probleme bereitete. Sie wollte der einzige Mensch in meinem Leben sein. Ich war mit ihr zusammen in der Oberschule und fand sie damals hausbacken und ohne besondere Persönlichkeit. Doch sie kam ins Kloster, nahm den Schleier und wurde augenblicklich eine blendende Person mit wundervollen braunen Augen. Plötzlich war sie eine absolut sprühende Persönlichkeit, in die sich die Leute verknallten. Ich hatte kein sonderliches Interesse an ihr, aber sie an mir. Die fünf Jahre, die wir im selben Haus wohnten, waren ungemütlich.

1965 wurde ich dann Rektorin einer Schule in Nevada. Sofort warf ich ein Auge auf eine Frau, die Provinzialoberin gewesen war. Ich war achtunddreißig. Ich betete diese Frau aus tiefstem Herzen an. Von meiner Schulleitung einmal abgesehen, hatte ich nur den einen Gedanken: Was kann ich tun, um sie glücklich zu machen? Was kann ich Gutes für die Gemeinschaft tun und ihr auf diese Weise helfen?

Wenn ich über völlige Hingabe meiner selbst nachdenke, war es an diese Frau. Als ich nach Minneapolis versetzt wurde und nicht mehr mit jeder Faser meines Seins für sie dasein konnte, war ich so unglücklich wie nie in meinem Leben. Es war schrecklich. Hoffentlich erreiche ich einen solchen Tiefpunkt nie wieder.

Nancy: Hattet ihr eine sexuelle Beziehung?

Schwester Marla: Da war nie etwas Körperliches. Wenn ich mal beim Überqueren der Straße ihre Hand hielt, war das himmlisch. Ich wäre gern von ihr geküßt und umarmt worden, aber das geschah eben nicht, und ich wollte das Ganze nicht gefährden, indem ich mich aufdrängte.

Nancy: Hat dir deine Zuneigung zu Frauen Schuldgefühle bereitet?

Schwester Marla: Himmel, nein! Ich war froh, daß ich so gut davonkam.

Nancy: Hattest du keine Gewissensbisse wegen deiner speziellen Freundschaften?

Schwester Marla: Nein, weißt du, ich dachte nie an romantische Küsse oder Umarmungen sexueller Art. Ich wollte nichts gefährden... Na ja, natürlich hatte ich manchmal Sehnsucht nach mehr physischer Nähe, aber das war nicht notwendig. Wir waren so diszipliniert.

Nancy: Was geschah, als du nach Minneapolis versetzt wurdest?

Schwester Marla: Ich war dort Oberin und Leiterin einer Schule. Es war eine schwierige Situation. Dann kam Schwester Mary Ellen. Sie war zweiunddreißig. Ich war vierzig. Sie ist hilfsbereit, warmherzig, ein liebenswürdiger Mensch, und sie überlegte sogleich: »Was kann ich tun, um Schwester Marla zu helfen?« Allmählich delegierte ich Arbeit an sie und empfand große Zärtlichkeit und Dankbarkeit.

Ich liebe Schwester Mary Ellen seit fünfundzwanzig Jahren und sie mich. Sie sagt, sie ist hetero, und sicherlich ist sie das in gewissem Maß. Die Leute sind in gewissem Maß homosexuell – zu zehn Prozent, fünfzig oder (sie deutet auf sich) hundert Prozent.

Nancy: Wie siehst du Homosexualität in der Kirche?

Schwester Marla: Homosexuelle gehören zur Seele der Kirche. Homosexuelle Frauen – die Gemeinschaft der Lesben – sind ein wesentlicher Bestandteil der Kirche. Sie sind liebevoller, gütiger, hingebungsvoller, und ich glaube, sie werden sehr von Gott geliebt. Nie werde ich die Leute begreifen, die sie vom mystischen Leib Christi verstoßen wollen. Als Geistliche, die sich jahrzehntelang in der Kirche engagiert hat, unterstütze und identifiziere ich mich mit lesbischen und schwulen Menschen.

Nancy: Wenn deine Geschichte in diesem Buch erscheint, könntest du deinen Namen darunter setzen?

Schwester Marla: Um Mary Ellens und einiger Freundinnen willen möchte ich nicht, daß mein Name genannt wird. Ich bin sicher, du wirst alles in deiner Macht stehende tun, damit das Ganze so ehrlich wird, wie ich versucht habe, dir gegenüber zu sein. Doch wegen meiner Verpflichtung meinen Freundinnen in der Gemeinschaft gegenüber, die ich liebe und die mich lieben, die allerdings nicht einmal wissen, was Homosexualität ist, wäre es mir lieber, nicht mit meinem Namen zu zeichnen.

Nancy: Somit hast du dich in deiner Gemeinschaft nicht als zölibatäre lesbische Schwester bekannt?

Schwester Marla: Nein, das habe ich nicht.

Das Geschenk der Sexualität
im Geist des Zölibats

Schwester Hana Zarinah
(1963 bis heute)

Als ich vor drei Jahren herausfand, daß ich lesbisch bin, war mir, als käme ich nach Hause. Ich hatte den Rahmen gefunden, der die Puzzlesteine meines Lebens zusammenhielt.

Schon als Kind hatte ich mich immer »dem Quell« nahe gefühlt. Soweit ich zurückdenken konnte, vertraute ich einer »Macht«, die größer war als ich und mein Leben lenkte. Mit achtzehn ging ich ins Kloster. Ich wollte nicht heiraten, und in jener Zeit war das klösterliche Leben meine einzige Alternative. Ich entschied mich für meinen Orden, weil ich mich zu den Armen gerufen fühlte, und dieser Schwesternbund war vor allem zur Lehre der Armen gegründet worden. Rückblickend wird mir klar, daß ich eine tiefe Spiritualität hatte, die kanalisiert werde mußte, allerdings glaube ich auch, daß ich bewußt oder unbewußt mein Leben mit einer Gruppe von Frauen verbringen wollte.

1963, in unserem europäischen, vorvatikanischen, halb klösterlichen Orden, erhielten wir eine harte, strenge, aber liebevolle Ausbildung. Selbst mit ihren Mängeln förderte sie meine Entwicklung. Zwar war ich mir im Noviziat meiner sexuellen Bedürfnisse nicht bewußt, doch verliebte ich mich in meine Prinzipaloberin. Sie liebte mich auch, wenngleich wir nicht sexuell involviert waren. Sie verhalf mir zu der Erkenntnis, daß es in Ordnung sei, sich zu verlieben, und daß wir alle eine Kreuzung aus homosexuellen und heterosexuellen Gefühlen sind. Durch sie drang »homosexuell« allmählich in mein Bewußtsein, nicht nur als vager Begriff, der mit kranken Menschen verknüpft war. Heute habe ich zu dieser Frau eine wunderbare Beziehung; sie gehört zu den wenigen Menschen, denen ich mein Lesbischsein bekannte. Ich bin ihr sehr dankbar.

Später interessierte ich mich für einen Pfarrpriester. Wir freundeten uns an und ließen uns auf ein kleines sexuelles Techtelmechtel ein. Ein Jahr lang beschäftigte ich mich mit Sex. Ich betete um Enthaltsamkeit, eine Gabe des Heiligen Geistes zur Kontrolle unserer sexuellen Gefühle. Gegen Ende des Jahres empfing ich die Gabe und hatte mich, sehr zu meiner Erleichterung, wieder im Griff. Meine emotionalen Bedürfnisse wurden in dieser Zeit von fabelhaften Freundinnen und nichtsexuellen Lieben einigermaßen befriedigt. Emotional war ich ständig mit jemand verstrickt, aber sogar bei engen Freundinnen fehlte mir irgend etwas. Wir durften keine speziellen Freundinnen haben. Vermutlich hatten wir sie trotzdem. Heute wird mir klar, daß mir Berührung, körperliche Nähe und Vertrautheit fehlten.

Vor fünf Jahren etwa verliebte ich mich in eine Schwester. Dank ihrer Aggressivität wurde unsere Beziehung allmählich sexuell. Für mich war es eine wunderbare Beziehung, weil ich wußte, es war gut, jemand zu lieben. Nun beschloß ich, meine Liebe freier auszuleben. Ich konnte berühren, zärtlich, hingebungs- und liebevoll sein. Ich spürte, wie ich mich öffnete, mit allen ein liebevolleres menschliches Wesen wurde.

Auch wenn ich keine Schuldgefühle empfand, wußte ich doch, daß andere das, was wir taten, falsch fänden. Als ich unsere Beziehung einem befreundeten Priester beichtete, erklärte ich ihm, daß ich es nicht für Sünde hielte, es aber »nur für den Fall« beichtete. Das »nur für den Fall« resultierte aus dem »sollte«, das der Kirchenkodex, die gesellschaftlichen Tabus und meine Keuschheitsgelübde mir ins Bewußtsein gehämmert hatten. Der Priester war sehr verständnisvoll und bestärkend. Ich fühlte mich erleichtert, als hätte mir jemand von oben Billigung erteilt. Obwohl ich unsere Beziehung in Ordnung fand, war sie für die geliebte Schwester ein Konflikt. Sie kam zu dem Schluß, daß wir keinen Sex haben sollten. Ich ging darauf ein, da ich mir ihre Freundschaft erhalten wollte. Ein Jahr lang waren wir hin und wieder intim. Aber sie wollte weder Nähe noch Sex, und so brach sie die Beziehung am Ende ganz ab. Ich war am Boden zerstört. Selbst damals hielt ich mich nicht für eine Lesbe, ich hatte nur meine Liebe zu einer bestimmten Frau ausgelebt. Aufgrund der schmerzlichen Trennung und meines Bedürfnisses nach Selbsterkenntnis konsultierte ich eine feministische jungianische Analytikerin. Dort kam ich mit vielen Aspekten von mir in Berührung, auch mit meiner Sexualität. Zur selben Zeit machte ich einen

Selbstverteidigungskurs mit vielen Lesben. In ihrer Mitte fühlte ich mich sowohl aufgehoben als auch fremd. Ich war frauenidentifiziert, konnte mich aber mit ihrer Kultur und ihren Etikettierungen nicht identifizieren.

Schließlich lernte ich Rachel kennen. Wir fühlten uns zueinander hingezogen, auch wenn sie eine Lesbe und ich eine Nonne war. Sie erkannte mein lesbisches Selbst besser als ich und akzeptierte außerdem mein Nonnen-Selbst. Ich besuchte mit Rachel und einigen ihrer lesbischen Freundinnen ein Konzert von Meg Christian. Da dämmerte mir, daß ich mich nicht zu ändern brauchte, um in die lesbische Kultur zu passen. Ich war eine Lesbe, und die Kultur mußte mir Raum lassen – der Nonne und allem! Seitdem wachse ich immer mehr in meiner Liebe zu Rachel und in meiner Identität als lesbische Schwester. Rachel und ich wurden Freundinnen und sind jetzt auch Geliebte. Wir sind zusammen in eine Wohnung gezogen. Mein Orden, der meine Entscheidung respektiert, außerhalb des Klosters zu leben, billigte mein Zusammenleben mit ihr als Wohngemeinschaft.

Heute bin ich praktizierende Zen-katholisch-lesbisch-feministische Nonne. Ich ziehe kein Etikett vor, sondern habe die Entscheidung getroffen, mich mit vielen zu identifizieren. Ich habe meinen innersten Stimmen aufmerksam gelauscht. Ich mußte meine eigene Philosophie entwickeln, die auf der Botschaft der Evangelien von Liebe und Bejahung aller Menschen beruht, und sein, wer ich war. Ich bin eine lesbische Frau, und ich liebe mein Lesbischsein. Ich bin eine Nonne, und ich liebe es, Nonne zu sein. Ich kann zu meiner Gruppe gehören, weil wir mit der Zeit gegangen sind. Wir tragen kein Habit. Wir sind progressiv denkende, politisch interessierte, hart arbeitende, starke Frauen. Wenn ich unsere Erklärungen lese, daß wir uns jenen anschließen werden, die sich für die Erschaffung einer Welt engagieren, in der Liebe, Gerechtigkeit und Frieden herrschen, und daß wir das Übel in allen Formen bekämpfen werden: Ungerechtigkeit, Krieg, Diskriminierung, Unterdrückung der Menschen und Ausbeutung der Erde; wenn ich sehe, wie wir in unseren geistlichen Ämtern gegen Rassismus, Sexismus und Krieg eintreten; wenn ich sehe, wie unsere Frauen bei den politischen Unruhen in Mittel- und Südamerika ihr Leben riskieren; wenn ich uns in den Ghettos und Slums der Vereinigten Staaten sehe; wenn ich mit meinen Schwestern rede, die politische Aktivistinnen sind, und mit denen, die für die Teilnahme an gewaltfreien Demonstrationen für Gerechtigkeit inhaftiert worden sind; wenn ich den Frauen zuhöre, die mit geschlagenen Frauen arbeiten, mit obdachlosen Frauen, sexuell mißbrauchten Kindern, geistig Behinderten, Alten und Sterbenden; wenn ich das alles sehe, fühle ich mich meinen Ordensschwestern zutiefst verbunden.

Ich leide darunter, daß ich mit den meisten dieser Frauen mein Lesbischsein nicht teilen kann. Da mein Lesbischsein ein Teil von mir ist, kennen sie mich nicht wirklich. Und doch – wüßten sie, daß ich lesbisch bin, würden sie mich vielleicht noch weniger kennen, je nachdem, welche Homophobie, Klischeevorstellungen oder Projektionen sie womöglich haben. Außerdem leide ich unter der Kirche. Ich weiß nicht genau, was für eine Katholikin ich bin. Ich liebe die katholischen Traditionen und meine Lebensgeschichte. Allerdings kann ich mich nicht mit dem Klerikalismus und Sexismus der Kirche abfinden.

Ich bin Feministin. Ich entdecke die Spiritualität der Frauen in der alten Religion. Ich suche die universelle Wahrheit, den Quell aller Dinge, darinnen den Geist. Unter anderem finde ich die universelle Wahrheit im Neuen Testament, in den Worten Jesu. Bedauerlicherweise werfen wir aufgrund der Art, wie männliche Priester es für uns interpretiert haben, manchmal unser ganzes christliches Erbe über Bord. Ich bin Katholikin. Kein Mann kann mir absprechen, was ich liebe. Ich folge den Weisungen meines Herzens und übernehme die Verantwortung für meine Taten. Ich halte mich an den Geist der Gebote, nicht an die Buchstaben.

Indem ich auf mein Herz hörte, traf ich die Entscheidung, Schwester zu bleiben. Ich möchte allen eine Schwester sein, vor allem den Schwestern in meiner Gruppe und meinen lesbischen Schwestern. Meine Kämpfe resultieren aus meinem Wunsch, von beiden akzeptiert zu werden. Meine Nonnenschwestern akzeptieren vielleicht meinen lesbischen Teil nicht, und meine lesbischen Schwestern akzeptieren vielleicht die Nonne in mir nicht. Und doch existiere ich nicht in Teilen; ich bin ganz.

Seit zwanzig Jahren bin ich Schwester. Erst seit vier Jahren weiß ich, daß ich lesbisch bin. Ich habe nicht das Bedürfnis, keine Nonne mehr zu sein. Ich liebe die Gelübde, die ich abgelegt habe, und ich glaube an deren Geist. Die Gelübde sollen uns frei machen, nicht uns knebeln. Meine Gelübde der Armut, Keuschheit und des Gehorsams befreien mich von unnötiger Bindung an materielle Güter, Menschen und Macht. Ich gelobte, uneingeschränkt zu geben, uneingeschränkt zu lieben und uneingeschränkt zu folgen.

Das Gelübde der Keuschheit oder des Zölibats ist für viele Menschen ein Stolperstein. Ich erinnere mich noch, wie ein alter Priester vor vielen Jahren sagte, das Zölibat beginne im Kopf. Wir können absolut unkörperlich sein und so besessen und unfrei, daß wir nicht zölibatär sind. Wir können auch körperlich sein und gleichzeitig frei und zölibatär. Dies trifft für mich zu. In den Phasen meines Lebens, als ich emotional mit einer Frau sehr verstrickt war, gab ich alle Freiheit auf. Ich war vollkommen gebunden, wollte entweder besessen werden oder besitzen. Da ich unfrei war, ich selbst zu sein oder andere zu lieben, würde ich mich in jener Zeit nicht als zölibatär bezeichnen. In meinem heutigen Leben, in dem ich gelegentlich meine Liebe sexuell auslebe, fühle ich mich frei. Weder besitze ich, noch fühle ich mich besessen. Ich liebe meine Gelübde des Zölibats: mein Gelübde, alle zu lieben. Ich bin meiner Schwesterngruppe verpflichtet, ebenso meiner speziellen Freundin und Geliebten.

Meine Beziehung mit Rachel ist ein Geschenk. Sie hat mir zu Erkenntnissen über das Spirituelle der Sexualität verholfen. Durch Rachels Liebe fühle ich mich Gott und meinen Freundinnen nahe. Sie stellt mich nicht vor die Wahl zwischen meiner Gruppe und ihr. Wir beide leben mit der Mentalität, daß wir all das sein können, was wir sein wollen. Es ist nicht entweder/oder, sondern sowohl/als auch. Ich bin sehr glücklich. Ich halte das Gleichgewicht zwischen meinem Gemeinschaftsleben und meiner Geliebten. Manchmal ist es mühsam, aber eine Mühe, die es wert ist.

Ich weiß nicht, wohin das Leben mich führen wird. Ich muß nur mir selbst treu sein, und alles andere wird sich finden. Ich habe auf mein Herz gehört, auf den Geist darin, und ich lebe mein Leben als Gratwanderung.

Ich bin 1945 geboren, in einer italienisch-amerikanischen Arbeiterfamilie aufgewachsen, lebe zur Zeit mit meiner Geliebten und lehre in San Diego. Ich bin seit zwanzig Jahren Nonne.

Das Erwachen

Schwester Maria Nuscera
(1976 bis heute)

In meiner italienischen Großfamilie waren das Berühren, Umarmen, Halten und Küssen von Menschen gleichen und beiderlei Geschlechts allgemein an der Tagesordnung und gern gesehen, und es herrschte eine offene und ehrliche Einstellung zur Sexualität. Meine Großeltern machten ganz unverblümt anzügliche Witze vor uns Kindern. Da unsere Schlafzimmer (für zehn in einem Haus) dicht nebeneinander lagen, schlossen wir Kinder aus dem, was wir hörten, daß unsere Eltern und Großeltern ein aktives Sexualleben hatten. Deshalb lernten wir, daß Sex und sexuelle Gefühle gut sind. Obwohl Geschlechtsverkehr außerhalb der Ehe mißbilligt wurde, wußten wir, daß uns unsere Verfehlungen verziehen wurden. Ich habe immer eine bedingungslose Liebe von meiner Familie erfahren.

In der Oberschule faszinierten mich einige Schulfreundinnen. Ich wollte mit ihnen zusammensein, sie nach Hause bringen, ihnen die Bücher tragen, mich mit ihnen verabreden, mit ihnen tanzen, sie anrufen, ihnen Geschenke machen. Sie dachten in der Weise an Freunde, wie ich an sie dachte. Zwar verabredete ich mich im College mit Männern, doch mein eigentliches Interesse blieben Frauen.

Erst als ich im ersten Jahr nach dem College Musik unterrichtete, lebte ich meine Zuneigung zu Frauen physisch und emotional aus. Ich schloß Freundschaft mit einer Schwester, die ich in meiner Kirche kennenlernte. Wir verbrachten Augenblicke zusammen und kümmerten uns um einander. Wir berührten und küßten uns (endlich) und ersonnen Pläne, uns zu treffen und miteinander allein zu sein. Wenn wir auch nicht »Liebe machten«, waren wir uns doch nahe und zärtlich mit einander und verbrachten Abende und Nächte zusammen. Schließlich setzte ihre Gemeinschaft ihr die Pistole auf die Brust: die Ordensgemeinschaft oder ihre Freundschaft mit mir. Sie entschied sich für die Gemeinschaft und brach unsere Beziehung abrupt ab. Monatelang war ich deprimiert.

Mit vierundzwanzig trat ich ins Kloster ein. Seit ich zwölf war, übten die Schwestern und das Klosterleben eine romantische Anziehung auf mich aus. Wenn ich am Kloster vorbeiging, das drei Blocks von meinem Elternhaus entfernt lag, fragte ich mich immer: »Wo sind die Nonnen? Beten sie? Wie sehen sie wohl ohne ihr Habit aus?« Später sah ich das klösterliche Leben weniger romantisch und betrachtete die Christus verpflichteten Klosterfrauen als sichtbare, offizielle Frauenmacht der Kirche. Der Eintritt in eine Ordensgemeinschaft hieß, die Entscheidung zu treffen, mich selbst und meine Beziehung zu Gott zu erforschen.

Ich entschied mich für die Schwestern von »St. Joseph of Carondolet«, weil mich ihr Sinn für Freiheit und ihr Respekt vor Verschiedenheit faszinierten. Meine Gemeinschaft ist eine Gruppe krasser Individualistinnen, die nach der Einheit miteinander und mit Gott streben. Ich ziehe persönliche Befriedigung aus der Bindung an diese Frauen, die eine tiefe Leidenschaft für geistliche Ämter in der heutigen Kirche haben. Ich spüre unser Erbe von den Frauen, die sich um 1650 in Frankreich zusammenschlossen. Im Lauf der Jahre sind mir viele Schwestern gute Freundinnen geworden.

Hätte mich mit vierundzwanzig jemand gefragt, ob ich lesbisch bin, hätte ich mit »Nein« geantwortet. Jetzt, mit dreißig, sagte ich: »Ja, sicher.« In den letzten paar Jahren sind mir meine emotionalen und sexuellen Bedürfnisse klarer geworden. Ich brauche Berührungen, Umarmungen, Küsse und das Gehaltenwerden. Ich brauche Zärtlichkeit und einige Freundinnen, die mich bedingungslos lieben werden.

Vor vier Jahren hatte ich eine sexuelle Affäre mit einer verheirateten Frau, die etwa acht Jahre älter war als ich. Nach Monaten enger Freundschaft, an einem Wochenende, als ihr Mann verreist war, schliefen wir in ihrem Bett. Sie lehrte mich küssen – zärtlich, langsam, leidenschaftlich. Ihre Lippen, ihre Zunge, ihre Finger erforschten meinen Körper. Dann zog sie mir sanft das Nachthemd aus und lehrte mich, mit einer Frau Liebe zu machen. Später sprachen wir darüber.

Elizabeth hatte unsere Freundschaft und den sexuellen Kontakt begonnen und beendete beides ein Jahr später. Nachdem sie die Scheidung beantragt und ihre Arbeit in einem Kaufhaus am Ort aufgenommen hatte, traf sie sich mit einem jungen schwarzen Mann, rief mich weniger oft an, weigerte sich, mich zurückzurufen, und mied den Körperkontakt, wenn sie mich traf. Wiederholt bat ich sie, doch mit mir über das, was in ihr vorging, zu reden. Wollte sie Schluß machen? Schließlich sagte sie mir, daß sie keinen weiteren Kontakt wünsche. Als die Beziehung zu Ende war, begriff ich mich noch immer nicht als Lesbe.

Mit meiner besten Freundin, Judy, auch Schwester von »St. Joseph«, redete ich über die Beziehung. Sie wußte, daß ich litt, eine Art Entzug durchmachte. Sie war hilfsbereit, tröstend und zärtlich zu mir. Ich konnte sie zu jeder Tages- und Nachtzeit anrufen, mich ausweinen oder einfach das Bedürfnis haben, mit einem verständnisvollen Menschen zu reden. Meine spirituelle Direktorin war ebenfalls außergewöhnlich verständnisvoll.

Monate danach besuchte mich unerwartet eine »offen« lesbische Freundin. Wir sprachen über Sexualität und Lesbischsein, und sie gab mir viele Bücher, die ich mit dem Gefühl verschlang, mich selbst zu entdecken. An einem Wochenende im späten Oktober liebten wir uns. Da wußte ich: Ich bin lesbisch.

Am folgenden Wochenende nahm ich an der Konferenz katholischer Lesben in Kirkwood, Pennsylvania, teil. Es war aufregend und ermutigend. Als ich derart positive, zutiefst spirituelle Frauen traf, fühlte ich mich stolz und glücklich, eine Lesbe unter so fabelhaften Frauen zu sein.

Wenn ich meine Spiritualität als fleischgeworden bezeichne, meine ich damit, daß ich Gott in allen Dingen suche, vor allem in Menschen. Alte religiöse Glauben beeinflussen meine Werte hinsichtlich der Sexualität. Ich habe kein Problem, meine klösterlichen Gelübde und meine lesbische Identität in Einklang zu bringen, solange ich zölibatär bin. Bin ich nicht zölibatär, kann ich meine Taten mit meinem Gelübde nicht vereinbaren. Obwohl ich ein lebenslanges Zölibat zutiefst in Frage stelle, habe ich gerade mein heiliges Gelübde abgelegt, weil ich mich von Gott berufen fühle, eine Nonne zu sein, und weil diese Lebensweise für mich die beste ist.

Meine sexuellen/emotionalen Beziehungen haben mir Gott nahe

gebracht und mich in meiner Entwicklung gefördert. Selbst in Zeiten großer Angst erteilt mir der Geist wertvolle Lektionen. Ich erfahre die Liebe des Geistes durch die intime Liebe zu Menschen. Meine Spiritualität hat mir tiefergehende Möglichkeiten der Freundschaft eröffnet, als ich sie sonst kennengelernt hätte. Die Intimität des Schweigens mit einer Person, die ich liebe, hat für mich zu den befriedigendsten Momenten gehört.

Ich bin die letzten fünf Jahre pastorale Lehrbeauftragte in einer großen Vorortpfarrei gewesen, und davor war ich Liturgistin und Lehrerin. Ich bin auch Musikerin und in vielen Frauengruppen und Lesbenorganisationen aktiv. Neben meinem geistlichen Amt promoviere ich in Theologie und hoffe, das weiter zu tun und meinen Doktor in feministischer Theologie zu machen. Außer fürs Lesen begeistere ich mich für Yoga, italienische Küche und Reisen.

Liebe diese Lesbenmusik

Schwester Sara
(1958 bis heute)

(Schwester Sara, zweiundvierzig und sexuell aktiv, ist seit vierundzwanzig Jahren Nonne. Sie ist momentan von ihrer Gemeinschaft beurlaubt. Dieses Interview mit Nancy Manahan fand am 31. Oktober 1982 in Schwester Saras Wohnung in San Francisco statt.)

Nancy: Wie läßt sich dein Keuschheitsgelübde mit sexuller Aktivität vereinbaren?

Schwester Sara: Ich zerbreche mir nicht den Kopf darüber, wie sich das vereinbaren läßt. Schon mit zweiundzwanzig konnte ich nicht begreifen, weshalb um den Sex ein solcher Wirbel gemacht wird. Sexuell zu sein ist so normal menschlich. Ich habe das Keuschheitsideal ohnehin nie abgekauft. Zwar gibt es einen Raum fürs Zölibat, doch definiere ich das Zölibat nicht als lebenslängliche sexuelle Abstinenz.

Nancy: Wie definierst du Zölibat?

Sara: Alleinstehend zu sein. Nicht verheiratet zu sein oder in einer exklusiven Zweierbeziehung zu leben. Das Gute am Zölibat ist, daß es den Menschen die Freiheit gibt, sich auf das zu konzentrieren, was sie mit ihrem Leben anfangen wollen. Verheiratet zu sein und eine Familie zu versorgen beansprucht eine Menge Zeit und Verantwortung.

Nancy: Beansprucht eine intime sexuelle Beziehung nicht auch eine Menge Zeit?

Sara: Gelegentlich. Aber nicht so viel wie eine Ehe oder Familie. Ich hatte drei, vier oder fünf Jahre lange intime sexuelle Fernbeziehungen. Meine Geliebte lebte in einer anderen Stadt als ich, und wir sahen uns höchstens zweimal im Monat. Das nimmt nun kaum eine Menge Zeit in Anspruch.

Nancy: Wie waren deine ersten sexuellen Erfahrungen im Kloster?

Sara: Bei meinem ersten Lehrauftrag, als ich zweiundzwanzig war, lebte ich mit fünfundzwanzig Schwestern in einer Gemeinschaft. Die Oberin war achtundvierzig, sie mochte mich, und ich empfand Zuneigung zu ihr. Eines Tages ging es mir schlecht. Sie sagte: »Was ist denn, Liebe?« und nahm mich mit in ihr Büro, wo ich ihr mein Herz ausschüttete. Als ich aufstand und gehen wollte, umarmte sie mich auf wunderbare, tröstliche Weise. Na, ich schmolz einfach in ihren Armen und weinte mich aus. Auf einmal lag ihre Hand auf meiner Brust! Ich schob ihre Hand weg und wollte mich verdrücken. Sie zog mich an sich und ließ mich fühlen, wie gut das war. Als sie ihre Hand wieder auf meine Brust legte, dachte ich: ›Zum Teufel, was soll's‹ Wir standen eine Weile so umschlungen. Absolut wunderbar!

Nancy: Was für ein Gefühl hattest du bei ihren sexuellen Avancen, als du verletzlich warst und bemuttert werden wolltest?

Sara: Es störte mich. Ich empfand es als unpassendes Verhalten. Aber ich habe nicht das Gefühl, daß es mir *damals* schadete. Allerdings ist mir nicht klar, welche Auswirkungen diese Erfahrung auf meine späteren Beziehungen hatte.

Von da an spielte sich unser Austausch größtenteils auf einer emotionalen Ebene ab. Gelegentlich waren wir auch physisch intim. Es gefiel mir auf Anhieb. Manchmal bekam sie Angst. Wenn wir uns küßten, wurde sie nervös und sagte: »Liebe, nicht so lange« oder: »Nicht mit der Zunge, Schatz.« Doch allmählich fühlte sie sich wohler. Wir lebten zweieinhalb Jahre zusammen, aber unsere Terminpläne ließen uns nicht viele Gelegenheiten zu körperlicher Vertrautheit. Die ganze physische Affäre spielte sich immer oberhalb der Gürtellinie ab.

Nancy: Habt ihr je miteinander geschlafen?

Sara: Nicht in diesem Haus. Das war zu riskant. Hin und wieder ging eine zur anderen ins Zimmer, und wir redeten und umarmten uns. Hätte aber irgendwer an die Tür geklopft, wären wir allein schon tausend Tode gestorben, weil man uns zusammen im Schlafzimmer überrascht hätte. Als ich einen Lehrauftrag hundertfünfzig Meilen entfernt bekam, sahen wir uns monatelang nicht. Wenn wir uns besuchten, schliefen wir miteinander. Wir schliefen keine zehn Mal miteinander.

Nancy: Meinst du wirklich schlafen oder habt ihr euch geliebt?

Sara: Natürlich haben wir uns dann immer geliebt.

Nancy: Du meinst damit, ihr hattet genitalen Kontakt?

Sara: Nein. Ich meine damit, daß wir uns von der Taille aufwärts liebten. Es gibt viele Möglichkeiten, sich zu lieben, und wir haben uns eindeutig geliebt. Wir alle haben unsere Richtlinien von dem, was in Ordnung ist und was nicht. Uns aneinander zu reiben war in Ordnung, genitale Berührung nicht.

Nancy: Hattest du Schuldgefühle?

Sara: Ich wußte, daß das, was wir taten, in Ordnung war. Angesichts unserer natürlichen Fähigkeit zu unterscheiden, was geht und was nicht, ist mir schleierhaft, warum die Leute so viele Probleme mit dem Sex haben. Mir machte nur Angst, was passieren würde, wenn es bekannt würde. Mit dieser Information hätte man mir schaden können.

In meiner nächsten Beziehung mit einer Frau hatte ich mehr Angst als Schuldgefühl. Das war 1973, einige Jahre nachdem meine Beziehung mit der Schwester Oberin sich zu einer engen, aber nicht sexuellen Beziehung entwickelt hatte. Ich lebte mit einer Schwester, und wir kamen uns sehr nahe. Abends saßen wir stundenlang zusammen, tranken Wein und redeten. Zwei Jahre später promovierte ich und mußte fort. Eines Abends umarmten Lucy und ich uns und weinten über unsere bevorstehende Trennung. Dann hörten wir auf zu weinen und küßten uns. Es war das erstemal, daß ich »bis zum Letzten« ging. Ich hatte eine Todesangst. Todesangst. Ich weiß noch nicht einmal, wovor ich Angst hatte, doch am nächsten Tag sagte ich Lucy, ich wollte nicht, daß es noch einmal geschähe. Ich wollte keine Liebesbeziehung mit ihr.

Nancy: Was hat sie darauf geantwortet?

Sara: Sie ist keine Frau vieler Worte. Sie sagte: »Ist recht.« Später verriet mir Lucy, daß auch sie Angst hatte. Sie hatte verschiedene sexuelle Erfahrungen mit Frauen in unserer Gemeinschaft gehabt, und es war ihr nie gelungen, eine sogenannte »positive Beziehung« aufrechtzuerhalten, weil die immer am Sex scheiterten. Wie sie mir heute, zehn Jahre später, erzählt, bin ich die einzige Person, mit der sie sexuell zusammen war und noch immer eng befreundet ist. In diesen ersten zwei Jahren der Trennung pendelten wir sehr rege. Wir lebten fünfzig Meilen von einander entfernt. Am Wochenende besuchten wir uns und schliefen fast immer mit einander – wenn es möglich war.

Nancy: Was war mit deinem früheren Entschluß, nicht sexuell mit ihr zusammenzusein?

Sara: Nun ja, unsere Gefühle waren stärker als unsere Ängste, doch das schadete offenbar nicht. Und ich war weiterhin Nonne. Weißt du, das machte mir Angst. Ich fürchtete, wegen dieses Gefühls für einander könnten wir nicht mehr Nonne sein. In Wahrheit lief aber alles ganz gut. Ich hatte meinen Kuchen und aß ihn gleichzeitig. Doch wie schon in meiner ersten Beziehung redeten Lucy und ich nicht über das, was zwischen uns geschah. Wir konnten es uns nicht leisten. Allmählich beendeten wir unsere sexuelle Beziehung. Einige Monate danach hatte ich eine sexuelle/emotionale/soziale Beziehung mit einer Frau in meinem Softballteam. Dot war geschieden und Mutter zweier Kinder. Außer Sport hatten wir nicht viel gemeinsam. Wir begegneten uns zu einem Zeitpunkt, als wir beide das Bedürfnis nach Nähe und Trost verspürten.

Vor fünf Jahren begegnete ich einer Frau, die neun Jahre lang Ordensschwester der »Immaculate Heart of Mary« war. Ann und ich verliebten uns ineinander. Zum erstenmal konnten wir beide über unsere gemeinsamen Erfahrungen miteinander reden. Meine anderen Geliebten hatten alle zuviel Angst davor. Ann war nicht mehr Nonne, und sie war auch nicht die »Hetero«-Mutter zweier Kinder. Sie mußte sich nichts vorlügen oder sich verstecken.

Schließlich war ich imstande zu sagen: »Liebes Lottchen, ich muß lesbisch sein!« Frag mich nicht, was ich sonst noch dachte. Ich dachte nicht – ich lebte einfach. Durch meine Beziehung mit Ann kam ich mit anderen Frauen in Kontakt, die sich offen als Lesben identifizierten. So kam es dazu, daß ich darüber nachdenken und reden konnte. Als Ann und ich einige Monate lang Geliebte waren, beschloß ich, aus meiner Klostergemeinschaft auszuziehen und mir eine Wohnung zu nehmen. Ann hatte ihre Eigentumswohnung verkauft und ein Haus erworben, konnte aber erst in zwei Wochen einziehen. Ich bot ihr an, solange bei mir zu wohnen. Na ja, aus zwei Wochen wurden dann zehn Monate.

Die Schwestern in meiner Gemeinschaft konnten mein Zusammenleben mit Ann nie direkt ansprechen. Sofern sie es mißbilligten, weil sie es für sündhaft hielten, mußten sie es einem Beichtvater überlassen. Eine meiner Freundinnen, eine Provinzialdirektorin, bot mir einen Lehrauftrag auf Hawaii an. Ich erklärte ihr, daß ich nicht tausend Meilen von Ann entfernt leben möchte, das Angebot also nicht annehmen könne. Sie sagte, das verstünde sie. Ich habe zwar nie gesagt, daß Ann und ich Geliebte waren, aber meine Freundin respektierte unsere Beziehung.

Nancy: Warum hast du dich beurlauben lassen?

Sara: Die Beurlaubung gab mir Zeit, eine andere Lebensform zu leben. Es ist die schwerste Entscheidung meines Lebens gewesen: Schwester zu sein oder nicht. Früher, als die Schwestern die Klöster verließen, um ein neues Leben zu beginnen, war es eine klare Entscheidung zwischen »drinnen« und »draußen«. Heute leben immer mehr Schwestern allein oder mit Leuten außerhalb der Gemeinschaft. Schwester meines Ordens zu sein bedeutet, für gewisse gemeinsame Ziele zu leben und zu arbeiten, beispielsweise gegen Rassismus und gegen Frauendiskriminierung oder für Frieden und Abrüstung zu arbeiten. Gibt es etwas Besseres? Ich bin auf meine Gemeinschaft stolz, und es ist spannend, zu dieser Gruppe Frauen zu gehören. Aber ich möchte nicht mein Leben lang für sie verantwortlich sein. Ich habe ein Bedürfnis nach Autonomie und Unabhängigkeit. Ich habe gefürchtet, meine Motivation, daß ich all diese Jahre Nonne gewesen bin, sei teilweise auf meinen Mangel an Sicherheit zurückzuführen. Jetzt möchte ich eine selbstsichere Person sein, ohne auf eine Gemeinschaft zurückzufallen. Allerdings bin ich nicht bereit zu sagen: »So, ich will keine Schwester mehr sein.« Ich bin nicht bereit, meinen Namen aus dem Register zu streichen, solange mir nicht wohl dabei ist, diesen Prozeß durchzumachen.

Nancy: Wie wird sich dein Leben verändern, wenn du diesen Schritt tust?

Sara: Nach außen hin wird sich mein Leben überhaupt nicht ändern. Ich werde weiterhin allein in dieser Wohnung leben. Ich werde weiter dort arbeiten, wo ich arbeite. Finanziell wird sich nichts ändern. Seit ich beurlaubt bin, habe ich mein volles Gehalt bekommen. Für gewöhnlich legt jede Schwester ihren Lebensunterhaltsetat fest. Das überschüssige Gehalt fließt in die Provinzialkasse für die Altersicherung, den Reisefonds, den Ausbildungsfonds und sonstigen Gemeinschaftsbedarf.

Aber ich möchte meine sexuellen Aktivitäten offener leben

können. Wenn ich eine Geliebte habe, will ich es nicht verheimlichen müssen. Ich will mich nicht mit der Mißbilligung der Gemeinschaft auseinandersetzen. Ich schätze, ich kann dieser Mißbilligung entgehen, wenn ich nicht mehr in der Gemeinschaft verzeichnet bin.

Nancy: Wie werden die Leute deiner Meinung nach auf dieses Buch reagieren?

Sara: Lesbische Nonnen in meinem Bekanntenkreis werden tanzen! In Klöstern wird dieses Buch als heißer Tip herumgereicht werden – wie damals der Hite-Report. Alle haben ihn gelesen. Lesbische Nonnen werden bei diesen Buch mehr Hemmungen haben. Außerdem werden sie auf die Reaktion der anderen Mitglieder ihrer Gemeinschaft lauern und zu Gott beten, daß sie es in Ordnung finden.

Dieses Buch wird auch viel Schmerz aufrühren. Lesbische Schwestern, die noch immer versteckt in ihren Gemeinschaften leben (und ich kenne keine, die nicht versteckt lebt), werden sich homophobe Bemerkungen anhören müssen. Doch das wird ein Katalysator sein. Der Teufel wird los sein. Klösterliche Gemeinschaften werden um die Diskussion dieses Buches nicht herumkommen. Sie werden auf die Realität reagieren müssen, und das haben sie noch nie gemußt.

Klösterliche Gemeinschaften sind über die Zeit hinausgewachsen, in der wir vor speziellen Freundschaften gewarnt wurden. Heute sagen sie, es ist in Ordnung, wenn wir gute, gesunde, vertraute Beziehungen haben. Dennoch schlägt die Homophobie hoch, und lesbische Beziehungen sind noch immer nicht akzeptiert.

Kürzlich bereitete ich die Liturgie für unsere Ordensversammlung vor. Das Eröffnungs- und Schlußlied war »Sisters« von Cris Williamson. Nach der Liturgie beugte sich eine internationale Vorstandsvorsitzende zu mir und flüsterte in sehr dramatischem Ton: »Schwester (wir nennen uns schon lange nicht mehr »Schwester«), Schwester, wie *konntest* du nur diese Lesbenmusik in der Liturgie spielen?« Ich antwortete: »Schwester, zufällig *liebe* ich diese Lesbenmusik.« Uns beiden stand ein breites Lächeln auf dem Gesicht.

Teil V
Überraschungen und Widersprüche

Man stelle sich unsere Überraschung vor! Eine lesbische Exnonne schreibt als Tochter über ihre Mutter – eine lesbische Exnonne. Schwestern verlieben sich bei einer Besetzung des Kanzleigerichts zur Gründung einer Lehrergewerkschaft, verlassen das Kloster, heiraten kirchlich und bekommen ein Kind. Die Schilderungen unseres Lebens und unserer Realitäten warten mit vielen weiteren Überraschungen auf.

Sr. Peter Marie, 1964

Mary Alice Scully, 1981

Zweite Generation

Mary Alice Scully
(1961–1979)

Im Frühling 1965, ich war seit vier Jahren eine »Sister of Charity«, wurde ich zum fünfzigjährigen Jubiläum einer Nonne in einem halb klösterlichen Orden eingeladen. Ich hatte Mutter Katherine nie kennengelernt, aber natürlich mein Leben lang von ihr gehört. Soweit ich zurückdenken konnte und noch länger, gehörte sie zu den besten Freundinnen meiner Mutter. Da meine Mutter vor einem Jahr gestorben war, beschloß ich, sie bei dieser »Goldenen Hochzeit« zu vertreten. Ich habe fast zwanzig Jahre gebraucht, um festzustellen, daß meine Teilnahme die letzte Episode der wahrscheinlich wesentlichsten Liebesbeziehung war, die eine fünfzigjährige Zeitspanne im Leben meiner Mutter umfaßte.

Bei Exerzitien in den zwanziger Jahren wurden Mama und Mutter Katherine Freundinnen. Ihrer Familie, so wurde mir erzählt, war der »Einfluß« der jungen Nonne auf sie immer ein Dorn im Auge, vor allem als Mama beschloß, ebenfalls ins Kloster zu gehen. Ich nehme an, daß sie als Klosternonne eine schwere Zeit hatte. Die Frau, die ich als meine Mutter kenne, hatte etwas von einem Freigeist, bei dem sich Unerwartetes in gelegentlichen Ausbrüchen Luft machte. Ich bin sicher, daß sie als Sonderling kritisiert wurde, so wie ich viele Jahre später, und für ihre Faxen wie zum Beispiel, das Treppengeländer runterzurutschen. Die Fotos, die ich habe, zeigen eine lächelnde Novizin, die Arme in ihren weiten Ärmeln vergraben. Auch wenn sie nie darüber sprach, hat sie meines Erachtens das Kloster mit echtem Bedauern verlassen. Irgendeine diffuse Krankheit. Kürzlich machte eine Tante die Andeutung eines Nervenzusammenbruchs.

Mit zweiunddreißig fing sie neu an und arbeitete im Jahre 1931 als Sekretärin bei der katholischen Wohlfahrt fast ohne Bezahlung. Sie wirkte bei einer katholischen Schauspieltruppe von halb professionellen Schauspielerinnen und Schauspielern mit und wohnte mit ausgeflippten ledigen jungen Frauen zusammen, denen der Makel der Schwangerschaft anhaftete. In diesen Jahren war sie vermutlich aktiv, extrovertiert und lebenslustig. Sie hatte viele Freundinnen. Ihre Liebe zu Mutter Katherine hielt sie durch häufigen Kontakt aufrecht.

Als sie auf die Vierzig zuging und wußte, daß sie nicht heiraten würde, aus Gründen, über die ich nur Vermutungen anstellen kann (und das tue ich), nahm sie einen einjährigen Jungen als Pflegekind auf. Mit vierundvierzig nahm sie ein neugeborenes Mädchen zu sich.

Als Pflegekind einer katholischen Nonne aufgewachsen zu sein, hat seine komischen Seiten. Schon als Kind war mir klar, daß sie eine außergewöhnliche und kühne Frau war. Die Unverheiratete präsentierte fröhlich ihre Kinder und lächelte über den Verdruß der anderen. Da sie arm war, hatte sie zwei, manchmal drei Jobs nebeneinander, außerdem blieb sie weiterhin aktives Mitglied der Schauspieltruppe. Als Clownerie bei vielen Partys unterhielt sie ihre Freundinnen mit Gedichten und Geschichten. Von ihren vielen Freundinnen ist mir Mary mit der tiefen Stimme, den Riesenschritten und ihrem Lachen, die als Babysitter fungierte, wenn Mutter schwer arbeitete oder hingebungsvoll spielte, besonders im Gedächtnis geblieben. Ich hege nur vage Vermutungen, daß sie manchmal über Nacht blieb. Meine Mutter liebte und – nicht nur einmal – verletzte tief. Die lustigen Zeiten waren für mich selbstverständlich, ich erinnere mich eher an die Tränen. Hin und wieder hörte ich von Mutter Katherine und ihrem alkoholsüchtigen Bruder, der in der Bowery wohnte. Es gab Zeiten, da warteten wir an einer kalten, zugigen Ecke auf ihn, um ihm Mamas letzte fünf Dollar zu geben. »Er hat weniger als wir«, sagte sie.

Wie zieht eine Dunkellesbe, die praktizierende Katholikin ist, ohne Geld zwei Kinder auf? In einem katholischen Internat. Für mich war es ein Gefängnis, in dem französische Nonnen das Kinderprügeln mit Disziplin gleichsetzten. Wahrhaft schlimm für die kindliche Seele. Schon wurde ich langsam abgebrüht.

Als Halbwüchsige beschäftigten mich das Erwachsenwerden, die Schulaktivitäten und das intensive Spiel auf der Straße. Nur dunkel nahm ich die andere Person in meiner Mutter wahr. Daheim war sie erschöpft und ernst. Da gab es wenig Clownerie. Sie traf ihre Freundinnen nicht mehr so häufig und nie zu Hause. Ich hielt die meisten für verrückte, sehr affektierte oder sehr einsame »alte Damen«. Was hatte sie sich für ihre Kinder gewünscht, erhofft, erträumt? Was waren wir für sie? Ich war zu jung, zu beschäftigt, zu egozentrisch, um zu fragen. Sie war zu bekümmert, zu einsam, zu verschlossen, um zu reden. Ihre Spiritualität war tief, doch persönlich. Sie ging allein zur Kirche, selten zur Kommunion. Ihr Lesbischsein mag ihr zur Fröhlichkeit verholfen haben, war aber, wie ich vermute, ebenso eine Bürde für sie, die sie immer mehr bedrückte.

Mit neunzehn ging ich dann ins Kloster, und Mama starb zwei Jahre später. Ich brauchte Jahre zu der Feststellung, daß ich die Frau, die meine Mutter war, kaum kannte. Ich höre, daß man oft auf blinde Flecken und Leerräume stößt bei dem Versuch, das frühere Leben einer Lesbe zu rekonstruieren, die sich in ihrer Wahrheit verschanzt hat. In meiner Erinnerung und der anderer sehe ich die fröhliche Kameradin und die zutiefst verschlossene, manchmal rätselhafte Person.

Ja, ich wurde eine Nonne der sechziger Jahre, engagierte mich nicht nur in der Kirchenreform, sondern auch in der Antikriegsbewegung und Gefangenenhilfe. Befreiungstheologie und Selbsterkenntnis als Lesbe befreiten mich, auch wenn ich weiterhin Nonne blieb. Das klösterliche Leben war für mich in vieler Hinsicht eine befreiende Erfahrung. Ich lebte es achtzehn Jahre. Vermutlich wußte ich mein Leben lang unterschwellig, daß ich lesbisch war, und Mama genauso. Doch es brauchte die Herausforderung durch eine freundliche Unbekannte, mich aus meinem unverdächtigen Versteck hervorzulocken.

Weil ich Nonne war, konnte ich die Flure des Frauengefängnisses von Riker's Island in New York als Mitglied des geistlichen freiwilligen Hilfsdienstes ungehindert durchstreifen. Meine Ordenstracht war die Antikriegsuniform der siebziger Jahre: Jeans und Arbeitshemd.

»He, Mac!« rief eine Gefangene.

»Wer, ich?« Ich sah mich um und vergewisserte mich, ob sie mit mir redete.

»Ja, du ... Sozialarbeiterin oder so?«

»Hm, nein... Ich bin Nonne.«

»Du bist keine Nonne in solchen Klamotten.«

Ich erklärte ihr, daß ich tatsächlich Nonne war, trotz meiner Kleidung, und sie hatte anscheinend ebensolche Klischeevorstellungen über das Aussehen von Nonnen wie Leute draußen über Frauen im Knast. Doch in diesem Augenblick kam der Prozeß in Gang, mich als Lesbe zu akzeptieren.

Als ich wußte, daß es für mich an der Zeit war, die Erfahrungen mit Risiken, Forderungen, Unsicherheit und Fehlschlägen zu machen, mit denen die meisten erwachsenen Leute tagtäglich konfrontiert sind – das Leben im Dschungel statt im warmen, sicheren Zoo –, verließ ich das klösterliche Leben. Meine Mutter und ich, das ist weiterhin eine verwickelte Geschichte.

Nachdem ich nun zum zweitenmal mein Zuhause verlassen hatte, mußte ich die Erfahrung mit der Verkörperung von Etiketten wie Mac, Butch und Lesbe machen.

Ja, ich bin jetzt vierzig; aber nein, irgendwelche Pflegekinder aufzuziehen, beabsichtige ich nicht. Schließlich: genug ist genug.

Ich lebe und arbeite, liebe und forsche in New York City.

Gewerkschafterinnen, Geliebte und Eltern

Christine und Sheila
(1971−1972 und 1960−1981)

Sheila: Ich war die älteste Tochter von vier Kindern in einer eng verbundenen Familie. Ich wuchs in Harmonie mit mir selbst und meiner Religion auf. Die Gelassenheit meiner Mutter glich den Eifer meines Vaters als Konvertierter aus. Auch die Liebe und Sensibilität meiner Eltern beeinflußten mich und meinen Entschluß, ins Kloster zu gehen. Die Zuneigung zu einigen engagierten Nonnen in der Oberschule brachte mich zum ernsthaften Nachdenken über das klösterliche Leben.

Chris: Vier wundervolle Jahre in einem katholischen Frauencollege im Mittelwesten waren Antrieb zu meiner Bekehrung und zu meinem Wunsch, ins Kloster zu gehen. Das Mysteriöse, Dramatische und Romantische beim Anhören eines Novizinnenchors in der italienischen Renaissancekirche ließen mich erschauern. Ich brauchte die Struktur und Sicherheit des Klosterlebens. Von 1968 bis 1972, als ich im College und im Kloster war, erlebte der Orden »die große Reform«. Im Schuljahr 1971/72 war ich die einzige Postulantin des Ordens und etwas rebellisch, aber dem klösterlichen Leben verhaftet. Als meine Vorgesetzten mir nahelegten, das Kloster am Ende meines ersten Jahres zu verlassen, verlor ich fast den Verstand. Ich war zwar nicht die allerbeste Postulantin gewesen, doch war das Kloster mein Leben. Ich erlebte einen emotionalen Sturzflug.

Nach Verlassen des Klosters fand ich Arbeit als Lehrerin der siebten und achten Klasse einer Mittelschule im Zentrum von Los Angeles. Ich liebte die Lehrerinnen, die Lehrer und die Schulleitung dort. Ich konnte Fehler machen, mich aufraffen und von vorn anfangen. Dort habe ich das Unterrichten wirklich gelernt.

Sheila: In der Oberschule hatte ich mich meinen Freundinnen so nahe gefühlt. Ohne es zu merken, schien ich die typischen Teen-

agergefühle für Mädchen zu haben wie die meisten Mädchen für Jungen. Von Lesbianismus hatte ich keine Ahnung.

Chris: Als ich in der Mittelschule unterrichtete, ging ich mit zwei Lehrern aus. Der eine war ein ehemaliger Seminarist. Heute weiß ich, daß der andere schwul war und ist. Obwohl beide Männer gute Freunde waren, fühlte ich mich bei den Rendezvous unwohl und konnte mit Sexualität überhaupt nicht umgehen. Ich fühlte mich elend, weil ich nicht herausbekommen konnte, was mit mir los war. Ich betrachtete es als Zeichen, daß ich in Wahrheit ins Kloster gehörte, und so bewarb ich mich erneut. Obwohl ich erwachsen und eine gute Lehrerin geworden war, wurde ich abgelehnt. Ich war völlig zerstört. Warum wollten sie mich nicht? Was war mit mir los? Wäre ich einer feministischen Organisation beigetreten, hätte ich vielleicht eher herausgefunden, daß mit mir wirklich alles in Ordnung war.

Sheila: Als ich im Noviziat war, »engagierte« ich mich einige Male, aber das wurde von meinen Vorgesetzten im Keim erstickt. »Spezielle Freundinnen« wurden mißbilligt, doch nie richtig erklärt. Heute wird mir klar, daß ich mir auch nach meinem heiligen Gelübde die Nonnen suchte, denen ich mich nahe fühlen konnte, allerdings erwiderte das niemand, bis ich Chris kennenlernte.

Chris: In meinem dritten Jahr in der Mittelschule gründete sich eine katholische Lehrergewerkschaft. Die Arbeit in dieser Gewerkschaft veränderte mein Leben. Ich wuchs mit der Gewerkschaft. Ich wurde Vizepräsidentin. Nachdem ich von der Mittelschule ins Lehramt an die Oberschule übergewechselt war, engagierte ich mich für die Lehrerrechte und das Recht auf qualifizierte Ausbildung der Schülerinnen und Schüler. Ich hatte meine Gemeinschaft gefunden. Ich war der harte Kern der Gewerkschaft. Die Arbeit an sieben Tagen pro Woche okkupierte mein Leben völlig. 1976 streikten wir. Wir »besetzten« die ganze Nacht das Kanzleigericht in dem verzweifelten Kampf, der Diözese zu demonstrieren, daß unser Streik ernst gemeint war, und um Öffentlichkeit zu erlangen. Es war bedrohlich. Niemand von uns fühlte sich als Revoluzzer. Nach der Sitzung der Streikorganisation im ersten Stock des Kanzleigerichts schlich ich mich nach oben zu den anderen, die auf dem Marmorboden schliefen. Überall lagen Körper in Schlafsäcken, und ich hatte nichts dabei, worauf ich hätte schlafen können. Auf dem harten, kalten Marmorboden zu schlafen war undenkbar.

Als ich so dastand, bot mir eine der Streikenden, eine Nonne namens Schwester Sheila, einen Teil ihres Schlafsacks an. Da ich niemanden durch meinen Protest aufwecken wollte, legte ich mich neben sie und empfand die wärmsten und tollsten Gefühle, die ich je in meinem Leben verspürt hatte. Ich machte die ganze Nacht kein Auge zu und fühlte mich am nächsten Tag großartig. In der folgenden Nacht breiteten wir einen Schlafsack auf dem Boden aus und einen über die Decke. Wir hielten uns die ganze Nacht die Hand. Ich weiß noch, daß ich dachte: ›Was geht hier vor?‹ Ich konnte nur antworten: ›Ich weiß es nicht, aber das Gefühl ist phantastisch!‹

Nach Beendigung des Streiks sahen wir einander dauernd, obwohl das Treffen mit Sheila meine Gewerkschaftsarbeit störte. Plötzlich waren Spaziergänge, Strände, Berge und das Weintrinken mit meiner neuen Freundin wichtiger als die Briefeverschickung und das Erstellen eines Mitgliederaktionsprogramms. Keine von uns begriff wirklich, was vorging; wir wußten lediglich, daß wir zusammensein wollten.

Und so nahm ich im Jahr darauf eine Arbeit an Sheilas Schule an. Ich kam zu dem Schluß, ihrem Orden beizutreten sei die beste Möglichkeit, Sheila nahe zu sein. Gerade als wir glaubten, es klappe alles, erhielt ich die Mitteilung, daß ich nicht aufgenommen würde. Ohne Begründung. Sie hatten sich mit meiner früheren Oberin in Verbindung gesetzt. Wieder fragte ich mich, was mit mir los sei. Ich war wütend und von Selbstzweifeln geplagt. Ich glaube nicht, daß mir wegen meines Lesbischseins der Eintritt in Sheilas Orden verwehrt wurde. Ich hatte das Wort nicht mal gehört und nie eine lesbische Erfahrung gemacht. Die Gewerkschaft war behütet und einfältig. Wir alle waren so naiv.

Sheila: Als Chris und ich uns begegneten und meine Gefühle erwidert wurden, bekam ich Angst. Meine stabile Existenz war erschüttert, und meine Gelübde, die ich inzwischen wertschätzte, waren total über den Haufen geworfen. Armut und Gehorsam boten keine Probleme. Ich lebte noch immer ein einfaches Leben, und Menschen waren wichtiger als Besitztümer. Aber meine Beziehung mit Chris bedrohte unmittelbar mein Keuschheitsgelübde, das Zölibat forderte. Auch wenn ich sie wollte, fiel es mir schwer, das aufzugeben, was ich fast zwanzig Jahre lang gehabt hatte. Als ich schließlich einer guten Freundin gestand, wer ich war, bemerkte sie weise: »Dinge passieren im allgemeinen nicht einfach so. Die Menschen bringen sich immer in die gleiche Situation, bis sie zu einer Entscheidung gezwungen werden.«

Chris: Aufgrund der Arbeit in Schule und Gewerkschaft waren Sheila und ich ständig zusammen. Wir besuchten sogar gemeinsam ihre Familie. Aber wir hatten unser Leben so gut kaschiert, daß, als wir uns schließlich unseren Freundinnen und Familien »bekannten«, sie baß erstaunt waren. Wir hatten uns vor allen versteckt und die Tatsache geleugnet, sogar vor uns selbst.

Nachdem mir der Eintritt in Sheilas Gemeinschaft verwehrt worden war, analysierte ich meine Gefühle und entdeckte, daß daran nichts Falsches war. Ich liebte Sheila einfach und wollte mit ihr zusammensein und mein Leben mit ihr teilen. Obwohl wir inzwischen unsere Wochenenden miteinander verbrachten, hatten wir noch immer keine sexuelle Erfahrung gemacht. Die Spannung löste allmählich Ängste und Heulkrämpfe aus. Da Sheila weiterhin Nonne war und die Gelübde ihr wichtig waren, rang sie ständig mit sich. Ich verstand es zwar, konnte jedoch meine Sehnsüchte nicht verleugnen. Ich wollte körperliche Liebe; ich hatte zu lange darauf gewartet. Daß ich lesbisch war, wußte ich, war aber noch nicht bereit, es einzugestehen. Ich ging zu einer lesbischen Gruppentherapie. Ich gab mein Amt in der Gewerkschaft auf und wechselte die Schule. Ich hatte zu große Angst, die Frauenbars aufzusuchen, doch meine neuen lesbischen Freundinnen nahmen mich mit. Welch eine Offenbarung! Die Baratmosphäre behagte mir zwar nicht, aber ich spürte endlich, daß ich ich selbst sein konnte. Es war ein berauschendes Gefühl! Ich zog näher zu Sheilas Kloster, und wir sahen uns ständig. In diesem Sommer schliefen wir schließlich miteinander. Für mich war es wunderbar, aber Sheila hatte am nächsten Tag Magenkrämpfe. Inzwischen wußte ich, was ich wollte. Allerdings wollte ich nicht, daß Sheila meinetwegen das Kloster verließe und mir später die Schuld gäbe, ihr klösterliches Leben zerstört zu haben. Es mußte ihre Entscheidung sein.

Sheila: Fast vier Jahre lang versuchte ich, zwei Leben zu leben, bis ich mich der Tatsache stellte, daß ich meiner Gemeinschaft und mir gegenüber unehrlich und Chris gegenüber unfair war. Ich

erklärte meiner Klosteroberin die Situation: Sie und meine ande-
ren Vorgesetzten unterstützten mich und meine Entscheidung.
Zwanzig Jahre lang war ich immer stolz darauf gewesen, Mitglied
meiner Gemeinschaft zu sein, deshalb fiel mir der Entschluß
schwer, sie zu verlassen. Doch schließlich wurde mir klar, daß die
Wahrheit für mich in meiner Liebe zu Chris lag.

Chris: In der Nacht, als Sheila ihre Austrittspapiere unterzeich-
net und ihre Mitgift zurückerhalten hatte, hielt ich sie ganz fest.
Angesichts ihres und meines Verlusts war mir weh ums Herz.
Seitdem hat sich unser Leben entwickelt und verändert. Wir
hatten einige schlimme Zeiten – einmal war es sehr kritisch. Ich
begann, mich mit einer anderen zu treffen, bis mir bewußt
wurde, wieviel mir an Sheila lag. An dieser Erfahrung sind wir
beide gewachsen, weil wir ohne diese Prüfung vielleicht nicht das
Vertrauen gehabt hätten, wie sehr wir einander lieben.

Sheila: Seit Verlassen meiner Gemeinschaft hatte ich mich nicht
aktiv in der Kirche engagiert, bis Chris und ich beschlossen, uns
ein Leben lang aneinander zu binden. Als wir mit Pater Paul
sprachen, wurde uns klar, wie wichtig die Kirche für uns war, und
wir haben uns wieder mehr engagiert.

Chris: Am 14. Mai 1982 hielt Pater Paul die eigentliche »Bin-
dungsfeier« ab. Unsere engsten Freundinnen kamen. Wir wähl-
ten Passagen aus dem alten Testament und moderne Lyrik, das
Buch Ruth war unser Leitmotiv: »Wo du hingehst, da will auch
ich hingehen.« Seit mehr als zwei Jahren wünschten sich Sheila
und ich ein Kind. Im April 1982 wurde ich durch künstliche
Befruchtung schwanger. Am 11. Februar 1983 wurde Patrick
geboren. Am 26. März wurde er von Pater Paul getauft, der uns
beide als Eltern benannte.

Es ist für uns nicht leicht gewesen. Einige unserer früheren
Freundinnen sind keine mehr. Wir haben Diskriminierung erfahren. Als ich schwanger wurde, nannte mich die Leitung der
katholischen Oberschule, an der ich unterrichte, eine Sünderin.
Seit ich 1971 Postulantin wurde, ist viel mit mir geschehen. Ich
glaube, daß bezüglich der Homosexualität in der Kirche eine
neue Sichtweise erforderlich ist. Die Kirche war nicht immer da,
wenn wir Hilfe brauchten. Aber Sheila und ich leben unser
Leben, wie wir es unserem Gefühl nach sollten.

Sheila: Wir sind sehr glücklich zusammen. Wir haben unsere

Krisen gehabt, und unser Gefühl ist um so stärker. In den letzten Jahren sind wir sehr gewachsen, und das wollen wir auch weiterhin.

Mit fünfunddreißig – Christine – und dreiundvierzig – Sheila – leben wir heute glücklich in Los Angeles.

So ist's gemütlicher

Terry
(1969–1971)

Welche heißblütige Lesbe wäre nicht gern in meiner Oberschule gewesen. Hunderte von halbwüchsigen Mädchen und Dutzende von Nonnen in einem Vorort von Los Angeles gemütlich aneinandergekuschelt. In meiner ersten Klasse nahm ich mir vor, Schwester Charlene in der Oberstufe zu erzählen, daß ich genauso sein wollte wie sie. In meiner Vorstellung saßen sie und ich in einer stillen, leeren Klasse. Alle anderen Schülerinnen waren gegangen. Aber sie verließ die Oberschule, als ich im zweiten Jahr war, und heute glaube ich, daß sie es mit einer Schülerin der Oberstufe hatte.

Ich fand prompt eine neue junge Nonne meiner Träume. Schwester Terese war kaum sechs Jahre älter als ich. Von meinem zweiten bis zum letzten Jahr spielte ich Volleyball und Basketball, und sie verpaßte kein einziges Spiel. Sie war mein größter Fan und meine Sponsorin fürs Kloster. Sie gab mir meinen ersten richtigen Frauenkuß, als ich Postulantin war.

Schwester Terese und einige andere Nonnen waren zu Exerzitien ins Noviziat gekommen, aber wir Postulantinnen durften nicht mit den »heiligen Schwestern« reden. Ich weiß noch, wie ich aus dem Studiensaal die Treppe herunterkam. Als ich um die Ecke bog, sah ich ein Habit, doch als gewissenhafte Anfängerin hob ich meine Augen nicht aus ihrer achtsamen Stellung – dem prüfenden Blick zu Boden. Das Habit kam vor mir zum Stehen. Ich fühlte mich sacht am Arm gezogen.

»Oh ich wußte nicht...«, flüsterte ich. Sie legte sich den Finger auf die Lippen: »Psst.« An meine Seite gelehnt, streichelte ihre Hand mein Kinn, ohne ein Wort zu sagen, doch mit einem Ausdruck in den Augen, der mich an die Wand nagelte. Sie küßte meine Lippen so sanft. Besonders an den »so sanften« Teil erinnere ich mich gut.

Ich Depp. Ich dachte: ›Was mache ich jetzt bloß? Was soll das Ganze?‹

Sie flüsterte: »Gute Nacht, Terry« und bekreuzigte meine Stirn mit dem Daumen. In dieser Nacht schlief ich nicht allzu gut, auch nicht nach einem Rosenkranz extra.

Als ich 1969 meiner Familie sagte, daß ich ins Kloster »Sacred Heart« gehen wolle, waren sie anfangs dafür. Ich war das älteste Kind, und sie wollten, daß ich aufs College ginge und Lehrerin würde. Ich schwelgte in religiösem Jargon: »Berufung, Ruf, Gottes Wille.« Ich wußte ja nicht, daß ich den Frauen folgen wollte, die ich liebte; und die Frauen, die ich liebte, waren Nonnen.

Im Sommer 1969 sauste ich herum und versuchte, alles noch ein letztes Mal zu tun. Ich fuhr meinen sechsundfünfziger Chevrolet zu Schrott und trat ohne Bedauern im September zusammen mit drei anderen Mädchen aus meiner Oberschule ins Kloster ein. Drei Jahre später kam ich dahinter, daß die eine von ihnen mit einer Klassenkameradin eine Affäre hatte, als sie ins Noviziat eintrat, und die beiden anderen eine »spezielle Freundschaft« geschlossen hatten. Die Unwissende, Naive war ich.

Im Juni 1970 konnte ich bereits eine Menge Heuchelei durchschauen. Im November verließ ich »Sacred Heart«. Genauer gesagt wurde ich durch die Hintertür abgeschoben, damit niemand sehen konnte, daß ich ging. »Ein fauler Apfel verdirbt den ganzen Korb.« Was machte es schon, wenn ich mich von einigen Freundinnen nicht verabschieden konnte. Sie gingen Monate später ohnehin. Und ich begab mich auf die Suche nach der idealen Klostergemeinschaft.

Im darauffolgenden Jahr nahm ich an fünfundzwanzig Exerzitien, Bewußtseins- und Selbstfindungswochenenden teil, die von verschiedenen Gemeinschaften veranstaltet wurden. Eine Freundin, die mit mir in »Sacred Heart« war, versuchte, den »Daughters of Charity« beizutreten. Nachdem sie einen Psychotest gemacht hatte, sagten sie ihr, daß sie sie nicht wollten, weil sie homosexuelle Neigungen zeigte. Diese Freundin hatte mit einer »Daughter of Charity« eine Affäre, und die endete nun abrupt mit der Versetzung der guten Schwester in eine andere Stadt. Also bekam meine Freundin einen »Nein, danke«-Brief von den D. Cs.

Auch gut, wir sind jung. Die richtige Gemeinschaft gibt es ohnehin nicht. Wir sind noch immer sehr religiös – lesbisch noch nicht –, fragen uns aber, wie sie solche Dinge sagen können? »Wenn sie schon sagen, daß wir lesbisch sind, probieren wir's halt mal, grasen wir ein paar Bars ab!« »Du gehst zuerst rein.« »Nein, du.‹ »Gehen wir also zusammen und sehen uns die Sache an.« Meine Zimmergenossin im College gibt mir lesbische Nachhilfestunden – physischer Art, ohne Liebesgefühle. Ich mache eine Phase tiefen Bedauerns und der Reue durch: ›Gott, es tut mir leid. Ich hätte es nicht tun sollen. Ich wills auch nicht wieder tun.‹

Im Sommer '73 arbeite ich dann aushilfsweise im Sommerlager im Nationalpark mit einigen Schwestern von »St. Joseph«. Super! Na, ich kümmere mich um meine Angelegenheiten und bin eine gute Lageraufsicht, als Schwester Beth wie eine LKW-Lesbe in einem Bumslokal auf mich zudüst. Die nächsten zweieinhalb Jahre brause ich per Anhalter von Südkalifornien zu ihrem Kloster im Mittelwesten und besuche sie, so oft ich kann. Meine erste wahre Geliebte. In meinem Kopf tut sich was. Ich bin bereit zu sagen, daß ich lesbisch bin. Aber sie ist Nonne und bereit, ihre heiligen Gelübde abzulegen. Sie will, daß ich bei der Zeremonie dabei bin, die Kanzelrede halte. ›Moment mal! Was für eine Lüge ist das denn? Sie ist im Begriff, vor allen das Gelübde des Zölibats abzulegen, und will mich weiterhin, wann immer sie mich kriegen kann? Also, nun mal Butter bei die Fische.‹

Für mich wurde es Zeit, mir ein paar Dinge einzugestehen: 1) So etwas wie eine ideale Klostergemeinschaft gibt es nicht. 2) Die Kirche ist auch nicht das, was sie zu sein vorgibt. 3) Ich bin lesbisch. Eine Zeitlang versuchte ich, mir die Religion zu erhalten, indem ich »Dignity«, »Metropolitan Church«, »Jesuit Volunteer Corps«, »Pentecostals«, »Newman Centers«, »Christian Ministry« abklapperte. Schließlich kam ich zu dem Schluß, daß alles ein Haufen Schmus war.

Heute bin ich glücklich. Letztes Jahr fuhr ich mit meinem Motorrad bei der Schwulen- und Lesbenparade mit, und ich verdiene mir einen anständigen Lebensunterhalt als Polizeibeamtin. Vor drei Jahren, auf der Polizeischule, traf ich eine Anwärterin, die etwa drei Jahre nach mir in »Sacred Hearts« gewesen war und nun eine Beziehung mit meiner Exgeliebten hat. Die Welt ist klein. Das ist gut so. So ist's gemütlicher.

Ich muß wohl älter werden. Die Neulinge am Arbeitsplatz sehen wie Babys aus, und vor kurzem stieß ich in einer Lesbenbar auf eine frühere Sommercamperin. Mit Bedauern habe ich Namen und Orte in meiner Geschichte geändert. Nennen wir's berufliche Diskretion. Gern würde ich Schwester Charlene und Terese heute, fünfzehn Jahre später, wiedersehen. Ob sie mir wohl weiche Knie machten?

Sr. John Ellen, S.S.N.D., 1954   Charlotte Doclar, 1984

Unter doppeltem Verschluß

Charlotte A. Doclar
(1952–1981)

Lesbische Ordensfrauen leben unter doppeltem Verschluß. Der
eine nämlich das klösterliche Leben, schirmt uns von der Welt
ab, jenem Sündenpfuhl, von dem uns beigebracht wurde, daß wir
zwar darin lebten, nicht aber aus diesem Stoff wären. Der andere
tarnt unsere sexuelle Orientierung. Durch bittere Erfahrung
lernen wir, diese strikte Tarnung beizubehalten aus Furcht, daß
»wir alle suspekt werden«.

Neunundzwanzig Jahre lang lebte ich so unter doppeltem Verschluß. Der zweite wurde mir erst nach zweiundzwanzig
Jahren bewußt. Schließlich war mir klar, daß die einzige Möglichkeit, der Person treu zu sein, zu der mich Gott gemacht hat,
darin bestand, den doppelten Verschluß aufzubrechen und
befreit fortzugehen.

Ich schildere meine Geschichte nicht, weil sie etwas Besonderes
ist, sondern weil ich weiß, daß sie eben *nichts* Besonderes ist. Ich
teile meine Geschichte mit, weil in der Gemeinsamkeit unsere
Stärke liegt. Solange uns die Gesellschaft isoliert und unsichtbar
halten kann, gelingt es ihr, uns machtlos zu halten.

Als ich heranwuchs, war mir nicht bewußt, daß ich anders war.
Ich war ein Wildfang, und ich mied die Jungen, so gut ich konnte.
Inzwischen sind mir einige Lichter aufgegangen, und ich frage
mich, was meine Familie und meine Freundinnen wohl über mich
dachten, doch damals hielt ich meine Lieben für normal. Ich war
in einige ältere Mädchen, meine Sportlehrerin und meine Grup-
penleiterin herzzerreißend verknallt. Ich fand meine Verliebtheit ganz normal. Mit diesen Gefühlen verband ich nichts Sexuelles. Bevor ich 1952 ins Kloster ging, waren mir sexuelle Bedürfnisse nicht bewußt. Mit achtzehn – ich war sexuell naiv und hing
furchtbar an meiner Mutter – trat ich in eine Frauenwelt, und mit
achtzehn hatte ich meine erste Affäre – mit einer älteren Nonne.

Auch wenn ich es jahrelang nicht benannte, begann ich doch zu dieser Zeit mein Leben kurzfristiger lesbischer Beziehungen. Anfangs waren die Beziehungen im Grunde das, was als spezielle Freundschaft gilt. Mit jeder Beziehung schälte sich der sexuelle Aspekt etwas mehr heraus. Vornehm ausgedrückt: Ich lernte durch die Praxis. Ich kann mich nicht mehr daran erinnern, daß ich wegen einer speziellen Geliebten bei meinen Vorgesetzten angeeckt wäre; kein romantisches »Wir gegen den Rest der Welt!«. Ich hatte im Kloster viele Affären. Ich weiß nicht genau, ob ich deshalb promiskuitiv bin oder ob es an den vielen Versetzungen lag.

Für eine, die sich leicht verliebt und eine hoffnungslose Romantikerin ist, kann das klösterliche Leben eine Erfahrung sein, die auf den Magen schlägt. Ich ließ mich emotional ein und mußte dann das Trauma durchleben, daß eine von uns in ein anderes Kloster versetzt wurde. Jedesmal, wenn ich mich verabschieden mußte, ging für mich eine Welt zu Ende. Rückblickend kann ich mir gar nicht vorstellen, wie ich das überlebte. Ich kann daraus nur den Schluß ziehen, daß ich zwischen den Abschieden eine schrecklich gute Zeit gehabt haben muß.

Dreiecksverhältnisse waren in den fünfziger und sechziger Jahren allgemein üblich. Paarbeziehungen im Kloster blühten erst auf, als wir außerhalb des Klosters lebten und uns mehr dafür einsetzten, wo und mit wem wir leben wollten. In der Zeit vor dem Zweiten Vatikanischen Konzil schufen häufige und wahllose Versetzungen ein vertrautes Senzario: Schwester Charlotte und Schwester Anne lieben einander innig. Eines Tages kommt Schwester Joan in ihre Gemeinschaft; Schwester Anne verliebt sich in Schwester Joan, und Schwester Charlotte weint sich nachts die Augen aus!

Und wo war mein spirituelles Leben in all diesen Jahren? Zuerst, als ich jung und hingerissen war, appellierte mein Gewissen an das Gute in mir, und ich ging in die Kapelle, fiel auf die Knie, weinte und schwor, nie wieder vom Tugendpfad abzuweichen. Das alles war ziemlich dramatisch. Doch meine Vorsätze hielten nicht lange. Schließlich ging ich nicht mehr in die Kapelle. Nichts passierte. Keine unheilbare Krankheit befiel mich. Es traf mich kein Blitz. Ich bekam das Gefühl, als liebte mich Gott tatsächlich. Ich hielt mich treu an die Regeln. (Jedenfalls an die meisten.) Ich war ein gutes Mitglied der Gemeinschaft, eine gute Zuhörerin und schrecklich treue Freundin. Ich hatte den intensiven Wunsch, eine gute Nonne zu bleiben. Ich war in keiner Weise beispielhaft, aber ich fühlte mich sicher und hatte einen Sinn im Leben.

Im Lauf der Jahre wurden meine persönlichen Beziehungen physischer und deshalb anspruchsvoller. Ich ertappte mich dabei, daß ich immer mehr wollte. Schließlich wollte ich eine, die mich liebte, und mich ganz allein, für immer und ewig. Aufgrund meines zölibatären Gelübdes war mein Wunsch nach einer individuellen Liebe unzulässig und illegal. Ich wußte, daß einige Entscheidungen getroffen werden mußten.

1978 bezeichnete ich mich als Lesbe, und der Kampf mit der Heuchelei begann. Als ich damals ins Kloster eintrat, fühlte ich mich zu etwas Besonderem, zur Nonne berufen. Dann fühlte ich mich mit derselben Stärke aufgerufen, meine Identität als Lesbe einzufordern. (Vielleicht fällt es Heteroleuten schwer, dieses Bedürfnis zu begreifen, uns beim Namen zu nennen, weil sie nie zur Vertuschung gezwungen wurden.) Ich hatte das Gefühl, daß ich, solange ich in der einen Welt blieb, der anderen nicht treu sein konnte. Meine lesbischen Schwestern »in der Welt« kämpften um Identität und Offenheit, während ich hinter der Fassade der Klostermauern lebte, in ziemlicher Sicherheit. Es lief auf persönliche Integrität und das alte Klischee hinaus, morgens aufzuwachen und die Person im Spiegel zu mögen.

Ich habe nicht einfach das Kloster verlassen. Ich rang jahrelang mit meiner Entscheidung. Ich ging zur Beratung, machte dreißigtägige Exerzitien, brachte vier Monate mit einem Erneuerungsprogramm zu und internierte mich ein Jahr lang in Washington, D. C., bei »New Ways Ministry«. Ich versuchte, es mit der Klosterstruktur auf einen Nenner zu bringen, aber das konnte ich nicht. Auf den ersten Blick erschien mir das so einfach. Doch bei genauer Betrachtung fragte ich mich, wie mir das passieren konnte. Was hatte ich getan? Was hatte ich zu tun versäumt? War es mein Fehler? Wer war hier Schuld?

Ich sage nicht, daß es unmöglich ist, eine lesbische Nonne zu sein: Ich sage, daß es mir nicht möglich war. Ich konnte die beiden Welten nicht auseinanderhalten. Ich wollte zur Gemeinschaft der Lesben gehören, und ich wollte auch die Achtung und den Respekt, die eine »Schwester« in der katholischen Gemeinschaft hervorruft. Keiner Welt treu zu sein verursachte Chaos in mir. Für mich war die Grundlinie das Zölibat. Zwar bin ich heute zölibatärer als im Kloster, doch habe ich die Freiheit der Wahl, und das ändert alles.

Ich bin jetzt seit drei Jahren »in der Welt«. Meine Freiheit ist nicht nur Jux und Dollerei gewesen. Manchmal bin ich sehr einsam. Doch wie ich herausgefunden habe, ist Einsamkeit eine weitverbreitete Misere in der heutigen Welt. Ich unterrichte wieder. Ich glaubte, ich hätte mit dem Lehren abgeschlossen, als ich das Kloster verließ, aber es ist schließlich der einzige Beruf, den ich gut genug mache, so daß ich meinen Lebensunterhalt verdienen kann. Nach neunundzwanzig Jahren klösterlichen Lebens fällt es mir schwer, mich an die Tatsache zu gewöhnen, daß ich keine formal Geistliche mehr bin. (Vermutlich stirbt der Erlöserkomplex nur langsam.) Ich habe das Bedürfnis, der Lesbenbewegung auf besondere Weise zu dienen, aber jetzt, da ich draußen auf mich allein gestellt bin, habe ich weder die Zeit noch die Energie dazu.

Ich glaube, ich hatte ziemliches Glück, weil ich von Anfang an in meiner Auseinandersetzung von meiner Gemeinde Hilfe und Unterstützung bekam. Ich habe mit vielen gesprochen, die ihrer Ehrlichkeit und Direktheit wegen die Hölle durchgemacht haben, und deshalb weiß ich, daß meine Erfahrung eine Ausnahme statt die Regel war.

Mein spirituelles Leben befindet sich in einem Stadium des Schocks. Ich habe der patriarchalen, heterosexistischen Kirche meiner Jugend den Rücken gekehrt. Gott als Mann kann ich nicht anbeten, und die männerdominierte Kirche ist nicht meine Kirche. Das legalistische Ritual vermisse ich nicht. Aber ich vermisse eine stützende Gemeinschaft und suche danach. Doch wenn ich etwas in meinem Leben gelernt habe, dann, daß wir nie wirklich ans Ziel kommen. Es ist das Ringen, das mich morgens aus dem Bett treibt.

Mit fünfzig stehe ich nun an einer anderen Schwelle. Ich erinnere mich daran, daß nicht jede die Möglichkeit hat, in meinem Alter neu anzufangen. Das halte ich für eine Herausforderung und einen Segen. Ich bin in vieler Hinsicht gesegnet. Mein einziger Wunsch ist, daß all jene, mit denen ich im Lauf der Zeit in

Berührung gekommen bin, ein wenig besser geworden sind, weil sie mich gekannt haben. Wenn etwas himmlisch ist, so die Reise, die wir zusammen machen. Hand in Hand.

Ich bin 1934 in New Orleans geboren. Ich war von 1952 bis 1981 bei den »School Sisters of Notre Dame«. Heute lebe ich in Houston, wo ich mit fünfzig Jahren langsam aber sicher einen neuen Anfang mache.

Sr. Mary Benjamin, I.H.M., 1963

Coriander, 1983

Drehtüren

Coriander
(1962—1968)

Manche Leute halten mich für groß, bis sie vor mir stehen. Ich bin nur 1,55 m, aber ich halte mich gerade und trage meinen Kopf hoch Ich gehe zielstrebig. Meine Augen sind klar und tief und spiegeln wider, was um mich her vorgeht.

Ich bin im Löwen geboren, im Zweiten Weltkrieg, als Enkelin polnischer und irischer Einwanderer. Sie hinterließen mir ein Vermächtnis an Träumen und den Willen, dafür zu kämpfen. Von meinem Vater lernte ich die Arbeit mit meinen Händen. Meine Mutter lehrte mich das Lachen.

Als Kind liebte ich die Sonne, brauste oft auf und trug immer Rot. Ich folgte meinem Bruder auf die Welt, und neun weitere Kinder folgten mir. Wir wuchsen in Hollywood auf. Als ich sieben war, wollte ich Filmschauspielerin oder Nonne werden. Ich war ein gehorsames Kind. Durch Vorstellungen von Hölle und Verdammnis eingeschüchtert, war ich gleichzeitig ein sonniges, abenteuerlustiges Kind am Tag und ein einsames, brütendes Kind in der Dunkelheit. Ich fürchtete Gott und meinen Vater. Doch wünschte ich mir, ich wäre als Heldin geboren und hätte die Freiheit, nach meinen Instinkten zu leben. So wünschte ich insgeheim, meine Taufe loszuwerden und meine Abstammung.

Meist sah man mich in Jeans und T-Shirt mit einem Werkzeug in Händen. Ob Schere, Hammer oder Pinsel, ich gebrauchte gern meine Hände, wobei mir nie die Idee kam, daß ich mir mit den Fertigkeiten, die ich mir aneignete, als Frau meinen Lebensunterhalt verdienen könnte. In unserer großen Familie, wo alle mitanfassen mußten, übernahm ich selbstverständlich die Rolle als Helferin meiner Mutter. Aber als ich erwog, die Arbeit meiner Mutter tatsächlich zu übernehmen, sah die Zukunft lediglich nach harter Arbeit ohne Ferien aus. Das war so unannehmbar, daß ich mit zwölf beschloß, nicht erwachsen zu werden.

Mit fünfzehn war das unvermeidlich. Mein Körper veränderte sich. Ich war voller Sehnsüchte und überschüssiger Energien. Und mein armes kleines Herz spielte wegen einiger Nonnen und Mädchen in der Unimannschaft verrückt. In der sechsten Klasse hatte ich einen Freund, doch nur weil er meine Eintrittskarte fürs Kino war. Meine Loyalität und Zuneigung war meinen Freundinnen vorbehalten. In der Oberschule bestand der Druck, als Frau »aufzublühen«, mit BH, Strumpfhalter und Make-up. Mein Vater, der noch wenige Jahre zuvor mit meinem Bizeps geprahlt hatte, betrachtete nun nicht nur meine Arme in einer Weise, die mir unbehaglich war. Meine Freundinnen besuchten mich weniger oft. Als meine engste Freundin Kate mir schrieb, daß wir uns nun nicht mehr so häufig sehen dürften und unsere Zeit mit Jungen verbringen müßten, fühlte ich mich verraten.

In meinem letzten Schuljahr absolvierte ich mechanisch meine Vorbereitungen fürs College und die Welt der Erwachsenen, aber ich hatte panische Angst. Als ich vor der Abschlußprüfung stand, flüchtete ich mich auf den heiligen und vertrauten Boden klösterlichen Lebens. Die Frauen, die ich als meine Lehrerinnen geliebt hatte, nahmen mich als eine der Ihren auf. Natürlich war das ein Leben der Aufopferung. Doch hatte ich nicht gelernt, das zu wollen, was ich da aufgab.

Eines sonnigen Tages im September 1962 fuhr mich meine Familie zum Noviziat der »Sisters of the Immaculate Heart of Mary«. Wie ein Baseballteam ergossen wir uns aus unserem Kombi. Der die Familien begrüßende Priester taxierte uns und fragte: »Welche tritt nun ein?« Ich trat vor und begann mein Leben als Nonne.

Die ersten Wochen waren wie Flitterwochen. Wir wurden mit Festmahl, Gesang und Feier von der Gruppe vor uns empfangen. Sie vermittelten uns die Bindungen des Gemeinschaftslebens und hießen uns als neue Familienmitglieder willkommen. Es war, als ginge ich zum Haus meiner Freundin, um dort zu übernachten, und müßte nie mehr nach Hause. Ich konnte mein Glück kaum fassen, daß diese Familie der Frauen bis an mein Lebensende meine sein könnte.

Ich liebte die frühen Morgenstunden, den Spaziergang zur Kapelle durch den Zitronenhain im verblassenden Sternenlicht.

Wir versammelten uns schweigend und stimmten leise Psalmen an. Als Kind war ich streng religiös gewesen. Jetzt brannte ich darauf, die Geheimnisse meines mystischen Lebens zu erfahren. Natürlich sproß nicht nur die Saat des Mystizismus. Wir waren jung und leidenschaftlich. Romantische Schwärmereien schossen wie Unkraut empor. Auch ich trieb einige zur Blüte. Von unserem ersten Ausflug zum Strand ist mir nicht unser Gesang am Lagerfeuer im Gedächtnis, sondern das Leuchten in Bettys Augen, als wir händchenhaltend die Sterne betrachteten. Doch die Kirchenväter waren einen Schritt hinter uns. Unser Regelbuch war eindeutig: Keine speziellen Freundschaften. Liebt alle, aber keine speziell. Unsere Vorgesetzten taten ihr Bestes, damit wir allein oder in Gruppen blieben, und ermahnten uns, nicht zu zweit spazierenzugehen.

In meinem zweiten Ausbildungsjahr wurde ich zur Chorleiterin der Novizinnen und Postulantinnen ernannt. Meine Gruppe war bekannt für ihre Unfähigkeit, den Ton zu halten. Chorstunden waren fürchterlich, bis wir endlich wie ein ordentlicher Gesangschor klangen. Ein paarmal besuchte uns eine Ordensnonne vom College, eine wirkliche Musikerin und Dirigentin. Sie stand nicht starr mit ihrem Gesangbuch in der einen Hand da, während die andere heftig den Takt angab. Sie wirbelte beide Arme durch die Luft. Ihr Stil gefiel mir, also prägte ich mir die Lieder ein. Eines Tages stand ich in der Messe und dirigierte mit meinen bloßen Händen diese Rhythmen, als dirigierte ich die Heilsarmee im Central Park. Ich muß ausgesehen haben wie eine Schwalbe, die nach Capistrano zurückkehrt, mit meinen weiten schwingenden Ärmeln und den Enden meines weißen Schleiers, die im Sturm des Überschwangs flatterten. In diesem Frühling sangen wir ein übliches Magnifikat. Im nächsten Jahr hörte ich, daß das Dirigieren mit beiden Händen im Noviziat untersagt worden war.

Nach außen hin fügte ich mich gut ins Klosterleben ein. Die Briefe an meine Familie klangen wie Theologiebücher, und ich versicherte ihnen ständig, daß ich glücklich war. Aber ich war ein einsames Kind, und niemand riet mir, was ich mit meinem Bedürfnis nach Berührung und Liebe anfangen sollte. Mein Tagebuch war voll von Traktaten an mich selbst zur Überwindung von Feigheit und Sensibilität. Ich betrachtete meine Leidenschaften nur als Zeichen meiner Unerwachsenheit und Kindlichkeit.

Kurz nach Weihnachten 1964 bekam ich den Lehrauftrag für die vierte Klasse in San Fernando Valley. Ich hatte Angst, denn ich hatte nur ein Collegejahr absolviert und drei Semester Erziehungswissenschaften. Außerdem wurde ich dauernd krank. Ich spürte es zuerst im Steißbein, einen wachsenden Schmerz, der in mir hochstieg, bis es in meinem Kopf hämmerte und ich mich übergab. Auf dem Höhepunkt des Schmerzes war ich hilflos. Ohne diese schmerzhafte Krankheit wäre es schon schlimm genug gewesen, daß ich so wenig auf den Unterricht vorbereitet war. Als ich meine Oberin bat, den Lehrauftrag zurückzustellen, weigerte sie sich, mich anzuhören. Die Krankheit wäre meine Schuld. Ich benähme mich kindisch. Die Verantwortung des Lehrens würde mich aus meiner Unerwachsenheit herausreißen. Ich konnte nicht glauben, was ich da hörte. Aber ich hatte keine Wahl. Ich hatte das Gehorsamsgelübde abgelegt.

Nie werde ich meinen ersten Unterrichtstag vergessen. Ich stand vorn in einer großen Klasse und wünschte, ich könnte in den Boden versinken, als fünfzig Neunjährige an mir vorbeidefilierten, erwartungsvoll an ihren Bänken standen und darauf warteten, daß diese Fremde in Schwarz ihre schweifenden Gedanken stimulierte. Nach dem Mittagessen hatte ich die nächsten fünfzig vor mir. Verantwortung kam nur in Massen.

Meine Beschwerden stellten sich in wöchentlichem Zyklus ein, von Tag zu Tag nahm der Schmerz zu, bis ich Galle erbrach und das Gefühl hatte, mein Kopf würde bei jeder Bewegung bersten. Wenn sich mein Körper erschöpft hatte, fiel ich in tiefen Schlaf. Doch nach einem schmerzfreien Tag begann der Zyklus von vorn. Am Ende ihrer Weisheit angelangt, wollte die Oberin, daß ich an meinen schlimmsten Tagen zu Hause blieb, es ging aber nicht. Es gab keine Klassenvertretung. Also ging ich zur Schule und versuchte zu funktionieren. Im allgemeinen schaffte ich es zu warten, bis meine Schülerinnen und Schüler in die Pause gingen, dann rannte ich zur Toilette und übergab mich. Einmal erbrach ich mich in die Schreitischschublade. In dieser Zeit meines Leidens stellte ich mir oft vor, ich könnte meinem Körper entfliehen. Ich wollte davongehen und mich einfach hinter mir lassen. Ich hatte meine Gefühle so tief verdrängt, daß ich für alles außer meinem Schmerz und meiner Isolation taub war.

Nach drei Monaten Unterricht ohne Erfolg darin, mit Willenskraft meine Krankheit loszuwerden, wurde ich zur Untersuchung ins Krankenhaus geschickt. Ich war erleichtert, daß meine Vorgesetzten meine Krankheit für real hielten. Doch es stellte sich nichts Positives dabei heraus, und so schickte mich der Arzt mit einem Rezept für Beruhigungsmittel und Schlaftabletten ins Mutterhaus. Ich schlug das Angebot aus, Kurse am College zu besuchen. Ich lebte einfach im Mutterhaus und verrichtete kleine Arbeiten.

Die sich verstärkende Dunkelheit, die mein Leben ausgemacht hatte, ließ mit der Zeit und dem Raum zur Selbstheilung nach, und ich befand mich wieder auf festem Boden. Aber die Krise hatte mich an einen Wendepunkt gebracht. Mein Leben lang hatten Schuldgefühle und Ängste mein Handeln bestimmt, mich in die Form gepreßt, die meine Eltern, Lehrerinnen, Vorgesetzten geprägt hatten. Ich hatte mich vor Autoritäten gefürchtet und nie deren Forderungen in Frage gestellt. Jetzt erkannte ich, daß jene, die mein Leben diktierten, weder die Macht zur Zerstörung noch zur Heilung besaßen: Angesichts meiner Leiden waren sie schwach und unfähig. Nur ich hatte die Macht, mich zu heilen, und die Weisheit, mein eigenes Leben zu leben. Ein unbekannter Friede erfüllte meine Seele. Ich wußte, daß Schuld- und Angstgefühle nie wieder von mir Besitz ergreifen würden.

Ich wurde rasch gesund. Die Krankheit kam noch einige Male in längeren Abständen wieder, ließ aber nach. Ich begann eine Arbeit als freiwillige Tutorin in einem Heimprojekt in Watts und war sehr angetan von der Art, wie die Leute auf mich reagierten. Meine Gefühle kamen aus der Verdrängung hervor, und obwohl ich noch immer verstört war, fühlte ich mich durch eine innere Stärke und Eigenliebe gefestigt.

Im Sommer 1966 lernte ich das Sensibilisierungstraining kennen, den ersten Vorstoß meines Ordens zur Humanisierungsbewegung. Dort lernte ich Eva kennen, eine üppige, dunkelhäutige Frau mit tiefbraunen Augen und schwarzem Haar. Sie hatte etwas Weiches an sich, eine stille Kraft und eine Ruhe, mit der sie zum Ausdruck brachte, was ihr auf dem Herzen lag. Wenn sie über ihre familiären Konflikte und ihre schmerzlichen Vorfälle in

Kloster und Schule redete, weinte sie leicht. Ich empfand eine Wärme für sie und eine Vertrautheit, die mich überraschten. Am Ende des dritten Tages hatten alle geredet außer mir. Zögernd schilderte ich einige Ereignisse der letzten Jahre und erzählte von meiner Einsamkeit. Es kamen keine Tränen. Ich sagte es so, als sei alles aus und vorbei. Doch als ich mich im Raum umblickte, sah ich meinen Kummer in den Augen der anderen widergespiegelt – besonders in Evas.

Eine Woche später lief auf dem Collegeparkplatz eine Nonne vorbei und umarmte mich warmherzig. Es war Eva. Ihre Augen waren voll Zärtlichkeit, als sie mich wie eine alte Freundin begrüßte. Da wir beide Kurse am College besuchten, sahen wir uns häufig. Ich redete. Sie weinte. Wir lachten. Ich erzählte ihr, daß ich fürchtete, mich schrecklich in sie verknallt zu haben. Sie sagte: »Toll! Genieß es!« Genieß es? Nach all diesen Jahren sagte mir jemand, ich sollte meine Gefühle genießen.

Im August bekamen wir alle unsere Lehraufträge für den Herbst. Eva und ich wurden zum Unterricht an dieselbe Schule in San Diego beordert. Ich konnte es kaum fassen! Ich lief mit einem so breiten Grinsen herum, daß mir fast das Gesicht platzte. Ich war bereit, jedes Opfer zu bringen (außer Eva, natürlich) als Dank für diese Gnade.

Wir fuhren zusammen hin und trafen als erste im Kloster ein. An diesem Abend saßen wir im Schein einer Petroleumlampe, die das Zimmer mit Farbflecken sprenkelte. Ich lehrte Eva meinen Lieblingsvolkstanz, mit dem ich rituell das neue Jahr begann. Ihre Augen leuchteten wie die Lampe, als wir tanzten.

In diesem Jahr unterrichtete ich die sechste Klasse, Eva die erste. Sie hatte einen wunderbaren Kontakt zu ihren Schülerinnen und Schülern. Ich hatte Glück, wenn es im Korridor nicht zu Hahnenkämpfen kam. Das Leben war schwer, doch nicht im geringsten so, wie es gewesen war. Ich wurde geliebt, und ich wußte es. Jeden Abend ging ich durchs Bad in Evas Zimmer, und sie las mir vor. Wir saßen dicht beisammen auf dem Bett, ihr Arm war um mich geschlungen, während ich Geschichten wie »Der kleine Prinz« oder »The Wind in the Willows« lauschte. Manchmal legten wir uns eine Weile hin, ehe ich in mein Bett ging. Bald darauf wurden meine ersten Liebesgefühle zur Sehnsucht. Als Eva eines Abends fragte, ob sie ihre Hand auf meine Brust legen könnte, war ich nur allzu einverstanden. Von dort steuerten wir in Richtung des geringsten Widerstands, und schließlich mußte ich zugeben, daß das, was wir taten, sexuell war.

Noch nie im Leben hatte ich mich so lebendig gefühlt. Ich war im siebten Himmel. Ich war gesund und stark und genoß Freuden, von denen ich nie geträumt hatte. Allerdings stellten sich mit der Empfänglichkeit für diese Freuden unserer Intimität auch nagende Schuldgefühle ein. Zweifellos waren wir weit über die Phantasien jener hinausgegangen, die sagten: »Keine speziellen Freundschaften.« War ich noch zölibatär? Wenn nicht, was hatte ich dann im Kloster zu suchen? Niemand hatte gesagt, Zölibat hieße, keine Frauen zu lieben. Tat ich etwas Schreckliches? Ich sprach mit einem Priester, der sich ein Urteil über meine Handlungen verbot. Er meinte, es sei an mir zu entscheiden, ob sie recht oder unrecht seien. Er öffnete mir eine Tür, ich ging hindurch und erkannte, daß ich auf mich allein verwiesen war. Ich setzte meine Beziehung mit Eva fort und beendete mein Unterrichtsjahr. Aber die Schuldgefühle blieben, bis ich die Unvereinbarkeit meiner Beziehung nicht länger ignorieren konnte. Mein Leben lang hatten meine Eltern und Lehrer mich mit Schuldgefühlen und Ängsten dazu gebracht, Dinge nach ihrem Wunsch zu tun, bis ich so krank wurde, daß ich gar nichts mehr tun konnte. Erst am Schluß meiner Krankheit konnte ich mein Leben als meines sehen. In meiner Liebe zu Eva entwickelte ich mich in eine Richtung, die den klösterlichen Gehorsamsgelübden und dem Dienst der Kirche zuwiderlief. Allmählich traf ich Entscheidungen, nicht aus Schuldgefühlen, sondern aufgrund der Stimme meiner Intuition und der Weisheit meines Körpers. Ich begann, die Kirche objektiver zu betrachten. Sie wurde von Männern geführt, nicht von Gott. Meine Bindung an die Kirche war nicht mehr Schicksal, sondern Wahl.

1968 verließ ich das Kloster, da dessen Mauern für mich zum Gefängnis geworden waren. Die Angst, die mich dorthin getrieben, hatte ihre Macht verloren. Das Kloster konnte jetzt nichts mehr tun, außer mich zu behindern. Mein Geist lechzte nach dem Leben, das ich als Kind aufgegeben hatte. Es wurde Zeit, das nachzuholen. Ich fühlte mich wie eine Langstreckenläuferin auf dem ersten Kilometer ihres Marathonlaufs.

Meine Schnitzer, als ich in die Welt zurücktaumelte, sind mir noch schmerzlich im Gedächtnis. Ich hatte keine Ahnung, wie ich mich kleiden sollte. Meine Rendezvousversuche brachten mich in bizarre Situationen. Mehr als einmal war es ein Priester, der anbot, mich von meiner Jungfräulichkeit zu befreien. Nach sechs Jahren als Nonne wollte ich unbedingt als »normal« gelten. Ich glaubte, daß eine Frau den Wunsch nach Mann und Kindern haben oder zumindest eine »weibliche« Karriere anstreben sollte. Doch ich schwamm gegen den Strom mit knallila Flossen. Ich war im Grunde meines Herzens eine Träumerin, eine Geliebte, eine Künstlerin. Und ein Leben ohne Eva konnte ich mir nicht vorstellen. Als ich auf der Schwelle zwischen Kloster und irdischer Welt balancierte, war sie meine Lebenslinie. Eva blieb weiter im Kloster, und mit Sicherheit habe ich einige hochgezogene Augenbrauen provoziert durch mein häufiges Auftauchen an ihrer Hintertür, den Helm in der Hand, auf meiner Honda 90. Gemeinsam stürzten wir uns in die Radikalpolitik. Unbewußt gestattete ich der Linken, meine neue Religion zu werden.

Ich wurde zur erbitterten Militanten. Es war einfach. Ich war schon seit Jahren zornig. In den sechziger Jahren war Zorn eine Tugend. Und an Tugend hatte ich so viel auf Lager, daß ich ein veritables Wutarsenal war. Ich beschimpfte meine Eltern, die Regierung, die Kirche. Ich prügelte mich mit den Bullen und flüchtete vor Tränengas und aus Kneipen. Ich warf mit Steinen Scheiben ein, rollte brennende Mülltonnen auf die Straßen, lernte, »verdammtes Arschloch« zu brüllen. Ein Jahr lang widmete ich mich vorwiegend der Revolutionspolitik und klammerte mich an die einzige Liebe, die mir etwas bedeutete. Gerade als ich mich stärker zu fühlen begann und weniger verbissen sein konnte, zerstritt sich Eva mit mir und ging aus meinem Leben.

Im Frühling 1970 floh ich mit wenig Geld und einem Koffer voller Second-hand-Kleidung nach New York. Ein Psychologe dort sah mein Leben als wirbelnden Lichterball, der vor Farbigkeit pulsiert, hell leuchtet und dann verblaßt, doch immer wirbelt. Genauso war New York für mich. Ich lernte Bauchtanz, aß Pizza, trotzte dem U-Bahn-System und beobachtete eine Sonnenfinsternis im Central Park. Ich wurde die Geliebte eines Typen namens Larry, der im Schlaf Daumen lutschte, und kam eines

Tages mit sieben Sexbüchern aus einem Buchladen. Ich fing Krabben und mir Trichomonaden ein und las mein erstes Buch über Biokost. Vom Verlag, in dem ich arbeitete, wurde ich gefeuert, als ich mir frei nahm, um den Prostestmarsch gegen den Krieg mitzumachen.

Von New York fuhr ich mit einem Bus voller Hippies und massenhaft braunem Reis und Körnern nach Wisconsin. Ich lebte als Gammlerin auf der Mifflin Street, dem Hippiedorf von Madison. Ich schloß Freundschaft mit einer Frau von der Uni und hörte von der Frauenbewegung. Der Höhepunkt meines Jahres dort war die Hauptrolle in einem feministischen Stück. Ich liebte das Schauspielern. Als ich in diesem Sommer nach Los Angeles zurückkehrte, engagierte ich mich im Untergrundtheater für die Frauensache und gegen den Vietnamkrieg. Ich lungerte an der Peripherie der Lesbenbewegung herum und glaubte noch immer, ich brauchte einen Mann.

Als mir Will über den Weg lief, gefiel mir seine liebe, sanfte Art. Er war ein Bär von einem Mann, 1,95 m groß und haarig, doch, ach, so verletzlich. Unsere Liebe entsprang einem beiderseitigen Bedürfnis nach Heilung tiefer Wunden der Vergangenheit. Unsere Intimität war süß und das Leben nach Jahren der Suche in den Wolken des Mystizismus. Von heftiger Liebe verzehrt oder über Ungerechtigkeit erzürnt, lernte ich, mit Will das Gewöhnliche zu genießen.

Will war eigen in allem, vom Stuhl, auf dem er saß, bis zum Henkel seiner Kaffeetasse. Er umgab sich mit Farben und Formen, die ihm gefielen. Er war Experte im Töpfern; das Leben war zu kostbar, um es mit Arbeit zu vergeuden. Geld, sofern er es hatte, schlüpfte ihm wie Spaghetti durch die Finger. Aber er genoß es. Wenn Will arbeitete, hatten wir Steak und Wein zum Essen. Wenn ich arbeitete, bezahlten wir die Rechnungen. Wir stritten uns ums Geld, als wir versuchten, zwischen Arbeit und Spiel eine Balance zu finden. Wenn wir uns nicht stritten, waren wir ein gutes Team. Wir entwickelten einen Stil als Paar, der unsere Liebe zum Spiel demonstrierte und unsere Verachtung für den Status quo. Ständig lehrten wir einander neue Dinge. Will belehrte mich über Kräuter und Architektur und französisches Baguette. Ich brachte ihm das Häkeln und Jonglieren bei, und zusammen vertieften wir uns in die Gärtnerei und Biokost.

Er lernte tanzen. Ich lernte fotografieren. Ich ließ das Schulbus-
fahren und begann, meinen Lebensunterhalt mit Schreinern zu
verdienen, einer Fertigkeit, die meinen Händen angeboren war.
Drei Jahre später merkte ich, daß wir beste Freunde und Seelen-
genossen, aber nicht Geliebte waren. Will hatte mir ein Zugehörigkeitsgefühl gegeben, einen sicheren Platz, an dem ich meine
Kreativität und meine Fähigkeiten ergründen konnte. Trotz
wachsender sexueller Spannung und trotz Geldproblemen wußte
ich, daß ich einen besonderen Platz in seinem Herzen hatte. Weil
ich für uns beide das Beste wollte, drängte ich Will, sich eine
Geliebte zu nehmen, und begann, mich von dem Paarimage zu
distanzieren, das wir entwickelt hatten. Ich empfand große Rast-
losigkeit. Ich sehnte mich nach den Orten auf dem Land, von
denen ich geträumt hatte, und wollte ein für allemal die Frage
meiner sexuellen Identität klären. Als ich in meinen VW-Bus
Richtung Colorado stieg, hatte Will Tränen in den Augen. Das
war 1978; zehn Jahre nach Verlassen des Klosters. Diesmal
wußte ich, was ich wollte: auf dem Land leben, meine Spiritualität ergründen und eine Frau lieben. Veränderungen sind mir nie
leicht gefallen. Aber an einem neuen Ort sind sie einfacher. Wie
ein Chamäleon kann ich die Farbe wechseln, und niemand kriegt
es spitz.
Ich brauchte über einen Monat, um die Lesbenszene in Boulder
aufzustöbern. Als ich sie fand, tat ich, als hätte ich mich schon
vor Jahren bekannt. Sie akzeptierten mich und vertrauten mir
sogleich. Die Spur eines Zweifels, den ich für mich behielt,
wurde zerstreut, als ich mich in eine Frau aus Oregon verliebte,
die sich Gnome nannte. Nachts, als wir uns zum erstenmal
küßten, war es Vollmond im September. In dieser Nacht, als wir
uns liebten, gab es kein Halten mehr. Mein Körper reagierte mit
natürlicher Spontaneität, und in meinem Herzen wußte ich, daß
ich schließlich zu mir selbst heimgekehrt war. Danach war Frau-
enmusik für mich nicht mehr dieselbe. Plötzlich ging es bei den
Worten wirklich um mich. Ich war dem Verein beigetreten,
bekannte mich als Lesbe. Gnome mußte mich in der Öffentlichkeit zurückpfeifen. Ich war wieder sechzehn und verliebt.
Gnome und ich zogen ostwärts nach New England. Wir blieben
mehrere Monate in Maine, kämpften uns durch die Kälte und
Isolation des Winters und zogen dann nach Vermont, wo wir ein

Bauernhaus mieteten und einige Milchziegen kauften. In einem Jahr hatte ich zwei meiner drei Ziele in die Tat umgesetzt. Meine Suche nach der Spiritualität war ein schwierigeres und mysteriöseres Unterfangen. Mein erstes Jahr mit Gnome trug nicht zu Frieden oder Abgeschiedenheit bei. Wir gerieten von einer Krise in die andere wegen Geld, Arbeit, Krankheit und extremer Kälte des nordöstlichen Klimas.

Nach zwei Wintern war unsere Einweihung geglückt. Wir hatten die Probe bestanden, die Wechselfälle überlebt. Langsam sah ich den Jahreszeiten entgegen, richtete mich darauf ein, feierte sie. Mir wurde ihre Auswirkung auf mein ganzes Sein bewußt. Hier war etwas neues Heiliges, eine unbewußte Vereinigung mit den Elementen, und Rituale entwickelten sich aus der natürlichen Harmonie mit der Erde.

Nach zwei Jahren mit Gnome kamen wir zu dem Schluß, uns zu trennen. Es war eine vernünftige Entscheidung, wenn auch schmerzlich. Ich war wieder allein. Da Sommer war, kaufte ich entschlossen ein Zelt und lebte auf einer kleinen, bewaldeten Wiese. Mit nichts Solidem, womit ich die Nacht hätte aussperren können, verkroch ich mich tief in meinen Schlafsack und versuchte, die unvertrauten Geräusche des Waldes zu ignorieren. In dieser Nacht wurde ich in meinen Träumen von einem kleinen Elfenwesen heimgesucht, das mir beteuerte, ich sei in Sicherheit. Danach entspannte ich mich und spürte die Friedlichkeit dort. Die Wälder und Wiesen wurden zum heilenden Ort, manchmal dem einzigen Ort, an dem ich mich ganz fühle. Ich lernte eine Frau namens Tree kennen, die mir Rituale und Göttinnenverehrung amerikanischer Ureinwohner nahebrachte. Sie machte mich mit den Heilkräften des Schwitzzeltes vertraut. Wir entwikkelten zusammen rituelle Feste, an denen einheimische Frauen teilnahmen.

Im Herbst 1981 verließ ich Vermont, dankbar für die Geschenke, die ich erhalten hatte: ein Verständnis des Landes und seiner Gaben, die Fähigkeit des Selbstvertrauens, ein tieferes Selbstgefühl. Ich liebte das Land und wußte, daß ich wiederkäme, doch empfand ich es nicht als dauerhaftes Zuhause. Ich mußte andere Orte erforschen und erleben und mehr von den verstreuten Mitgliedern der Familie der Frauen finden, zu denen ich gehörte. Am Tag meiner Abreise aus Vermont kam ich bis Pennsylvania, wo ich zu einem Campingplatz brauste, um dort die Nacht zu verbringen. Als ich einen Feldweg entlangfuhr, sprang vor mir eine große Damhirschkuh über die Straße. Einen Moment war sie voll ins Licht meiner Scheinwerfer getaucht. Dann war sie fort. In diesem Bruchteil einer Sekunde berührten wir uns fast. Mir fielen meine eigenen Sprünge aus der Dunkelheit wieder ein, und ich weiß, daß ich ihren Geist in mir trage.

Wenn mich die Leute fragen, was ich mache oder wer ich bin, glaube ich, daß ich mein Leben lang ein Clown gewesen bin mit unterschiedlichen Kostümen und Philosophien – Nonne, Radikale, Hippie, Ziegenhirtin, Zigeunerin. Ich betrachte all meine Identitäten als Spiel – und als wahr. Ich möchte alle Rollen spielen, zu denen ich fähig bin. Und ich kann es jetzt freier tun, weil ich zu keiner dieser Rollen werden muß (wie bei der Nonne). Hinter meinen Masken habe ich mich, und mein Selbst kommt in den Masken zum Ausdruck, und mein Spiel ist real. Solange ich weiterspielen kann, habe ich den Mut zum Weiterleben.

Meine Wanderungen haben mich nach Austin, Texas, geführt, wo ich als Fachlehrerin für geistig behinderte Erwachsene arbeite. Hier hoffe ich, die Mittel zu verdienen, die ich brauche, um meinen Traum vom Haus und der Tischlerei auf dem Land zu realisieren.

Teil VI
Sinnlichkeit hinter Klostermauern

Manchmal begann es mit einer schwesterlichen Rückenmassage unter den Novizinnen, einem karitativen Besuch bei einer bettlägerigen Schwester oder einer Theologiedebatte bis in die Nacht. Jahrzehnte nach Verlassen unserer klösterlichen Gemeinschaften erinnern wir uns an unsere heimlichen Rendezvous, unsere Verstörtheit und Erregung, unseren Aufruhr und unsere Vermeidungsstrategien, unsere häufige Rückkehr in die Arme spezieller Freundinnen, die Geliebte wurden. Ja, Schwestern, manche von uns »taten es« sogar im Kloster.

Susan Weaver, 1983

Da wurde mir klar, daß ich lesbisch bin

Susan Weaver
(1948—1954)

Ich wuchs in einer weißen Familie der Mittelklasse in einem Vorort von New York City auf und ging aufs Barnard College. Meine drei Schwestern und ich wurden katholisch erzogen. Weil meine Eltern beide stark liberale Ansichten hatten, war unsere Erziehung nicht engstirnig, rigide. Doch selbst in dieser schrankenlosen Familie entdeckten meine Schwester und ich erst als Erwachsene, daß unser Onkel, Professor an der Columbia-Universität, schwul war. Das Thema Homosexualität war in völliges Schweigen gehüllt.

Zwei Jahre nach Beendigung des Colleges ging ich ins Kloster der Karmeliterinnen. Dies war der erste meiner drei Versuche, eine kontemplative religiöse Berufung zu finden. Ich war kurz bei den Karmeliterinnen, dann bei den Trappistinnen und später in der französischen Ordensgemeinschaft »The Little Sisters of Jesus«, die gerade in die Vereinigten Staaten gekommen war. Meine Bemühungen um ein kontemplatives Gemeinschaftsleben waren ernsthaft, und ich verließ jede dieser Gemeinschaften mit guten Gefühlen und in Freundschaft mit meinen Oberinnen und Schwestern.

Damals war mir nicht klar, daß ein Grund, mich im klösterlichen Leben wohlzufühlen, in der starken Anziehung lag, mit Frauen zusammenzusein – eine lesbische Regung. Auch wenn mich einige in der Gemeinschaft im Carmel und bei den Trappistinnen interessierten, reagierte ich auf diese Anziehung nicht im geringsten. Als ich in den Zwanzigern war, konnte ich mich nicht Lesbe nennen. Ich kannte ja kaum das Wort!

Meine ersten sexuellen Erfahrungen machte ich bei den »Little Sisters of Jesus«. Die Gemeinschaft war in einem Montrealer Ghetto ansässig. Ich war gestolpert und eine alte Holztreppe hinabgestürzt. An diesem Abend kam eine der »Little Sisters«,

Schwester Huguette, an mein Bett und gab mir einen Kuß auf die Stirn. Diese schlichte Geste war so rührend und führte zu meiner ersten Entdeckung sexueller Liebe zu einer anderen Frau.

Schwester Huguette und ich gingen zusammen zur Arbeit, und nach der Arbeit wartete ich auf sie. Huguette hatte einen Job in einer Bonbonfabrik, und ich verrichtete Hausarbeit. Damals hielten Huguette und ich nur Händchen und küßten uns kaum, doch ich empfand eine tiefe sexuelle Liebe für sie.

Im selben Jahr wurden Huguette und ich nach Vancouver zu einer neuen Gemeinschaft der »Little Sisters« geschickt. Wir reisten drei Nächte lang im Zugabteil. Wir waren die ganze Zeit zusammen und küßten uns des Nachts. Als wir ankamen, spürte ich, daß die Gemeinschaft in Vancouver angewiesen worden war, uns zu beobachten. Mir waren alle Mitglieder der Gemeinschaft bekannt; aber jetzt wurden Huguette und ich mit argwöhnischer Vorsicht behandelt. Auch wenn niemand uns direkt darauf ansprach, wußten wir doch, daß wir unsere Beziehung verändern mußten.

Huguette und ich verließen die »Little Sisters« freiwillig. Rückblickend ist mir nicht klar, in welchem Ausmaß die Liebe zwischen uns für unseren Austritt aus der Gemeinschaft verantwortlich war. Jedenfalls wußte ich, daß ich außerhalb des klösterlichen Gemeinschaftslebens glücklicher wäre. Und erstaunlicherweise war ich mir damals noch immer nicht bewußt genug, mich als Lesbe zu bezeichnen.

Huguette kehrte nach Frankreich zurück, und ich folgte ihr bald in die witzige kleine Dachwohnung nach Nizza. Mit unserer sexuellen Liebe kamen wir beide nicht zurecht. So ging ich zur Beichte, kehrte dann verstört und voller Schuldgefühle zu unserer emotionalen, sinnlichen Liebe zurück. Es verging kein Jahr, bis wir zu dem Schluß kamen, nicht mehr Liebe zu machen oder sexuell intim zu sein. Schuldgefühle brachten uns dazu.

Wir kehrten in die Vereinigten Staaten zurück und nahmen eine Arbeit an einem weltlichen Institut in Mississippi an, wo wir schon allein durch unser Zusammensein Verdacht erregten. Ich erinnere mich noch lebhaft an einen Nachmittag, als wir in meinem Schlafzimmer waren und über irgendein Tagesereignis lachten. Plötzlich stand die Institutsleitung in der Tür, um unser Gelächter auszuforschen. Mir wurde bewußt, daß wir die ganze

Zeit beobachtet wurden. Nach etwa einem Jahr an diesem weltlichen Institut fuhr Huguette heim nach Frankreich, weil ihr Vater krank war. Ich kehrte nach Hause zurück. Zwar sah ich Huguette wieder, doch wurde unsere Liebe nicht wieder aufgefrischt.

Vor vielen Jahren konnte ich es nicht für möglich halten, daß ich außerhalb der Institution der Kirche ein Gefühl von Freiheit und Frieden empfände. Ich verdanke meinen Freundinnen und Klosterschwestern und dem Lesen religiöser Bücher viel. Mutter Janet E. Stuart ist noch immer meine Lieblingsautorin, die meines Erachtens lesbisch war, ohne es zu wissen.

Vor kurzem habe ich einige wundervolle religiöse Erfahrungen mit zwei Psychiaterinnen gehabt. Die Tatsache, daß diese Frauen von meinem Lesbischsein wußten, hat unsere Freundschaft nicht im geringsten gehemmt. Eindeutige und klare psychische Kommunikation mit spirituellen Menschen hat mir einen neuer Zugang zum Gebet verschafft.

Ich lebe heute allein, hoffe aber, daß das nicht immer der Fall sein wird. Wenn mir jemand etwas über die eigenen religiösen Gedanken schreiben möchte, antworte ich gern.

Friede, Freude und Dank.

Ich bin neunundfünfzig. Ich lebe im ländlichen Norden Vermonts, wo ich Kinderbücher schreibe und illustriere.

Südamerikanische Anwältin in einem Kloster

Maria Cristina
(1963–1975)

Als ich ins Kloster eintrat, hatte ich bereits eine Frauenbeziehung gehabt. Ena war Lehrerin an meiner Rechtsakademie. Wir waren zwar nur drei Monate intim, doch unsere einjährige Liebesbeziehung war eine große physische Erfüllung. Die übrige Zeit bestand eine ebenso intensive emotionale Verbundenheit.

Ena kam bei einem Flugzeugabsturz um, und ein Grund für meinen Eintritt ins Kloster war, daß ich in meinem Leben keine Zukunft mehr sehen konnte. Ich wußte, daß ich lesbisch war; noch nie hatte mich ein Mann gereizt. Zu heiraten, nur weil es von mir erwartet wurde, wäre nicht nur für mich tragisch, auch für den Mann. Schon bevor ich Ena traf, wollte ich Nonne werden; als sie umkam, quälten mich Schuldgefühle, als würde ich für etwas bestraft, das nicht richtig war.

Ich konnte das Geschehene nur vergessen, indem ich mich völlig in mein Studium vergrub. In Südamerika braucht man bis zum Juraexamen in meinem Fachgebiet fünf Jahre. Ich machte es in vier. Diese Jahre halfen mir zwar nicht, sie zu vergessen, doch verhalfen sie mir zu der Erkenntnis, daß ich die Antwort im Kloster finden könnte.

Als meine Familie in die Vereinigten Staaten übersiedelte, besuchte ich ein Benediktinerinnenkloster in Connecticut. Ich mochte die Nonnen, ich mochte das Haus, und ich wurde aufgenommen. Ich wußte, daß ich sehr eng mit Frauen zusammenleben würde, aber mir kam nicht in den Sinn, mit einer von ihnen eine Beziehung haben zu wollen. Vielleicht malte ich mir in meiner Phantasie aus, Freundschaft und Nähe mit einer Frau haben zu können, ohne sie zu berühren, doch später wollte ich etwas anderes.

Es war eine kleine Klostergemeinschaft. Sie bestand aus dreiunddreißig internen und sechs externen Nonnen. Ich war eine interne. Wir widmeten uns der Meditation, der lateinischen Rezitation des Hochamtes und verrichteten Handarbeiten zur finanziellen Aufbesserung des Klosters. Ich arbeitete hauptsächlich im Büro, tippte die Korrespondenz, die Mutter Oberin mir diktierte. Außerdem erledigte ich die klösterliche Buchhaltung. Speziell oblag mir die Aufgabe, mich um die Revision des Kanonischen Rechts zu kümmern, das uns von den Diözesen in den verschiedenen Teilen des Landes geschickt wurde. Es war eine Arbeit von peinlicher Genauigkeit, fiel mir aber leicht, weil ich eine juristische Ausbildung hatte.

Mich an das Aufstehen um zwei Uhr morgens zur Frühmette zu gewöhnen, war sehr schwierig. Das Habit war schwer und schwarz und manchmal unbequem. An heißen Tagen brieten wir. Der Schleier war teilweise lang genug, um unsere Gesichter völlig zu verhüllen, wir konnten zwar hindurchsehen, doch nur unscharf. Wenn wir Besuch bekamen, wurden wir durch ein Gitter und einen schweren Vorhang sowie durch den Schleier getrennt.

Jeden Nachmittag hatten wir eine Stunde zur Unterhaltung, aber immer in den Grenzen der Regel. Es war nie möglich, über ein Problem zu reden, das du draußen hattest, auch nicht, wenn du gerade neu eingetreten warst. Wir sollten uns nur mit Dingen beschäftigen, die die Regel vorschrieb, und uns dem Gedanken an Gott und an die klösterliche Benediktinerarbeit widmen. Die Stunde der Freizeit war für mich die schwerste Zeit am Tag, vor allem im ersten Jahr. Ich konnte nicht offen Gedanken austauschen und sagen: »Dies war meine Erfahrung«, wie ich es außerhalb des Klosters gewohnt war. Und enge Beziehungen waren nicht erlaubt. Wann immer wir Zuneigung zu einer empfanden, sollten wir es beichten.

Als Novizin fühlte ich mich sehr stark zu einer Frau hingezogen, und ich glaube, sie sich auch zu mir. Sie hieß Schwester Dolores und war eine Schönheit. Bei Tisch saßen wir dicht nebeneinander. Dann mußten wir dieses Gefühl beichten. Wir wurden getrennt, und man verbot uns, in der Freizeit miteinander zu reden.

Ich wußte, was vorging, weil ich wußte, daß ich lesbisch war. Doch da ich Nonne war, die freiwillig das Keuschheitsgelübde abgelegt hatte, konnte ich nicht in Erwägung ziehen, dieses Gelübde zu brechen. Es war ein sehr ernsthaftes, tiefes Engagement. Es war schlimm, daß sie mich so anzog, und es war schlimm, mit dieser Beziehung zu brechen.

Ich könnte nicht sagen, ob Schwester Dolores wußte, was vorging, weil wir nie offen darüber geredet haben. Da wir uns körperlich von allem und jeder fernhalten sollten, gab es nicht eine vertraute Berührung. Wir konnten uns nur in der Freizeit berühren, wenn wir die Möglichkeit zum Reden hatten und uns an den Händen berührten. Der Regel entsprechend durften die Schwestern beide Handflächen an die Handflächen der anderen Nonne legen. Das war ein recht netter, doch kurzer körperlicher Kontakt. Es gab nicht die Möglichkeit zu sagen: »Ich empfinde dieses Gefühl für dich.«

Den Kuß, den wir bei manchen Gelegenheiten bekamen – wenn wir den Schleier nahmen, wenn wir unsere heiligen Gelübde ablegten –, erhielten wir von der ganzen Gemeinschaft. Doch auch das war eine ganz kurze, ganz spezielle Umarmung, die lediglich Ausdruck des Gemeinschaftsgefühls war. Zwar hatten wir Schwestern in einer abgeschiedenen Gemeinschaft das Gefühl der Sicherheit und Zugehörigkeit, konnten jedoch kaum sagen: »Ich fühle mich einer Schwester nahe.« Es ist ein Leben gegen die Natur, und ich akzeptierte eben, daß ich einer anderen Frau nicht nahe sein konnte.

Der beste Teil des Tages waren die Stunden am Nachmittag, wenn wir vor dem geöffneten Altarssakrament vorn in der Kapelle knien mußten. Das war die Zeit, in der ich mit Gott in engster Verbindung stand. An einem lieblichen, abgeschiedenen Ort weihte ich IHM mein Leben. Wenn ich mit ihm in dieser intimen Verbindung stand, war es ganz wundervoll, vertraut und gab mir viel.

Wir mußten auf spezielle Weise knien: aufrecht und ohne Möbelstütze und sogar ohne die schützenden Röcke unter unseren Knien, die erhobenen Arme gekreuzt. Der Schmerz verhalf uns zur Gegenwart Gottes und zur Pflege der Kommunikation, die wir beim Beten haben sollten. An manchen Tagen war das Beten sehr leicht, und ich machte eine dankbare Erfahrung. Manchmal gelang mir einfach gar keine Kommunikation, und meine Gedanken schweiften. Ich dachte an Dinge, die im Lauf des

Tages geschehen waren oder vor Jahren oder manchmal auch vor meiner Zeit im Kloster.

Diese Gedanken waren regelwidrig. Im Schuldkapitel mußten wir gestehen, daß wir beim Beten an dies und jenes gedacht hatten. Wir mußten diese Gedanken in allen Einzelheiten der ganzen Gemeinschaft schildern. Wir mußten unsere Regelverfehlungen beichten, die Dinge, gegen die wir tagsüber verstoßen hatten, beispielsweise das Silentium gebrochen oder beim Gehen mit den Armen geschlenkert. Außerdem sollten wir die anderen Schwestern dieser Verstöße bezichtigen, wenn wir sie mitangesehen hatten. Anfangs war diese Regel für mich erschreckend und schwer verständlich. Als mich zum erstenmal jemand einer Verfehlung bezichtigte, war ich verletzt und wütend, daß meine Novizinnenschwester mich ausspionierte! Ich lernte zu glauben, daß dieses Detail der Regel gut war. Um mein Bestes zur Kommunikation mit Gott beizutragen, mußte ich alles Äußerliche abstreifen und nur mit meinem Geist kommunizieren.

Eine andere schwierige Praxis war die Selbstflagellation jeden Montag, Mittwoch und Freitag in unserer Zelle. Die beiden Flagellationswerkzeuge wurden die kleine und große Geißel genannt: Die kleine sollte weh tun, aber auf der Haut keine Spur hinterlassen. Die andere war schwerer, und manchmal lief Blut. Die Geißelungen wurden an Gesäß und Beinen vorgenommen. Als Postulantin hörte ich von der Geißelung. Als Novizin mußte ich sie tatsächlich vornehmen. Das erstemal war es etwas beängstigend; ich begriff den Zweck überhaupt nicht, außer Schmerz zu erleiden. Später lernte ich, daß sie bei dem Versuch, Vollkommenheit zu erlangen, eine sehr große Hilfe war.

Sinn der Flagellation war die Beherrschung unserer Sexualität. Aber manchmal, wenn ich mich schlug, erwachte meine Fleischeslust. Wenn unser Fleisch oder unsere Sinne erregt wurden, mußten wir der Mutter Oberin schildern, was vorgefallen war. Ihr das mitzuteilen fiel mir schwer, denn ich empfand Schuld- und Schamgefühle. Ich wußte, daß es für mich als Frau Momente gab, in denen meine Sexualität sich regte. Dieses Flagellationswerkzeug erregte mich, und es fiel mir schwer, meine Gefühle zu beherrschen. Indem ich die Regel befolgte, mußte ich mich jeden Montag, Mittwoch und Freitag mit diesen Werkzeugen bearbeiten. Es gab keinen Ausweg.

Oft onanierte ich – regelwidrig. Ich mußte vor der ganzen Gemeinschaft bekennen: »Letzte Nacht hatte ich unreine Gedanken und vollzog unreine Handlungen.« Ich fühlte mich schuldig und bereute und bat um schwere Strafe, die mir gewährt wurde. Schwere Strafe war selbstauferlegte Flagellation, die mich manchmal wieder erregte. Es war ein Teufelskreis, besonders unmittelbar vor, während oder nach meiner Periode. Wir hatten auch Gurte mit kleinen Kreuzen, die wir um Arme, Schenkel und Taille trugen. Diese kleinen Kreuze taten sehr weh. An manchen Tagen war diese Strafe sehr hilfreich und lohnend für mich bei meinem Versuch, Vollkommenheit zu erlangen.

Unsere Betten waren recht hart. Wir schliefen in weißen Flanellnachthemden, und weil wir keine Haare hatten, setzten wir uns eine Schlafmütze auf. Die Regel verlangte die Kopfrasur. Da gab es eine rauhe Matratze. Kissen oder Laken hatten wir nicht, und die Decken wurden nur einmal im Jahr gewechselt. Unsere Nachthemden sollten wir alle sechs Monate wechseln.

Der Regel entsprechend, sollten wir flach auf dem Rücken liegen und schlafen, ohne uns zu rühren. Unsere Arme sollten vor der Brust gekreuzt, unsere Beine ausgestreckt werden, und wir mußten uns bis zum Kinn zudecken. Es war schwer, die ganze Nacht bewegungslos schlafen zu lernen. Anfangs bewegte ich mich und mußte es am nächsten Tag der Gemeinschaft beichten. Ich hatte große Schuldgefühle wegen meiner Unfähigkeit, reglos zu schlafen.

In meinem Kloster gab es keine körperlichen lesbischen Beziehungen, weil wir physisch total isoliert waren. Jede von uns hatte eine Zelle, und jede Zelle wurde von außen vor dem Schlafengehen von der Mutter Oberin verschlossen. Nicht richtig verschlossen, sondern die Tür von außen verriegelt.

Aufgrund der radikalen Umwälzungen seitens der ökumenischen Bewegung und Papst Johannes' XXIII. beschloß ich, das Kloster zu verlassen. Die Regeln, das Habit, alles, was ich gekannt und in all diesen Jahren lieben gelernt hatte, änderte sich. Diese Veränderungen erfolgten nicht aufgrund unserer Forderungen oder mit unserem Wissen. Mein Gehorsamsgelübde besagte, daß ich ohne jede Frage alles akzeptieren mußte, was geschah, aber ich konnte all diese Neuerungen nicht akzeptieren. Und sobald sich ein Konflikt auftat, wurde alles schwer und unmöglich akzeptabel.

Mein Lesbischsein kam an einen unkontrollierbaren Punkt. Ich wünschte mir eine physische Beziehung zu einer Frau und konnte sie aus Respekt vor meinem Gelübde nicht eingehen. Ich beichtete meine Konflikte, und die Mutter Oberin bat mich, es mir zu überlegen, zu beten, meine Gedanken zu analysieren und mich zu strafen. Ein Jahr lang betete ich und unterzog mich schwerer Strafe, doch wurden diese Konflikte allzu schwierig, um sie in den Griff zu kriegen. Ich sagte der Mutter Oberin, daß ich austreten wollte. Die Abwicklung der Papiere dauerte ein ganzes Jahr.

Als letztes erinnere ich mich an die Nacht vor meinem Austritt. Ich war bereits aus der Gemeinschaft ausgeschlossen. An diesem Tag blieb ich in meiner Zelle und ging im Garten spazieren. Die Regel verbot, sich von irgendwem zu verabschieden. Lediglich die Mutter Oberin kam, um mit mir zu sprechen, und das war für uns beide sehr schmerzlich.

Ich konnte nicht weinen, als ich fortging. Und mein Ring... mein Ring... die schmerzlichste Tat war, der Mutter Oberin meinen Ring auszuhändigen. (Mein Kruzifix habe ich noch. Der Ring, den ich jetzt trage, hat Ähnlichkeit mit dem von damals.)

In den ersten zwei Monaten war der Umgang mit der Welt schrecklich für mich: Lärm, Geld, Verstörtheit. Ich hatte Angst; ich wußte nicht, ob ich zurechtkäme.

Ich erinnerte mich ans Autofahren, als ich das Kloster verließ, konnte es aber nicht tun. Als mich meine Schwester zum erstenmal von New York nach Washington, D. C., fuhr, war es fast ein Alptraum. Das Verkehrsgetöse, die Geschwindigkeit, mit der sie fuhr – ich war in Panik. Dreizehn Jahre hatte ich in keinem Auto gesessen. Außerdem hatte ich in der ganzen Zeit nie ferngesehen oder eine Zeitschrift oder Zeitung gelesen.

Ich hatte den Umgang mit Geld vergessen. Ich hatte mit amerikanischer Währung nur kurz zu tun gehabt, bevor ich ins Kloster ging. Ich konnte nicht zwischen Zehn- und Eindollarnoten unterscheiden. Wenn ich Wechselgeld bekam, konnte ich es nicht nachzählen; ich wußte nicht, ob man mir richtig herausgab oder nicht.

Bei meinem Austritt fühlte ich mich ohne Schleier auf dem Kopf merkwürdig und nackt. So griff ich zu einem Tuch und sagte: »Na ja, es steht mir, es ist hübsch. Es hat etwas Zigeunerhaftes.« Manchmal fallen mir Kleinigkeiten ein. In diesem Moment kann ich meine Zelle vor mir sehen, die Kapelle. Den Garten kann ich irgendwie nicht sehen; er ist weg. Ich bin so oft dort spazierengegangen, aber ich kann ihn heute nicht sehen. An manche Gesichter erinnere ich mich: Manche Gesichter und Namen sind weg. Nach meinem Austritt war ich spirituell öde, leer. Anfangs ging ich nicht zur Messe. Dann doch, aber ich fühlte mich leer, als säße ich im Theater. Ich versuchte es sogar mit anderen Kirchen, nicht katholischen, doch die hatten keine Bewandtnis für mich. Dann hörte ich von »Dignity«. Als ich die ersten zwei-, dreimal diese Versammlungen besuchte, empfand ich gar nichts. Aber dann lernte ich dort zwei wunderbare Frauen kennen und bekam allmählich ein Zugehörigkeitsgefühl. Heute beinhalten diese Gottesdienste ein sehr tiefes Gefühl für mich. Ich spüre Gott wirklich in der Gemeinschaft.

Ich habe Freundinnen bei »Dignity«, und obwohl es nett ist, Menschen außerhalb zu treffen, ist das Gefühl in der Kirche ein ganz besonderes. Sollte mir etwas zustoßen, würden sie sich Sorgen machen. Oft gehe ich nach der Arbeit in diese Kirche, und es gelingt mir, mit Gott zu sprechen; ich komme immer ganz erfüllt heraus. Ich nenne Gott »Mein Geliebter«, auf Spanisch »Mi Amor«. Jeden Sonntag erlebe ich diese Erneuerung, die mir die Kraft gibt, die nächste Woche anzugehen.

Im Moment habe ich das Gefühl, mit der Welt zurechtkommen zu können. Ich bin neun Jahre aus dem Kloster. Ich habe eine Frauenbeziehung, die wunderbar ist und mir viel gibt. Ich bin nicht promiskuitiv. Wir leben zusammen in einer Wohnung und hoffen, künftig ein Haus zu haben.

Ich bin in der Lesben- und Frauenbewegung aktiv. Ich bin Mitglied in »Dignity« und »Catholics for Human Dignity«, einer aus »Dignity« entstandenen Gruppe. Sie ist politisch und fordert Veränderung durch demokratische Prozesse. Außerdem bin ich in der Gruppe »Frauen über Vierzig«, die vorwiegend aus Lesben besteht.

Ich arbeite als Anwaltssekretärin; ich kann weder sagen wo noch meinen Nachnamen in diesem Buch nennen. Ich hoffte, ich könnte ganz offen sein und sagen: »Ich bin lesbisch«, aber auf diese Weise habe ich schon einmal eine Stelle verloren. Also kenne ich die Risiken. Sogar in San Francisco, wo wir in vieler Hinsicht akzeptiert werden, haben wir noch immer das Problem, praktisch alles zu verlieren, eben weil wir Lesben sind.

Ich wuchs in Südamerika auf und absolvierte dort das College. Nach meinem Juraexamen zog ich in die Vereinigten Staaten und ging in Connecticut ins Benediktinerinnenkloster. Nach dreizehn Jahren verließ ich das klösterliche Leben. Heute arbeite ich als Anwaltssekretärin, da mein südamerikanisches Diplom hier nicht anerkannt ist. Ich engagiere mich in »Dignity« und lebe mit meiner Geliebten in San Francisco.
Diese Geschichte basiert auf einem Interview mit Nancy Manahan im Januar 1982.

Sr. Mary Gregory, S. M., 1949

H. M. Fairfield-Hickey, 1982

Klosterreminiszenzen

H. M. Fairfield-Hickey
(1947−1953)

Im Lauf der dreißig Jahre, seit ich zuletzt das Nonnenhabit trug, habe ich mich einigen strengen Selbstanalysen hinsichtlich meines Eintritts ins Kloster unterzogen. Abgesehen von meinem Wunsch, ein so religiös erfülltes Leben wie möglich zu führen, wollte ich dem häuslichen Leben entfliehen, das von einer Mutter beherrscht wurde, die mich piesackte. Ich wollte es so tun, daß sie es billigte und keinen häuslichen Krieg anzettelte, der meinen lieben Vater betrübte. Meine Mutter war in den baptistischen Glauben hineingeboren, wofür sie nichts konnte. Deshalb war sie über meinen Entschluß empört und fürchtete, Priester würden mich vergewaltigen und meine Babys umbringen. Aber sie beruhigte sich wieder, als sie die positive Reaktion von Freundinnen, Verwandten und Nachbarn sah.

Das Wesentlichste war, daß ich mit Frauen zusammensein wollte, wenn ich mit meinen sexuell unterentwickelten achtzehn Jahren auch nicht wußte, daß ich lesbisch war. In meiner Naivität wollte ich in einer weiblich bestimmten Umgebung leben, weil ich mich dort wohler fühlte.

Ich erinnere mich noch an meinen ersten Morgen im Kloster. Die Mutter Oberin rief mich in ihr Büro zu ihrer Standardeinführungsrede an neue Postulantinnen, die in der letzten Nacht weinend wachgelegen hatten, vor Heimweh und Furcht am Boden zerstört. Ich verblüffte sie, als ich mit breitem Grinsen, ausgeschlafen und voller Energie hereinplatzte. Meine Novizinnenmagistra bestärkte meinen natürlichen Überschwang und förderte meine künstlerische Begabung. Sie war außergewöhnlich scharfsichtig darin, der Frohnatur unter ihren Fittichen den Weg zur moralischen und spirituellen Erwachsenen zu weisen. Wir blieben Freundinnen bis zu ihrem Tod 1980. Ich bete, daß wir noch immer Freundinnen sind.

Erst als weißgeschleierte Nonne hatte ich mein romantisches Techtelmechtel. Wir hatten eine leidenschaftliche Affäre, die nie über das Tast- und Fummelstadium hinausging. Die Beziehung wurde sehr abrupt beendet, als meine Freundin, um sich bei der neuen Novizinnenmagistra anzuschleimen (meine Schutzpatronin war zur Mutter Oberin gewählt worden), alles erzählte und sich nicht scheute, Namen zu nennen. Da ich die ältere Schwester war, wurde mir die Schuld aufgehalst.

Nachdem ich den weißen Schleier mit dem schwarzen vertauscht und meine zeitlichen dreijährigen Gelübde abgelegt hatte, erwachte ich sexuell. Da kam Schwester Claire daher. Schluß mit dem Tasten und Fummeln. Wir wußten beide, was wie zu tun war, und brauchten es eindeutig. Unsere Affäre war moderat, doch trug sie zweifellos dazu bei, daß die Tage auf interessante Weise verflogen, bis ihr sensibles Gewissen nach einigen Monaten Einhalt gebot. Sie war meine erste wahre Geliebte.

Einige Monate bevor ich um die Erlaubnis bitten sollte, meine heiligen Gelübde abzulegen, gestand ich mir ein, daß ich eine Heuchlerin war. Meine Gefühle für Frauen waren so stark, daß ich spürte, dem Keuschheitsgelübde nicht gerecht werden zu können, also trat ich aus. Ich hielt mich noch immer nicht für lesbisch. Ich traf eine Menge Verabredungen mit Männern, konnte mich aber nicht überwinden, diese Begegnungen intim werden zu lassen.

Sechs Jahre nach meinem Austritt aus dem Kloster sah ich mir ins Gesicht und sagte laut das Wort »Homosexuelle«. Ich hatte damals keine Beziehung, und es war auch keine in Sicht. Plötzlich gingen mir einfach die Lichter auf. Von da an empfand ich ein enormes Gefühl der Erleichterung. Seitdem habe ich mich mit meinem lesbischen Selbst wohlgefühlt.

Kurz darauf lernte ich die Frau kennen, mit der ich sechzehn Jahre glücklich zusammenlebte. Sie ist meine erste erwachsene Liebe. Doch wie es so oft geschieht, lernte sie eine andere kennen, und mein Leben nahm eine Wendung. In diesen sechzehn Jahren wurde mir klar, daß organisierte Religion meine spirituelle Entwicklung gehemmt hatte. Als ich sie aufgab und zur sogenannten Pietistin wurde, fühlte ich mich Gott näher und bei ihm wohler. Es gelang mir, mich mit dem Wesentlichen der Spiritualität vertraut zu machen ohne das Trara an Details, auf denen die organisierte Religion beharren muß, um ihre Struktur zu erhalten.

In diesen letzten dreißig Jahren außerhalb des Klosters habe ich ein volles Lesbenleben gelebt mit allem, was das mit sich bringt. Nicht nur Liebe und Gebete. Viele Jahre waren die Hölle mit kleinen, zusammengebrauten Verrücktheiten. Wäre das Training jener Klosterjahre nicht gewesen, hätte ich nicht überlebt und auch nicht meinen Verstand und mein Leben intakt gehalten. Das steht für mich absolut fest.

Die Klostererfahrung schuf die Richtschnur meiner persönlichen Maßstäbe. Ohne sie hätte ich sehr wahrscheinlich bei jeder Meinung, die auf mich einstürmte, die Richtung geändert. Ich neige zur Einsicht all dessen, was jemand sagt oder tut. Seit dem Kloster kann ich begreifen, warum Menschen so handeln, wie sie es tun, aber sie bringen mich nicht mehr von meinen Zielen ab. Bei meinem künstlerischen Temperament brauche ich nicht auch noch Chaos! Die im Kloster verbrachte Zeit war für meine Entwicklung als Mensch und als Christin wesentlich. Es war die bereicherndste Erfahrung meines Lebens. Ich bin ihren Einflüssen nie entkommen und werde es hoffentlich nie. Meine Berufung gilt für mein ganzes Leben.

Seit meiner Geburt 1928 habe ich in Massachusetts gelebt. Ich war Nonne, Buchhändlerin, Tutorin, Telefonistin der Tagespflege, Einzelhandelsverkäuferin, Künstlerin, Handwerkerin, Lehrerin, Porträtistin, Designerin für Stoffspielzeug und Weichskulpturen, Fachberaterin für eine Vogelklinik und Direktorin einer Raubvogelklinik. Ich bin gescheit, talentiert, dogmatisch, zurückgezogen, zum Mystizismus neigend, unsozial und die Glücklichste auf Erden, wenn ich im Wald Opern höre. Ich schlage mich noch immer mit der Entscheidung herum, was ich tun soll, wenn ich erwachsen bin.

Sinnlichkeit hinter Klostermauern

Monique DuBois
(1964–1976)

(Monique DuBois wuchs auf einer westindischen Insel in ihrer schwarzen, katholischen Mittelklassefamilie auf. Sie lebt zur Zeit mit ihrer langjährigen Geliebten zurückgezogen in Südflorida. Rosemary Curb interviewte sie im Dezember 1982.)

Rosemary: Wann hast du beschlossen, Nonne zu werden?

Monique: Mit drei Jahren sah ich zum erstenmal eine Nonne. Sofort beschloß ich, daß ich so sein wollte. Als ich älter wurde, reizte mich mehr der Wunsch nach einem Leben in Gebet und Einsamkeit und nicht das Leben der aktiven Schwestern, die ich kannte.

Rosemary: Du meinst Lehrerinnen und Krankenschwestern?

Monique: Ja, weil ich aber nicht wußte, daß es Klosternonnen gab, hielt ich das, was ich wollte, für einmalig. Also dachte ich natürlich, Gott wollte, daß ich einen solchen Orden gründe. Dann hörte ich von meiner Schwester, daß derartige Orden bereits existierten. Ich war erleichtert, weil ich den ganzen Prozeß, selbst einen zu gründen, nun nicht durchmachen mußte.

Rosemary: Was reizte dich an diesem Leben?

Monique: Zwei Dinge, glaube ich. Erstens der Wunsch, mit Gott allein zu sein. Mittlerweile sehe ich ein, daß mein Wunsch aus meiner Enttäuschung über die Beziehungen um mich her und dem Mangel an Liebe rührte, den ich darin feststellte. Damals war ich sehr scheu und verschlossen. Ich wollte mit Menschen nichts zu tun haben. Ich wollte nicht verletzt werden. In einem Leben allein mit Gott fühlte ich mich sicher. Mein anderer motivierender Wunsch war, der Welt in möglichst umfassender Weise zu dienen. Ich glaubte, daß ich als aktive Schwester nur auf spezielle Menschen beschränkt wäre, mit denen ich zu tun hätte, während ein Leben im Gebet universeller wäre, weil ich dann die ganze Welt bewegen könnte.

Rosemary: Glaubst du, daß dein Interesse für das klösterliche Leben auch zum Teil aus dem Wunsch resultierte, in einer reinen Frauengemeinschaft zu leben?

Monique: Überhaupt nicht. Ich dachte nicht in sexuellen Begriffen. Ich wußte schon immer, daß ich mich zu Frauen hingezogen fühlte, doch ließ ich Sexualität in meinem Leben gar nicht zu. Mit zwölf bekam ich die Erlaubnis des Bischofs, das Gelübde der Jungfräulichkeit abzulegen. Ich liebte Gott. Das reichte mir. Ich wußte, daß ich im Kloster mit Frauen zusammen wäre, aber mir kam nicht in den Sinn, daß ich irgendeine persönliche Beziehung mit ihnen hätte. Ich dachte, wir gingen nachts oder tagsüber in tiefem Silentium aneinander vorbei.

Rosemary: Haben die »Poor Clares« deine Erwartungen erfüllt?

Monique: Ironischerweise entwickelte ich in meiner Zeit bei den »Poor Clares« ein echtes, positives Gefühl zu den Menschen, daß ich als Person geliebt und bejaht wurde. Zum erstenmal fühlte ich mich den Menschen nahe. Aber spirituell – nein! Sie deckelten mich, weil ich zu »heilig« war, und vermittelten mir das Gefühl, als machte ich lediglich eine Anfangsphase der Inbrunst durch. Ich wollte beten, allein sein und fasten. Doch sie sagten, ich wäre zu jung zum Fasten. Ich fühlte mit gegängelt! Ich trat in den sechziger Jahren ein, als die ganzen Reformen des II. Vatikanischen Konzils im Gange waren. Alte Regeln wurden abgeschafft.

Rosemary: Das fandest du lax?

Monique: Ja! Ich wollte eine gewisse Anleitung zu wahrer Spiritualität, nicht das, was die schlichte Befolgung der Heiligen Regel beinhaltet.

Rosemary: War für dich Spiritualität etwas Gemeinschaftliches, oder wolltest du eine einsame Mystikerin werden?

Monique: Als ich ins Kloster ging, wollte ich mit einundzwanzig Heilige sein und dann sterben und in den Himmel kommen! Als ich dann aber auf die Einundzwanzig zuging und merkte, daß nicht alles planmäßig klappte, wurde ich realistischer.

Rosemary: Was bedeutete für dich, eine Heilige zu werden?

Monique: Vollkommen zu sein. Nie wütend zu werden oder negative Gefühle zu haben, alles zu akzeptieren und alles zu verzeihen. Daß ich das ewige Lächeln auf den Lippen hätte. Daß ich voller Liebe wäre, über den Dingen stünde, und daß es mir gelänge, nachts stundenlang mit erhobenen Armen zu beten wie der heilige Franziskus von Assisi. Daß ich ausschließich für die Liebe Gottes lebte.

Rosemary: Ein Leben außerhalb deines Körpers?

Monique: Ach nein, soweit ging es nicht. Ich wollte nur eine Heilige sein – vollkommen.

Rosemary: Ich wollte auch eine Heilige sein, aber das stellte ich mir in mystischem Sinn vor, daß es mich aus meinem Körper beförderte wie die heilige Teresa von Avila. Ich wollte über die körperlichen Bedürfnisse hinausgehoben werden. Mir gefiel die Idee des Bußetuns, beispielsweise das Fasten oder stundenlange reglose Knien; doch ich wollte ein sichtbares Zeichen meiner Entwicklung in der Askese, zum Beispiel die Stigmata.

Monique: Ich hatte meine ersten mystischen Erfahrungen etwa zweieinhalb Jahre nach meinem Eintritt. Ich ging in den Hof hinaus und wußte ganz plötzlich, daß alles eins war und Gott die Einheit ist, die uns alle miteinander verbindet. Alles war verändert. Ein Blatt war nicht mehr einfach ein Blatt. Es war ein lebendiger Teil eines ewigen Einen. Zirka sechs Monate lang war ich jenseits der Welt. Ich war da oben. Ich transzendierte alles. Ich brauchte kein Essen.

Rosemary: Da oben in deinem Kopf oder in deinem Geist?

Monique: In meinem Geist. Ich sah alles anders. Alles, was geschah, Regen oder Sonnenschein, war Gott. Dann verlor ich es. Ich erlag dem Druck, so zu sein wie die anderen: »Wofür hältst du dich – etwa für eine Heilige?« Ich weiß nicht, wie lange ich dann mit dem Versuch zubrachte, mir dieses Gefühl wieder anzueignen. Ich war jahrelang depressiv, und ich war wütend auf sie.

Rosemary: Wütend auf deine Schwesterngemeinschft?

Monique: Ja. Ich haßte den Druck, diese Seite von mir aufgeben zu müssen, um für sie akzeptabler zu werden und mich nicht mehr abzuheben.

Rosemary: Hattest du Angst vor spirituellem Stolz?

Monique: Nein, wieso?

Rosemary: Wenn du über die Gemeinschaft hinausgehoben würdest ...

Monique: Ich war nicht darüber hinausgehoben. Ich war in meinem Geist abgehoben. In diesem Raum siehst du nicht auf jemanden herab, weil alle eins sind.

Rosemary: Wie hat sich deine Sinnlichkeit entfaltet und weiterentwickelt, als du im Kloster warst?

Monique: Als ich mich geliebt fühlte und mehr aus mir herausging, drückte ich mehr physische Zuneigung aus, die erwidert wurde; und dann entwickelte ich allmählich ein klareres Bewußtsein meiner Sinnlichkeit.

Rosemary: Hattest du irgendwelche sexuellen Freundschaften?

Monique: Mit einer Nonne hatte ich eine Beziehung, die eher sinnlich als sexuell war und etwa sechs Monate dauerte. Sie vermittelte mir die Erfahrung von Gefühlen, an die ich nie zuvor gedacht hatte. Danach verliebte ich mich ziemlich leicht in andere Schwestern. Nun empfand ich Eifersucht, Leidenschaft und all die anderen Gefühle.

Rosemary: Wie haben sich deine Gefühle zu deinem Körper und deine sinnliche Lust verändert?

Monique: Nun ja, ich wurde mir meines Körpers und meines Aussehens mehr bewußt. Die neuen Gefühle, die ich empfand, waren sehr angenehm, und ich erkundete sie mit Hilfe vieler Phantasien, indem ich onanierte. Aber schließlich hatte ich das Gefühl, daß all das nicht mit meinen Gelübden in Einklang stand, und entschloß mich wieder zum Zölibat.

Rosemary: Glaubst du, daß deine weißen Schwestern dich aufgrund ihres Rassismus für sinnlicher hielten als sich selbst?

Rosemary: Daran habe ich nie gedacht. Vielleicht, jedenfalls ist es mir nie bewußt geworden. Ich habe nie irgendwelchen Rassismus erlebt.

Rosemary: Wann hast du zum erstenmal von Homosexualität und von der Schwulenbewegung gehört?

Monique: Im Kloster durch Filmdokumentationen und Artikel in Zeitschriften wie *Time* und *Newsweek*. Dann bezeichnete ich schließlich meine Gefühle und mich als lesbisch.

Rosemary: Welche Auswirkung hatte das auf dein Leben?

Monique: Mir wurde immer unbehaglicher bei den verächtlichen Bemerkungen der Nonnen über Homosexuelle, und ich machte mich darüber lustig. Dann wollte ich mich ihnen jedesmal »bekennen« und ihnen vermitteln, daß eine sowohl Lesbe als auch Nonne sein kann. Mir wurde klar, daß es draußen mehr Frauen wie mich gab und es möglich war, eine Liebesbeziehung mit einer Frau zu leben. Das hat mich ganz erschüttert, und ich wußte eine Zeitlang nicht, wie ich damit umgehen sollte. Aber wieder überwog meine primäre Liebe zu Gott, und meine Entscheidung für das Zölibat wurde gefestigt.

Rosemary: Hat das Bewußtsein deiner Sexualität dich dazu gebracht, das klösterliche Leben zu verlassen?

Monique: Nein. Sondern völlige Desillusion und die Ablehnung der katholischen Kirche und ein Bedürfnis, mir meine psychische und emotionale Gesundheit zu bewahren!

Rosemary: Wann hast du die »Poor Clares« verlassen?

Monique: Vor sieben Jahren.

Rosemary: Hast du nach deinem Austritt Beziehungen zu Lesben gesucht?

Monique: Ja. Nach meinem Austritt merkte ich, daß Lieben und Geliebtwerden wesentlich ist. Und wie real meine Liebe zu Gott war, konnte ich nur dadurch erfahren, wie real meine Liebe zu anderen war. Also stöberte ich augenblicklich die Lesben in den Schwulenzentren auf und über die Zeitschrift *Wishing Well*. Allerdings ziemlich erfolglos! Schließlich gab ich es auf, und dann stellte sich sehr zu meiner Überraschung heraus, daß ich Frauen an meinem Arbeitsplatz und in Frauengruppen kennenlernte.

Rosemary: Seit wann bist du mit deiner jetzigen Geliebten zusammen?

Monique: Seit sechs Jahren inzwischen.

Rosemary: Beschreibe deine heutige Spiritualität.

Monique: Das Wesentliche meiner Spiritualität liegte heute in der Bestrebung, mir ständig der Gegenwart Gottes bewußt zu sein in der Erkenntnis, daß Gott in allem und jedem ist, und aus diesem Glauben, wie ich ihn in jedem Augenblick empfinde, die Kosenquenz zu ziehen. Für mich hat das nichts mit formalen sonntäglichen Feiern, Ritualen, Gottesdiensten oder dem Aufsagen des Morgen- und Abendgebets zu tun. Sondern es ist etwas, das mein ganzes Leben beherrschen und all meine Handlungen beeinflussen muß, so daß ich ständig mit Gott gehen und in seiner Liebe leben kann und weiß, jeder Tag und jede Tat ist ein Sakrament.

Sr. Jean Marie O'Leary, 1968

Jean O'Leary, 1984

Gott war ein unschuldiger Zuschauer

Jean O'Leary (nach einem Gespräch mit Jan Holden)
(1966–1971)

1966 in Ohio gab es keine Antikriegsbewegung, keine Frauenbewegung, keine Schwulenbewegung. Ich wollte etwas Besonderes tun, Einfluß auf meine Welt nehmen. Ich war in der letzten Oberschulklasse, als ich ins Kloster zu gehen beschloß. Nachdem ich den Entschluß gefaßt hatte, gab es kein Zaudern und keinen Blick zurück.

Meine Eltern waren gute Katholiken. Wir alle gingen zur Messe und zur Beichte und beteten zusammen den Rosenkranz. Als ich in der zweiten Klasse war, schwor mein Vater, uns alle in die katholische Schule zu schicken, wenn meine Mutter von ihrer schweren Krankheit genese. Von der dritten Klasse an bis zum Ende der Oberschule ging ich in die katholische Schule. Doch als ich meiner Familie sagte, ich wolle Nonne werden, schien das nicht die Jean zu sein, die sie kannten. Ich war immer unabhängig und rebellisch gewesen. So wurde ich zwei- oder dreimal von der Oberschule suspendiert, weil ich Banden organisiert hatte, die durch die Cafeteria marschierten oder Goldfische ins Weihwasserbecken setzten. Alle mochten mich, und es war mir wichtig, beliebt zu sein.

Ich war Schlagzeugerin in einer Teenagerband. Wir spielten Schultänze und Teenierepertoires. Bobby, der erste Sänger und quasi mein Freund, wollte mich heiraten, aber ich wußte, daß ich weder heiraten noch mit der Band tingeln gehen wollte. Eine professionelle Frauenband wollte mich engagieren. Auch wenn ich gern Schlagzeug spielte, wollte ich nicht bei ihrem Schnaps und ihren Drogen landen.

Nonnen hatten besonderen Einfluß auf mich. Ich war in Schwester Mary Thomas verknallt, die mein Interesse an der Religion weckte. In einer oder zwei Nächten verschlang ich die Philosophie- oder Theologiebücher, die sie mir lieh, und holte mir dann Nachschub. Es wurde mir mit der Religion ernst. In meiner Rede beim Klassentreffen verkündete ich meinen Entschluß, Nonne zu werden. Heute ist mir klar, daß ich auch davonlief. Ich dachte, wenn ich mein Leben Gott weihte, könnte ich meine Gefühle für Frauen loswerden.

Schon in meiner dritten Klasse einer Mädchenschule wußte ich, daß ich Frauen liebte. Ich malte mir aus, mit Frauen auf einer Insel zu leben. Ich war ein Wildfang, und meine Schulfreundinnen mochten meine Jungenhaftigkeit. In der Oberschule verabredete ich mich mit Jungen, weil es alle taten, doch meine echten emotionalen Bindungen waren die zu meinen Schulfreundinnen. Ich machte einen Sekretärinnenkurs, nur um mit Betty James zusammenzusein. Ihr verdanke ich, daß ich tippen lernte.

Der Orden, dem ich beitrat, hatte nur sechs- oder siebenhundert Nonnen, überwiegend Krankenschwestern und Lehrerinnen. Ein moderner, liberaler Orden, dessen Mutterhaus sich in den Vereinigten Staaten statt in Europa befand. Als ich ins Kloster ging, trugen die Schwestern noch Habit, aber in meinem ersten Jahr dort wurden die Uniformen modernisiert. Das Mutterhaus in Pennsylvania lag in einem riesigen Anwesen, der sogenannten Villa, mit Wäldern und einem See. Es war herrlich und wunderbar friedlich.

Ich kam dort abends mit einem Schlagzeug an, da es mir unerträglich war, es zu Hause zu lassen. Schwester Carrie war bei diesem Anblick begeistert, denn sie spielte Klavier. Wir bauten mein Schlagzeug im Freizeitraum auf. Ich zog meine Nummer ab, saß in meinen Herrenhosen da und spielte für die ganze Novizinnenklasse. Als ich mein Trommelsolo hinlegte, flippten alle im Zimmer aus. Schwester Carrie war hingerissen. Sie spielte Klavier, und wir hämmerten und amüsierten uns großartig, bis die Postulantinnenmagistra und die Novizinnenmagistra hereinkamen. Sie blickten uns nur an. Die Glocke läutete neun Uhr, die Stunde des heiligen Silentiums. Niemand flüsterte auch nur. Mit meinen Schlagstöcken in der Hand saß ich da.

Beziehungen im Kloster waren intensiver als praktisch alle, die ich draußen gekannt hatte. Wir waren dauernd zusammen, diskutierten endlos und engagiert in Sensibilisierungs- und Encountergruppen über Liebe und Hoffnung und Philosophie. Wir studierten die großen Denker und moderne Psychologie. Bis zu einem gewissen Punkt war es ganz intensiv emotional: Der Orden legte Wert auf persönliches Wachsen. Unvermeidbare und natürliche persönliche Gefühle kamen zum Vorschein, doch die Worte *lesbisch, schwul* oder *homosexuell* sprachen wir nie aus.

Schwester Jackie und ich waren beide Postulantinnen. Wir absolvierten dieselben Kurse, arbeiteten zusammen in der Villa und lebten auf derselben Schlafsaaletage. Wir erforschten unsere innersten Gefühle, indem wir redeten und redeten. Die Energie zwischen uns war erstaunlich. Sie war mein Gegenpart – still und in sich gekehrt. Sie war meine erste Liebe.

Nach monatelanger Annäherung begann unsere Beziehung schließlich mit einer Rückenmassage. Wir waren in einem Klassenzimmer, als die Klosterglocken zur Vesper läuteten. Alle waren in der Kapelle und beteten. Auch wir hätten schleunigst hinlaufen müssen. Jackie und ich sahen uns an, als wir der Glocke lauschten. Keine rührte sich. Sie beantwortete leise die Frage, die ich vor dem Läuten gestellt hatte. Es schien, als fülle ihre Stimme den Raum. Das Ende ihres Satzes beendete unser Gespräch. Ich betrachtete ihr Gesicht, so stark und intelligent, ihre Augen geheimnisvoll, leidenschaftlich in stummer Ferne. Schließlich stand sie auf und massierte mir den Nacken. Wir waren so zueinander hingezogen, unsichtbar von dem Gefühl zwischen uns gebannt. Als sie aufhörte, drehte ich mich um und zog sie sacht neben mich auf den Sitz. Ich konnte ihren leisen Atem hören und ihren Puls fühlen, als ich ihren Hals berührte. In der Vesperstille wuchs unsere Spannung und explodierte in einem ersten Kuß.

Nie gestanden wir unsere Beziehung ein. Jackie schrieb mir Gedichte. Wir schliefen zusammen in der minimalen Privatheit der Laken, die zwischen unseren Betten im Schlafsaal hingen. Wir liebten uns ganz leise, wenn die anderen schliefen. Es war beängstigend und riskant und aufregend und wundervoll. Wir sprachen nie aus, daß wir Geliebte waren. Jackies Gedichte waren romantisch, idealistisch und tragisch. Wir führten lange Gespräche über Gemeinschaft und Liebe. Das Wort lesbisch sagten wir nie.

Es war ein abgeschiedenes, isoliertes Umfeld. Wir negierten das sexuelle Element. Man hatte uns vor speziellen Freundschaften gewarnt. Jackie empfand große Schuldgefühle wegen unserer

Beziehung. Ich wollte Zölibat neu definieren im Sinne gemeinsamer Liebe, einer wachsenden Liebe zu Menschen, die Besitzdenken und Eifersucht ausschloß. Doch darin fand ich keine Unterstützung. Als ich beschloß, das Kloster zu verlassen, sagte ich meiner Juniorinnenmagistra, ich sei lesbisch. Ihre Antwort war: »Meinst du nicht, wir alle hätten solche Gefühle?« Sie küßte mich auf den Mund und sagte: »Du solltest hierbleiben und versuchen, zölibatär zu sein.« Darin lag ein Konflikt – die Wahrnehmung sexuellen Begehrens, doch die Leugnung, ihm Ausdruck zu geben. Ich weigerte mich, meine Gefühle zu verleugnen, wenn es auch noch Jahre dauerte, bis ich mich offen als Lesbe bekennen konnte.

Jackie und ich fanden Orte zum Alleinsein, nachdem der Lakenschutz im Schlafsaal abgeschafft wurde. Sie glaubten, sie seien liberal, indem sie die Laken entfernten und sie alle sich gemeinsam ankleiden ließen. Ich war am Boden zerstört. Wir gingen in den Freizeitraum oder in einen größeren Winkel, den wir hinter der Bühne in der Cafeteria entdeckten, oder in den Wald unter dem Vorwand zu rauchen.

Rauchen war nicht erlaubt, doch allgemein üblich. Sechs Monate bevor ich ins Kloster ging, hatte ich damit aufgehört, aber in der ersten Woche dort fing ich wieder an. Rauchen war ein guter Vorwand, allein in den Wald zu gehen. Um Zigaretten zu beschaffen, zog ich mich in der Cafeteria um, schwang mich aufs Fahrrad, das wir hinter der Bühne versteckt hatten, und radelte zur Tankstelle unten an der Straße. Da wir nicht öffentlich rauchen durften, reichte die Stange einen Monat.

Als ich die Affäre mit Jackie begann, wurde mir bewußt, wie sehr mich Frauen anzogen. Ich war idealistisch: Ich glaubte, die Liebesenergie sei grenzenlos und ich könnte viele Menschen lieben. Zwar wollte ich die Liebesbeziehung mit Jackie nicht beenden, spürte aber, daß ich mich auch zu Schwester Carrie in der Klasse über uns hingezogen fühlte, Jackies bester Freundin vor ihrem Eintritt ins Kloster. Carrie war mir ähnlich, extrovertiert und unbeschwert. Sie war die Frau, die an jenem ersten Abend Klavier gespielt hatte. Als mir die Anziehung bewußt wurde, betrieb ich die Sache. Ich schrieb ihr Verse auf Heiligenbildchen; ich sorgte dafür, daß ich sie so oft wie möglich sah. Monatelang stieg ich ihr nach.

Eines Nachmittags machten Schwester Carrie und ich einen Spaziergang über die Weiden. Es war ein herrlicher Tag, jedes Blatt glänzte in der Sonne. Wir mußten einfach an einem solchen Tag draußen sein. Wir brachten einander auf der Schaukel in Schwung; höher und höher Wir spielten Fangen und balgten auf der Wiese. Carrie lief in den Wald und duckte sich hinter einen Baum, versteckte sich aber nicht wirklich. Lachend und außer Atem fing ich sie, und wir sanken ins Gras. Ich konnte ihre Wärme und Vitalität spüren. Ich legte ihr meine Hand auf die Schulter, zog sie näher zu mir. Ich küßte sie leicht. Es war ein elektrischer Schlag. Carrie reagierte nicht; sie erstarrte. Sie sah mich mit aufgerissenen Augen an. Dann türmte sie.

Ich holte sie an der Schaukel ein. »Ist schon gut. Es ist alles in Ordnung, hör mich an«, sagte ich. Ich wollte, daß sie verstünde. Ich liebte sie. Ich wollte nicht, daß sie Angst hatte. Ich wollte sie nicht verlieren. Carrie war sich selbst und mir gegenüber ehrlich. Sie erkannte die Intensität unserer Gefühle. Sie hatte keine Angst, deren Bedeutung verbal und intellektuell zu erforschen. Sie war ohne jedes Vorurteil gegen die Liebe. An diesem Tag redeten wir nur, suchten nach Klarheit. Daß wir einander liebten, war unvermeidlich; es war unvermeidlich, daß wir Liebe machten.

Jackie war vor Eifersucht außer sich. Ich bin sicher, sie liebte uns beide. Jackie schrieb mir Briefe und Gedichte, in denen sie mir erklärte, wie schrecklich sie sich fühlte. Manchmal weinte sie nächtelang. Ich wollte ihr solchen Schmerz nicht zufügen. Ich versuchte, sie zu beruhigen, konnte aber meine Liebe zu Carrie nicht leugnen. Es war eine Verklärung, eine Beteuerung der Liebe für die ganze Gemeinschaft.

Eines Abends nach dem Theologieseminar bat ich alle, sich ein von mir verfaßtes Papier anzuhören, eine Analyse der Hoffnung. Es war eine eigenständige Arbeit, und ich war ganz begeistert. Ich erklärte einen Aspekt der Gefühle, von dem Jackie behauptete, ich begriffe ihn nicht. Aber ich erklärte ihn sehr genau. Jackie stürzte aus der Klasse in den Wald. Es herrschte ein furchtbarer Sturm. Wir gingen alle nach draußen und suchten sie. Der Priester, ein Psychologe, der für die Encounter- und Sensibilisierungsgruppen engagiert war, bat um ein Gespräch mit Jackie und mir. Er beriet uns und half uns über die eigentliche Trennung hinweg, wenngleich sie nie offen ausgesprochen wurde.

Auch Carrie holte sich Rat bei einem Priester. Sie diskutierte in völliger Unschuld über das, was wir taten. Ich brauchte sechs Monate, um mir genug Mut zu machen, selbst mit ihm zu reden. Ich platzte damit heraus, daß ich glaubte, ich sei homosexuell. Ich konnte mich nicht zu dem Wort *Lesbe* überwinden. Es war das erstemal, daß ich es ausgesprochen hatte, nachdem ich es seit Jahren wußte und leugnete. Wir sprachen über meine Zuneigung zu Frauen. Doch als er mich ausfragte, sagte ich ihm die »richtigen« Antworten, nicht die Wahrheit. Schließlich versicherte er mir, ich solle mir keine Sorgen machen – ich sei nicht homosexuell. Als ich ging, dachte ich: ›O mein Gott, dieser Typ hat überhaupt nicht gehört, was ich gesagt habe.‹ Allerdings glaube ich, daß ich ihm gar nichts vermittelte. Bei der Villa stand eine riesige Scheune, zwei oder drei Stockwerke hoch. Ich ging hinein und setzte mich hin. Ich starrte ins Leere und fühlte mich absolut allein. Zum erstenmal in meinem Leben hatte ich jemandem von meinen Gefühlen erzählt, und er negierte es, weil er's nicht hören wollte.

Alle negierten es. Carrie und ich wurden einmal bei einem Spaziergang am See beobachtet, als wir Händchen hielten und uns unter der Laterne an der Brücke küßten. Die Novizinnenmagistra rief uns in ihr Büro. Sie sagte, wir dürften nicht am See spazierengehen, weil wir gegen die Regel verstießen. Sonst nichts. Wir wußten, daß sie wußte, aber sie sagte nichts.

Eines Abends ertappte uns die Postulantinnenmagistra, Schwester Martha. Wir alle waren im Freizeitraum. Schwester Martha pusselte an einem Mosaik. Sie bat mich, aus der Wäscherei weitere Kacheln zu holen. Ich fragte, ob Carrie mitkommen könne. Zuerst sagte Schwester Martha nein. Doch als ich erklärte, daß ich gern Gesellschaft hätte, weil es dort dunkel sei, stimmte sie zu. Sobald Carrie und ich allein waren, wurden wir sehr leidenschaftlich. Wir lauerten ständig auf diese Augenblicke der Privatheit. Das Kachelnholen wäre keine Sache von langer Dauer gewesen, aber kaum waren wir in der Wäscherei, wo es dunkel und still und wir allein waren, verloren wir uns in der gemeinsamen Welt. Plötzlich war der Raum in gleißendes Licht getaucht. Schwester Martha stand in der Tür. Sie sah uns bloß an.

Wir hatten unsere Hauben abgesetzt, und es bestand keinerlei Zweifel, was wir da trieben.

In dieser Nacht litt ich Höllenqualen. Ich wußte, daß ich hinausgeworfen würde. Ich wußte, morgen wäre mein letzter Tag. Wir alle drei marschierten wortlos um die Villa. Wir gingen schweigend zu Bett. Ich wollte das Kloster nicht verlassen, ich war für die Welt nicht gewappnet.

Am nächsten Morgen rief mich Schwester Martha in ihr Büro. Ich konnte sie kaum ansehen. Ich wäre am liebsten sonstwo gewesen, nur nicht in ihrem Büro, da ich wußte, sie würde mich rauswerfen. Sie sagte: »Du hättest es mir zumindest sagen können.« Ich war wie vom Donner gerührt. Sie war nicht zornig. Sie würde mich nicht rauswerfen. Sie war eifersüchtig! Wie auf Wolken verließ ich das Büro.

Schwester Martha bat mich tags darauf, sie zum Supermarkt zu fahren. Als wir zurückkamen, lenkte ich den Wagen in die Garage, stellte den Motor ab, nahm Schwester Martha in den Arm und küßte sie. So einfach war das.

Schwester Martha war seit zwanzig Jahren im Kloster. Sie hielt sich peinlich genau an die Regeln, und sie machte allen Vorschriften: Licht aus um zehn, kein Radio, nicht rauchen, korrekter Gang, kein Aufschneiden, eine würdevolle Gebärde annehmen. Sie bestärkte keine Vertraulichkeiten.

Mit Beginn unserer Affäre veränderte sich Schwester Martha drastisch. Sie bekundete einen wunderbaren Sinn für Humor. Eine spontane, warmherzige, kreative Person trat zutage. Und natürlich veränderte sich auch das ganze Kloster. Wir wurden eine Familie, eine vertraute und liebevolle Gemeinschaft. Nicht, daß wir offen oder direkt unsere Liebe zeigten, doch wurde die Atmosphäre absolut bestärkend und stützend.

Schließlich wurden alle meine Freundinnen an andere Orte versetzt. Die Ereignisse in der Welt rückten mehr in mein Bewußtsein. Ich wollte am Protestmarsch gegen den Vietnamkrieg nach Washington, D. C., teilnehmen, erhielt aber keine Erlaubnis.

Außer Jackie und Claire verließen die meisten Frauen, die ich kannte und liebte, das Kloster. Claire, meine letzte Beziehung, ähnelte Jackie, war intensiv und voller Schuldgefühle. Claire war die erste Frau, die nicht mehr mit mir redete. Sie traf sich mit einer anderen Nonne, und ich habe nie etwas über ihre Beziehung erfahren. Nachdem alle anderen fort waren, fühlte ich mich sehr einsam.

Ich war zum Austritt bereit. Ich wollte bewußt an der Welt teilhaben; unterbewußt war ich soweit, zu meinem Lesbischsein zu stehen. Das Kloster hatte mir eine beschützte, sichere Umgebung geboten, in der ich meine Gefühle für Frauen erforschen konnte. Auch deren Verleugnung konnte meine Natur nicht unterdrücken. Martha sagte, ich hätte die Umwelt verändert, um sie meinen Bedürfnissen anzupassen, doch alle Frauen, die ich dort liebte, machten zutiefst Eindruck auf mich. Wir formten unser Leben gegenseitig. Noch vor fünf oder sechs Jahren dachte ich täglich an sie. Sie beschäftigen mich auch heute noch oft. Und das einzige Schuldgefühl, das ich je empfand, hatte ich nicht, weil ich eine Frau liebte, sondern weil ich die Heuchelei der Verleugnung mitmachte.

Trotz meiner Erfahrung würde ich nicht sagen, daß das Kloster ein Lesbennest ist. Meines Erachtens sind viele Frauen ins Kloster gegangen, um der Sexualität zu entfliehen, ob lesbisch oder heterosexuell. Der Wunsch, Gott zu gehorchen und sich ihm zu weihen, ist oft zweitrangig bei dem Bedürfnis nach Zölibat und Verleugnung. Das Kloster erscheint als Himmel, eine Welt außerhalb des Drucks und der Gefahren dieser Welt. Doch solch ein Zufluchtsort fordert seinen Preis in Form von Selbstverleugnung, den ich nicht zahlen wollte. Ich wollte in dieser Welt etwas bewirken, nicht mich ihr entziehen.

Seit vierzehn Jahren engagiere ich mich für die Rechte der Schwulen. Ich bin Geschäftsführerin der »National Gay Rights Advocats«, einer Anwaltsfirma, die die öffentlichen Interessen der Schwulen vertritt und Präzedenzfälle führt, in denen es um die Diskriminierung von Homosexuellen geht. Ich bin ehemalige Mitgeschäftsführerin der »National Gay Task Force« und war Präsidentin der »National Association of Business Councils«, eines schwulen Gewerkschaftsverbandes. Momentan arbeite ich im leitenden Komitee der Washington-orientierten »National Gay Rights Lobby«. Ich war die erste offene Lesbe, die in einer Präsidentschaftskommission mitarbeitete. Mit Midge Constanza zusammen organisierte ich das erste Treffen der Homosexuellen im Weißen Haus 1976. In den letzten vier Jahren war als ich Investmentmaklerin in der Schwulenbewegung von Los Angeles tätig.

Teil VII
Heilung im Dunkeln

Die Entwicklung zur Autonomie und Stärke
war für viele lesbische Nonnen und Exnonnen problematisch. Im und nach dem klösterlichen Leben litten viele von uns an psychischen und physischen Erkrankungen.
Manche von uns betäubten Schmerz und
Verstörtheit mit Alkohol, Beruhigungsmit-
teln oder Marihuana. Allmählich haben wir
uns durch Meditation, Psychoarbeit, Therapie und im wesentlichen aber dadurch geheilt, daß wir das innere und äußere Schweigen brachen und sagten, wer wir sind:
Lesben.

Gottes Liebe hat keinen Preis

Ann Campbell
(1955—1971)

Als ich allein durch Schottland reiste und mir selbst einen
Kindheitsschwur einlöste, öffnete ich tatsächlich die Tür zu dem
Raum, in dem ich mich jetzt befinde. Ich sehe mein Leben als
einen Gang durch ein Reihe von Räumen, von denen jeder seine
eigene Tür und seinen Schlüssel hat. In Schottland, in einem
beachtlichen Augenblick der Klarheit, warf ich eine lange getra-
gene und erschöpfende Bürde der Schuld ab. Ich sah, daß mein
Leben und meine Konflikte zwar einzigartig waren, doch nicht so
einmalig – wie mein Ego mich jahrelang überzeugt hatte –, als
daß sie nicht bequem in Gottes harmonischen Plan paßten.
Von Kindheit an und meine Jugend hindurch hatte ich die
Belehrungen meiner Eltern und Lehrer über Gott dahingehend
interpretiert, daß ich bei Ihm in großer Schuld stünde. Ich war in
die einzig wahre Kirche hineingeboren. Meine Familie war finanziell und emotional kaum wohlsituiert. Ich war eine begabte
Schülerin. Gewiß würde Gott seinen Preis von einer fordern, die
so beschenkt worden war. Seit der ersten Religionsstunde und
die Collegetheologie hindurch wollte ich alle Wahrheiten und
alle Nuancen über Gott und die Religion erfahren, als könnte ich
durch das Wissen irgendwie meiner Schuld entgehen. Ich wurde
Expertin in den feinen Unterschieden zwischen verzeihlich und
tödlich, vollkommen und unvollkommen, gebührlich und über-
gebührlich, annähernd und entfernt, petrinisch und paulinisch
und sogar zwischen der Unbefleckten Empfängnis und der Jung-
fräulichen Geburt. Ich liebäugelte mit verzeihlichen Vergehen,
geriet aber nie in die Nähe einer Todsünde. Nie befaßte ich mich
mit Sexualität in Gedanken, Wunsch oder Tat, weil ich wußte,
daß es beim sechsten und neunten Gebot keine verzeihlichen
Sünden gab. In scholastischer und religiöser Hinsicht wurde ich
exzellent. Ich krönte sogar zweimal die Statue Unserer Lieben

Frau: in meiner achten Klasse bei der Maiprozession und beim Sodalitätsball in meinem letzten Schuljahr. Meine Heldinnen und Helden in der Oberschule waren Heilige, Nonnen und moderne religiöse Persönlichkeiten wie Thomas Merton, Dorothy Day und die französischen Arbeiterpriester. Im Streben nach einem spirituellen, intellektuellen und (rückblickend) frauenerfüllten Leben packte ich einen Koffer, verließ die Welt, die ich kaum kannte, und ging 1955 ins Kloster. Mit siebzehn glaubte ich, daß ich den Preis gefunden hätte, der Gott für all die guten Dinge entschädigte. Ich wäre für alle Ewigkeit sicher und gerettet.

Im Noviziat wurde meine vernünftige, theologische, genau definierte Religion weniger geschätzt als häusliche Qualitäten, gutes Benehmen und unverbrüchliches Befolgen der Tradition und Regel. Ich war im Klosterleben von Anfang an nicht gut. Ich entwickelte eine leicht reibungsvolle, zynische und zersetzende Einstellung, die ich die sechzehn Jahre lang beibehielt, in denen ich es zu leben versuchte. Ich wurde in meinem Zugang zu Gott noch intellektueller und für eine so junge und naive Person beträchtlich arrogant. Spirituell lernte ich nicht mal Grundregeln von Gebet und Meditation. Ich fand die uns gehaltenen Vorlesungen kindisch, die Maxime selbstverständlich und die Regeln und Traditionen archaisch. Eigenartigerweise erwog ich nie ernsthaft zu gehen. Ich suchte nur nach Möglichkeiten, zu überleben und meine Vorgesetzten in angemessener Unkenntnis über meine Abneigung der ganzen Sache zu halten.

Da ich mich langweilte, war es natürlich, daß ich nach Ablenkung suchte. Eine der ersten war eine Novizin im ersten Jahr, ein Mädchen, das ein Jahr älter war als ich. Sie war attraktiv und graziös und eine Expertin im Nähen, Kochen und Putzen. Ich besaß keine dieser im Noviziat so wünschenswerten Begabungen. Natürlich reizte sie mich. Ich muß sie auch gereizt haben, denn wir warfen uns im Speisesaal lange Zeit verstohlene Blicke zu. Bei jenen seltenen Gelegenheiten, wenn Postulantinnen und Novizinnen zusammen waren, redeten wir miteinander. Einmal, bei einem Klavierkonzert, als die Lichter ausgingen, reichte sie herüber und hielt meine Hand. Diese unschuldige Geste ist noch heute ein herausragendes Moment erlebter Vereinigung. Mein Schuldgefühl daraufhin war die logische Folge meines Unvermögens, mich von meiner Fixierung auf den Preis zu befreien, von dem ich glaubte, er sei für alle »nichtspirituellen« guten Dinge fällig, auch für die Augenblicke des Glücks. Unsere verhaltene Beziehung endete abrupt, als unsere jeweilige Magistra dahinterkam. Ich wurde vor den Gefahren spezieller Freundschaften gewarnt. Ich schloß neue Freundschaften, distanzierte mich aber klar von jedem gefühlvollen Techtelmechtel im Noviziat. Meine Frustrationen waren eher kindisch als offenkundig: Anzetteln allgemeiner Störung, Verstoß gegen die Regel und Überfressen.

Ich legte 1958 meine öffentlichen Gelübde ab, gerade rechtzeitig zu Beginn der modernen scholastischen und spirituellen Ausbildung der Nonnen. Statt zu unterrichten, wie die meisten meiner Gruppe, durfte ich das College besuchen. Obwohl ich Latein als Hauptfach nehmen sollte, warf ich mich auf Naturwissenschaften und Mathematik, und dieses Hauptfach brachte mich mit einer brillanten, geistreichen Nonnenprofessorin in Kontakt. Eigentlich idealisierte ich sie die folgenden zehn Jahre hindurch.

Meine ganzen Collegejahre über waren all meine emotionalen Energien auf sie konzentriert, und ich folgte ihr in Klasse und Labor wie auch außerhalb auf dem Fuße. Ich konnte an keine andere denken. Noch heute, wenn ich an einem Chemielabor mit seinen vertrauten Säuregerüchen und dem Gläserklirren vorbeikomme, wird mir eine starke Nostalgie bewußt. War mein Gefühl sexuell? In gewisser Weise ja. Jedenfalls berührte ich sie so oft wie möglich, wenn wir herumalberten und Witze rissen. Ich war gut in meinem Studium, ließ mich in der Kapelle blicken, war weiterhin leicht exzentrisch und lenkte recht wenig negative Aufmerksamkeit auf mich. Schließlich machte ich mein Examen, bekam woanders einen Lehrauftrag und glaubte, ich käme über meine Verliebtheit hinweg. Das tat ich nicht, aber sie distanzierte sich – klugerweise – immer mehr. Ich merkte es, besuchte das College nicht mehr so häufig und kam insgeheim zu dem Schluß, daß der Schmerz wieder ein Preis war.

Meine Unterrichtsjahre – drei in der Grundschule und drei in der Oberschule – verflogen rasch. Nach der Hälfte machte ich dreißigtägige Exerzitien und legte meine heiligen Gelübde ab.

Etwa ein Jahr lang hatte ich eine kleine Turtelei mit einer Nonne, mit der ich zusammenwohnte. Doch die meiste Zeit war ich vom Lehren und von entsprechenden Aktivitäten in Anspruch genommen und verbrachte meine Zeit mit den Schülerinnen und Schülern. Ich war entschlossen, mich nicht ernsthaft auf jemand einzulassen. Ich hielt meine Neigung für eine Schwäche, und sie machte mir Angst.

Nach dem II. Vatikanischen Konzil wurde ich leicht radikal. Ich liebte die Debatten, Auseinandersetzungen und die Herausforderung, der Minderheit anzugehören. Zum erstenmal empfand ich ein Engagement im klösterlichen Leben. Dann folgten die Bürgerrechts-, Sozialreform- und Friedensbewegungen. Ich liebäugelte damit, Rebellin zu sein, und nicht mit klösterlicher Erneuerung.

Ende der sechziger Jahre bekam ich ein Sommerstipendium der »National Science Foundation« für den Abschluß meines Studiums. Dort kam ich mit Männern und Frauen aus dem ganzen Land zusammen, mit denen ich aß, Liturgien und phantastische Sommerabenddebatten erlebte. Ich begrub meine alten Vorstellungen über die Forderung Gottes nach einem Preis und vertiefte mich in die neue Theologie der weltlichen Stadt.

Inmitten dieser persönlichen Veränderungen ließ ich mich plötzlich auf eine ernsthafte Beziehung mit einer Nonne ein, mit der ich seit Jahren befreundet war. Wir lebten im selben Kloster und entdeckten neue Gefühle füreinander. 1969, mit dreißig, machte ich meine ersten sexuellen Erfahrungen. Ich ging weiter meiner Lehrtätigkeit nach, war Aktivistin, besuchte die Sommeruni und flirtete harmlos mit den Männern in meinen Kursen. Nie gestand ich mir selbst oder sonstwem ein, daß ich lesbisch sein könnte, auch nicht, als ich regelmäßig mit einer Frau schlief.

Allmählich drückte ich mich vor der Messe und den Sakramenten. Mittlerweile waren die Terminpläne derart flexibel, daß es nicht auffiel. Manchmal ging ich zur Beichte und machte Andeutungen auf meine Verfehlungen; gelegentlich ging ich voller Schuldgefühle zur Kommunion und erflehte die Vergebung Gottes. So ging es zweieinhalb unglaubliche Jahre weiter.

1971 verließ ich schließlich das Kloster. Als Gründe führte ich meine Überzeugung hinsichtlich sozialer Gerechtigkeit, Rassengleichheit, Frieden und intellektueller Freiheit an. Wenn ich auch immer noch glaube, daß sie mit zu meinen Beweggründen gehörten, mußte ich schließlich doch einsehen, daß meine Liebe zu dieser Frau mit meinen Gelübden unvereinbar war. Und da ich schätzte, diese Liebe stünde in Widerspruch zu Gottes Plan, machte ich mich darauf gefaßt, den Preis in Form von Schuldgefühlen und tiefem Elend zu bezahlen, bis ich mich befreien könnte. Meine Theologie der Freiheit war mir abhanden gekommen.

Meine Geliebte verließ mit mir das Kloster, und ich lebte ein Jahr lang mit ihr zusammen. Als ich bei ihr auszog und wieder zur Uni ging, vergrub ich mich ins Studium, in die Familie, den Religionsunterricht und die Arbeit. Und ich ertränkte meine Ängste in Alkohol.

In diesem Jahr war ein schwuler Mann mein einziger guter Freund. In einem Augenblick alkoholbenebelter Vertrautheit gestand ich, daß ich glaubte, auch ich sei schwul. Er versuchte, mich zu überzeugen, daß ich die Kirche und meine Familie aufgeben müßte, um meine Schuldgefühle loszuwerden. Genau das hätte er getan. In gewissem Sinn war diese Auseinandersetzung ein Durchbruch: Ich hatte endlich meine schlimmsten Ängste ausgesprochen. Seine Reaktion darauf bestätigte allerdings lediglich meine Befürchtungen, daß ich einem unbekannten, unerquicklichen, gottlosen Dasein entgegenging. Am bedrohlichsten war das Gefühl, daß ich die Kontrolle über die Richtung meines Lebens verloren hatte.

Nach diesem Jahr zog ich wieder zu meiner Geliebten. Ich arbeitete hart, ging zur Kirche, schloß sehr wenige Freundschaften, trank immer mehr und zog meine Gefährtin in meine selbstgeschaffene Isolation hinein. Wir reisten, gingen ins Theater und führten ein sehr abgeschirmtes Leben. Schließlich hörten die Kirchgänge auf. Ich konnte mich nicht mal mehr mit den Fragen konfrontieren – von der Suche nach Antworten ganz zu schweigen –, wohin mein Leben steuerte. Um die Gefühle auszuschalten, wurde das Trinken zum nächtlichen Ritual.

Ich nahm mein Studium wieder auf – der stets sichere Hafen –, um meine Dissertation abzuschließen. Während ich vor meinem Leben davonlief, wurde meine Geliebte schwer krank. Entsetzt betrachtete ich ihre Krankheit als den Preis für unsere Beziehung. Ein neuerwachtes Schuldgefühl und meine alte schizophrene Einstellung zu Religion und Gebet trieben mich wieder in die Kirche zurück. Daß sie lebte, war ein Wunder für mich, und ich war voller Dankbarkeit für den Gott, von dem ich gleichzeitig glaubte, er verfluche unsere Beziehung.

Während ihrer langsamen und unsicheren Genesung hatte ich nur wenige und weit auseinanderliegende Augenblicke der Klarheit. Es gelang mir zu arbeiten, meine Kurse durchzustehen und meine Geliebte zu pflegen. Aber meine Zeit allein verbrachte ich meist von Alkohol umnebelt. Nach einer Reihe bizarrer Besäufnisse kam ich zu dem Schluß, daß ich gegen den Alkohol etwas unternehmen mußte. Ich spürte, daß das Trinken direkt mit meinen sexuellen und religiösen Konflikten zusammenhing. Im Sommer 1979 rief ich schließlich in einem Schwulen- und Lesbenzentrum an und erkundigte mich nach einer Alkoholtherapie. Mir wurde eine Lesbengruppe der Anonymen Alkoholiker empfohlen. Dort konnte ich über Gott und mein Lesbischsein gleichzeitig reden. Zumindest war Gott noch immer eine Möglichkeit für mich.

Innerhalb eines Jahres nach meinem A.A.-Beitritt konnte ich ein wenig beten, kannte viele glückliche Lesben und war vom Alkohol frei – für jeweils einen Tag. Mit meinem Lesbischsein konnte ich nicht in allen Bereichen meines Lebens klarkommen, doch hatte ich zweifellos einen Anfang gemacht. Zur Krönung des Abschlusses meiner Dissertation flog ich für drei Wochen nach Schottland. Seit ich in meiner Kindheit den Geschichten über die Heimat meiner Mutter gelauscht hatte, schwebte mir diese Reise vor.

Mein Besuch dort bei einer alten Cousine bewirkte mein wahres spirituelles Erwachen. Wir redeten über die Kirche, die Familie, das Kloster und unser Leben. Sie erzählte mir, daß sie sechzig Jahre lang mit einer Frau zusammengelebt hatte, die inzwischen gestorben war. Vor sieben Jahren hatte sie sie während ihrer letzten Krankheit gepflegt. Sie hatte sich in der Gesellschaft von Frauen immer wohler gefühlt als in der von Männern, und sie glaubte, mir ginge es ähnlich. Wenn ich auch vermute, daß diese tief katholische Frau nicht meine sexuellen Erfahrungen hatte, so fühlte ich mich doch von dieser neunzigjährigen, gütigen Dame bestätigt. Sie hatte recht, daß ich mich in weiblicher Gesellschaft wohler fühlte.

Später, droben auf dem Berg mit Blick auf die Schlösser der ländlichen Umgebung und die vielen Meeresinseln, befiel mich das Gefühl der Gegenwart und Macht Gottes. Seine Grenzen- und Zeitlosigkeit, die ich so sehr zu definieren und zu ermessen versucht hatte, überflutete mich, und ich wußte, daß ich die göttliche Umarmung genösse. Ich blieb eine Weile dort. und als ich ging, geschah es mit einem Gefühl der Freiheit und Erleichterung.

Drei Jahre nach dieser Reise wünschte ich, ich könnte sagen, alle meine negativen Seiten wären fortgewischt. Das sind sie nicht. Weil ich noch immer ein wenig paranoid hinsichtlich meiner lesbischen Identität bin, verwende ich ein Pseudonym für diesen Beitrag, und mir ist auch nicht wohl in Hinblick auf die Kirche. Ich engagiere mich über Gebühr in der Arbeit und anderen Aktivitäten, leide aber nicht mehr so sehr unter Schuldgefühlen. Ich weiß, daß das Glück keinen schrecklichen Preis hat. Doch das Beste von allem: Ich erfahre Gott täglich in meinem Leben in einer Weise, die noch immer neu und wundersam und erfreulich ist.

Was noch vor mir liegt? Ich wünschte, ich wüßte es. Meine lange Beziehung, die im Kloster begann, ist zu Ende. Meine neue, weniger faßbare Geliebte fordert mehr Erwachsenheit und positives Denken von mir, doch sie macht keine Versprechungen. Sie liebt Gott offen und frei. Ich bete, daß ich den Schlüssel zu dem Raum finde, den ich mit ihr teilen kann.

Seit Abschluß meines Dr. phil. 1980 habe ich als Geschäftsführerin und Personalleiterin in einer großen Universitätsbibliothek gearbeitet. Einen Großteil meiner Zeit widme ich beruflichen Aktivitäten und dem Schreiben, außerdem lese ich gern, gehe ins Theater und ins Kino.

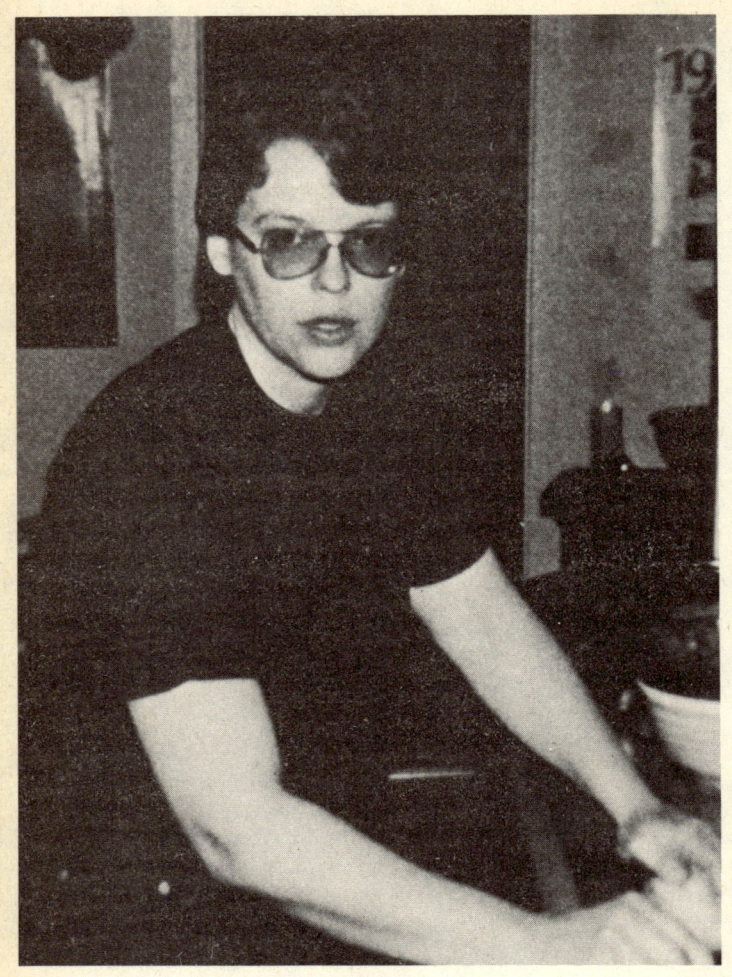

Teresa O'Herlihy, 1982

Platzangst

Teresa O'Herlihy
(1972–1978)

Liebe Nancy Manahan,

dieser Brief fällt mir sehr schwer. Ich glaube, niemand hat ein Recht, mich so nach der Rechtfertigung meines Lebens zu fragen, wie ich es tue. Als ich Deinen und Rosemarys sinnvollen Fragenkatalog zu lesbischen Nonnen las, brüllte ich: »Bekenntnis! Sie wollen, daß ich bekenne!« Wäre ich nicht in meinem Zimmer eingeschlossen gewesen, damit ich mich beruhige, hätte ich Deinen Brief zerfetzt und den Papierknäuel weggeworfen.

Mal sehen, was ich Dir erzählen kann. Ich bin Pianistin und spezialisiere mich zur Zeit auf präbarocke Klavierstücke. Seit meinem achten Lebensjahr mache ich Musik. Es fiel mir leicht, zu allem »Ja, Mutter« zu sagen und dann stundenlang zu üben. Weißt Du, meine Übungsstunden waren immer etwas, wohinter ich mich verstecken konnte, eine fabelhafte und akzeptierte Entschuldigung, sich nicht mit emotionalen Dingen auseinanderzusetzen oder Entscheidungen zu treffen, mich überwiegend auf menschliches Leben einzulassen. Als Halbwüchsige weinte ich oft aus keinem ersichtlichen Grund, ging Freundschaften aus dem Weg, kratzte in meinem Gesicht und lernte eine Menge über Palestrina. Die musikalische Ausbildung eines Menschen kann übermäßig viel Zeit und Energie verschlingen. Sie macht ein Kind leicht zum Einzelgänger und fördert die Abhängigkeit von Verantwortlichen: von den Eltern, die Lehrkräfte bezahlen, und von Lehrkräften, die Musikunterricht und Lob erteilen. Diese Abhängigkeit machte aus mir eine fette, ängstliche Heulsuse.

Mit etwa zehn Jahren wußte ich, daß ich Nonne würde, weil meine Musiklehrerin, eine Nonne, es mir befahl. »Ja, Schwester«, sagte ich und übte weiter.

Nach meiner Oberschule konnte ich nur die Möglichkeiten in Betracht ziehen, mich zu verheiraten, im Kaufhaus zu arbeiten oder Nonne zu werden. In Wahrheit wollte ich am liebsten alleingelassen werden. Ich glaubte, das Klosterleben garantiere mir das Alleinsein nach einer Probezeit, in der man von mir erwartete, daß ich schwierige Fragen über das, was ich dachte, beantwortete. Obwohl ich weder verbale noch soziale Fähigkeiten hatte, war ich geneigt, einen guten Rechenschaftsbericht über mich abzulegen. Im Austausch dafür, daß man mich in einer guten Musikbibliothek allein ließ, war ich gewillt, für den Rest meines Lebens acht Stunden täglich oder mehr Orgel zu spielen. Beinahe lief es darauf hinaus. Meine Novizinnenmagistra hielt mich für das größte musikalische Genie, das ihr je untergekommen war, und sagte infolgedessen: »Lies du nur weiter deine musikwissenschaftlichen Bücher, Liebe, und wir werden eine gute kleine Nonne aus dir machen.« Ich war die plumpe Novizin in der Ecke, die ihre Augen nie vom Gebetbuch hob und einfach tat, was ihr gesagt wurde, die man zwar für meschugge hielt, die aber stolze Befriedigung über ihre heimliche und unerkannte Genialität nicht verhehlen konnte, ein seltenes Nuschelkind, das sich großartig dünkte.

Ich blieb dort sechs Jahre lang ohne die Spur einer Entwicklung von Selbsterkenntnis – am Ende nichts als Langeweile und Zorn. Ich war eine gute Nonne. Ich tat alles, was ich sollte, und hatte Zeit, Recherchen über das Leben von Orlando di Lasso anzustellen. Wahrscheinlich war ich das unterdrückteste, durch und durch passive Wesen, das es gibt.

Ich glaube, Musiker/innen entwickeln sich wie Blätterpilze im Dunkeln. Wir wissen nicht immer, wie oder was wir tun oder warum, doch früher oder später registrieren wir, anfangs vage, in unserem geistesabwesenden Kopf eine Veränderung. Ich glaube, daß ich das religiöse Leben schließlich verließ, weil es zu vollkommen war, so todlangweilig wie ein zu oft gespieltes gutes Musikstück. Ich zweifle, ob meine Erklärungen stimmig oder befriedigend waren, aber mich trieb eher die reine Beharrlichkeit als die adäquate Begründung. Angesichts der ganzen kalten, logischen Emotionalität, mit der ich konfrontiert war, hätte man entsprechende Argumente für meinen Austritt nicht anerkannt. Alle fühlten sich durch meinen stillen und gemeinen Abgang vor den Kopf gestoßen.

Statt in mein Arbeiterklasseelternhaus nach Ohio zurückzukehren, fuhr ich nach Kalifornien zu meiner Schwester, ihrem Mann und drei Kindern. Ich hatte nicht viel Geld, nie einen Beruf ausgeübt und nuschelte für gewöhnlich, wenn man mich ansprach.

Als ich einen Registraturposten bekam, zog ich in ein Motel im Westen von Los Angeles, trug Sachen aus der Kleidersammlung und aß Dosensuppen und Joghurt. Daß ich kein Klavier hatte, war schrecklich, denn ich mußte soviel grübeln. Da ich nicht schlafen konnte, weinte ich auch oft. Aus reiner Angst verlor ich an die vierzig Pfund. Als mich der Exhibitionist von nebenan wieder einmal erschreckte, war das Maß voll, ich bestieg mit meinem Koffer voller Wohlfahrtskleidung und meinem sorgfältig gesparten Geld den Bus nach San Francisco, wo ich mich auf eine Annonce für eine Frauenwohngemeinschaft meldete. Dort lernte ich meine ersten wirklichen Lesben kennen.

Ich war fünfundzwanzig und hatte noch nie mit jemand geschlafen. Als ich gefragt wurde, ob ich lesbisch sei, sagte ich: »Na klar!«, denn ich wollte in diese Wohnung mit Klavier in Sichtweite. Als ich dann plötzlich so ohne meinen Babyspeck dastand und nicht wußte, wohin ich schauen sollte, sagte ich: »Nein, ich bin Nonne.« Sie lachten über mich, und ich weinte. Sie fragten mich praktisch auf der Stelle aus und ließen mich nicht eher ans Klavier, bis ich ihnen alles erzählt hatte, was sie wissen wollten. Wir saßen die ganze Nacht auf und rauchten Marihuana und aßen Spaghetti mit Fleischklößchen. Ich bekam das Zimmer und eine Arbeit, und ich brachte mir aus einem Buch das Tippen bei. Ich kam zu dem Schluß, daß ich, wenn ich lesbisch war – obwohl ich keine Geliebte hatte –, nicht mehr katholisch sein konnte. Alle anderen schienen in Paaren aufzutreten; ich kaufte mir einen Gebrauchtwagen und besorgte mir eine Katze.

Dann fiel ich in eine lange und erschöpfende Depression mit heimlichen Hysterieschüben. Sechs Monate lang war ich selbstmordgefährdet. Ich konnte das Problem nicht beschreiben, doch waren die Gefühle schrecklich und überwältigend. In jenem Frühling zog ich nach Santa Rosa in der Hoffnung, daß eine Veränderung mich da herausrisse. Ich glaubte, mein Gefühl der Isolation abschütteln zu können, wenn ich mich eifrig beschäftigte. Ich mietete mir eine Zweizimmerwohnung und ein Klavier, kaufte etwas Neues zum Anziehen, suchte mir eine Halbtagsstelle, lernte abends Buchhaltung und gab Klavierstunden. Aber ich war weiterhin depressiv. Ich ging zu einem Arzt, klagte über Weinkrämpfe, irrationale Ängste, Schlaflosigkeit. Natürlich gab er mir Valium, und natürlich nahm ich die höchste Dosis. Ich schwebte also benommen dahin – oh, glückliche, meisterhafte Teresa –, bis mir an einem Wochenende der Vorrat ausging und ich erst Montag ein neues Rezept bekommen konnte. Nie hat sich Bach so tatterig angehört wie an jenem Sonntag, als ich in einer protestantischen Kirche die Orgel spielte. Ich wußte, daß ich süchtig war.

Ich ging in eine Frauenmeditationsgruppe, wo ich eine Frau kennenlernte, die meine Geliebte wurde. Sie ist zwar eine ziemlich schlechte Musikerin, hat aber ein hervorragendes Gespür. Als sie hinter meine Valium-Sucht kam, zog sie zu mir, um mir beim Entzug zu helfen, falls mir ärztliche Hilfe oder Willenskraft fehlten. Das gelang sehr gut, und sie ist bisher nicht ausgezogen.

Als ich vom Valium abgekommen war, wußte ich, daß ich weitere Probleme hatte. Ich mochte nicht ans Telefon gehen oder die Wohnung verlassen. Ich bestellte meine Kleider über den Postversand, fand einen Lebensmittelladen, der anlieferte, vertrat mir draußen nicht mehr die Beine und fuhr nicht mehr Auto. Im Aufzug an meinem Arbeitsplatz geriet ich in Panik. Ich stellte fest, daß ich bis zu zwanzig Minuten in den offenen Türen stand, bis ich nach draußen gehen konnte. Ich hatte Angst, in öffentlichen Gebäuden wie Banken oder in der Kirche, in der ich spielte, an die hohen Decken zu blicken. Ich kündigte meine außerhäusliche Arbeit auf, nahm mehr Klavierschüler und übte, übte, übte, damit ich einen triftigen Vorwand hatte, nicht nach draußen zu gehen.

Schließlich ging ich in eine progressive Klinik, wo ein intelligenter junger Mann meine Platzangst diagnostizierte und mir Spezialisten in San Francisco empfahl, deren Honorare meine finanziellen Möglichkeiten überstiegen. Also entschlossen sich meine Geliebte und ich zu einem Umzug in einen kleineren, fast ländlichen Ort. Von einer Frau, die ein zurückgezogenes Leben geführt, sich seit ihrem achten Lebensjahr hinter einem Klavier versteckt und sechs Jahre im Kloster verbracht hat, ist wohl zu erwarten, daß sie Schwierigkeiten hat, in einer städtischen Umgebung zurechtzukommen.

Ich habe jetzt keine Angst mehr, nach draußen oder einkaufen zu gehen. Ich gehe gern spazieren, kampiere sogar nachts draußen und fürchte mich in natürlicher Umgebung nicht mehr vor Hyperventilation. Zur Arbeit zu pendeln ist ein Problem, allerdings kenne ich mehrere Leute, die mit ihrer Abneigung ringen, einer Büroarbeit nachzugehen. Fahrstühle, Massenansammlungen und große, geschlossene Räume meide ich nach Möglichkeit. Deshalb entgehen mir Konzerte, die ich gern hören würde, doch ich habe einige Kontakte zu Musikerinnen aufgenommen und sehr viel mehr Vertrauen in meinen Umgang mit Menschen entwickelt.

Ich vermisse meine Religion, aber der Mangel hat bewirkt, daß ich mich durch Bücher über vergangene und gegenwärtige Weltreligionen weiterbilde. Ich kann mir die emotional überwältigende Unterwürfigkeit nicht gestatten, die ich einst für religiös hielt. Als ich zum erstenmal wieder eine katholische Kirche betrat, mußte ich hinausgehen und mich übergeben. Ich weiß nicht, ob meine Platzangst oder eine seelisch empfundene Ablehnung der Kirche diese Übelkeit hervorrief. Eines Tages werde ich hoffentlich die emotionalen, intellektuellen, visionären und praktischen Prinzipien der Religion zu einem einheitlichen Ganzen zusammenfügen können.

Meine Geliebte, eine Bildhauerin, nennt sich eine matriarchale Heidin. Sie erklärt, sie sei mit ihrem Glauben zufrieden, aber mir kommt das Heidentum anachronistisch und exotisch vor. Sie sagt, ich sei unterdrückt. Gewiß bin ich unterdrückt gewesen. Es war frustrierend, unangenehm und ein Angriff auf den persönlichen Stolz, daß ich in meinem Alter den eigenen Körper und meine Gefühle erst kennenlernen mußte, ebenso die meiner Geliebten.

Hoffentlich habe ich in meiner epischen Art einige Deiner Fragen beantwortet. Ich hatte vorgehabt, das alles irgendwann einmal aufzuschreiben. Dein Brief hat mich dazu gedrängt, es eher zu tun.

Liebe Grüße
Teresa O'Herlihy

Ich bin achtundzwanzig und lebe in Nordkalifornien. Von acht-
zehn bis vierundzwanzig war ich Benediktinernonne. Ich arbeite
halbtags, übe Klavier, zelte in einsamen Gegenden und lese.
Momentan lese ich alle dreizehn Bände von The Golden Bough.

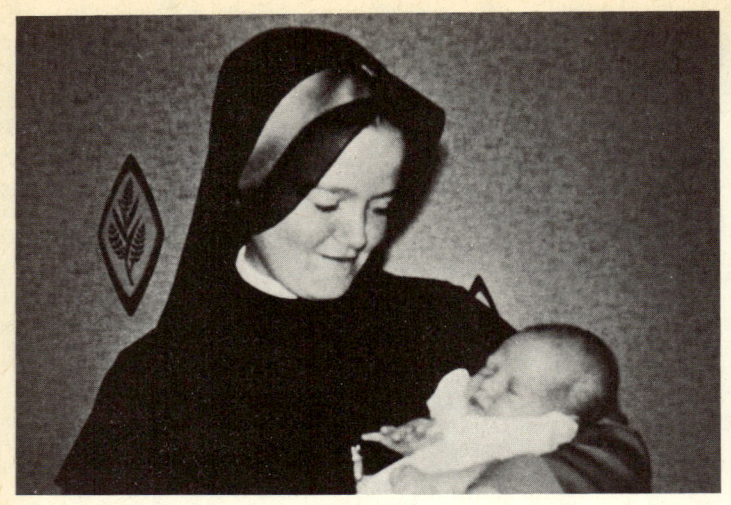

Sr. Helen Horigan, 1967

Helen Horigan, 1983

Ich hab's ja immer gewußt

Helen Horigan
(1963–1968)

Die ganze Grundschule hindurch kommt von Zeit zu Zeit ein
Priester oder eine Nonne zu Besuch und wird meiner Klasse
vorgestellt. Alle fünfzig stehen auf. »Guten Morgen, Schwester
Mary Lucille. Guten Morgen, Pater Burns«, leiern wir im Chor.
Unsere Lehrerin, Schwester Mary Eustacia, pickt die Kinder
heraus, die Verwandte im Kloster haben. »Monika, bitte steh
auf. Sie ist Pater Raffertys Nichte. Danke, Monika. John Flynn.
Er ist Schwester Catherines Cousin. Also, einige von euch
Kindern werden eine Berufung haben. Und ihr werdet es wissen.
Gott wird es euch wissen lassen.«
Ich habe so eine Angst, einen Krampf im Bauch. ›Ich bin's. Ich
weiß, daß ich's bin.‹ Und es mißfällt mir. ›Aber habe ich die
Wahl?‹ »Werde Lehrerin, Helen. Gutes Geld für ein Mädchen.
Im Sommer frei. Oder Krankenschwester oder Sekretärin.«
In der Oberschule absolviere ich die Vorbereitungskurse fürs
College. Ich glaube nicht, daß ich heiraten und Kinder haben
werde, aber ich will auch keine einsame, alte Jungfer werden. Ich
kann niemandem sagen, daß ich Nonne werde, sonst werde ich
isoliert: »Heilige Maria. Keine Witze. Bloß nicht fluchen in ihrer
Gegenwart.«
Und doch faszinieren mich Nonnen. Hinter diesen steifen, festen
Trachten spähe ich nach der Andeutung eines Busens oder einer
Haarsträhne. Mein Bruder Eddie schockiert mich mit der
Bemerkung, sie gingen auf die Toilette, wenn sie in der Stunde
die Klasse verlassen. Viele Nonnen machen einen strengen und
kalten Eindruck. Sie dürfen für sich keine Entscheidungen treffen oder einen Wagen besitzen wie die Priester. Und doch sind
die Regeln für Nonnen so klar, die Grenzen eindeutig und sicher.
Nonnen sind intelligente Frauen, gebildet. Sie kennen das Ziel
ihres Lebens. Ein großes Ziel.

Meine Schwester und Brüder haben sich alle für sichere Institutionen mit konkreten Zielen entschieden. Meine Schwester ist auf der Krankenschwesternschule, zwei Brüder sind beim Militär, und einer wird Priester. Ich treffe die einzig mögliche Wahl. Es ist mein letztes Jahr in der Oberschule St. Clare. Mein Bruder Dick, der gerade zum Priester geweiht wurde, geht mit mir zum Provinzialhaus der »Grey Nuns« in Lexington. Die sprühende, dynamische Novizinnenmagistra redet über die geschätzte Individualität und Ganzheit einer jeden Schwester. Obwohl sich ihre Schilderung des Gemeinschaftsengagements in sozialen und politischen Fragen größtenteils an diesen gutaussehenden, frisch geweihten Priester richtet, sehe und höre ich zu und bin fasziniert.

Wie aber werde ich es Mama sagen? Ich stehe im Flur, als sie aus ihrem Zimmer kommt. Ich »bekenne« mich zum erstenmal. »Weißt du, Mami, ich gehe ins Kloster.«

Sie kommt weinend und etwas böse auf mich zu. »Ich hab's ja immer gewußt. Schon seit wir dich Helen genannt haben.«

Wir sitzen oben auf der Treppe. »Wovon redest du?« frage ich verdutzt.

»Alle in unserer Familie, die Helen heißen, sind Nonnen.«

»Wer denn?« Ich hatte noch nie von dieser Horde gehört. Wie sich herausstellt, ist eine ihre Cousine, die ich kürzlich kennengelernt hatte, und eine andere eine entfernte Verwandte, von der ich noch nie gehört habe. Ich frage mich, warum sie's mir nie erzählt hat.

Der letzte Tag zu Hause und die einstündige Fahrt zum Noviziat sind schmerzlich. Ich habe meinen ganzen kostbaren Besitz hergeschenkt, meine Tagebücher weggeworfen. Ein klarer Schnitt. Wir alle weinen während der Fahrt, meine Schwägerin, mein jüngster Bruder, Mami, sogar Papa. Doch beim Anblick des großen Backsteingebäudes, das beruhigend am Weidenteich aufragt, fühle ich mich erleichtert und aufgeregt. Ich bin da. Schluß mit der Trauer. Schluß mit den Bemühungen, von meiner Familie verstanden zu werden oder ihren unausgesprochenen Forderungen zu entsprechen, Schluß mit dem Bestreben, mich Freunden anzupassen.

In der Geborgenheit des Noviziats bin ich soeben achtzehn geworden. Wir studieren die neue Enzyklika »Die Fenster der

Kirche öffnen« des II. Vatikanischen Konzils. Wir sind in der ökumenischen Bewegung und halten mit einheimischen protestantischen Gruppen gemeinsame Gottesdienste. Zusammen mit Geistlichen und Mitgliedern der Gemeinde nehmen wir an Bürgerrechtsdemonstrationen und Friedensmärschen teil. Wir sehen uns im Fernsehen die Nachrichten an, und von uns wird erwartet, daß wir wählen gehen, wenn wir das Alter haben.

Zum erstenmal in meinem Leben wird Sexualität von den Erwachsenen zugestanden. Meine Klostervorgesetzten sagen: »Ja, du bist ein sexueller Mensch, Helen. Du hast vielleicht gewisse Gefühle. Beschließe, sie nicht zu bestärken. Gib acht, daß du Binden nicht zu straff trägst, sonst können sie Gefühle wecken. Du kannst und sollst Freundschaften haben, und jede ist eine ›spezielle‹.« Die Novizinnenmagistra berichtet uns, daß die Gemeinschaft früher vor speziellen Freundschaften gewarnt hat aus Angst, sie könnten in lesbische Beziehungen ausarten. »Diese Möglichkeit besteht, meine lieben jungen Schwestern. Solche Fälle sind vorgekommen. Aber es muß nicht so sein, und ihr solltet Freundschaften haben können. Doch seid vorsichtig.« Wir bekommen sogar Besuch von Seminaristen, damit wir nichtsexuelle Beziehungen zu Männern entwickeln können.

Man erwartet von uns, daß wir gelegentlich an strukturierter emotionaler Beratung teilnehmen, der sogenannten »Wegweisung«. Ich weine fast immer die ganze Beratung hindurch. »Worüber?« Vielleicht Einsamkeit, Gruppenbeziehungen. »Nun kommt die wahre Helen Horigan zum Vorschein«, sagte die Magistra. ›Wer ist die wahre Helen Horigan?‹ frage ich mich.

Wir können auch mit dem Beichtvater reden, der einmal die Woche kommt. Ich sage ihm, daß ich eine starke Zuneigung zu zwei Nonnen empfinde, die ich im College kennengelernt habe, und auch zu einer Novizinnenschwester. Ich möchte diese Gefühle gestehen, ihnen auf den Grund gehen. »Bei Collegeneulingen sind das normale Gefühle – da weißt du nicht, wohin du gehörst oder wohin du willst. Das wird sich legen. Mach dir keine Sorgen.« Dann umarmt er mich fest. Ich habe Angst, jemand könnte uns durchs Fenster beobachten und denken, wir seien sexuell.

Nach zweieinhalb Jahren lege ich meine zeitlichen Gelübde für ein Jahr ab. Jetzt bin ich ganz im College. Der sichere Bauch des

Noviziats mit höchstens zwölf Postulantinnen und Novizinnen ist geplatzt. Ich lebe mit mindestens fünfzig Schwestern im Haupt-trakt des Provinzialhauses. Ich erkenne jetzt klarer, daß unsere innovative Novizinnenmagistra, unsere brillante Lehrerin in mystischer Theologie und die wenigen anderen Ordensschwe-stern, mit denen wir zu tun gehabt hatten, Ausnahmen sind. Die meisten anderen sind hingebungsvolle, harte Arbeiterinnen, geneigt, alles zu akzeptieren, was ihnen übertragen wird. Sie engagieren sich nicht aktiv für Veränderungen.

Ich habe keinen engen erzieherischen Beistand mehr. Und ich vertraue nicht darauf, daß meine neuen Vorgesetzten die Befähi-gung und Intuition haben, die ich brauche. Ich verlasse mich immer mehr auf mich selbst und meine Gruppe. Ich sollte mich auf Autoritäten verlassen und die Regeln befolgen. Überall um mich her in der Kirche und der Außenwelt sehe ich radikale Veränderungen. Berühmte Theologen stellen die Autorität der Kirche in Frage, legen das Priesteramt nieder und verlassen das Kloster und sogar die Kirche.

Als ich 1967 meine Gelübde für ein zweites Jahr erneuere, wird mir ein Sommerprojekt in der Bostoner Innenstadt mit Frauen aus anderen Religionsgemeinschaften angetragen. Nonnen, Priester und einheimische Bürger arbeiten zusammen in sozialen Einrichtungen, Wohnsiedlungen und Gemeindehäusern. Wir feiern unsere Gemeinde in einem wöchentlichen Ritual, das gegenseitige Wertschätzung und Beistand beinhaltet. Unsere Messe ist ein Mahl. Wir brechen echtes Brot, trinken Wein mit-einander und singen Volkslieder zur Gitarre. Musik, bildende Kunst und Lyrik sind mit sozialer/politischer/religiöser Arbeit verflochten. Einheimische religiöse Führer, die gegen Armut und Krieg kämpfen, singen und plaudern mit uns. Ich spüre eine treibende Kraft, eine starke Verbundenheit mit der Welt.

In meine Gemeinschaft zurückgekehrt, wird unsere Konstitution (die Heilige Regel) diskutiert, bewertet, neugeschrieben. Obe-rinnen werden jetzt gewählt statt von oben ernannt. Hierarchi-sche Titel werden abgeschafft. Wir sagen jetzt »Schwester« statt »Mutter«. Aber es gibt zu wenige Mitglieder meiner Gemein-schaft, die radikal genug sind für das, was mir vorschwebt. Ich sehe nur wenige Frauen, die ich als Führungskräfte wählen kann. Ich bin festgefahren! Ich warte auf eine Führung, die sich in radikaler Theologie und Politik auskennt und sich von Herzen für die Abschaffung veralteter Regeln einsetzt. Die meisten orientieren sich noch immer an den Weisungen des Mutterhauses in Montreal und klammern sich an die »alte Art«. Die Struktur selbst macht einen zu angestaubten Eindruck, als daß sie sich genug verändern ließe. Ich sehne mich nach dem Gemeinschaftsleben, doch nicht in der Weise, daß Schwestern im Gemeinschaftsraum herumsitzen und Socken und T-Shirts stopfen. Mir kommt der Gedanke wegzugehen.

Mitten in meinem ersten Collegejahr rufen mich meine Provinzialoberin und ihre Assistentin zu sich. »Bei deiner Persönlichkeit, Schwester Horigan, glauben wir, daß du mehr Gemeinschaftsleben brauchst. Wir nehmen dich von der Schule und geben dir einen Auftrag in Worcester.« In meiner Vorstellung taucht plötzlich das alte Waisenhaus auf, Frauen, die über aufmüpfige Kinder plaudern und über »The Sound of Music«. ›Nein‹, schrie ich im stillen, ›das könnt ihr nicht. Ich weiß, ihr werdet mich nie wieder auf die Schule zurückschicken. Ich sitze dort fest wie all diese frustrierten, wenig gebildeten Frauen, die nie eine Chance hatten. Ihr werdet mich nicht dort isolieren. Laßt mich aus dem Spiel!‹

Einige Tage danach trinken Mama und ich Tee im Salon von St. Elizabeth. Als wir eine Schale mit Plastikobst auf dem dänischen Kaffeetisch anstarren, sagt Mama: »Helen, du weißt, daß du in jungen Jahren Entscheidungen triffst, und das ist manchmal hart. Du mußt darüber nachdenken, ob du hier glücklich bist. Wenn nicht, kannst du heimkommen und bei mir leben. Ich unterstütze alles, was du tust.«

Statt nach Worcester zu fahren oder auf eigene Faust ein Gemeinschaftsleben zu suchen, gehe ich nach Hause und wohne mit Mama zusammen. »Helen, ich bin ja so froh, daß du aus diesem Gefängnis heraus bist.«

»Oh Mutter, warum sagst du mir das jetzt – nach der ganzen Sache?«

Bald habe ich wieder das Gefühl, ich bin festgefahren. Ich bin einundzwanzig und arbeite als Sozialarbeiterin bei der Wohlfahrt. Unter meinen Kolleginnen und Kollegen befindet sich der Mann, der schließlich mein Ehemann wird. Michael und ich verachten beide das System und haben ein Mitgefühl für unsere

Klientel – das Produkt ökonomischer Ungerechtigkeit. Wir schließen uns dem Vietnam-Moratorium an und nehmen am Marsch nach Washington teil. Wir lachen. Unsere Freundschaft vertieft sich zu sexuellem Ausdruck.

Als ich Michael ein Jahr kenne, habe ich eines Abends eine heftige Auseinandersetzung mit meiner Mutter und meinem priesterlichen Bruder Dick, der gerade von der Missionsarbeit in Peru kommt. »Ehe ist überflüssig«, beharre ich. »Warum müssen Staat und Kirche bei einer so persönlichen Beziehung das Sagen haben?«

»So ist es eben«, sagt Dick. »Du kannst nicht einfach mit jemandem zusammenleben. Das ist unmoralisch.«

»Unanständig«, sagt Mama. Und irgendwie weiß ich, daß Heirat die einzige Möglichkeit ist, aus dem Haus meiner Mutter zu kommen.

In unserer sechsjährigen Ehe wird mir klar, daß ich im Tanz und sonstigem kreativen Ausdruck am meisten ich selbst bin. Ich lasse die Sozialarbeit, ringe aber weiterhin mit der Vorstellung, daß eine praktische Berufslaufbahn notwendig ist. Ich gehe zur Uni und mache eine Spezialausbildung in dem Gedanken, die Künste in den Unterricht zu integrieren. Doch ich lande in vorstädtischen Gemeindeschulen und finde wenig Unterstützung in meinen Ideen.

Als mein feministisches Bewußtsein wächst, habe ich ein größeres sexuelles Empfinden. Immer wieder ziehen mich andere Menschen an. Ich weiß, daß mit der Ehe etwas nicht stimmt, und ich will meine aufbrechen. Michael nicht. Wieder behalte ich meine Gefühle für mich.

Nachdem wir fünf Jahre in Brighton gelebt haben, ziehen wir aufs Land. Die Grenzen einer engen Beziehung und die institutionellen Einengungen der Ehe werden klarer denn je. Ich fühle mich in den Steinmauern gefangen, die dieses herrliche Landhaus umgeben. Wieder schreie ich: ›Raus!‹

So allein in Cambridge habe ich Todesängste, aber mich ziehen unabhängige, kreative Frauen an, die Konventionen, traditionelle Arbeitsteilung und Lebensweise verachten. Diese Frauen haben einen wilden, ungezähmten Geist. Sie lieben Musik und Geschichtenerzählen. »Sing, Helen. Erzähl uns die Geschichte von den Schulkindern. Erzähl uns einen Witz. Tanz.« Wir sind

Publikum wie Darstellerinnen füreinander. Wir helfen uns über bröckelnde Beziehungen, unterdrückerische Jobs und verlorenes Zuhause hinweg.

Als Gemeinschaft erforschen wir Sexualität und unsere Körper. Wir backen Festtagsplätzchen. Wir unternehmen Ausflüge an den Crane Beach oder in die Blue Hills. Immer mit Gelächter, Gesang und Geschichten. Freitagabends in Frans Wohnung trinken wir Camp Cuckoo, wie wir es nennen, und werden beim Pottrauchen high. Wir lassen den Frust der Woche raus und träumen unsere Phantasien. Schließlich lasse ich mich auf meine erste Geliebte ein. Als Freundinnen zieht es uns in der Gruppe zueinander. Ich weiß, daß es Lesben gibt, habe jedoch keine Ahnung vom Ausmaß des Frauennetzwerks oder von der Größe der Lesbenbewegung.

Tee und ich ringen mehr als zwei Jahre mit dieser Beziehung. Augenblicke der Zärtlichkeit wechseln mit Wutausbrüchen ab, und vieles in unserer Beziehung ist alkoholvernebelt.

»Was willst du eigentlich von mir?« fragt Tee. »Warum bleibst du mit mir zusammen?«

»Ich will eine Weggefährtin, eine, mit der der Weg leichter ist.«

»Du meinst, wie Sprungfedern im Wagen für die Schlaglöcher?« fragt sie.

»Ja.«

»Aber ich kann dir die Liebe und Hilfe nicht geben, die du brauchst. Du kriegst nie genug. Du willst immer mehr. Obendrein«, blafft sie, »bin ich noch nicht mal sicher, daß ich lesbisch bin. Ich will lediglich nichts mit Geburtenkontrolle zu tun haben.«

»Scheiße!« entgegne ich.

Als ich die Frauenbewegung aufspüre und eigene, neue Beziehungen herstelle, wird mir klar, daß ich diese Abhängigkeitsbeziehung abbrechen kann. Ich erkenne, daß mein Alkoholmißbrauch mich zu der Vermeidung verleitet, mein Leben direkt in die Hand zu nehmen. Als ich mehr zu meiner inneren Stärke finde, will ich mich nicht mehr auf alte Muster, Alkohol und Drogen einlassen.

Ich komme von der Sucht los. Ich nenne mich Lesbe. Diese Identität wird zur wachsenden Stärke- und Trostquelle. Mit der Entwicklung meines Engagements für Frauen und die Lesbenbewegung entwickelt sich auch mein Verständnis nicht-hierarchischer Politik und Spiritualität. Jetzt forsche ich nach dem Ausdruck meiner kreativen Kraft und sexuellen Fähigkeit.

Mit siebenunddreißig suche ich noch immer eine Sippe, eine Frauengemeinschaft, die neue Möglichkeiten des Daseins in der Welt schafft mit Ritualen und Festen, die im täglichen Leben wurzeln und vom kollektiven Geist ausgehen.

»Helen, wann war die beste Zeit deines Lebens?« fragt eine Freundin. Vielleicht die ersten Jahre im Kloster. Das Leben schien damals so einfach und klar zu sein. Jetzt kann ich sehen, daß es der Anfang einer langen Reise war.

Als eine der wenigen Ureinwohnerinnen in Cambridge arbeite ich im Modern Times Cafe, *das eine starke feministische Geschichte hat.* Momentan befasse ich mich mit Astrologie, schwimme, so oft ich kann, und warte aktiv, daß der nächste Schritt klar wird. Ich bin im Redaktionskollektiv von* Women of Power, *einer feministischen, spirituellen und politischen Zeitschrift.*

---

* (Anmerkung der Herausgeberinnen: Dieses Restaurant hieß früher »Bread and Roses« und wurde von der lesbischen Exnonne Patricia Hynes gegründet.)

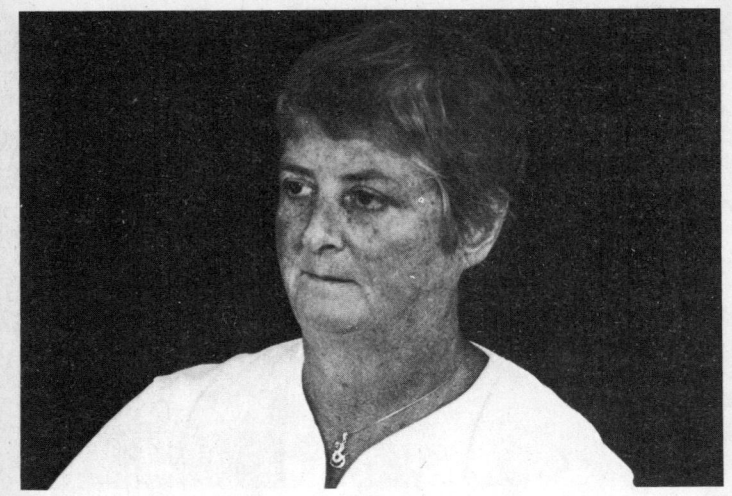

Elizabeth Malloy, 1983

Mythos für einen Winterabend

Elizabeth Malloy
(1952—1967)

Ich bin ein Kind der Mondin. Eine Frau bemutterte mich ins Leben, dann schmeckte ihr die Erde nicht mehr, und sie räumte zwölf Jahre später einer Waise das Feld. Ihr Tod sprengte ein großes inneres Loch, zog mich in ein Gewölbe in meinem Innern. Nach siebenjährigem, tiefem Schmerz trug ich das ganze Loch in mir zu dem Gewölbe des Gelübdes und begab mich auf die Reise meiner Seele.

Diese Reise gab mir den Raum für jenes Bedürfnis nach der Mondin, das in mir hochkam. In einsamen Phantasieflügen schwang ich mich ins Universum höherer Lüfte empor, wo nur die Seele atmet. Ich kniete im nächtlichen Licht der Mondin und in ihrem weißen, reflektierten Licht wurde ich ganz wächsern. Elf Jahre trug mich das Mondlicht meines Geistes auf eine Reise durch schwarze Habite und einsame Zellen, durch Räume, wo Körper einander die Türen verdunkeln, doch nie berühren. Um mich in Bewegung zu halten, um in dieser mondvollen Zeit weiterzuschweben, kettete ich mich an ihre Regel: KEIN HAFEN FÜR SIE.

Sie zu bergen war im Ritus jener Reise, die er in den Exodus aus Ihrem Garten Eden lenkte, zutiefst gefürchtet. Sie war mit der Schlange verdammt, die Eva seines Adams. Seit der Dämmerung seines Tages fürchtet er die Stärke, die von Ihrem Hafen Für Sie ausgeht. In seiner neuen Welt waren wir ihm vermählt, wir sangen. Wir waren seine Bräute, von der Welt unserer Körper durch wallende Gewänder in Schwarz verhüllt, für die Reise jenseits der physischen Ebene uniformiert. Wir waren Seelenschwestern, saßen bei dieser nächtlichen Reise in stummen Paaren.

Vor meiner Fahrt durch diese Nacht hatte ich in den Häfen Für Sie verweilt, verharrte liebevoll umschlungen in fester Umarmung dieser lebenspendenden Kraft. Dieser Verzicht zugunsten der zölibatären Zelle war ein hoher Preis, doch war ich bereit, die Fahrt zu bezahlen, um mein leeres Gewölbe in ein hehres Gebilde zu setzen. Diese rituelle Reise hemmte den Schmerz, der sich um ihren Tod rankte.

Im Schutz des Gelübdegewölbes wuchs eine schöne, hohe, freundliche Birke neben meiner Mauer. Ihre belaubten Äste beschirmten mich vor der Hitze der Sonnen. Nach vielen Jahren entwurzelte ein schrecklicher Sturm die Birke und riß den Mörtel meiner zölibatären Zelle ein. Der Verlust dieser Freundin schwemmte die Erkenntnis in meinem Innern empor, die der Verlust vor Jahren dort abgelagert hatte. Mit ihrer Entwurzelung lag ich ungeschützt in den Strahlen der sengenden Sonne. Sie verbrannte meine Haut, die so lange vor Blicken verschleiert war. Ein Schmerzensstrudel wirbelte in mir hoch, und als ich meine ausgedörrten Lippen öffnete, um zu schreien, spie ich einen Sturm aus, zertrümmerte mein Boot vor dem Trost jenes kühlen Himmelsgewölbes.

Eine Tränenflut warf sich zur Kammhöhe auf, schlug über und trieb mich in den Hafen Für Sie. Eine sich darin windende Macht hatte von der trennenden Mißachtung des Körpers genug. Sie schlängelte sich aus dem Innern hervor, kappte meine spirituellen Segel und trieb mich in einen Hafen. Dort suchte ich Zuflucht, bis der Sturm sich legte; dann reiste ich weiter, vom Hafen fort, doch das vertraute Winden hing nun im Vordergrund meiner Mondzeit. Ich fühlte mich an die Geborgenheit jenes Hafens gekettet. Ich konnte mich nicht mehr mit der einsamen Bleibe meiner zölibatären Zelle abfinden.

Nun lebte ich in zwei Räumen. Die Gelübdeworte, die mich trieben, waren vom Hafen Für Sie getrennt, der mich ebenfalls trieb. Eine Mauer des Schweigens trennte zwei Windkanäle, die mich auf meinen Kurs bliesen. Die Fassade jener Mauer erscheint im heutigen Licht porös, doch in meinem anderen Leben stand diese Mauer Wache vor dem Übergang der Seele zur Ganzheit. Sie rettete mich vor dem Zerschmettern. Die Mauer bildete eine freundliche Höhle, die auf beiden Seiten Leben sprießen ließ. Die gewölbte Kapelle stand entrückt von den Häfen Für Sie. Seite an Seite dehnten beide sich aus, bis sie sich heftig bedrängten. Sechs Jahre getrennter Leben zermürbten mich.

Eines Herbsttages dann stürzten meine gewölbte Kapelle und meine Häfen Für Sie ein und begruben mich tief unter den Trümmern. Die Mauern beiderseits klappten zusammen, klappten über mir zusammen, und ich lag in Todesangst unter dem Gestein. Ich hatte kein Leben außer jenem Gelübdeschleier. Als er zerriß und von mir fiel, erfaßte eine brüllende Wut mein Leben.

Ich konnte meiner Angst nicht auf den Grund kommen, als ich weit von dem Gelübdeort und meinem Hafen Für Sie ins offene Meer gespült wurde. Würgende Furcht ergriff mich, als mich der Sog wieder und wieder hinabzog. Dann trieb ich einsam in der Nicht-Welt, ängstlich ans Rückgrat der Arbeit geklammert. Bedeutende Arbeit füllte meine bedeutungslose Welt. Ich krallte mich an die Struktur und wußte, daß mich in meinem tief zertrümmerten Bewußtseinsraum keine Struktur retten konnte. Als ich dann an diesem Rand der Verzweiflung auftauchte, schlug ich mich zu den vorbeitreibenden Flößen durch. Sichere, hohle Arbeit und ein Hafen Für Sie hielten mein Leben sieben Jahre zusammen, bis jene Nacht zu dämmern begann, die Geheimnisse barg, um die beiden Teile von mir zu vereinen. Nachdem ich in seine Welt getrieben war, dämmerte mir der Ritus der Reise zu meinem Sein. Ich war imstande, mich zu benennen: Lesbe. Angstschlotternd hörte ich, was das bedeutete: Eine Frau, die sich seiner schablonenhaften Welt widersetzt, eine Frau, die sich seiner Regel widersetzt, daß es keinen Hafen Für Sie geben soll, eine Frau, die sowohl in die Nacht des Geistes als auch ins Licht des Körpers reist. Tief in meinem Innern wußte ich, daß ich als solche Frau geboren war. Dieses Wissen schwoll zu einer neuen Flut, und der Spalt begann sich zu einem Grund des Seins zu schließen ohne jede Mauer, die es trennte. Eine neue Kraft brodelte empor. Meine Gelübde wurden jetzt in meinem Innern mit der Stärke der eigenen Richtung abgelegt. Ich war ein Fluch/Mensch, verwandelt in einen Leib/auf/Grund. Ein ganz neues Leben flutete ein und aus von den mütterlichen Linien des Leibes/auf denen wieder/ersteht diese Welt, dieses Gewölbe, dieser Hafen Für Sie.

Ich verließ die Barmherzigen Schwestern 1967 nach siebzehn Jahren. Ich bin Assistenzprofessorin für Geschichte mit prinzi-

piellem Interesse an der Geschichte der Frauen. Zur Zeit schreibe ich an einem Buch der Mythen und Sagen über Frauen der Steinzeit, das sich bei in Irland begonnenen Forschungen heraus- zukristallisieren begann, in mir wuchs und sich im Prozeß der Geburt befindet.

Sr. Angela of St. Margaret Mary, 1963

Helga Dietzel, 1982

Von einer deutschen Lutheranerin zur Exnonnenmystikerin

Helga Dietzel
(1959—1966)

Ins Kloster zu gehen war für mich so natürlch wie das Atmen, weil ich in einigen meiner früheren Leben ein Mönch und ein Mystiker war. Was immer ich hinsichtlich eines solchen Lebens leisten wollte, ist schließich vollbracht, aber nicht ohne gewaltige spirituelle und psychische Qual. Heute hege ich kein Bedauern. Meine Erfahrungen als Nonne haben mich zu einem viel reicheren und tieferen Menschen gemacht.

Meine Eltern stammten aus Deutschland und zogen in den zwanziger Jahren nach Kalifornien. Als sie 1938 zu Besuch in ihr Heimatland zurückkehrten, brach der Krieg aus. Also wurde ich in Deutschland geboren und verbrachte dort die ersten zehn Jahre meines Lebens. 1948 zog meine Familie wieder nach Los Angeles. Obwohl meine Eltern nichtpraktizierende Lutheraner waren, schickten sie mich in eine katholische Schule. Innerhalb einer Woche wußte ich, daß ich katholisch und Nonne werden mußte. Einige Monate später verstand ich vom Katholizismus mehr als die meisten meiner Mitschülerinnen, die in katholischen Schulen erzogen waren. Ich glitt problemlos ins spirituelle Leben und hatte das Gefühl, als kehrte ich heim. Mit sechzehn trat ich heimlich und gegen den Willen meiner Eltern zum katholischen Glauben über.

Sex und Gefühle für Jungen waren für mich in jener Teenagerzeit sehr bestürzend. Ich onanierte zwar, aber mit schrecklichen Schuldgefühlen, und landete wöchentlich zwei- oder dreimal im Beichtstuhl. Meine emotionale Bindung lag immer bei den Mädchen und den Nonnen, meinen Lehrerinnen. Ich fühlte mich mit Jungen nicht wohl, weil sie wollten, daß ich mich anders verhielt und anzog, als wonach mir war. Die Hilflose zu spielen und einengende Kleidung zu tragen entsprach nicht meiner Liebe für das Spiel im Freien und den Sport.

Ständig war ich in die eine oder andere Nonne verliebt, die mich unterrichtete, mein erstes tiefes Engagement hatte ich allerdings mit einer Mitschülerin. Cecilia und ich verbrachten jeden freien Augenblick zusammen, schrieben einander lange Briefe und unterhielten uns stundenlang übers Telefon. Kaum war ich in ihrer Nähe, war mein Körper wie elektrisiert. Wir umarmten uns, hielten Händchen und küßten uns einmal. Da es sexuelle Gefühle nur in Verbindung mit Jungen geben sollte, definierte ich das, was Cecilia und ich da taten, als Ausdruck einer tiefen platonischen Freundschaft. Andere bemerkten unsere Verbundenheit, und schließlich fiel einer Nonne einer unserer Liebesbriefe in die Hände, den sie meinem Beichtvater gab. Da sie überzeugt waren, daß Cecilia und ich etwas Sexuelles miteinander hatten, trennten sie uns diese letzten zwei Schuljahre. Mir war, als hätte ich etwas ganz Schändliches getan.

Nach meinem Schulabschluß 1957 verfrachteten mich meine Eltern nach Deutschland auf ein lutheranisches College in der Hoffnung, daß mich das zur Vernunft und wieder zum Übertritt zu den Lutheranern brächte oder mir zumindest die Absicht, Nonne zu werden, aus dem Kopf triebe. Es war für mich eine wunderbare und glückliche Zeit. In den Ferien reiste ich allein durch Europa, nur mit einem Rucksack auf dem Rücken. Mein katholischer Glaube vertiefte sich noch, und ich brannte immer mehr darauf, ins Kloster einzutreten.

1959, mit einundzwanzig, trat ich den »Little Sisters of the Poor« bei, einem strengen Bettlerorden, der sich in erster Linie um alte, arme Leute kümmerte und ein Leben in Gebet und klösterlicher Armut führte, wenn auch manche Schwestern, so wie ich, als Oberschullehrerinnen Mädchen unterrichteten, die Anwärterinnen der »Little Sisters« waren.

Die Schwestern durften weder schreiben noch Besuch empfangen, außer von ihren Eltern. Da meine mich verstoßen hatten, war ich von all meinen Bekannten abgeschnitten. Trotzdem war ich nicht einsam, weil ich mich voll und ganz in mein neues Leben stürzte. Askese paßte absolut in mein spirituelles/mystisches Glaubenssystem: Je reduzierter ich und irdische Befriedigungen waren, desto größer war Gott in mir. Oft litt ich heftige geistige und emotionale Qualen. Andererseits genoß ich die Nähe zu Gott, die mir tiefe innere Freude, Frieden und Ekstase schenkte.

Manchmal begeisterte mich die Schönheit und Ganzheit des Universums derart, daß ich meinen Körper oder das, was ich tun sollte, vergaß.

Auf psychologischer Ebene strafte ich mich hart. Ich hatte damals das eine Lebensziel: vollkommenen Einklang mit Gott. Dementsprechend entsagte ich jeder emotionalen Bindung, begrüßte Demütigungen und das ständige Ringen, mein Gewissen von allem reinzuhalten und mich nicht gegen Gott zu versündigen. Als von Natur aus leidenschaftlicher und zutiefst emotionaler Mensch versagte ich mir die notwendige Stärkung meiner emotionalen Gesundheit: Vertrautheit, tiefe Freundschaft und Selbstachtung.

Verschiedentlich verliebte ich mich in Schwestern, die im selben Kloster waren. Ich hielt die Kommunikation mit jeder Frau auf strikt intellektueller und spiritueller Ebene. Ich vermied jedes Treffen oder Zusammensein mit ihr und berührte sie nie. In jenen kurzen Augenblicken, in denen ich mir zugestand, mit ihr allein zu sein, entflammten mein Körper und mein Geist, so intensiv waren meine Gefühle. Wenn sie in ein anderes Kloster versetzt wurde, wie gewöhnlich der Fall, wußte ich, daß ich sie nie wiedersähe; aber ich gestattete mir nicht, tief in meinem Innern den Schmerz zu empfinden, der zu explodieren drohte. Ich wollte nichts als universelle Liebe entwickeln.

Aus solcher Selbstkasteiung mußte sich irgend etwas ergeben. In meinem vierten Klosterjahr befand sich mein spirituelles Leben im Leerlauf. Der eine Bereich, in den ich mein ganzes Sein gesetzt hatte, war plötzlich inhaltslos. Da ich mir die emotionalen und psychischen Freuden des Lebens versagt hatte, empfand ich quälende Einsamkeit: ein schwarzes Loch, eine Leere.

Die nächsten zwei Jahre erlegte ich mir Messen, Kommunionen, Meditationen, Hochämter, Geißelungen und die vielen Regeln auf, die das Klosterleben bestimmen. Ohne Gott machte nichts davon einen Sinn. Da meine Gelübde eine Bindung fürs Leben bedeuteten, dachte ich nie daran, die »Little Sisters« zu verlassen. Im übrigen lehrte die Kirche, daß jene, die das Klosterleben verließen, versagt hatten: Sie hatten die »höchste« Berufung empfangen, doch irgendwo auf der Straße zur Vollkommenheit waren sie vom Weg abgekommen. In meinem sechsten Jahr als Nonne beschloß ich endlich, von schrecklichen Schuldgefühlen geplagt, das Kloster zu verlassen. Meine Vorgesetzten schickten mich in einen anderen Staat. Sie kamen zu dem Schluß, daß ich emotional gestört sei: Wer würde schon ganz bei Sinnen das Kloster verlassen wollen und – Schrecken aller Schrecken – die Existenz Gottes anzweifeln?

Als meinen Vorgesetzten klar wurde, daß ich meine Meinung nicht änderte, schickten sie mich in ein anderes Kloster, um dort die Dispens von meinen Gelübden abzuwarten. In diesem Kloster wurde ich von der Oberin, die meine Austrittsabsicht kannte, wie eine Aussätzige behandelt, ebenso von den Schwestern, denen befohlen wurde, sich von mir fernzuhalten, da ich »geistesgestört« sei. Ich fühlte mich völlig allein, glaubte felsenfest, daß mich weder Gott noch die Menschen wollten. Ich übernahm die Ansicht meiner Vorgesetzten, daß ich emotional gestört sei. Nach dreimonatiger Isolation kam meine Dispens, und im Januar 1966 durfte ich schließlich gehen.

Nach meinem Austritt befand ich mich wochenlang in einem tiefen kulturellen und emotionalen Schock. Allmählich gelang es mir, jede Erinnerung an mein Klosterleben zu verdrängen. Ich ging wieder ins College, arbeitete halbtags als Lehrerin. In diesen Collegejahren hatte ich so tiefe Depressionen, daß ich schließlich meine Daseinsberechtigung in Frage stellte. Ich hatte mich zweihundertprozentig ins klösterliche Leben gestürzt, und das war nun vorbei. Ich war in meinem fünf Jahre langen Kampf mit Depression, Wut, Frustration und dem Zweifel am Sinn des Lebens allein. Spirituell war ich tot.

1968, mit dreißig Jahren, machte ich meine erste sexuelle Erfahrung – eine heterosexuelle. Und die folgenden zwei Jahre führte ich ein sehr aktives heterosexuelles Leben. Sex bereitete mir keine Probleme, sondern großen Spaß, und war ganz natürlich, doch keine meiner Affären mit Männern hatte emotionalen Tiefgang. 1971 dämmerte mir schließlich, mich physisch auf die Frau einzulassen, die ich liebte. Als das geschah, ergab mein ganzes Leben emotionalen Einlassens mit Frauen einen Sinn. Ich hatte kein Problem, mich als Lesbe zu bekennen; ich fühlte mich frei und ganz.

Meine erste tiefe lesbische Beziehung begann etwa 1972, als ich von meinem Bedürfnis zu bemuttern noch immer nicht losgekommen war. Meine Geliebte wollte eine Mutter, und ich brauchte das Gebrauchtwerden. Fast acht Jahre lang blieb ich in dieser Beziehung, obwohl sie im dritten Jahr zu bröckeln begann. Das patriarchale, heterosexuelle Konzept der Ehe (»bis daß der Tod uns scheidet«) entsprach meiner Vorstellung von Bindung und war der Grund, weshalb ich so lange in der Beziehung blieb.

Etwa 1971 rückte die Frauenbewegung in mein Bewußtsein. Ich las zu diesem Thema alles, was ich kriegen konnte, und engagierte mich in feministischen Gruppen. Anfangs rebellierte ich gegen Männer und die gesellschaftliche Unterdrückung von Frauen. Jetzt konnte ich erkennen, wie mein Leben als Katholikin und Nonne mich in das patriarchale Glaubenssystem einband, das zum vollen Frausein so sehr in Gegensatz steht. Mir wurde klar, daß ich dem weiblichen Wunschbild der männerdominierten katholischen Kirche auf den Leim gegangen war: asexuell, in jeder Hinsicht minderwertiger als der Mann, stets fürsorglich und bestärkend, finanziell abhängig, nie aggressiv oder in einer Führungsrolle. Ich glaubte der Bibel, die die üble Natur des Weibes festschreibt. Als ich meine Vergangenheit in diesem Licht betrachtete, gelang es mir, meine Unterdrückung zu erkennen und mich durch Wut und Frustration zu arbeiten, die ich als Nonne empfunden hatte. Zehn Jahre dauerte mein qualvoller Kampf, bis ich ein gutes Gefühl zu mir entwickelt hatte und ganz mit mir in Berührung kam, auch mit meiner Spiritualität. Vielleicht wären diese vielen Jahre leidvoller Entwicklung vermeidbar gewesen, hätte ich mich nicht derart auf das kirchliche Glaubenssystem eingelassen. Doch erhebt sich die Frage, ob ich ohne diesen Kampf als Frau so frei und ganz wäre, wie ich es heute bin.

Nach meinem Collegeabschluß 1971 verdiente ich meinen Lebensunterhalt als Lehrerin. 1975 wurde mir bewußt, daß ich in beruflicher Hinsicht alles getan hatte, was eine männerbeherrschte Gesellschaft von Frauen erwartet, ohne je andere Alternativen in Erwägung zu ziehen. Also arbeitete ich in den beiden folgenden Jahren als Lebensversicherungsagentin. Obwohl ich recht erfolgreich war, hatte ich kein gutes Gefühl dabei. Seit 1977 werkele ich in einem ausschließlich männlichen Gewerbe fröhlich drauflos: in der Kunsttischlerei. Vor vier Jahren wurde ich der erste weibliche Wanderbursche in diesem Handwerk.

Von 1979 bis vor kurzem hatte ich Rendezvous mit Frauen und einige Affären. Zur Zeit lebe ich in einer festen Beziehung. Soziale Bezüge habe ich hauptsächlich zu Frauen, überwiegend zu Lesben. Politisch sehe ich mich als lesbische Feministin und fühle mich sehr wohl dabei.

Spirituell bin ich aktiv und wieder auf der Höhe. Ich gehöre keiner Institution der Kirche an und lehne die patriarchale Gesellschaftsstruktur zutiefst ab. Meine Vorstellungen von Schöpfer und Universum haben sich drastisch gewandelt. Ich glaube, daß ich alles in meinem Leben erschaffe und dafür total verantwortlich bin. Das Wort Mystikerin charakterisiert mein Innenleben wahrscheinlich am besten. Ich fühle mich mit dem Universum verbunden, erfahre und erkenne dessen unermeßliche Schönheit und Einheit. Heute bin ich innerlich und äußerlich wahrhaft glücklich; ich habe große Freude am Leben und lebe in Frieden.

Momentan bin ich als Kunsttischlerin angestellt, konzentriere aber meine Energien und Fertigkeiten auf die Metaphysik. Demnächst will ich mich in diesem Bereich voll engagieren. Ich habe die ganze Skala vom streng klösterlichen bis zum weltlichen, anscheinend unspirituellen Leben durchlaufen. In meiner Erfahrung solcher Extreme habe ich das Beste von beidem integriert und somit eine ausbalancierte Ganzheit erschaffen.

Sr. Mary Ethna, O.S.F., 1958

Mab Maher, 1984

Heilung im Dunkeln

Mab Maher
(1956—1974)

Als ich vor acht Jahren das Kloster verließ, versuchte ich, die
Wahrheit über die Trennung zwischen meiner Spiritualität und
meiner Sexualität herauszustammeln. Meine Spiritualität hatte
sich abgespalten, weiterentwickelt, während meine Sexualität
und Kreativität nicht zu folgen vermochten. Ich wollte, daß mir
jemand half, als in meinem Unbewußten Angst und Wut gärten.
Ein Traum, den ich bald nach Verlassen des Klosters hatte,
wurde mir ein enger Freund auf der Reise: *Ich komme mit
meinen drei Katzen in eine große Kirche. Wir marschieren hinter-
einander durch das Kirchenschiff, schauen uns um, doch im
rustikalen, maskulinen Kirchengestühl ist niemand zu sehen. Die
Kirche ist leer. Als wir vorn in der Kirche angelangt sind, sagt eine
Stimme: »Bestimme zur Predigt eine deiner Katzen.« Ich bitte
meinen grauen Kater Buber, auf die Kanzel zu steigen. Er springt
aufs Pult und zwirbelt seinen Schnurrbart. Ich bekomme Angst:
›Was, wenn niemand hier ist und er sich zum Narren macht?‹ Ich
blicke mich um und sehe dichtgedrängt auf den Bänken herausge-
putzte Leute, die aufmerksam zuhören. Ich bin stolz.*
Dieser Traum bedeutete für mich, daß die unterdrückte instink-
tive Seite meiner Spiritualität die Oberhand gewann. Früher
bedeutete Spiritualität ein System außerhalb meiner selbst. Ich
war von religiösen »Fixierungen« außerhalb meiner selbst
abhängig, obwohl ich lernte, daß Theologie ein Weg zur Selbst-
findung sei. Ich vergrub mich zutiefst, damit ich mein Herz und
meinen Körper als Kern der Offenbarung nicht hörte. Die
Lösung vom Katholizismus war bald geschehen. Ich ging einfach
nicht mehr zur Kirche. Die Lösung von den Vorstellungen, die
dieser Unterbau des Katholizismus einimpfte, war viel schwerer.
Ich glaubte, daß die Offenbarung von außen mir Fülle schenkte.
Also glaubte ich weiterhin an äußerliche Dinge: an beruflichen

Status, finanzielle Sicherheit, Sozialprestige, Kleidung, sogar an ein bestimmtes Gewicht. Sie wurden Identitätsvermittler und hielten mich an der Schwelle zur Tür ins Dunkel, in das ich reisen mußte. Ich wußte, daß ich mich ändern mußte; aber ich begriff erst allmählich, wie chaotisch, schmerzhaft und befreiend eine echte Veränderung ist. Als ich sah, daß Freundinnen das Kloster verließen und sich rasch und offenbar mühelos zurechtfanden, fragte ich mich, was mit mir nicht stimmte. Dann erkannte ich langsam, daß die Strukturen, die klösterliche Gemeinschaften zusammenhalten, sich von den Strukturen der Regierung, des Universitätssystems oder denen von IBM nicht sehr unterscheiden. Bei diesen Erkenntnissen befiel mich Schrecken. Mir wurde klar, daß ich nie mehr in diese konventionelle Bürgerlichkeit paßte.

Irgendwann in diesem Chaosstrudel jener fünf Jahre nach Verlassen des Klosters schlug ich in meinem Leben und Denken eine andere Richtung ein. Ich begann eine transpersonelle Therapie. Nach und nach erkannte ich, daß ich selbst das Zentrum der Offenbarung war. Das war für mich ein enormer Schritt, viel radikaler als das Verlassen des Klosters.

Mit großem Zögern wurde mir qualvoll bewußt, daß die sexuelle Wahl, die meinen tiefsten Bedürfnissen entsprach, sich auf Frauen bezog. All die hungrigen Geister meiner Novizinnenausbildung kamen zum Vorschein und nagten an den verletzlichen Punkten meiner Seele. Diese Geister waren mein Drill auf das Übel spezieller Freundschften, mein Schamgefühl schon beim Gedanken an die Liebe zu einer Frau und all die inneren Manipulationsmuster, die ich mir selbst eingebleut hatte, um im Kloster zu überleben.

Im Noviziat kniete ich mit Vorliebe neben einer Klassenkameradin. Üblicherweise wurden uns in der Kapelle Plätze zugewiesen, nicht aber, wenn wir die Nacht über vor dem Sarg einer toten Schwester knieten. Diese Ehrerbietung hatte das gleiche Ziel, wie es tibetische Buddhisten haben: Den Tod klar vor Augen, sollte uns die Vergänglichkeit aller Dinge bewußt werden. Doch habe ich mich nie so lebendig gefühlt wie in jenen Nächten, wenn ich neben meiner Freundin knien konnte. Mir war, als lebte ich ewig.

In unserem großen Mutterhaus gab es mindestens ein Dutzend Speisekammern zur Kühllagerung der Vorräte. Eines Tages wurden meine Freundin und ich versehentlich im Milchlager eingesperrt. Als die Tür zufiel, merkte ich, wie mich Angst beschlich. (In Wahrheit bin ich nicht sicher, ob meine Freundin wußte, daß sie meine spezielle Freundin war.) Ich kauerte mich in eine Ecke zu den Sahnedosen. Weitaus pragmatischer, hämmerte sie an die Tür. Nach einigen Stunden physischer Kälte und psychischer Hitze entdeckte uns die Schwester, die die Küche leitete. Als sie den Riegel zurückschob, platzte ich heraus: »Wir haben überhaupt nichts getan.« Lachend schwenkte sie uns die Tüte mit den Äpfeln entgegen, die sie trug, und sagte: »Zu dumm. Zu dumm.«

Als Ordensschwester entwickelte ich langsam ein lesbisches Bewußtsein. Im Jahr des II. Vatikanischen Konzils fuhr ich nach Europa. Eine Gruppe von Schwestern meiner Gemeinschaft verbrachte eine Nacht in der Grotte von Lourdes, wo Bernadette die Mutter Christi erschienen sein soll. Die spirituell Gestählteren knieten fast die ganze Nacht über. Ich machte stündliche Imbißpausen mit französischer Bitterschokolade und Lourdeswasser. Als die Sonne über der Grotte aufging, war mir, als trete ein Wunder ein. Wir hatten die ganze Nacht in Verehrung einer Frau gekniet, deren Statue über dem Boden thronte. Auf dem Boden waren zehn Frauen, Frauen aus Fleisch und Blut, und sie berührten sich weder, noch ehrten sie einander im geringsten. Viel später sollte mir klarwerden, daß das klösterliche Leben zwar den Anschein eines Matriarchats erweckte, doch nichts als ein genau vorgezeichnetes Patriarchat war, das Frauen zu seiner Verschleierung benutzte. An jenem Tag vertilgte ich noch mehr französische Schokolade, um diese Erkenntnis zu unterdrücken. Mit achtundzwanzig, als ich in Washington, D. C., dissertierte, machte ich meine erste Erfahrung mit einer Dreiecksliebe. Eine hübsche junge Nonne aus Detroit und ich kamen uns bei unserem Studium in der Bibliothek sehr nahe, aßen zusammen und unternahmen täglich lange Spaziergänge. Ich liebte Ann. Ich hatte soviel überschüssige Energie. Ann war auch mit einem Priester aus Irland eng befreundet, dessen jahrelanges Studium zu seiner körperlichen Erblindung geführt hatte. Wenn wir drei einen Ausflug machten, chauffierte ich meistens. Eines Tages fuhren wir nach Delaware ans Meer. Nachdem wir unser Picknick beendet hatten, wanderte ich zwei Meilen über die Dünen zurück, um das Auto heranzuholen. Als ich zurückkam, lagen die beiden unter mehreren Decken. Ich konnte sehen, daß er durch ihr geöffnetes Habit an ihren Brüsten saugte. Von eigenen sexuellen Sehnsüchten und dem Verlust überwältigt, sank ich schluchzend in den Sand. Ich ließ nie durchblicken, daß ich sie beobachtet hatte. Eines Tages sagte Ann zu mir: »Ich weiß, du bist glücklich, daß Dennis und ich uns gefunden haben, denn du bist meine beste Freundin, und das möche ich mit dir teilen.« Ich sagte danke und stopfte es an jene Stelle in meiner Kehle, wo ich schon ganz schön viele Worte auf Lager hatte.

Vor meiner Promotion verließ ich die Uni und fuhr heim zum College meiner Gemeinschaft. Dort lehrte ich drei Jahre über, in denen die Mitgliederzahl im Kloster schrumpfte. Die meisten meiner Freundinnen gingen. Ich war oft in leitenden Komitees, die versuchten, den Sinn der Durchführungen der neuen Politik des II. Vatikanischen Konzils zu ergründen. Doch das war nicht meine wesentlichste Tat. Die Dekanin dieses Frauencolleges war homophob und tat schreckliche Dinge mit den Studentinnen, die Interesse an Frauen bekundeten. Viele Studentinnen kamen zu mir, um ihre Verstörtheit und ihren Kummer zu vermitteln. Vielleicht wußten sie, daß ich lesbisch war. Natürlich stellte ich mich nicht vor sie. Doch ich bestärkte sie in ihrem Recht auf ihre Lebensweise. Tief in meinem Innern wußte ich, daß ich sie genau an ihrem Lebensnerv bestärkte; gefährdet war nicht nur, was sie taten, sondern wer sie waren.

Ein Jahr lang lebte ich mit drei Nonnen zusammen in einem kleinen Haus auf dem Campus. Ich teilte mit einer Nonne ein Zimmer; die anderen beiden waren dicke Freundinnen. Im Lauf der Zeit wurde mir klar, daß sich in unserem Schlafzimmer nicht die gleichen Aktivitäten abspielten wie in ihrem. Ich fühlte mich zwar außen vor, unterstützte aber auch ihre Liebe. Einige Jahre später erklärte eine der Frauen aus diesem anderen Schlafzimmer der Gemeinschaft, daß sie das Kloster verließe, weil sie lesbisch sei.

Ein Jahr bevor ich das Kloster verließ, wurde ich für eine Beratertätigkeit im Osten beurlaubt. Fern von meiner Gemeinschaft zu leben und auf mich allein gestellt zu sein war so erfreulich wie beängstigend. Meine Kreditkarte erhielt Bedeutungen jenseits ihres pragmatischen Werts. Ich begab mich in die gesellschaftliche Szene mit der vollen Absicht, mich dahin zu bringen, daß ich Männer liebte. Ich hatte das Anderssein satt; ich sehnte mich nach der Anonymität, genau wie jede andere zu sein. Zum Glück bleute mir meine Freundin Sarah ein, die gesellschaftlichen Erwartungen eingehend unter die Lupe zu nehmen. Sie bestürmte mich, dem eigenen Herzen zu vertrauen. In jenen ersten Monaten erfuhr ich, wieviel pervertiertes Interesse am Leben von Nonnen besteht. Sarah lehrte mich, Fragen als Projektionen zu behandeln und sich darüber zu amüsieren.

So fragte mich einige Wochen später beim Mittagessen ein Mann, mit dem ich arbeitete, ob es Geheimgänge zwischen Pfarrhäusern und Klöstern zur Erleichterung des Sex gäbe. Ich antwortete: »Na sicher.«

»Aber ist das nicht schrecklich riskant? Man könnte doch ertappt werden.«

»O ja«, versicherte ich ihm, »das ist schon vorgekommen.«

Zwei Wochen darauf rief er an und gestand, daß er eine Affäre mit einer Frau seines Nachbarn gehabt hatte. Im angrenzenden Obstgarten war ein Geheimgang gewesen. Aber er wurde erwischt.

Als eine Frau mich fragte, ob Nonnen onanierten, sagte ich: »Gewiß.«

Sie war schockiert, doch interessiert. »Vermutlich half es in einer Streßsituation.«

»Oh, sicher.«

Eine Woche danach am Swimmingpool hörte ich sie zufällig sagen, daß sie und ihr Mann wieder miteinander schliefen. Sie verdankte dieses Wunder ihrer jüngst entdeckten Freude am Onanieren.

Vielleicht war dies alles nicht unbedingt das, was Ghandi vorschwebte, als er vom Experimentieren mit der Wahrheit sprach, aber ich begriff, wer ich nicht war und wie leicht es ist, in ein Netz von Projektion verstrickt zu sein.

Ich ersuchte Rom um ewige Dispens von meinen Gelübden. An einem kalten Wintermorgen, fünf Monate später, fuhr ich nach Minnesota, um meine Austrittspapiere zu unterzeichnen. Es war mein Geburtstag. In dieser letzten Nacht im Mutterhaus fand ich keinen Schlaf, also stand ich auf und ging in den

Klosterhof, wo die Statue des heiligen Franziskus von Assisi im Schnee thronte, und heulte all meine Erinnerungen heraus.

Als der Morgen kam und ich mich in der Kantine mit einer Tasse Kaffee aufwärmte, kam meine älteste und liebste Freundin herein. »Wie ich sehe, hast du letzte Nacht auch nicht geschlafen«, sagte sie. »Ich habe dich von meinem Fenster aus beobachtet. Du mußt ja erfroren sein. So etwas Unvernünftiges.« Ich liebte sie. Gebeugt und alt mit ihren fünfundsiebzig Jahren, kam es mir vor, als hätte sie das fröhlichste Gesicht, das ich je gesehen hatte. Sie hatte sich um meinen Verstand und mein Berufsleben gut gekümmert, indem sie mir eine erstklassige Ausbildung einfädelte.

Als wir unseren Kaffee tranken, riet sie mir mit langen Dante-Zitaten, alles loszulassen, was nicht zum Leben führe. Ich hörte auf zu zittern. Sie musterte mich von oben bis unten und erklärte dann: »Ja, es wird dir gutgehen. Schwierig, aber gut. Ich freue mich für dich, daß du gehst; doch für mich ist es traurig.«

Auf dem Weg zum Taxi traf ich zwei junge Nonnen, die mir versicherten, daß ich bald heiraten würde. Ich wollte sie anbrüllen, daß die Ehe nicht die einzige Rechtfertigung für das Verlassen des Klosters ist. Ich sehnte mich nach einem zünftigen Dante-Zitat, das ich ihnen hätte ins Gesicht schleudern können.

Weihnachten darauf flog ich nach Irland. Ich mußte mir Klarheit über meine Wurzeln verschaffen. Ich mietete einen Wagen und reiste zum westlichsten Punkt, der Halbinsel Dingle. Als ich so dahinfuhr, fühlte ich mich vollkommen frei und eins mit mir selbst. Die Straßen verengten sich und kerbten sich in die Rundungen der Hügel. Fast unmerklich wurde ich eins mit den runden, sanften Hügeln, die sich aus allen Richtungen ineinanderschlangen. Sie hatten die Form von Frauen, die sich liebten. Ich habe nie ein so überwältigendes Gefühl von Daheimsein empfunden. In diesem Augenblick sagte die ganze Erde zu meiner lesbischen Identität *ja*. Ich stieg aus dem Wagen und streckte den irischen Hügeln die ausgebreiteten Arme entgegen; ich lief bergauf und bergab, nannte sie meine Geliebten und Schwestern. Als die Sonne allmählich sank, verließ ich sie widerstrebend, um mir ein Gasthaus mit riesigem Federbett zu suchen und bis zum folgenden Nachmittag zu schlafen.

Manchmal bereue ich die verlorene Zeit im Kloster. In meinen langen Jahren des Christseins war ich von meinem Frausein abgespalten. Ich lebte mit einer logischen Entfremdung zu meinem inneren Rhythmus. Jetzt kehre ich zu meinem ursprünglichen Gesicht zurück, dem, das meins war, bevor ich unter der Blindheit zu vielen Lichts litt. Der sumerische Mythos von Inanna ist der Spiegel meiner Reise gewesen. Wie Inanna, die Göttin des Lichts, lernte ich schließlich meine dunkle Schwester kennen, die Göttin Ereschkigal, meine Stärke als Frau.

Das tiefste Versteck, aus dem ich hervorgekommen bin, ist mein Herz gewesen. »Lesbe« ist sowohl ein seelischer Begriff als auch ein Weg des Verhaltens in dieser Welt. Es ist genauso ein Geheimnis und Geschenk wie warum und wieso ich atme. Es ist mein spirituelles Zuhause. Doch ist es in beruflicher und sozialer Hinsicht leichter, wenn ich mich einfach von dieser »spirituell-sexuellen Einheit« fernhalte.

Die meisten Leute können mich als sexuelle Abweichlerin akzeptieren. Wenn ich aber sage, daß Lesbischsein keine Abweichung vom normalen Lebensmuster ist, sondern mein Geschenk an das größte Muster, das uns alle vereint, ist das oft anstößig. Ich kann akzeptiert werden, wenn Lesbe meine sexuelle Identität, nicht aber, wenn es auch meine spirituelle Identität ist. Wie die in ihrem Tausch mit Ereschkigal verwandelte Inanna bin ich durch meine Reise in die Unterwelt meines Selbst verwandelt worden. Womöglich werde ich mich nie »anpassen«. Doch weiß ich jetzt, daß ich mich durch die Heilung meiner Aufspaltung, durch das Leben meiner Wahrheit auf das GANZE zubewege. Ich gehöre zu dem Muster, ich bin zu Hause und lebe mit meiner großen Geliebten, der Erde.

Ich bin Schriftstellerin der Bay Area und Therapeutin. Vor kurzem beendete ich meine Dissertation in Philosophie über »Humor und Verwandlung«, und ich halte wöchentlich einen feministischen Salon.

Teil VIII
An der Grenze

Lesben, die nach Jahrzehnten persönlicher und institutioneller Veränderung im Kloster bleiben, leben an der Grenze zwischen Gruppen, die die männliche Kultur als einander ausschließend erachtet. Wir lernen, eigene Bewertungen zu definieren, unser ethnisches Erbe zurückzufordern, eigene politische, spirituelle und emotionale Engagements einzugehen und uns ein eigenes Leben zu schaffen. Wir erheben Anspruch auf beide Identitäten: Lesbe und Nonne.

Den Schleier der Anonymität lüften

Schwester Esperanza Fuerte
(1967 bis heute)

Ein Treffen lesbischer Nonnen und Exnonnen, an dem ich kürzlich teilnahm, war für mich Gelegenheit zum »Coming out«, doch bei diesem Bekenntnis blieb es. Da ich mich wieder in der Anonymität verstecke, verwende ich ein Pseudonym: Esperanza Fuerte, was »große Hoffnung« bedeutet. So hege ich unter anderem die große Hoffung, daß ich eines Tages als lateinamerikanische lesbische Nonne öffentlich meinen Namen nennen kann. Eine andere große Hoffnung ist, daß ich weiterhin Nonne sein kann, wenn ich das will, und als lesbische Frau akzeptiert werde.

Meine Geschichte ist die eines wachsenden Bewußtseins über mich selbst als doppelt tabuisierte Frau in einer Welt, deren Rassismus und Homophobie sich im Kloster gleichermaßen und unausgesprochen breitgemacht haben. Als ich vor fast zwei Jahrzehnten ins Kloster eintrat, war ich ein bescheidenes, stilles, passives Mädchen. Meine lateinamerikanische Herkunft wurde sowohl durch die Wertungen, die die Gesellschaft ihr beimaß, als auch durch das eigene Bedürfnis negiert, in einer Welt der Weißen akzeptiert zu werden. Und doch bewegte ich mich in dieser Welt wie eine Fremde in einem fremden Land – mit Furcht und Ignoranz. Ich begegnete Menschen, die mir mit unterschwellig rassistischen Bemerkungen versicherten, daß sie mich akzeptierten: »... aber du siehst gar nicht lateinamerikanisch aus.« Oder: »Du hörst dich gar nicht spanisch an.« Und: »Wie gut, daß du in der Sonne nicht allzu dunkel wirst.«

Das Beten, Leben und Arbeiten in einer klösterlichen Umgebung, die meine rassische Herkunft weder problematisierte noch ablehnte (das erste Tabu), beließ mich im Zustand der Lethargie und Gleichgültigkeit. Obendrein blieb ich nach fast einem Jahrzehnt als Nonne in Unkenntnis über mein Lesbischsein (das zweite Tabu). Im Noviziat hatte es eine sechsmonatige Affäre mit einer anderen Schwester gegeben, und ich hatte mich körperlich auf eine Beziehug eingelassen, die sie initiiert hatte. Es war nichts Ernstes; wir waren einfach zwei Menschen, die der Streß einer unbegreiflichen Lebensweise überwältigte. Über die Heftigkeit dieser Beziehung zerbrach ich mir damals nicht den Kopf, denn ich verdrängte die Erfahrung in die hintersten Winkel meines Bewußtseins. Ich wollte eine gute Schwester sein; ich brauchte das Akzeptiertsein.

Gegen Ende meines zehnten Jahres im Kloster hatte ich das Gefühl, als verlöre ich den Bezug zur Realität. Ich erkannte nicht, daß meine Depression in Wahrheit eine Wut war, die ich gegen mich selbst kehrte: Wut über all die Gedanken, die ich nie gedacht, über all die Taten, die ich nie vollbracht hatte, über all die Risiken, die ich nie eingegangen war – im Grunde über ein Leben, das ich nie gelebt hatte. Als ich mit meinem Zorn klarzukommen versuchte, wandte ich mich allmählich nach außen, an Menschen, mit denen ich lebte und arbeitete. Mein Gefühl »verrückt zu werden«, brachte mich zum Handeln, um mich zu retten. Anfangs schlug ich irrational um mich, wenn ich mich traute. Später nahm die Wut gesündere Formen an, indem ich bei Versammlungen, Komitees, Gebets- und Arbeitsgruppen und Tagungen das Wort ergriff. Ich flehte zu Gott: »Mach, daß ich nicht mein Leben lang das Gefühl habe, verrückt zu sein!« Ich las wie besessen: Bücher über Psychologie, Rassismus, Frauenfrage, Krieg, die Auseinandersetzungen des menschlichen Geistes. In dieser Zeit hatte ich immer stärker das Gefühl, den Bezug zu meiner Gemeinschaft zu verlieren. Heute kann ich im Rückblick erkennen, woher diese Isolation kam. In meiner Gemeinschaft von über fünfhundert Schwestern gab es keine, die meine Erfahrung als lateinamerikanische Frau teilte.

Zuerst kam die Puertoricanerin zum Vorschein, dann folgte die Frau und dann die Lesbe. Der Puertoricanerin wurde bewußt, wie sehr ihr das einheimische Essen fehlte, die »spanglische« Sprache (eine spanisch-englische Mischung), der Klang der Kongas mit dem Wirbel lateinamerikanischer Rhythmen, die Freude, die Lautstärke und die Feste einer Kultur, die den im Kloster gefeierten Kulturen fremd waren. Ich hatte mich verändert, um von ihrer dominanten Gesellschaft akzeptiert zu werden; ich wurde ein Kopfmensch und hatte den Gefühlsmenschen zermalmt. Nun kam der Gefühlsmensch allmählich zum Vorschein. Mit der Stärke meiner puertoricanischen Identität wuchs auch die meiner frauenidentifizierten Welt. Mir wurde das zweifache Gefängnis meiner lateinamerikanischen Kultur bewußt und die vorgezeichnete Rolle, die unsere Frauen spielen mußten. Ich stellte fest, daß meine Mutter nie als ein erfülltes und ganzes Individuum aufgetreten war, und ich wußte, daß ich mich mehr mit den Kämpfen meiner unterdrückten lateinamerikanischen Schwestern identifizieren würde. Ihr »Lucha« wurde mein Kampf, und ihre »Suenos« wurden meine Träume. Ich nahm die Gemeinde, der ich beigetreten war, genauer unter die Lupe, um herauszufinden, wie wir die Armen »unterstützten«, denen wir angeblich dienten. Allmählich wuchs mein Kummer mit der Erkenntnis, daß das, was wir gelobten, etwas anderes war als das, was wir tatsächlich taten.

Warum reflektierten wir nicht in unseren Ordensreihen die Anzahl schwarzer und brauner Menschen, um die wir uns kümmerten?

Warum sorgten wir nicht für ein Bildungsangebot, das den Selbstwert derer stärkte, die wir unterrichteten? Warum behandelten wir die, denen wir dienten, noch immer genau so wie zu Zeiten unserer Ordensgründung? Ich wollte Antworten! Dann wurde mir klar, daß ich die Kritik meiner weißen Gemeinschaft nicht mehr fürchtete; jetzt kritisierte ich sie! Sobald mir die Augen aufgingen und ich die Wahrheit betrachten konnte, konnte ich mich mit meiner Identität als lesbische Frau konfrontieren. Die Unterdrückung meiner puertoricanischen Schwestern und Brüder ähnelt der Unterdrückung meiner lesbischen Schwestern.

Als lesbische Frau, die Mitglied einer klösterlichen Gemeinschaft ist, empfinde ich manchmal eine paralysierende Angst. Ich weiß, daß die ganze Qual, der Kampf, der Tod und die Wiedergeburt, die ich in all den Jahren durchgemacht habe, innerhalb eines Augenblicks beiseitegefegt werden könnten, wenn meine Gemeinschaft von meiner sexuellen Identität erführe. Deshalb habe ich es nur zwei engen Freundinnen in meiner Gemeinschaft gesagt. Sie und einige frühere Mitgliederinnen meines Klosters lieben, verstehen und unterstützen mich weiterhin. Sie bestärken mich in dem Glauben, daß es andere lesbische Nonnen gibt, die meinen Kampf ebenfalls führen. Manchmal möchte ich aufstehen und vor versammelter Gemeinde sagen, »was Sache ist«, doch macht mich meine Angst mundtot, daß ich meine Glaubwürdigkeit einbüße und abgelehnt werde.

Vor etlichen Jahren, und nicht mal von einjähriger Dauer, hatte ich meine erste wahre Frauenliebe. Sie war Schwester in einer anderen Gemeinschaft. Sie half mir, an meine Gefühle heranzukommen und zu hinterfragen, wer ich wirklich bin. Dank dieser Beziehung bin ich ein stärkerer Mensch geworden.

Seitdem habe ich keine andere Frau geliebt. Die Beziehung konnte nicht offen sein, dazu bin ich noch nicht in der Lage. Ich will das Lesbischsein nicht verfechten, wenn ich mich auf jemand eingelassen habe, und es ist mir nicht möglich, die Implikationen des Keuschheitsgelübdes zu analysieren, wenn ich in einer intimen Beziehung bin. Doch will ich die Möglichkeit nicht ausschließen, daß ich, wenn ich mich morgen verliebe, vielleicht das Risiko eingehe.

Ich darf meine Gemeinschaft nicht so total kritisieren. Ich weiß, daß ich es den mir als Mitglied meiner Gemeinschaft gebotenen Möglichkeiten verdanke, wo ich heute bin. Wer ich heute bin, eine puertoricanische Frau, die ebenfalls Nonne und Lesbe ist, bin ich sowohl wegen als auch trotz meiner Gemeinschaft.

Ich bin Esperanza Fuerte. Meine Hoffnung ist groß: Hoffnung auf die Zukunft, Hoffnung, daß ich eines Tages meine Identität als lesbische Frau der Welt mitteilen kann, Hoffnung, daß meine Gemeinschaft vielleicht eines Tages weiß, wer ich bin, und sagt: »Gut« oder: »Das freut uns« und: »Feiern wir deine Gabe!« Ich werde Mitglied meiner Gemeinschaft bleiben in der Hoffnung, daß ich, solange mich Leben und Liebe erfüllen, Puertoricanerin bleibe, die auch Nonne und außerdem Lesbe ist.

Ich bin auf dem Festland in einer Großstadt an der Ostküste geboren. Ich bin seit fast zwanzig Jahren Mitglied der Dominikanerinnen. Ich engagiere mich weiterhin für feministische, lesbische und antirassistische Ziele.

Sr. Rosita, O.P., 1965

Schwester Pat O'Donnell, 1983

Traumreise zu meinem Selbst

Schwester Pat O'Donnell, O. P.
(1955 bis heute)

Ich bin eine lesbische Nonne. Hätte ich die Wahl, wäre ich genau die, die ich bin. Es hat mich fünfundvierzig Jahre gekostet, bis ich zu dieser Akzeptanz meines Lesbischseins gekommen bin.

Im College, bevor ich ins Kloster ging, liebte ich mehrere Frauen. Eine dieser Beziehungen machte mir angst. Ich beichtete einem Priester, daß ich gefummelt hatte, erwähnte aber nicht, daß es mit einer Frau war. Die gesellschaftliche Ablehnung der Homosexualität und demzufolge meine Selbstablehnung waren bereits tief verinnerlicht.

Im dominikanischen Noviziat fühlte ich mich zu einer Novizin hingezogen. Meine Erregung wurde ausgelöst, als ich bei Tisch Susans Bein an meinem spürte. Dies brachte mich so aus der Fassung, daß ich zur Mutter Oberin ging und versuchte, ihr meinen Aufruhr zu erklären. Ich hatte kein Wort für das, was ich ihr da mitzuteilen versuchte, und noch kein Bewußtsein, daß ich lesbisch war. Ich verlangte, daß ich nie ins selbe Haus geschickt würde wie Susan. Die Mutter Oberin lachte über meine Aufregung.

Auch wenn sie sagte, daß ich überreagierte, verbot die Novizinnenausbildung spezielle Freundschaften. Das bedeutete für mich: überhaupt keine engen Freundinnen. Freundschaft war mit einer üblen inneren Neigung verbunden. Dieses Übel mußte unter Verschluß gehalten werden. Käme es an die Oberfläche, ließe ich es zum Vorschein kommen, würde ich fortgeschickt.

Nach meinem heiligen Gelübde lehrte ich Doktorandinnen pastorale Theologie. Als ich erkannte, daß man Gott nicht lieben kann, wenn man einen anderen Menschen nicht zu lieben vermag, zog es mir den Boden unter den Füßen weg. Zu meinem Entsetzen gelangte ich zu dem Schluß, daß ich Gott nicht liebte! Meine strikte Abwehr fiel, und ich ließ den Gefühlen für eine andere Schwester freien Lauf. Bald wurden Donna und ich

Geliebte. Doch Schuldgefühle lähmten mich, und innerhalb von drei Monaten war ich außerstande, das Bett zu verlassen und in der Klasse zu unterrichten. Mir war, als wäre ich in einem türlosen, fensterlosen, dreißig Quadratzentimeter großen Raum eingesperrt. Ich bat um Hilfe und wurde zu einem Psychiater geschickt, der mir acht Valium täglich verschrieb. Nach vierjähriger Behandlung haßte ich den Zombie-Effekt und ließ Valium und Psychiater sein. Inzwischen hatte Donna die Gemeinschaft verlassen.

Ich entwickelte eine Arbeitswut, um meine Gefühle zu unterdrücken. Meine Vorgesetzten schätzten alle von mir verfaßten Arbeiten, aber ich war ein Roboter, eine effiziente Maschine ohne jede Herzlichkeit, ohne Sensibilität für die Bedürfnisse anderer und ohne Lebenswillen. Vor zwei Jahren dann ersuchte ich meine Vorgesetzten um langfristige Exerzitien. Ich konnte vermitteln, daß mein Bedürfnis eine Sache von Leben und Tod sei. Zum Glück glaubten sie mir, obwohl ich ihnen keine Details erklären konnte.

Ich fuhr zu einem abgelegenen Gebetshaus. Dort, mit Hilfe eines fähigen Leiters, intensiver Gebete, einer Frau, in die ich mich verliebte, und einer Folge von Wandlungsträumen benannte ich mich schließlich und beharrte darauf. Es war die schwerste Zeit meines Lebens.

Anfangs schlug mir mein Exerzitienleiter vor, meinen wiederkehrenden Kindheitsalptraum zu zeichnen: ein riesiges, aufgerissenes Maul, das mich zu verschlingen drohte. Zwar hatte ich diesen Alptraum nicht mehr, aber ich hatte vor irgend etwas Angst, und diese Angst verschlang mich bei lebendigem Leib. Dann hatte ich einen Traum, der meine innere Wandlung in Gang setzte. Ein Dieb war an meiner Tür und wollte eindringen! Ich erwachte mit solcher Furcht, daß ich aus dem Bett stieg und nachsah, ob die Tür verschlossen war. Mein Herz raste, und ich fühlte mich erstarrt. Dies war der erste Schritt meiner Reise zu den blockierten Teilen meines Selbst.

In den nächsten acht Monaten machte ich vier Traumreisen. Meine erste Traumsequenz trieb mich zur Konfrontation mit der Angst vor etwas Unbekanntem, zur Auseinandersetzung mit den Teilen in mir, die mich erschreckten. Sie endeten mit dem Traum von einem ovalen Gesicht, das meinem ähnelte. Ich hatte Zeichnungen von meinen Träumen an die Zimmerwände geklebt; und obwohl mir dies Gesicht nicht gefiel, hängte ich es an die Wand. Nach einigen Tagen konnte ich es leichter betrachten. Es wurde mir als Die Stimme vertraut. Oft unterhielt ich mich mit Der Stimme in meinem tiefsten inneren Kern, denn sie kannte die Wahrheit über mich.

In den Träumen meiner zweiten Traumreise empfand ich unerträgliche Furcht und Wut. Im wachen Leben dachte ich weiter an Selbstmord. Als ich den Kampf aufgeben wollte, befand sich mein Traumselbst auf einem Pfad mit Rose, der Frau, die ich liebte: Sobald wir ans Ufer eines Teiches kommen, der voller Unrat ist, taucht ein riesiger Wal aus dem Wasser, reißt seinen Schlund auf und verschluckt den Unrat. Ich stehe wie angewurzelt vor Angst, daß Rose und ich verschlungen werden. Doch das Maul berührt uns nicht. Es ist ein Wunder. Ich bin mit der Frau, die ich liebe, gerettet, die natürlich ein Teil von mir ist, den ich schließlich ergründen kann. Die Liebe zu Rose ist gut. Gott wird den Unrat beseitigen und mich bewahren – hoffe ich. Vielleicht ist mein Leben lebenswert.

Die dritte Traumfolge erschreckt mich durch die Benennung meiner lesbischen Sexualität. Ich bin im Mutterhaus, liege mit einer Schulfreundin im Bett. Ich bin erstaunt, daß sie ganz nackt bei mir liegt. Ihr Körper ist so warm und gut, und es ist ein herrliches Gefühl, daß sie mich liebt. Beim Erwachen wehre ich mich gegen die Benennung. »Nein, nein, ich bin keine... keine...« Schließlich sage ich das Wort, doch nur im Flüsterton.

Die Folge endet mit einer beängstigenden achttägigen Sequenz. Ich klettere an den Seiten eines großen, schwarzen, spiralförmigen Lochs hinab. Als es zum Weiterklettern zu steil wird, setze ich mich. Zwei Motorradfahrer bieten an, mich rauszufahren, doch ich sage: »Nein, ich muß hinabsteigen.« Sie fahren weg. Aber ich kann nicht weiterklettern. Ich höre mich sagen: »Ich bin bereit« und springe ins Loch. Tagelang falle ich, schlage seitlich an, pralle hier und da auf. Selbst beim Erwachen habe ich das Gefühl, als ob ich fiele. Ich bin wie erstarrt. Ich kann nicht atmen. Ich habe alles losgelassen.

In der achten Nacht falle ich durch den Boden des spiralförmigen Lochs in eine riesige Handfläche. Ich werde so liebevoll und zärtlich gehalten, daß ich mich gerettet weiß. Einmal dort in

Sicherheit, wird mir klar, daß das, was mir solche Angst eingejagt hatte, die Forderung nach meiner lesbischen Identität war. Zum erstenmal in meinem Leben kann ich laut sagen: »Ich bin lesbisch.« Ich schreibe an »New Ways Ministry« und bitte um Informationen über Homosexualität und die Kirche. Ich lese Bücher aus der Bibliothek. Ich bekenne mich einigen ausgewählten Mitgliedern der Gemeinschaft. In meinem Traumleben wie im wachen Leben gehe ich Risiken ein, von denen ich zuvor nicht mal geträumt hätte. Ich wage, ich selbst zu sein!

Bei der vierten Traumreise rolle ich in einem gigantischen Segelschiff wie aus der Flotte von Christoph Columbus. Ich klammere mich mit Zähnen und Klauen fest, während ein heftiger Sturm das Schiff hin und her wirft. Ich will leben! Ich gelange heil ans Ufer und sehe mich mit Rose in der Wüste wandern. Gleißendes goldenes Licht umhüllt uns völlig. Ich preise und danke Gott. In dieser Sequenz taucht das gefährliche Maul wieder auf und auch der Dieb, doch nun als Freund.

Diese lange Reise mündet in einen Traum der Ekstase und ungeheuren Friedens. Ich bin ein großer Krug und schwimme im Meer. Ich bin eins mit der See und eins mit dem Universum. Ich schäume vor Freude über. Ich habe mich mit meinen schlimmsten Ängsten konfrontiert, bin in die Tiefen meiner Alpträume hinabgestiegen und mit meinem Selbst aufgetaucht, lebendig und heil.

Mein waches und mein Traumleben haben mir bewußt gemacht, daß ich meine Spiritualität nicht mehr von meiner Sexualität abspalten kann. Ich kann nicht auf Gott vertrauen, während mein Selbst mir Angst einjagt. Gott hat mich aufgerufen zu sein, wer ich bin: eine lesbische Schwester. Die Lesbe in mir zu verleugnen ist ein Leben in Angst vor dem Maul, dem Dieb, dem eigenen Gesicht und der inneren Stimme, dem spiralförmigen Loch meines Unbewußten und dem Meer meines Seins.

Ich kam in die Wüste, um mich mit der Wahrheit auseinanderzusetzen oder zu sterben. Dort fand ich eine andere Frau, das so lange von mir verdrängte Selbst. Heute, zwei Jahre später, bin ich mit diesem Selbst vertraut und in meiner Liebe zu anderen lebendig. Ich habe noch immer Ängste – natürlich. Ich habe Angst, meine Geschichte in diesem Buch zu schildern. Doch wichtiger als meine Furcht ist zu bekennen, wer ich bin. Kein Dieb kann mir diese Macht je wieder rauben.

Ich bin 1936 in Texas geboren. Ich habe fünfundzwanzig Jahre in der Religionslehre und im pastoralen Dienst verbracht. Mein theologischer Hintergrund und meine Reise nach innen haben mich zu meiner gegenwärtigen Arbeit geführt: Ich leite persönliche Exerzitien und biete spirituelle Beratung in einem abgelegenen Exerzitienzentrum in der Nähe von Tucson, Arizona.

Alternative Gemeinschaft

Schwester Anne
(1956 bis heute)

(Schwester Anne ist in ihrer Gemeinschaft immer als Radikale betrachtet worden. In ihrer Arbeit hat sie sich auf soziale Gerechtigkeit und Spiritualität konzentriert und neuerdings auf feministische Spiritualität. Nancy Manahan interviewte sie im September 1982.)

Nancy: Lebst du heute in deiner klösterlichen Gemeinschaft?

Schwester Anne: Nein. Ich bin mit meiner Geliebten, Marie, in ein Haus gezogen.

Nancy: Seit wann seid ihr zusammen?

Schwester Anne: Seit sechs Jahren. Wenn ich manchmal darüber nachdenke, was wir so zustandegebracht haben – aber ich denke nicht oft darüber nach. Manche Mitgliederinnen unserer Gemeinschaft wissen von unserer Beziehung. Ich glaube, sie hoffen, daß ich nur eine Phase durchmache. Sie mögen mich wirklich und wollen nicht, daß ich gehe.

Nancy: Hast du dich in deiner Gemeinschaft bekannt?

Schwester Anne: Nun, *bekannt* würde ich nicht sagen. Die Leute wissen es.

Nancy: Die Leute wissen es. Wo ist da der Unterschied?

Schwester Anne: Manche Leute wissen es und andere nicht. Marie und ich haben dauernd Schwestern bei uns im Haus. Es muß auf der Hand liegen.

Nancy: Ist Marie ebenfalls Nonne?

Schwester Anne: Nein, das nicht, aber sie ist religiös engagiert.

Nancy: Ist sie deine erste Geliebte?

Schwester Anne: Das nicht gerade. Im Lauf der Zeit hatte ich Beziehungen mit einigen Frauen und Männern.

Nancy: Fühltest du dich schon zu Frauen hingezogen, bevor du ins Kloster gingst?

Schwester Anne: Nein, als ich ins Kloster zu gehen beschloß, war ich eigentlich mit einem Mann verlobt. Erst Mitte zwanzig wurde mir die Möglichkeit bewußt, Frauen zu lieben. Ich arbeitete in New York und lernte eine junge Frau aus der Gemeindejugendgruppe kennen. Sie verabredete sich mit mir und nahm an Exerzitien teil, die ich leitete. Sie sagte, daß sie mich liebte, aber ich war zu beschäftigt, um irgendwen zu lieben.

Nancy: Ich glaube, das gehört zum Programm: uns so in Atem zu halten, daß wir nicht die Zeit haben, viel zu empfinden.

Schwester Anne: Ja, und wenn wir versetzt werden, ist es mit einer ganzen Gruppe von Menschen vorbei – Weihnachtskarten, das war's. Aber Virginia blieb die Jahre über mit mir in Kontakt.

Nancy: Wurde sie Nonne?

Schwester Anne: Sie trat in unseren Orden ein.

Nancy: Natürlich. Sie folgte dir.

Schwester Anne: Ich wußte es nicht. Sie sagte mir ständig, daß sie eintrat, um bei mir zu sein.

Nancy: Das ist eine der effektivsten Anwerbepraktiken unserer klösterlichen Gemeinschaften. Frauen verlieben sich in Nonnen und gehen ins Kloster; dann verlieben sich jüngere Frauen in sie und gehen ins Kloster, so geht die Reihe weiter.

Schwester Anne: Nun, ich erfuhr erst Jahre später, daß Virginia deshalb eingetreten war. Schließlich verließ sie den Orden und lebte mit einer anderen Frau zusammen. Doch hielt sie weiterhin Kontakt mit mir, fast jährlich ein Besuch. Dann erlebte ich ein paar Beziehungen im Kloster.

Nancy: Liebesbeziehungen?

Schwester Anne: Ja. Mittlerweile konnte ich einsehen, daß Menschen mit gleichgeschlechtlichen Beziehungen nicht krank waren.

Nancy: Und was war mit deinen Gelübden?

Schwester Anne: Ich hatte in den sechziger Jahren Theologie studiert. Wir stellten die hierarchische Struktur der Kirche in Frage und waren der Meinung, daß die Struktur nicht Gottes Willen verbürgt. Dann begannen wir, alle drei Gelübde neu zu definieren. Ich arbeitete meine Sexualität durch und spürte, daß ich eine theologische Basis hatte, Beziehungen einzugehen. Damals hatte ich Probleme mit einem Magengeschwür und ging zu einem römisch-katholischen Arzt. Nach einigen Konsultationen wurde mir klar, daß ich im Grunde Rat suchte. Er ließ mich

all die vertrockneten, frustrierten Frauen in meiner Gemeinschaft aufschreiben; er sagte, daß ich leicht so wie sie werden
könnte, wenn ich mein emotionales und persönliches Leben
weiterhin negierte. Dann ließ er mich die Männer notieren, zu
denen ich herzlichen Kontakt hatte, und riet mir, sie zu fragen,
was los sei. Einer von ihnen war ganz verschossen in mich. Ich
hatte keine Ahnung. Der andere hatte starke Konkurrenzge-
fühle gegenüber dem ersten Mann und mochte mich ebenfalls.
Der Arzt sagte, ich erwiese der Welt einen besseren Dienst,
wenn ich eine Beziehung hätte. Er sagte, daß es Gott egal sei, ob
ich Jungfrau wäre. Damit öffnete ich mich der Körperlichkeit.
Nancy: Also bist du sexuelle Beziehungen eingegangen.
Schwester Anne: Ja. Ich setzte meine Beziehung mit diesem
Mann fort, einem Priester, bis meine Gemeinschaft mich versetzte: Sie sagten mir, daß meine Theologie nicht gesund sei. Ich
trug inzwischen keinen Schleier mehr und stellte die Theologie
des Gehorsams in Frage. Mein Gehorsam galt Gott, nicht der
Laune meiner momentanen Mutter Oberin. Um mich zurechtzu-
biegen, versetzten sie mich in ein ultrakonservatives Kloster.
Bald darauf verliebte ich mich in eine der guten Schwestern, und
wir waren über ein Jahr zusammen. Vermutlich war das ihre erste
und letzte sexuelle Erfahrung.
Nancy: Hat sie sie beendet?
Schwester Anne: Ja, sie bekam Schuldgefühle. Zum Teil hatte
auch ich Schuldgefühle, aber ich mußte mein Leben leben. Ich
wollte, daß die Leute mich schätzten – ohne Zuneigung zu leben ist
schwer. Aber es ist auch schwer, zu leben, ohne wirklich zu leben.
Nancy: Und dann?
Schwester Anne: In den folgenden zehn Jahren ging ich mit
verschiedenen Männern aus – überwiegend Geistlichen –,
obwohl ich eine intensive Beziehung mit einer Frau aus meiner
Gemeinschaft hatte. Ich war fast vierzig, als ich Laura kennenlernte, eine Studentin an der Universität, wo ich Geistliche war.
Wir liebten uns wahnsinnig. Ich stieg immer durch ihr Fenster im
Studentenwohnheim, um mit ihr zu schlafen, und kehrte oft
frühmorgens ins Kloster zurück – hoffend, daß mich niemand
vermißt hatte. Manchmal schlief sie auch in meinem Zimmer;
dann schoben wir einen Stuhl vor die Tür, weil sie nicht
abschließbar war. Wir waren hemmungslos: liebten uns auf dem

Küchenfußboden, hielten beim Essen mit der Gemeinschaft unter dem Tisch Händchen. Und wir hatten Verheimlichung geschworen – niemand wußte irgend etwas. Es war zwei Jahre lang intensiv. Dann überwältigten sie die Isolation und die ständige Angst vor Entdeckung.

Nancy: Ja, es ist schwer, unter solchen Bedingungen eine Beziehung aufrechtzuerhalten. Und dann?

Schwester Anne: Dann lernte ich Marie kennen. Sie kam in die Gruppe, die Laura und ich auf der Suche nach alternativen klösterlichen Gemeinschaften gründeten. Wir wußten kaum…

Nancy: Ach! Somit habt ihr euch eine alternative Gemeinschaft geschaffen?

Schwester Anne: Ja! Und ob du's glaubst oder nicht, Laura lebt heute mit uns zusammen! Sie und Marie sind dicke Freundinnen. Aber das ist ein langer Prozeß gewesen. Als ich mit Laura zusammen war, hielt ich mich nicht für lesbisch. Als ich Marie kennenlernte, sagte ich ihr doch tatsächlich, daß ich sie auch lieben würde, wenn sie ein Mann wäre. Das gefiel ihr nun ganz und gar nicht. Im Gegensatz zu Laura war sie stark frauenidentifiziert und mit ihrem Lesbischsein ganz zufrieden. Ich höre noch, wie Marie sagte, als sie Laura kennenlernte: »Das also war deine Geliebte.« Ich stritt es ab. Dann wurde mir klar, daß sie tatsächlich meine Geliebte gewesen war. Ich hatte Geliebte gehabt, bezeichnete sie aber nicht so. Dadurch mußte ich mich nicht damit auseinandersetzen, was meine Handlungen politisch oder sozial bedeuteten. All meine Beziehungen waren äußerst heimlich. Sie waren mehr Traum als Wirklichkeit. Es war irrational, aber ich dachte nicht, daß ich Liebe gemacht hatte. Mit Marie habe ich auf meine grundsätzliche Zuneigung zu Frauen Anspruch erhoben – meine lesbische Sexualität.

Nancy: Wie würdest du dein Leben mit Marie beschreiben?

Schwester Anne: Na ja, meine anderen Lieben waren meiner Arbeit untergeordnet. Meine Anschauung hat sich jetzt verändert, und mein Privatleben hat Priorität. Zwischen uns besteht eine tiefe Bindung, und wir wollen unser Leben miteinander verbringen. Sexuell zu sein macht mich noch immer etwas verlegen. Es ist schwer, davon wegzukommen. Ich mache ein Spiel daraus, das war früher ganz toll; aber heute ist es ein Muster, eine Möglichkeit, Intimität zu vermeiden.

Nancy: Jahrelang wurde uns eingeimpft, daß Zölibat erhabener ist und Sex anstößig.

Schwester Anne: Ja. Sex kostet viel Zeit, bringt mich aus dem Konzept, kostet zuviel Konzentration und ist irgendwie albern. Ich habe keinen großen sexuellen Appetit. Aber ich bin ein sehr sinnlicher Mensch. Zärtlichkeit und Zuneigung sind ein wesentlicher Teil unseres gemeinsamen Lebens.

Nancy: Wie empfindet Marie dein Verbleiben in der Gemeinschaft?

Schwester Anne: Sie möchte, daß ich austrete. Als ich anfangs mit ihr zusammenlebte, dachte ich tatsächlich, ich könnte in der Gemeinschaft bleiben und diese Beziehung beibehalten. Doch jetzt ist klar, daß ich den einen Weg oder den anderen gehen muß. Wir müssen uns entscheiden. Es ist nicht die Angst vor der Enthüllung – wir haben eine Menge Freundinnen, die wissen, daß wir ein Liebespaar sind; wir haben uns beide an unserem Arbeitsplatz bekannt, wir haben unser eigenes Leben. Aber es gibt emotionale und ökonomische Dinge, die uns hindern, zusammen die nächsten Schritte zu unternehmen. So bin ich beispielsweise überhaupt nicht in der Lage, umzuziehen oder ein Haus zu kaufen. Rein technisch kann ich nichts besitzen; ich kann nicht mal ein Bankkonto haben. Somit übt das einen Druck auf die Beziehung aus: Marie hat zwar etwas mehr Freiheit als ich, aber ich habe sowohl das Gefühl finanzieller Sicherheit als auch ein tieferes Gefühl emotionaler Sicherheit.

Ich bin seit sechsundzwanzig Jahren Nonne. Das ist alles, was ich kenne. Ich weiß nicht, was ich sonst in der Welt sein könnte. Ich habe emotionale Bindungen: Meine Schwestern sind mir sehr wichtig. Der Gedanke an Austritt ist so beängstigend. Doch ich glaube, daß ich die Grenzen dahingehend verschiebe, daß die Gemeinschaft von unserer Beziehung weiß. Die Strukturen sind noch nicht vorhanden – vielleicht in fünfzehn Jahren. Vielleicht eher. Marie hatte kürzlich eine Traumvision: Die leitenden Schwestern erfahren, daß wir ein Liebespaar sind. Wir werden in ein Zimmer geführt, in dem sie alle weinen. Sie lieben uns beide, und obwohl sie fassungslos sind, spüren sie, daß dies die Richtung ist, die die Gemeinschaft einschlagen muß.

Nancy: Glaubst du, daß es prozentual mehr Lesben in klösterlichen Gemeinschaften gibt als in der Gesellschaft allgemein?

Schwester Anne: Lesben im Geist, ja. Ich glaube allerdings, daß die meisten Nonnen asexuell sind. Sie können sich nichts anderes vorstellen als heterosexuelle Beziehungen; und doch eignen sie sich eher zu gleichgeschlechtlichen Beziehungen. Aber dazu können sie sich nicht überwinden, also sind sie asexuell. Andere sind wahre Mystikerinnen. Ich kenne eine Schwester, die eindeutig Mystikerin ist. Ihre mystische Erfahrung gibt ihr so viel: Sie geht auf die Vierzig zu und ist noch immer heil und glücklich.

Nancy: Wie siehst du die Beziehung zwischen deiner Sexualität und deiner Spiritualität?

Schwester Anne: Meine Spiritualität hat sich im Lauf der Jahre verändert. Institutionalisiertes Christentum neigt zur Trennung von Geist und Körper. Meine Erfahrung mit feministischer Spiritualität und der Göttin hat meine Intuition bestärkt, daß Geist und Körper untrennbar sind. Ich kann feststellen, daß ich mich, wenn ich früher sexuell war, gehemmt und erniedrigt fühlte – nicht ganz und gar spirituell. Heute umfaßt meine Intimität mit Marie mein ganzes spirituelles/sexuelles Selbst.

Schwester Eileen Brady, 1983

Lesbische Nonne: An der Grenze

Eileen Brady
(1969 bis heute)

Viele Frauengruppen, in denen ich bin, bezeichnen den Zustand des Daseins an der Peripherie, der Schwelle, der Grenze als notwendig, als lebenspendend, als gedankliche Bereicherung. Sich selbst zu benennen ist wichtig; die Identität eines Namens anzunehmen ist verheerend. Wie kann ich mich Nonne nennen? Vielleicht bin ich an der Schwelle, eine Nonne zu sein. Wie kann ich mich als Lesbe identifizieren? Vielleicht bin ich an der Grenze, eine Lesbe zu sein.

»Nonne« und »Lesbe« sind die Worte, die am besten beschreiben, wer ich bin. Doch ist »Nonne« etwas anderes aus der Sicht konservativer Katholiken oder Broadway-Theaterfans oder liberaler Priester oder Frauen, die meine Freundinnen sind. »Lesbe« ist etwas anderes aus der Sicht der Psychologen oder Kinofans oder Mitgliederinnen der Frauenbewegung, die die katholische Kirche dogmatisch auspunkten können, oder Frauen, die meine Freundinnen sind.

Mit »Lesbe« identifiziere ich Sensibilität und Sinnlichkeit; ich liebe Frauen. Intimität und körperliche Zärtlichkeit sind mir wichtig. Aber ich bin nicht sicher, ob ich in die Kategorie passen würde, wenn »Lesbe« ein spezifisches physisches Verhalten bedeutet, die Mitgliedschaft in politischen Gruppen oder andere Zeichen von Authentizität. Ich bleibe lieber an der Peripherie der Frauen- und Lesbenbewegung, hüte mich vor Kleidungskonformismus, Ritualen und der Doktrin, die eine Gemeinschaft in eine Institution verwandeln kann, welche sich mehr mit dem Erreichen allgemeiner Ziele befaßt als mit persönlicher Freiheit und Entwicklung.

Mit den Worten des Liedes von Cathy Winter gesagt: »Ich weiß nicht genau, ob ich nur eine Seele finden möchte, die mit meiner verschmilzt, deshalb suche ich Freundinnen von Dauer.« Als

Mitglieder der »Sisters of Mercy« habe ich die Verschmelzung vieler Geister erlebt. Meine Freundschaften in der Gemeinschaft sind vielschichtig, unterschiedlich und dauerhaft. Ich liebe die Frauen, die mit mir und miteinander Depressionen, Konflikte mit Autoritäten, Entlassungen, Gefängnis, Gebet, Feste und das Wachsen in Gefahr und der Suche nach Gerechtigkeit durchgemacht haben.

Die »Sisters of Mercy« von New Hampshire, mit denen ich die letzten dreizehn Jahre gelebt habe, sind widersprüchlich. Wir sagen, wir widmen uns dem Kampf gegen die ungerechten Strukturen und Systeme, die Menschen unterdrücken; und doch sind wir der römisch-katholischen Kirche angeschlossen. Ist dies ein Dasein im Bauch der Bestie, oder stehen wir lediglich einer von vielen Bestien im Patriarchat näher als der anderen? Ich glaube, daß wir – statt einem männlichen Modell des Propheten zu folgen, der stirbt, um die Struktur zu erlösen –, auf einer anderen Ebene des Seins leben, die uns nicht ganz klar, aber äußerst lebendig ist.

Doch trotz all meines Idealismus in bezug auf die Gruppe sind es individuelle Frauen, die für mich der Grundstein der Hoffnung waren. Ich habe mich immer wieder verliebt, mit Prickeln und Seelenprüfung. Diese Erfahrung ist ebenso aufrüttelnd wie erhellend. »Wie kann das möglich sein?« wird durch »Wieso kann das nicht möglich sein?« als die bestmögliche Frage ersetzt. Es gibt verschiedene Reaktionen auf die Tatsache, daß manche Mitgliederinnen der Gemeinschaft sich als Lesben identifizieren. Einige Schwestern sind empört. Andere sind sehr glücklich. Die meisten schweigen. Manche (auch ich früher) erklären, sie seien absolut heterosexuell. Die tollen Klosterfrauen der siebziger Jahre engagierten sich in »bedeutungsvollen Beziehungen« mit Männern und fanden es wert, die Barrieren von Kloster, Habit und Regel zu durchbrechen und »Humanität« zu fördern. Ich erinnere mich noch, welche Erleichterung ich verspürte, als es da schließlich einen Mann gab, der das Gefühl von Wärme in mir weckte. Was sagte diese Erleichterung über die tiefen Gefühle der Wärme aus, die Frauen bis dahin in mir weckten?

Inmitten schrumpfender Mitgliederzahlen und scheinbar unendlicher Herausforderungen empfinden es moderne Nonnen, die Lesben genannt oder mit lesbischen Zielen in Verbindung gebracht werden, als riskant – wie es für erklärte Feministinnen jederzeit war – und energetisierend. Das Image der Nonne ist das einer Frau gewesen, die das wahre Glück (Sex mit einem Ehemann und persönliche Erfüllung in Kindern) einer Existenz in einer Gruppe ängstlicher, frigider Weiber opfert. Manche von uns versuchen, dieses Klischee zu verändern. Wir wollen die große, positive Erfahrung vermitteln, als Lesbe und als Nonne identifiziert zu werden. Wir sind starke, engagierte, mächtige Frauen, die mit anderen Frauen leben – und sie lieben. Wir teilen eine gemeinsame Geschichte und forschen ständig zusammen weiter.

Ich wurde 1947 im erzkonservativen Manchester, New Hampshire, einer Stadt der Arbeiterklasse, geboren. Nach meinem Bachelorexamen in Biologie trat ich den »Sisters of Mercy« in New Hampshire bei, wo ich an einem experimentellen Bildungsprogramm teilnahm, in dem ich mein individuelles Promotionsstudium, meine Arbeit und meine Lebenssituation auswählen konnte. Ich trug weder einen Schleier, noch wurde ich in meinem Vorgehen eingeschränkt.

Ich habe an öffentlichen und katholischen Schulen unterrichtet und Gemeindearbeit, religiöse Erwachsenenbildung, politische Aktivitäten betrieben – wobei ich als Kernkraftwerksgegnerin von Seabrook inhaftiert wurde –, sowie die Gemeinschaftsorganisation eines öffentlichen Heimprojekts. In den letzten zwei Jahren habe ich die verschiedensten Bürotätigkeiten verrichtet – unter anderem tippte ich zwei Jahre lang für den lesbisch-feministischen Verlag Persephone Press. In den letzten zehn Jahren hat sich mein Bezug zu den institutionalisierten Strukturen der Kirche außerhalb der »Sisters of Mercy« ständig reduziert. Ich lebe mit einer anderen »Sister of Mercy« zusammen in einer Wohnung im Norden New Hampshires und gehöre in meiner Gemeinschaft der Bewegung an, die sich gemeinsam mit anderen Frauen in und außerhalb klösterlicher Gemeinschaften für die soziale Gerechtigkeit engagiert.

Teil IX
Klösterliche Werte und lesbische Ethik

Obwohl die patriarchale römisch-katholische Kirche die Struktur klösterlicher Gemeinschaften schuf, war und ist Schwesternschaft die alltägliche Realität im Kloster. In unseren lesbisch-feministischen Zusammenhängen bemühen wir uns um flexible Grenzen, die unser wachsendes Verständnis eines moralischen Engagements für Frauen einbeziehen. Während viele von uns bei Verlassen des Klosters jeden Wert unseres offensichtlich unterdrückten klösterlichen Lebens bestritten, lernen wir jetzt, auf viele klösterliche Werte als Regeln der Ethik für unsere Lesbengemeinschaft zurückzugreifen.

Ginny Apuzzo, 1984

Die Gnade der Bemächtigung

Virginia Apuzzo
(1966–1969)

Als ich meinem Vater sagte, daß ich ins Kloster ginge, fragte er:
»Weshalb?« Da ich die älteste Tochter und Enkelin in meiner
italienischen Arbeiterklassefamilie war, reizte mich das Kloster
und hielt mich gleichermaßen ab. Meine Mutter hatte bereits
einen Nervenzusammenbruch gehabt. Ich wußte, daß ich nicht
heiraten, verrückt werden, zum Militär oder in den Knast gehen
wollte. Ich brauchte Zeit, um herauszufinden, was ich mit meinem Leben anfangen wollte.

In östlichen Kulturen gibt es am Ende eines Lebens eine Zeitspanne zur Besinnung. Ich hielt es für eine Schande, so lange
warten zu müssen. Das klösterliche Leben gäbe mir die Gelegenheit, produktiv zu studieren und zu arbeiten. Ich könnte der
Gemeinschaft mein Verwaltungsfachwissen bieten und von ihr
Zeit zum Nachdenken bekommen. Wohin hätte zu meiner Zeit
eine Frau sonst gehen können? Schließlich gab es 1966 weder
eine Lesben- noch Frauenbewegung, womit ich mich hätte identifizieren können.

Als ich mit sechsundzwanzig ins Kloster eintrat, war ich eine voll
berufstätige Frau, Leiterin des sozialpädagogischen Fachbereichs einer Schule im Norden des Staates New York. Ich hatte
einen akademischen Grad in Geschichte und Pädagogik mit
guten Promotionsaussichten. Ich war mir meiner lesbischen
Identität völlig bewußt, als ich den »Sisters of Charity« beitrat,
und ich blieb dort drei Jahre und suchte nach Antworten auf
fundamentale Fragen.

Für mich war das klösterliche Leben etwas Temporäres. Ich
wußte nicht, ob es ein Jahr oder zwanzig Jahre dauern würde, die
Moral meiner lesbischen Identität herauszufinden. Ich wollte
wissen, ob das Lesbischsein bedeutete, daß ich zur Hölle ginge,
oder ob ich ein guter Mensch sein könnte. Das Konzept der

fleischlichen Sünde hatte mich mein Leben lang eingeengt, aber ich wußte, daß es mit Beziehungen nicht das geringste zu tun hatte. Wenn ich auf mein Leben zurückblicke, wird mir klar, daß ich sehr wenige fleischliche Sünden begangen habe. Heute kommt es mir vor, als ob Sünde den Menschen die Fähigkeit raubt, zu sein, wer sie sind, uns irrelevante Sorgen wie Schuldgefühle aufzwingt. Ja, die Institution der Kirche ist der Sünde schuldig, die Menschen vom Sein abzuhalten.

Ich erinnere mich noch an eins der traurigsten Ereignisse, als ich Postulantin war und mich mit diesem ganzen Berg von Sünde und Sexualität herumschlug. Eine Nonne mittleren Alters kam in mein Zimmer und sagte: »Schwester, ich fessele abends meine Hände ans Bett aus Angst, die Sünde der Unkeuschheit zu begehen.« Ich blickte dieser Frau ins Gesicht, und sie sah in ihrer Unschuld wie eine Vierzehnjährige aus. Mir wurde bewußt, daß keine Schwester, mit der ich lebte, imstande war, eine fleischliche Todsünde zu begehen. Sie konnten sich durch die Sexualität nicht schwer versündigen, weil sie ihre Sexualität nie wirklich angenommen hatten.

Eines Nachts kam eine Nonne an mein Bett und versuchte, zu mir zu kriechen. Ich unterband es und sagte: »Schwester, das willst du in Wirklichkeit doch gar nicht.«

Sie sagte: »Aber ich tu's.«

Ich bohrte weiter: »Nein, das tust du nicht. Du wirst dich morgen früh nicht mehr mögen. Morgen früh wird es dich wurmen.« Es war dieselbe Nonne, die gesagt hatte, daß sie ihre Hände ans Bett fesselte. Wenn die Qual, die diese Frau über Onanie empfand, so groß war, wie ich glaube, hätte ich ihrem Impuls nie nachgeben können. Und ich hatte nicht die Absicht, mein Keuschheitsgelübde zu verletzen. Eines Tages fragte mich die Postulantinnenmagistra, was ich davon hielte, wenn Pumps zum Habit gehörten: »Findest du nicht, Pumps versprechen, daß wir mit unserer Weiblichkeit in Berührung kommen?«.

Mir fiel ein, wie oft meine Mutter mich Wildfang nannte und wollte, daß ich mich anders anzog, damit ich wie das kleine Mädchen aussähe, das ich ihrem Wunsch nach sein sollte. Und ich sagte zur Postulantinnenmagistra: »Schwester, wenn ich mich mit Schuhleder identifizieren muß, um mit meiner Weiblichkeit in Berührung zu kommen, dann sitze ich arg in der Klemme.«

Selbst bei all der Verwirrung über Sexualität war ich froh, daß ich in diesen dynamischen Jahren, als der Martha/Maria-Konflikt anscheinend dem Engagement einer Arbeit für unterdrückte Menschen zum Opfer fiel, in der Kirche war. Ich wollte für diese Arbeit all meine Talente und Fähigkeiten nutzen.

Nonne zu sein war eine Qual, doch produktiv. Ich könnte die Arbeit, die ich heute für die Schwulenbefreiung leiste, nicht tun, hätte ich nicht gelernt, all meine Energie zu kanalisieren. Das nenne ich Gnade. In den Reden, die ich schreibe, liegt keine Gnade. Doch immer, wenn ich vor einer Gruppe stehe und rede, kommt etwas über mich, reicht über unsere Distanz hinaus zu dem, was wir begeistert zusammen tun können. Das ist Gnade. Das ist weder Gott noch Maria oder gar ich. Es ist die Macht der Gruppe, Veränderung zu bewirken.

Schwuler *Stolz* sollte nicht schwule *Selbstgefälligkeit* sein. Wir müssen dafür kämpfen, jedwede Unterdrückung zu beseitigen. Ich glaube an die Bemächtigung der Menschen – indem wir sie wissen lassen, wieviel Macht sie haben. Das Korrupte ist Machtlosigkeit. Wenn wir die Veränderung des Systems fordern – die Abschaffung von Homophobie und Heterosexismus –, bringen wir frischen Wind herein. Wir öffnen die Fenster – und atmen zusammen ein neues Leben.

Dieser Beitrag basiert auf einem Interview von Rosemary Curb im Büro von Ginny Apuzzo, der Geschäftsführerin des »National Gay Task Force«, in New York im Juni 1983.

Sr. Mary Mendola, 1968

Mary Mendola, 1980

Geliebte ein Leben lang

Mary Mendola
(1967–1970)

Wenn ich über Liebesbeziehungen im klösterlichen Leben rede,
die zwanzig oder dreißig Jahre halten können und halten – aber
keineswegs eine sexuelle Dimension beinhalten –, sage ich lieber
»homophil« statt »homosexuell«. Das soll nicht heißen, daß ich
glaube, Liebesbeziehungen mit einer sexuellen Dimension existierten im klösterlichen Leben nicht. Hier reden wir jedoch von
homophilen Beziehungen im Kontext eines zölibatären Engagements.

Wenn ich auf meine drei Jahre in Maryknoll zurückblicke,
erinnere ich mich an einige solche Beziehungen zwischen Frauen
von vierzig bis weit in die sechzig. Damals war ich so ohne Bezug
zu meinem emotionalen Leben, daß ich sie nie als homophile
Beziehungen hätte identifizieren können. Heute, viele Jahre
später, kann ich die Fülle und Liebe in manchen dieser speziellen
Freundschaften erkennen, die klösterliche Gemeinschaften so
sehr fürchten. Die Tiefe dieser Liebesbeziehungen hielt manche
dieser Frauen aufrecht, wenn sie zusammen zehn oder fünfzehn
Jahre im Dschungel von Afrika oder Südamerika verbrachten.
Sie lebten ihr klösterliches Leben zusammen, manche gingen
sogar zusammen in den Ruhestand und wurden als lebenslange
Geliebte miteinander alt. Ich würde nie etwas Sexuelles in diesen
Beziehungen vermuten. Die ganze Orientierung dieser Frauen
war eine traditionelle Einstellung zum Zölibat. Komisch, nicht?
Aber unsere sexuell orientierte Gesellschaft könnte aus eben
diesen homophilen Beziehungen eine Menge über die Liebe
lernen.

Ich bin weder eine Verfechterin des Zölibats, noch kann ich
irgendwelche Werturteile über Klosterfrauen fällen, die ein
sexuell aktives Leben geführt haben. Ich will damit sagen, daß
wir Frauen nicht negieren können, die sich entschieden haben,

ihr klösterliches Leben in Verbundenheit mit einer »wesentlichen anderen« im Kontext des Zölibats zu leben.

Ich merke, daß sich meine sexuellen Bedürfnisse entwickeln und verändern, wie ich mich entwickle und verändere. Was konstant bleibt, sind meine emotionalen Bedürfnisse – nach Gemeinsamkeit, Nähe und Liebe. Ich bin nicht zölibatär, aber ich weiß, daß ich mir eine spezielle Freundin und wesentliche andere wünsche, die mir im Dschungel von Manhattan zur Seite steht. Vielleicht verirren wir uns in unseren rigiden Definitionen und vergessen, daß irgendwo zwischen Zölibat und Sexualität eine ganze Welt der Vertrautheit existiert.

Ich lebe im äußeren Westen von Manhattan. Ich arbeite fürs Fernsehen als Autorin/Produzentin von Videoaufzeichnungen. Ich schrieb den Mendola Report: A Look at Gay Couples, *der 1980 bei Crown herauskam. Ich schreibe in der schwulen Presse und habe bei Konferenzen und in Talkshows in Funk und Fernsehen über homosexuelle Themen gesprochen. Mit vierzig und ergraut, bin ich glücklich, dort zu sein, wo ich bin.*

Träume einer Nonne:
Allegorie spiritueller Transformation

Joanne Marrow
(1964–1966)

Ich ging ins Kloster, um das »vollkommene Leben« zu führen,
mit Frauen zu leben, der Ehe zu entgehen, Medizin zu studieren,
ein abenteuerliches Leben als Missionarin in Afrika oder Korea
oder Südamerika zu führen und mein Leben dem Dienst an
Frauen und Kindern zu widmen. Zweieinhalb Jahre lebte ich im
Noviziat des Klosters Maryknoll in Valley Park, Missouri, bis
meine Novizinnenmagistra mir sagte, es sei Gottes Wille, daß ich
das Kloster verlasse. Ich war einundzwanzig, als ich am
21. Juli 1966 zu meiner Familie nach Chicago zurückkehrte.

Da Spiritualität, wie sie die römisch-katholische Kirche definiert, die Seele verkrüppelt, wartet die Kirche mit einem Reich-
tum an Symbolismus und Ritualen auf, der den intuitiven Geist
beflügelt. In den Jahren als Katholikin und Klosternonne setzten
sich Rituale und Symbole tief in meiner Psyche fest und bestimmten einen Raum in meinem Unterbewußten, den die weltliche
Gesellschaft unausgefüllt läßt.

1974 begann ich, meine Träume aufzuschreiben. 1976 kam Klo-
ster- und Nonnensymbolik in meine Träume. Das Verlassen des
Klosters war eine so schmerzliche Erfahrung gewesen, daß ich
zehn Jahre brauchte, bis mein Unbewußtes sich mir durch diese
Bilder eröffnete. Meine Klosterträume waren für mich von
besonderer Tiefe und Kraft, weil sie eine Veränderung meines
durch patriarchale Religion bestärkten naiven Verständnisses
von Spiritualität zu meiner heutigen Spiritualität verdeutlichen,
die auf Intuition und Erfahrung beruht.

Erster Traum: 15. Februar 1976 (Die Prüfung)

Ich will ins Kloster zurückkehren. Ich habe mich verspätet. Auf
dem Weg zum Kloster warte ich auf einen Fahrstuhl nach unten.

Ich bin ungeduldig, weil solch ein Andrang herrscht. Schließlich werde ich in den Fahrstuhl gestoßen. Als ich aus dem Fahrstuhl trete, bin ich verwirrt. Ich befinde mich in einer Großstadt und kann nicht herauskriegen, ob ich die U-Bahn oder den Bus nehmen soll. Ich entscheide mich für die U-Bahn.

Ich sitze mit sechs Postulantinnen am Eßtisch. Das Essen, schweigend verzehrt, ist zu Ende. Die Novizinnenmagistra und die Mutter Oberin kommen zu mir. Eine sagt: »Weil du dich verspätet hast, mußt du dich einer besonderen Prüfung unterziehen.«

Ein Wesen, das männlich oder weiblich sein könnte (Merkur vielleicht), fährt mich und eine andere Postulantin zu einem Park. Er dreht sich zu mir um und sagt: »Du wirst eine Nutte sein.« Das habe ich nun als Letztes erwartet. Aber es ist kein Irrtum. Ich sehe, daß ich wie eine Nutte aufgemacht bin.

Es ist Nacht. Meine Gefährtin und ich steigen aus dem Wagen, aber sie benimmt sich nicht wie eine Nutte. Sie begleitet mich lediglich. Wir gehen weiter. Ich versuche zu entscheiden, wie ich hiermit klarkommen kann. Wir begegnen einem Lehrer mit seiner Sexualitätsklasse. Ich gehe auf ihn zu, kneife ihn fest in die Wange und sage: »Na, Bubi, willste ficken?« Er ist perplex, und der Zwischenfall vor seiner Klasse macht einen ziemlichen Wirbel. Wir gehen weiter. Ich wende mich an meine Gefährtin und frage sie, ob ich mutig genug war. Doch ich ficke mit keinem.

Wir kehren zum Kloster zurück, um zu hören, ob ich die Prüfung bestanden habe. Wir finden die Mutter Oberin. Sie will uns keine Antwort geben. Statt dessen öffnet sie eine Tür und redet mit vielen tropischen Vögeln im Raum. Meine Mutter taucht neben mir auf und sagt: »Laß uns reingehen.« Wir vier treten ins Zimmer. Mutter Oberin zeigt meiner Mutter die Vögel. Ich habe das Gefühl, als wäre es vor dem Umbau mein Zimmer gewesen. Es ist jetzt viel hübscher als zu meiner Zeit. Ich sage: »Oh, Sie haben ein Vogelzimmer draus gemacht.« Das ist eine nette Idee, aber die Vögel scheißen überall hin. Sie fliegen frei herum, und der Fußboden ist versaut. Das gefällt mir nicht. Die ganze Zeit plaudern sie über Vögel, während ich warte, um zu erfahren, ob ich die Prüfung bestanden habe. Ich bekomme keine Antwort. Ich wache auf.

Zweiter Traum: 18. April 1976 (Umzug des Klosters)

Ich kehre ins Kloster zurück. Die Postulantinnenmagistra, Schwester Anne, reicht mir den schwarzen Schleier einer Ordensnonne. Ich halte es für eine Prüfung, weil ich weiß, daß ich keinen schwarzen Schleier tragen darf. Ich durchstöbere ihre Kommode, die voll mit Gummischlangen, Schlangenskeletten und Schlangen in Formaldehyd ist.
Das Kloster befindet sich jetzt an einer belebten Kreuzung, an der gebaut wird. Wolkenkratzer. Ein Mann brüllt, dirigiert die Errichtung eines viele Stockwerke hohen Gerüsts. Schwester Anne gibt mir Wein zu trinken, und ich werde beschwipst. Ein Mann sagt etwas über das Umfüllen des Weins, wenn er trübe wird. Mein Glas ist trübe, und ich will es auskippen. Schon bittet mich Schwester Anne, einen neuen Orangenwein zu kosten. Ein glatzköpfiger Yogi kommt, um sich zu verabschieden. Er berührt meine Hand und segnet mich.

Dritter Traum: 5. August 1977 (Der rosa Gürtel)

Ich trete wieder ins Kloster ein. Ich erhalte die schwarze Postulantinnentracht, habe aber keinen Gürtel. Ich verspäte mich zur Andacht. Schließlich binde ich einen rosa Gürtel um, den ich mitgebracht habe. Das ist besser als nichts. Eine freundliche Postulantin lächelt und begleitet mich in die Kapelle. Die Novizinnenmagistra japst bei meinem Anblick, als wolle sie sagen: »O nein, muß ich mich schon wieder mit dir abgeben.« Mir wird klar, daß ich träume. Ich gehe zu ihr und flüstere: »Sie müssen sich nicht lange mit mir abgeben. Ich brauche nur drei Tage, um die nötigen Informationen zu bekommen.« Mir ist bewußt, daß ich hier bin, um die wahre Bedeutung meiner Klostererfahrung zu ergründen. Ich gehe im Schlafsaal zu Bett, kann es aber nicht ertragen, wieder hier im Kloster zu sein. Ich drehe mich im Schlaf von einer Seite zur anderen, und dieses Herumwälzen weckt mich auf.

Vierter Traum: 22. März 1980 (Vollkommen lächerlich)

Ich bin wieder None. Aber ich wünschte, ich wär's nicht, denn

Sex gefällt mir. Ich höre, daß ich nur eine Wochenendnonne bin, also beruhige ich mich. Ein Wochenende kann ich durchstehen. Wir tragen Schwarz. Weil ich lila Schuhe anhabe, sagt eine Nonne zu mir: »Du bist vollkommen lächerlich.« Ich lache los und hüpfe: »Ich bin VOLLKOMMEN! Ich bin VOLLKOMMEN LÄCHERLICH!« und zelebriere den kosmischen Tanz des Ganzen.

Fünfter Traum: 24. Mai 1980 (Verlassen des Klosters, um das Haus zu verkaufen.)

Ich bin Nonne und lebe in Chicago, wo ich zweiundzwanzig Jahre mit meiner Familie lebte. Mir wird klar, daß meine Eltern das Haus nicht verkaufen wollen, weil ich hier lebe. Ich beschließe, das Kloster zu verlassen, damit sie das Haus verkaufen können.

Sechster Traum: 24. Oktober 1980 (Ich muß das Kloster verlassen)

Ich bin Novizin und wische den Boden meines Platzes im Schlafsaal. Ich weiß, daß ich ganz leise sein muß, weil die anderen Schwestern schlafen. Ich denke: »Ich muß hier weg.« Aber ich will bleiben, bis der Winter vorbei ist. Ich glaube, daß ich im Frühling bessere Möglichkeiten habe. Ich fürchte mich davor, in der bitteren Kälte nach Chicago zurückzukehren und mir eine Arbeit zu suchen. Mir wird klar, daß ich nach Florida gehen kann. »Nein«, denke ich, »in Florida habe ich schon gelebt. Ich habe ja an der Florida State University meinen Doktor gemacht. Ich muß eine Psychologin finden, mit der ich zusammenarbeite, damit ich meine Lizenz bekommen kann.« Dann wird mir bewußt, wer ich heute bin.

Siebter Traum: 17. November 1980 (Mir bleibt nur noch ein Schleier)

Ich bin zu Hause in der Wohnung meiner Eltern, in der ich aufwuchs. Ich versuche, meinen ramponierten Schleier zu stecken. Mein übriges Habit ist zerschlissen, so daß ich normale Kleidung trage. ›Ich muß aufhören, Nonne zu sein‹, denke ich. ›Es ist ja wie in der Schule!‹ Ich bin ziemlich mit den Details beschäftigt, mit Nadeln, Kappe, Gummi, Haube, Schleier, und bemühe mich, es so hinzubasteln, daß die zerschlissenen Stellen nicht sichtbar sind. Ich wache auf und denke, wie komisch es doch ist, daß ich die Einzelheiten des Schleiers so lebhaft vor Augen habe.

Achter Traum: 28. November 1980 (Austrittsversuch)

Ich bin im Kloster und versuche, für den Austritt genug Geld zu sparen. Ich gehe durch verwirrende Gänge, die ich noch nie gesehen habe, zum Trakt der Klosternonnen hinüber, um ein heimliches Telefongespräch zu führen.

Neunter Traum: 16. Februar 1981 (Verlust meiner Kleider)

Ich bin Nonne und weiß, daß ich träume. Ich muß diese Sache klarkriegen, da ich die Trauminformation nutzen will, wenn ich aufwache. Ich gehe in meinem schwarzen Hausmantel durch den Schlafsaal und suche meine Kleidung. Alle anderen sind bei einer Versammlung. Ich kann nicht ohne meine Kleider fortgehen. Ich muß ruhig bleiben. Schwester Anne sagt, sie wird mir helfen, den Schleier aufzustecken. Mich wundert, daß alle Teile des Schleiers grau sind statt weiß. Aber die Hilfe der Schwester erleichtert mich sehr.

Zehnter Traum: 15. Dezember 1981 (Mach dir deine eigenen Gedanken)

Ich bin Klosternonne bei der Zeremonie ihres ersten Missionsauftrags. Es ist ein großartiger Abschied vom Mutterhaus. Ich knie vor einer Tür. Die Tür führt in eine Diele. Die Diele ist voller Blumen. Priester kommen und gehen. Sie spotten über einen jungen Priester, der hinausging und umgelegt wurde. Ihre Heuchelei ekelt mich an. Ich weiß, daß ich endlich aus der Tür gehen muß. Ich will nicht über Christus meditieren. Ich komme zu dem Schluß, daß Tugenden gute Meditationsthemen sind. Ich meditiere über Glauben, Hoffnung und Nächstenliebe.
Einige Nonnen geben mir eine Karte mit einem Rätsel: 3 2 –/ 2 3 – –. Ich löse das Rätsel mit Leichtigkeit. Die Lösung ist 3 2 1/2 3 2 1.

Ich entscheide, daß ich austreten und mir eigene Gedanken machen muß.

Deutungen und Schlußfolgerungen: Verschiedene Muster treten in diesen Traumfolgen zutage. Von der Postulantin zur Novizin, zur Klosternonne wächst meine persönliche Stärke, bis ich schließlich uneingeschränkt meinen Abschied nehme. Diese Steigerung zeigt außer einer wachsenden Stärke auch eine Abkehr von den Restriktionen patriarchaler Spiritualität zur eigenen feministischen Wahrnehmung des Selbst als spirituelles Wesen in der materiellen Welt.

In den ersten Träumen fühle ich mich in die Enge getrieben, konfus und habe Angst. In meinem ersten Traum als Postulantin, zum Beispiel, mache ich einen Schritt zur spirituellen Transformation. Indem ich den Fahrstuhl nach unten nehme und die U-Bahn, gehe ich tief in meine Psyche hinein und reise in den Untergrund meines Bewußtseins. Äußere Kräfte drängen mein Bewußtsein in den Fahrstuhl, damit es »befördert« wird. Sowohl die Novizinnenmagistra als auch die Mutter Oberin, Matriarchinnen des Noviziats, repräsentieren eine höhere spirituelle Autorität in meiner Psyche, gestalten mein Schicksal. Ein Götterbote fährt mich zu meiner Prüfung, die nachts stattfindet, weil ich hinsichtlich ihrer Bedeutung »im dunkeln« tappe. Meine gegenwärtige Sexualität wird von dem Lehrer »in Versuchung« geführt, einem Kollegen im wachen Leben, der mich sexuell belästigte und dann ein ungeheurer Feind wurde, als ich seine Anmache zurückwies. Obwohl er mich für eine Nutte hielt oder für sexuell zu haben, bin ich das nicht. Das neugestaltete Zimmer im Kloster ist meine erneuerte Spiritualität. Während die Mutter Oberin die Klosterspiritualität repräsentiert, stellt meine wirkliche Mutter meine intuitiven Elemente dar. Die Vogelscheiße bedeutet, daß freiwerdendes Bewußtsein nicht rein und klar umrissen ist, sondern ein chaotischer Prozeß.

In meinem zweiten Traum repräsentiert meine Postulantinnenmagistra, der ich mich verbunden fühlte, mein Selbst als eine entwickelte spirituelle Frau. Die Kommode mit Schlange zeigt an, daß ich mir die Geheimnisse höheren Bewußtseins bereits angeeignet habe. Kundalinische Energie wird als Schlange symbolisiert. Mit dem spirituellen Wein, dem Elixier der Götter, erfahre ich eine höhere Ebene. Die belebte Kreuzung und die Bauarbeiten am Wolkenkratzer deuten an, daß ich Materialien in ein psychisches Gewebe integriere, das in den Himmel reicht. Das Gerüst läßt darauf schließen, daß ich in meiner Entwicklung zum Teil auf meine alte klösterliche Spiritualitätsstruktur zurückgreife. Sie wird abgebaut und verworfen, sobald meine neue Struktur vollständig ist. Der trübe Wein patriarchaler Religion ist sauer geworden und muß weggekippt werden. Der Abschied des Yogi ist die Erkenntnis männlicher Macht, daß er mich nichts mehr lehren kann. Jetzt bin ich die Erbauerin und Lehrerin.

In einigen Träumen, wie auch im wachen Leben in dieser Zeit, sehe ich, daß ich als seltsam, befremdlich oder schwierig betrachtet werde. Ich fühle mich mißverstanden und allein. Im dritten Traum brandmarkt mich mein rosa Gürtel als Nonkonformistin unter den Postulantinnen. Doch integriert meine dreitägige Rückkehr zum Klosterbegräbnis, nachdem ich mich in die symbolische Wiedergeburt der wachen Realität begebe, mein Bewußtsein. Östliche Philosophien betonen, daß wir alle träumen, wenn wir unser waches Leben zu führen glauben, und daß Bewußtwerdung ein »Aufwachen« aus unserem Zustand chronischen Schlafwandels bedeutet. Aus einem Traum, daß ich schlafe, erwache ich in die Realität. Mit einem großen Gefühl von Vollendung und Macht schlage ich die Augen auf.

Mein vierter Traum sagt mir, daß sexuelles Ausleben mit meinem spirituellen Leben vereinbar ist, daß ich aber mit zölibatären Phasen ebenso zufrieden bin. Mein »Ver-Stehen« (Schuhe) wird durch die Farbe lila verdeutlicht, eine Farbe spiritueller Transformation. Mein Wissen, daß ich VOLLKOMMEN bin, erhebt und freut mich.

Indem ich mich entfalte, treffe ich die rationale und vertrauensvolle Entscheidung, das Kloster zu verlassen. Dies ist ein bedeutender Schritt zur Lösung des psychischen Gespaltenseins, das ich beim Ausschluß aus dem Noviziat erlebte. Im fünften und siebten erkenne ich, welche Teile meines moralischen Gewissens ich von meinen Eltern habe und welche Überbleibsel (der zerschlissene Schleier) die Klosterspiritualität sind. Ich erschaffe die Umstände meines Wachstums, statt andere zu brauchen, die mich zum Austritt treiben, wie es in Wahrheit geschehen ist. Als ich von der Opferrolle wegkam und zur bewußt Handelnden wurde, wuchs mein Gefühl individueller Macht innerhalb der Klostermauern.

Im ersten Traum wählte ich die optimale Zeit zum Austritt. Ich beschloß, den Winter über dazubleiben, um mich zu vergraben und zu sammeln. Der Traum integriert mein Bedürfnis, das Kloster zu verlassen, in mein gegenwärtiges Bestreben, meine Lizenz zu bekommen, damit ich als Psychologin arbeiten kann, und schließt auf eine hervorragende Verwirklichung dessen, was ich bin.

In meinem achten Traum nehme ich mein Schicksal in die eigenen Hände und spare Geld, mein spirituelles Legat vom Kloster, um den Übergang zu erleichtern. Das Telefongespräch ist geheim, weil ich mein innerstes Selbst schützen und die verwirrenden Gänge meines unbewußten Geistes weiter erforschen muß. Ich denke an Berufe und treffe Entscheidungen über den nächsten Schritt.

Schließlich durchlaufe ich den Prozeß, die patriarchale spirituelle Struktur zu verlassen, und ich erschaffe eine ursprüngliche feministische Spiritualität. Das Verlassen des Klosters, um in der Welt zu arbeiten, ist ein freudiges Ereignis: Die Tür ist offen, und der Weg empfängt mich mit Blumen. Ich lehne die Heuchelei der Priester und die patriarchale Spiritualität ab. Durch meine Entscheidung, über Tugenden zu meditieren, die alle Religionen transzendieren, statt über männliche Vorstellungen, lasse ich Schuldgefühle, Regeln der Lebensweise, sexuelle Restriktionen und Hilflosigkeit hinter mir. Die Lösung des Rätsels repräsentiert meine logische Analyse der Vergangenheit. Ich mache mir meine eigenen Gedanken und entwickle eine Lebensweise, die auf eigener Moral, Courage und Stärke basiert.

Ich bin Psychologieprofessorin an der California State University, Sacramento, und habe eine Privatpraxis als klinische Psychologin. Ich lebe zurückgezogen mit meiner Geliebten, drei Hunden, drei Katzen und zwei Wellensittichen. Mit Hilfe von Amazonen baue ich ein Haus in einer abgelegenen Gegend der Sierra Nevada als spirituelle Rückzugstätte.

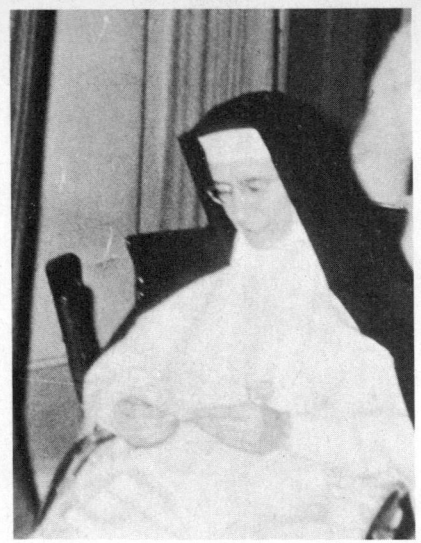

Sr. Mary Teresa, 1957

Hannah Blue Heron, 1981

Mystizismus: Liebe oder Leid?

Hannah Blue Heron
(1950—1967)

In meiner Kindheit waren die Kirchen der christlichen Wissenschaft sehr asketisch. Sie ähnelten griechischen Tempeln. An der
Stirnseite stand ein schlichtes Pult, gerade groß genug für den
Bibelleser und den Leser von *Science and Health* von Mary Baker
Eddy. Die amerikanische Flagge und die der Kirche waren zu
beiden Seiten postiert, an denen sich große Körbe mit Schnitt-
blumen befanden. An der Wand waren Stühle; in einfacher
Goldfarbe stand dort die Botschaft: GOTT IST LIEBE. Das war
alles. Ich kannte diese Worte, lange bevor ich in die Schule kam
oder lesen lernte.

In der Sonntagsschule lehrte man uns in sehr jungen Jahren, daß
Gott allwissend, allmächtig und allgegenwärtig ist. Die letzte
dieser Eigenschaften sowie die Botschaft der Liebe fesselten
meine Phantasie und durchdrangen meinen Geist. Ich weiß
noch, wie ich bäuchlings auf dem Brett der Schaukel in unserem
Garten lag und sang: »Gott ist Liebe, Gott ist ganz nah. Wie hoch
ich auch schaukle, Er ist schon da.« Ich schaukelte fester und
schwang höher und fühlte, wie Gottes Gegenwart mich durch-
drang. Dann ließ ich die »Katze sterben«, langsam, langsam, bis
ich mich nicht mehr rührte, noch immer euphorisch und in die
Gegenwart Seiner Liebe versunken.

Mit neunzehn, als ich zum Katholizismus übertrat, entdeckte ich
die durchdringende Gegenwart von Licht und Liebe in wunderbar konkreter Weise neu in der Heiligen Kommunion. Es kamen
mystische Momente, in denen ich fühlte, wie mein Innerstes in
Liebe versank, sich direkt mit jedem neben mir knieenden
Menschen verband, und spürte dann, wie diese Liebe sich aus-
breitete, um alle auf der Welt, das gesamte Universum einzube-
ziehen.

Als Nonne weihte ich jeden Morgen, wenn ich meine Gelübde

aufs neue ablegte, mein Leben dieser Gegenwart. Einmal wöchentlich mußte ich auch dem wissenden Urteil der Beichte gegenübertreten, aber ich ließ mich dadurch nicht von der erfreulicheren und für mich realeren Botschaft des neuen Lebens der Auferstehung abbringen, die durch die Taufe in mir keimte und wuchs und sich mit jedem Tag meines Lebens entwickelte.

Eine Person, die den spirituellen Weg in die Kirche sucht, wird *ad nauseam* davor gewarnt, sich infolge der Euphorie, die sie manchmal bei der Meditation oder Kommunion befällt, für heilig zu halten. Sie wird damit gedemütigt, sie verhielte sich wie ein Kind, das einen Bonbon braucht, um ihm den schmalen Pfad zu versüßen. Sogar als Postulantin bekommt sie diese Warnung zu hören, als fürchteten sie, daß sie die unverdiente Ekstase auch nur im geringsten genießen könnte. Nach ihrer Meinung kann niemand Mystikerin oder Heilige sein, ohne zuvor schwer zu leiden.

Im Lauf der Jahre entwickelte ich eine eigene Ansicht zu diesen euphorischen Erfahrungen. Erstens wußte ich im tiefsten Innern meiner Seele, daß sie der Euphorie glichen, die ich beim Liebemachen mit meiner ersten Geliebten erlebt hatte, der Frau, die mich zur katholischen Kirche brachte. Zweitens wußte ich, daß diese Erfahrungen meinem Geist die Befähigung zur Liebe und zum Geliebtwerden erschlossen hatten, die ich sonst nicht gehabt hätte. Drittens: Wenn Euphorie nicht die Heiligkeit war, war sie für mich eine effektive Möglichkeit, mich meinem Bräutigam, Jesus, nahe zu fühlen und die Energie zu bekommen, stundenlang für IHN zu arbeiten. Das beseitigte nicht das Leiden aus meinem Leben, falls das Leiden tatsächlich das Geheimnis zur Heiligkeit war. Indem ich also der praktischen Veranlagung der heiligen Teresa folgte, begann ich wieder in der Weise zu meditieren, daß ich die euphorische Freude verspürte, die ich als Kind empfunden hatte und als Erwachsene hegte.

1967 verließ ich den Orden zum Guten Hirten, um mich der Bewußtwerdung meines Lesbischseins zu widmen und es in mein Leben zu integrieren. Heute lebe ich im Süden von Oregon. Ich komponiere eine musikalische Fantasie: From the Other Side of

Madness *und arbeite an einer Autobiographie;* Self Portraits in the Nude. *Mein Beitrag ist ein Auszug aus:* That Strange Intimacy, 1983.

Sr. Mary Theresa, 1970

Joyce, 1983

Kein Arm in Arm
mit einer Frau im Mondschein

Joyce
(1967–1972)

Ein Chaos verknäuelter Fäden, hier und da versponnen, führt mich an den heutigen Punkt. 1966 trat ich zum Katholizismus über und ging anderthalb Jahre später ins Kloster mit der Absicht, mein neugesponnenes Verständnis von Spiritualität und Lebenssinn in einem orthodoxen religiösen Bezugsrahmen zu weben. Heute, als Lesbe und Hexe, frage ich mich, ob mein Eintritt ins Franziskanerinnennoviziat vor vielen Jahren eine fehlgeleitete Kehrtwendung war oder ein notwendiger persönlicher Zugang zu meinem wachsenden spirituellen Bewußtsein.

Das Anlegen klösterlicher Tracht charakterisierte einen Übergang von einem Leben unter patriarchaler Kontrolle zu meiner Vorstellung von gynozentrischer Realität. In *Kirche, Frau und Sexus* sagt Mary Daly: Die Nonne sei stets das Bild der alten und neuen Frau gewesen ... verwickelt ins Drama des Übergangs von der Ära, die in der Neuzeit endet. Das klösterliche Leben initiierte meinen Ritus des Übergangs von der alten zur neuen Frau.

Katholischen Nonnen bietet sich keine Wahl außer der Unterordnung unter ein männliches Prinzip: Werde das Eigentum eines Mannes in der Ehe oder werde eine Braut Christi. Aufopfernde, jungfräuliche Braut Christi zu sein negierte physisches wie spirituelles Sein. Das höchste Ziel war die Vereinigung mit dem himmlischen Anderen, einer Art heiliger Bund. Mein embryonenhaftes Frauenbewußtsein schreckte vor dieser Option zurück, so wie ich vor der körperlichen Vereinigung in der Ehe zurückschreckte. Wie könnte Bindung spirituelle Freiheit und Entwicklung bringen?

Als ich ins Kloster ging, befanden sich Ordengemeinschaften im Umbruch. Während Nonnen sich um eine radikale Veränderung ihrer Vorstellungen, Lebensweise und Beziehungen bemühten, die dem Willen entsprang, sich mit Widersprüchen und Verworrenheiten offen auseinanderzusetzen, klebte die Hierarchie verbissen an der Sicherheit alter Wege.

Nach fast viereinhalb Jahren bei den Franziskanerinnen schloß ich mich einer kleinen Gruppe »Radikaler« an. Heute kommt mir die Bezeichnung etwas deplaziert vor. Sie waren die ersten, die ihren Frauennamen zurückforderten, jene, die einander Freundin und Schwester nannten, jene, die nach und nach die Tyrannei der Kirche in Frage stellten. Begeistert, hoffnungsvoll, ein knapp einundzwanzigjähriges naives »Mädel«, gehörte ich zu dieser radikalen Gruppe. Vielleicht wagte ich mich aufgrund meiner Naivität an Antworten auf die Fragen heran, die wir unseren Vorgesetzten nicht stellen durften.

In unserem Kampf gelangte ich zu einer neuen Wertschätzung meiner selbst, meiner Schwestern und der potentiellen, kreativen Macht der Frauenverbündung. Ich wurde eine emotionale Lesbe, ohne es zu wissen, schlüpfte so leicht dort hinein wie in ein maßgeschneidertes Kleidungsstück. Ich erschuf Rituale zur Feier meiner neuen Visionen. Natürlich rannte ich mir an den Barrieren des klösterlichen Systems den Kopf ein, sie sollten mich von meinen Schwestern mit Frauennamen und von mir selbst trennen.

Veränderung muß schrittweise und basisbezogen erfolgen, sagten sie. Neue Ideen müssen sanktioniert und traditionellen (männlichen) Werten wieder angepaßt werden. Liebe zwischen Schwestern, so warnten sie, wird immer als spezielle Freundschaft und schändlich bezeichnet werden. Selbstäußerung muß diszipliniert und auf das männliche Prinzip, auf Christus und Menschheit gerichtet werden, um der Sünde zu entgehen. Es wird keine Geistesregung geben, die nicht von der Kirche bemerkt wird, keinen Freudentanz, kein Arm in Arm im Mondschein. Dieser Ruch von heidnischen Ritualen!

Jahre später blicke ich zurück und erkenne ihre Ängste. Bei unserem Marsch durch die Felder des Umbruchs hatten wir Radikale eine Frontlinie erreicht: einen unbekannten Raum mit unbekannten Grenzen. Der neue Raum war machtvoll, denn er entsprang den Wurzeln kreativer Energien von Frauen: mysteriös, bedrohlich, verschüttet und die Freisetzung so lange verhindert. Jene von uns, die die Frontlinie überschritten, wurden als für das klösterliche Leben untauglich eingestuft und schließlich von den Reihen der Bräute Christi geschieden. Aber unser verwandelter Geist konnte jetzt tanzen und brüllen lernen im Rhythmus der Energie, die Fesseln abwirft und sich in Zeit und Raum ewig selbst erneuert.

Ich bin im Wassermann 1948 in Louisiana geboren. 1966 konvertierte ich zum Katholizismus und war über vier Jahre Franziskanerinnennonne. 1980 kam ich zur matriarchalen Spiritualität. Ich promovierte in Psychologie an der Florida State University. Von Beruf bin ich Psychologin.

Klösterliche Werte und lesbische Ethik

Gespräch mit Janice Raymond und Patricia Hynes
(1960–1972 und 1965–1970)

(Im Oktober 1983 machte Rosemary Curb ein Interview mit Pat und Jan in ihrem selbstentworfenen und -gebauten Haus in Montague, Massachusetts. Jan, die unter anderem *The Transsexual Empire* und *A Passion for Friends* veröffentlichte, lehrt Frauenstudien an der University of Massachusetts in Amherst. Pat, die 1974 das Restaurant »Bread and Roses« in Cambridge gründete, ist Umweltingenieurin und überwacht die Entsorgung gefährlicher Mülldeponien für die »Environmental Protection Agency«.)

Rosemary: Viele unserer Freundinnen, die nicht im Kloster waren, stellen sich vor, daß das Leben im Kloster eine negative Erfahrung war. Denken wir in Begriffen wie der Macht der Kirche über uns, so war es natürlich unterdrückend; aber irgendwie entzog sich diese autonome Frauengemeinschaft direkter männlicher Herrschaft. Wie steht's nun mit den positiven Aspekten eines Lebens im Kloster?

Pat: Immer wenn Jan und ich über unsere Gefühle als Halbwüchsige gegenüber Nonnen gesprochen haben, erklärten eine Menge Frauen, daß sie schreckliche Erfahrungen damit hatten. Sie fanden Nonnen fad, gleichgültig und lieblos. Das wundert mich, weil ich als Kind eine unglaublich positive Erfahrung mit Nonnen gemacht habe. Deshalb wurde ich ja eine. Es war die Zuneigung zu den erwachsenen Frauen, die anders waren als die anderen Erwachsenen um mich her. Alleinstehenden berufstätigen Frauen in meinem Bekanntenkreis mangelte es an Freundschaft und einem familiären Gefühl zu anderen Frauen, wie es die Nonnen hatten. Und deshalb mochte ich nicht nur bestimmte Nonnen, die mich in der Grundschule unterrichteten, sondern liebte es – und das hat Jan auch gesagt –, in der Umgebung des Klosters zu sein, die Interaktion der Nonnen zu beobachten. Ich spürte, wie sie von einander angetan waren, und sah, wie alles in ihrem Leben zusammenpaßte. Im Kloster hatten alle eine Aufgabe – im Gegensatz zu meinem Zuhause, wo die Mädchen die Hausarbeit verrichteten und die Jungen sich amüsieren durften. Ich sah die Gleichheit der Arbeitsteilung. Es gab keine Rollen oder Privilegien, wie sie mein Vater oder die Brüder zu Hause hatten.

Rosemary: Du hast einmal gesagt, die Erfahrung des Lebens in der Gemeinschaft von Schwestern war so wunderbar, daß du sie dir seitdem immer zurückholen wolltest.

Pat: Ja, ich glaube, viele von uns Exnonnen hatten einige der besten Erfahrungen im Noviziat. Als wir dann Novizinnen waren, hatten wir uns den Bestimmungen des Klosterlebens angepaßt. Wir lebten mit Frauen, die die gleiche Zuneigung zu anderen Frauen empfanden, einen gemeinsamen Sinn für Idealismus und eine enorme Menge guten Willens, hoher Erwartungen und erotischer Energie. Diese Jahre gehören zu den glücklichsten und fröhlichsten, auf die ich zurückblicken kann.

Jan: Ich kam aus einer Familie mit vielen Jungen, und anfangs lockte mich die Erfahrung der Schwesternschaft zu einem Klosterleben. Ich ging in eine Mädchenschule, aber die Erfahrung der Freundschaft war im Kloster ganz anders.

Pat: Gleich nach meinem Austritt aus dem Kloster engagierte ich mich in der Frauenbewegung. Als ich vor neun Jahren »Bread and Roses« gründete, eine Frauenkneipe und ein Kulturzentrum, versuchte ich, den Gemeinschaftssinn wiederherzustellen, den ich im Noviziat erfahren hatte. Der Geist von »Bread and Roses« ähnelte dem im Noviziat. Es gab eine Menge Arbeit zu tun, und sie wurde gleichmäßig unter den Frauen verteilt. Es war eine Zeit idealistischer Hochblüte im Feminismus – eines tiefempfundenen Reizes, eine Gemeinschaft zu schaffen. Das war es, was ich am Kloster am meisten liebte und am besten in Erinnerung hatte.

Heute habe ich eine abgeklärtere und erwachsenere Sehnsucht nach einer Frauengemeinschaft und nehme nicht an, daß ich noch einmal in einer derartig physischen Gemeinschaft lebe wie früher. Ich versuche, dieses Gefühl der Frauen FÜREINANDER wiedererstehen zu lassen, Frauen als das Primäre, als etwas, das über den eigenen Freundinnenkreis hinausgeht, wie es in einer klösterlichen Gemeinschaft der Fall ist. Selbst bei Frauen, die ich nicht kannte, spürte ich unsere gemeinsamen Ziele und unser gemeinsames Leben. Ich verschrieb mich einer Sache, die größer war als wir alle. Es schien, als verspreche der Feminismus diese Dinge, und ich hoffe weiterhin, daß sie geschehen werden. Allerdings ist mir klargeworden, daß sie nur geschehen werden, wenn wir sie erschaffen. Anfangs hoffte ich, der Feminismus brächte die Schwesternschaft hervor. Ich wäre ein Teil davon, aber es würde geschehen, weil es so unvermeidlich war. Heutzutage fühle ich mich viel mehr dafür verantwortlich, mich selbst darum zu kümmern, daß es geschieht.

Rosemary: Bei der Arbeit an diesem Buch habe ich an jene liebevolle Klostergemeinschaft zurückgedacht, die der Feminismus zu versprechen schien, aber nicht bieten konnte. Hat das irgend etwas mit dem Dogmatismus zu tun, dem Unterbau des klösterlichen Lebens?

Jan: Ich glaube, daß die Verwirklichung klösterlicher Gemeinschaft eine Menge mit einem gewissen Gefühl für grundlegende Grenzen und Anerkennung der Regeln zu tun hat, die Respekt und Fürsorge bestärken helfen. Der Mangel am Klosterleben resultierte für viele Frauen aus den Grenzen und Regeln, die zu restriktiv und dogmatisch wurden.

Pat: Das Kloster bot die Struktur der Gemeinschaft. Die mußte nicht erst erschaffen oder erhalten werden. Die Gemeinschaft war finanziell abgesichert. Ausbildung war garantiert, zumindest in meiner Gemeinschaft. Du hattest eine Arbeit. Du hattest einen Platz, wo du begraben wurdest. Du hattest ältere Frauen als Ratgeberinnen. Du mußtest nicht erst alles erfinden, wenn du loslegtest. Viele der ersten feministischen Institutionen, Frauenzentren und Projekte waren von kurzer Dauer, weil es keine schützenden Organisationsprinzipien gab. Meinungsverschiedenheiten eskalierten oft in Spaltungen, die viele damalige Ansätze zur Schaffung feministischer Institutionen zunichte machten.

Jan: Meinungsverschiedenheiten gab es in Klöstern auch, doch schoben die genannten Strukturen den Spaltungen einen Riegel vor.

Rosemary: Die Anerkennung der Grundregeln im klösterlichen Leben machte es der Gemeinschaft sehr viel leichter, zu existieren. Wie steht es nun um unsere tiefsten gemeinsamen Erfahrungen im Kloster? Warum sind wir eingetreten? Was fanden wir dort so Wunderbares? Inwiefern existiert dieses gemeinsame Band noch heute in unserem Leben als Lesben, die nicht in einer physischen Gemeinschaft leben und doch das Gefühl einer breiten Gemeinschaft haben – der internationalen Lesbengemeinschaft und der örtlichen Gemeinschaft, beispielsweise hier in eurem Tal?

Jan: Was als übertriebene Regel erschien, begünstigte gleichzeitig aufmerksame Kommunikationsmittel. Wir verrichteten schweigend Handarbeit, aber dabei fand eine Menge Kommunikation statt. Ich weiß noch, wie ich mit Frauen in einer Wäscherei war und tiefe, bedeutungsvolle Blicke wechselte. Ich wußte, was diese Blicke besagten. Das hat meinem Tag echten Auftrieb gegeben. Manchmal bestimmte das den Tag.

Pat: Ich erinnere mich, daß sich Frauen raffinierte Möglichkeiten der Kommunikation ausdachten. Jan und ich haben darüber gesprochen, daß wir eine gewisse Aufmerksamkeit unter Feministinnen vermissen. Im Kloster hatte ich einen Koffer voller kleiner Aufmerksamkeiten, die zärtlichsten Briefe und Gedichte. Und es lag nicht bloß daran, daß ich jung und verliebt war. Es scheint, als ob wir – unter Umständen, die als sehr schwierig und frustrierend betrachtet werden können – die verschiedensten Möglichkeiten entwickelten, aufeinander aufmerksam zu sein.

Jan: Ich habe darüber nachgedacht, weshalb das Verbot spezieller Freundschaften irgendwie nie zu funktionieren schien. Die Freundschaft hat immer überlebt. Ich erinnere mich noch an die Standardpredigt, die unsere Novizinnenmagistra hielt. Zwar kam ihr nie das Wort »lesbisch« über die Lippen, doch einmal sagte sie »homosexuell«. Sie sagte, daß Frauen in unserem Alter normalerweise Beziehungen zu Männern eingingen und daß wir uns vor Intimität untereinander hüten sollten, weil das unnormal sei. Mit solchen Predigten gegen spezielle Freundschaften wurden wir allerdings gleichzeitig darin bestärkt, spirituelle Freundschaften aufzubauen. So konnten wir ständig rationalisieren, daß eine spezielle Freundschaft eigentlich eine spirituelle war, weil wir ja mehr als erotische Gefühle investierten. Außerdem war noch ein Dritter anwesend – Gott.

Pat: Wir ließen ein Gefühl von Transzendenz in eine Beziehung einfließen. Sie hatte etwas Heiliges, etwas Sakrales. Ich wollte eine spezielle Freundschaft immer in einen spirituellen Bereich hinüberschieben, damit sie nicht so schlecht wäre und die Leidenschaft mich nicht überwältigte.

Jan: Das Negative an einer speziellen Freundschaft war das Bedürfnis, sie zu rechtfertigen. Das Positive war, daß sie eine Dimension an Bedeutung über sich selbst hinaus hatte.

Pat: Ich besuchte ein katholisches Frauencollege. Obwohl wir zusammen in einem Zimmer schliefen, gab es unausgesprochene Verbote gegen Lesbianismus. Die Freundschaften waren zwar sehr herzlich und fürsorglich, doch waren sie nicht mit denen zu vergleichen, die ich im Kloster hatte. Selbst für Frauen, die mich nicht reizten, empfand ich viel tiefere Gefühle. Die Tiefe der Gefühle, die Frauen einander offen im Kloster entgegenbrachten, schuf eine einzigartige Welt.

Jan: Eins der unglücklichsten Dinge, die passierten, als ich das Kloster verließ, war, daß ich den Kontakt zu vielen Frauen verlor, mit denen ich intensive Freundschaften hatte. Die meisten verließen das Kloster vor mir, und eine nach der anderen wurde hetero. Kaum daß sie draußen waren, verschwanden sie in der heterosexuellen Treffszene, und schließlich verheirateten sie sich und sind es noch immer. Eingedenk der Tatsache, daß Beziehungen zu Frauen hauptsächlich im Kloster, doch nicht in der Welt die Norm sind, versuchten sie vermutlich, sich zu normalisieren. Vielleicht hielten sie ihre intimen Klosterbeziehungen im Nachhinein für eine pubertäre Phase, die sie durchmachen mußten.

Rosemary: In welchen Jahren warst du im Kloster?

Jan: Ich war zwölf Jahre drin – von 1960 bis 1972.

Rosemary: Du bist gleich nach der Oberschule eingetreten?

Jan: Ja.

Rosemary: Und du, Pat, bist nach deinem Collegeabschluß eingetreten?

Pat: Na ja, ich war zweimal drin. Ich trat nach der Oberschule ein und dann noch einmal für fünf Jahre nach dem College von 1965 bis 1970. Ich glaube, daß Jans Übertritt von der Frauenwelt des Klosters zu einer frauenidentifizierten feministischen Welt sich von dem vieler Frauen scharf unterscheidet.

Jan: Drei überlappende Jahre war ich in beiden Welten.

Pat: Wie ich verließen viele Frauen das Kloster früher als Jan und hatten nicht den Zugang zu lesbischem und feministischem Denken, das sich beispielsweise an Universitäten fand. Ich ging von einem frauenzentrierten Leben in »die Welt«, als wäre das Kloster kein Teil dieser Welt. Ich wurde nicht in dauerhaften intensiven Beziehungen mit Frauen bestärkt. Ich weiß noch, daß ich mich schrecklich nach der Frauengemeinschaft sehnte, von der ich ja weg wollte. Ich spürte, daß es niemand begreifen würde, wenn ich diese Beziehung aufrechterhielt. Rückblickend wird mir klar, daß ich schon immer lesbisch war, zumindest in der Oberschule. Ich hatte langjährige Beziehungen zu Frauen in meiner Oberschul- und Collegezeit und danach im Kloster. Nach meinem Austritt machte ich meine ersten Erfahrungen mit Männern. Ich war äußerst neugierig auf Sexualität und warum sie so tabuisiert war. Als ich dahinterkam, daß ich eine Beziehung mit einem Mann nicht ertragen konnte, hatte ich viele – ich meine ein Dutzend. Ich versuchte es mit allen Arten und Typen vieler Rassen und Kontinente, alten, jungen, Agnostikern, Priestern, verheirateten Männern. Im nachhinein wird mir bewußt, daß ich zwölf oder fünfzehn Männer brauchte, die einer Frau das Wasser reichten. Ich begreife besser als Jan, was Exnonnen in Bars und Rendezvous und die baldige Ehe trieb. Heterosexualität war das einzig Normative. Verzweifelt versuchten wir, unsere Klostererfahrung auszulöschen und die Fremdheit der Welt abzuschwächen.

Jan: Rosemary, hast du gesagt, daß du verheiratet warst?

Rosemary: Ja, ich gehörte zu denen, die innerhalb eines Jahres nach Austritt heirateten. Obwohl ich in den letzten zwei Jahren im Kloster eine sexuelle Beziehung mit einer älteren Schwester hatte, kam mir nicht die Idee, daß ich außerhalb des Klosters Beziehungen mit Frauen haben könnte. Meine Leidenschaft für diese Frau, die ich da zurückließ und die sagte, sie sei zum Austritt zu alt, hatte nichts mit der kontrollierten Wärme zu tun, die ich für diesen Mann empfand, den ich heiratete. Ich redete mir ein, diese Gefühle seien anders, weil sie meine erste Geliebte war und das Kloster alles verherrlichte.

Pat: Vielleicht sogar alles vergeistigte.

Rosemary: Stimmt, und normale Leute heirateten eben und...

Jan: Du mußt halt erwachsen werden.

Rosemary: Genau.

Pat: Merktest du nach Verlassen des Klosters, wie peinlich dir angesichts der Welt die Intensität der Gefühle war, die du für eine andere Frau im Kloster empfunden hattest? Viele Frauen versuchten womöglich, sogar die Erinnerung daran in sich auszulöschen; sie verleugneten, ignorierten und vergaßen es. Ist es dir auch so ergangen?

Rosemary: O ja, ich radierte die Klosterjahre aus. Niemand sollte wissen, daß ich früher Nonne war. Ich fühlte mich extrem linkisch hinsichtlich meiner Kleidung, Frisur, Bewegung, Gesten. Ich fürchtete, daß jeder gesellschaftliche Schnitzer, den ich beging, meine Vergangenheit verriet. Ich ging gleich nach der Oberschule ins Kloster. Als ich mit fünfundzwanzig austrat, hielt ich mich für gesellschaftlich zurückgeblieben, weil ich noch immer die Manierismen und Erwartungen eines Schulmädchens hatte. Die engelhafte Naivität einer Nonne war auch irgendwie weniger reizvoll für eine Frau in den politisch aufgeheizten Sechzigern.

Jan: Ich ging jung ins Kloster und blieb dort zwölf Jahre, wenn ich auch in den letzten fünf Jahren nicht in der Gemeinschaft lebte. Während meiner Promotion Ende der sechziger Jahre befand ich mich mitten in den Campusaktivitäten. Es war der Anfang des Feminismus. Ich war an einer protestantischen Theologieakademie in Bosten mit Frauen zusammen, die die Verbindung von Feminismus und Religion problematisierten. Viele Frauen, die auf eine Ordination in protestantischen Glaubensgemeinschaften hinstudierten, hatten kein Interesse an institutionalisierter Religion, sondern an der sogenannten Spiritualität. Manche sprangen ab, weil ihr feministisches Bewußtsein sie zu der Einsicht trieb, in welchem Maß patriarchale religiöse Identifikation die feministische Spiritualität aufspaltet. Diese Freundschaften ermöglichten mir, meine Frauenidentifizierung und mein Verständnis von Spiritualität aufrechtzuerhalten. Ich war begeistert, mit Frauen weiterzugehen, die sich für spirituelle Themen interessierten.

Rosemary: Hast du die Kirche bald nach dem Kloster verlassen?

Jan: Ich verließ die Kirche noch vor dem Kloster. Das Problem war nicht das Verlassen der Kirche, sondern der Frauengemeinschaft. Ich hatte das Gefühl, als dürfte ich meine Freundinnen nicht verlassen, weil unsere Bindungen so stark waren.

Pat: Du wolltest sie mitziehen.

Jan: Sie wollten nicht. Manche sind noch heute da.

Pat: Als ich 1970 austrat, war ich anfangs verbittert und enttäuscht. Mir war, als wäre ein Traum zerbrochen, weil diese Institution so unbeugsam war, so unfähig, Raum für Frauen zu schaffen, die sich weiterentwickeln wollten. Ich war am Boden zerstört, als ich die Frauen verließ, mit denen ich den Rest meines Lebens zusammenleben wollte, und wütend auf jene, die die Macht hatten, das Leben zu ändern, es aber nicht wollten. So ging ich in die Welt zurück, und plötzlich wurde mir peinlich bewußt, wie beschränkt ich aussah und mich fühlte. Rückblickend sah ich meine Gemeinschaft als eine Gruppe naiver Frauen, weltfremd und unerfahren. Ich betrachtete Nonnen in ihrem Habit auf der Straße und fand, daß sie albern aussahen, und doch erinnerte ich mich, daß ich genauso aussah und mich gut fand. Als ich mich auf den Feminismus stürzte und mich zu meinem Lesbischsein bekannte, begann ich, die Klosterleidenschaft und das Gemeinschaftsgefühl mit Frauen neu zu kapieren. Vor kurzem habe ich mir die Institutionen und die Frauen noch einmal angesehen. Letzten Sommer fuhr ich wieder an den Ort, wo ich im Noviziat war, um einige bekannte Frauen zu besuchen. Manche von ihnen sind in der Hierarchie von der Postulantinnen- oder Novizinnenmagistra zur Schatzmeisterin oder Mutter Oberin aufgestiegen. Eine Frau, die im College Physik lehrte, ist heute siebzig und gibt immer noch vollen Unterricht. Sie leitet ein Planetarium. Nachdem ich mich stundenlang mit einigen unterhalten hatte, fuhr ich beeindruckt von diesen älteren Frauen ab, die heute Institutionen mit Tausenden von Frauen leiten, sich um die Finanzen kümmern, Entscheidungen zur Umstrukturierung und Neuorganisation treffen. Sie waren zutiefst an der Welt interessiert, in der ich mich bewege, und stellten unverblümte Fragen über Lesbianismus und Feminismus. Sie waren auf das spirituelle Potential des Feminismus neugierig. Als ich abfuhr, hatte ich das Gefühl, sie begriffen den kontinuierlichen Zusammenhang, in dem ich vorwärts ging, und sähen mein gegenwärtiges Leben nicht als radikale Abkehr vom Selbst, daß sie gekannt, oder der Spiritualität, die sie in mir wahrgenommen hatten. Ich empfand ein Gefühl von Integrität mit meiner Vergangenheit. Ich war glücklich, daß sie lesbischen Feminismus nicht als unvereinbar mit dem religiösen Leben betrachteten, wie es meine Familie und viele Katholiken tun. Ich kam dahinter, warum ich Nonne geworden war.

Rosemary: Was ist in deinem Leben an die Stelle von Gebet und Meditation oder Verständnis mystischer Transzendenz getreten?

Jan: Der Feminismus hat diesen Platz eingenommen. Ich brauche keine definierte Gebets- oder Meditationszeit mehr. Ich glaube, daß mir das Kloster im Grunde dazu verholfen hat, all meine Aktivitäten mit dieser spirituellen Dimension zu durchsetzen. Schließlich wurde das als klassische Gebetsweise definiert. So würde ich es nicht mehr bezeichnen. Ich würde es Reflexionsweise nennen. Ich ertappe mich beim Reflektieren, wenn ich lehre, oder auch, wenn ich jemandem in die Augen blicke. Ich habe gehört, wie Frauen sagten, daß sie bei einer speziellen Liturgie das Bedürfnis nach begrenzten Zeiten empfänden. Das Bedürfnis habe ich nicht, allerdings gibt es Dimensionen in meinem Leben, die sehr feierlich sind.

Rosemary: Wie feierst du?

Jan: Auf ganz unterschiedliche Weise. Wenn ich ein tolles Semester hatte, bin ich nachher mit meinen Studentinnen zusammengeblieben, und wir haben nur über Ideen geredet. Essen mit Freundinnen. Daß ich mich auf ganz besondere Weise lebendig fühle.

Rosemary: Ist es ein Bewußtsein, daß du außerhalb von Zeit und Raum existierst?

Jan: Es ist durch die Frauen um mich her bestimmt.

Rosemary: Also hat es eine Gemeinschaftsqualität.

Jan: Wir haben viele Freundinnen, mit denen wir bestimmte Tage feiern, zum Beispiel Sonnenwenden oder Geburtstage.

Rosemary: Feiert ihr Sonnenwenden mit irgendwelchen Ritualen?

Jan: Nein, das nicht. Wir treffen uns einfach und machen ein Fest.

Pat: Manchmal betrachten wir die Sterne durchs Teleskop. Bei der Sonnenwende möchte ich wissen, was genau in der Natur vorgeht, was es mit der Sonnenwende auf sich hat. Was ist mit deinem Verständnis von Spiritualität – in Ermangelung eines besseren Wortes?

Rosemary: Ich begreife meine Spiritualität als erdverbunden – ganz im Gegensatz zu den Kasteiungen des Fleisches, die ich im Kloster vollzog. Ich laufe nicht oft herum und umarme Bäume, aber dazu drängt es mich schon. Ich bin nie in einem Zirkel eingeführt worden, doch bezeichne ich mich gern als Hexe, weil das Wort ein so partriarchalisches Tabu beinhaltet, und ich fühle mich mit den Frauen solidarisch, die als Hexen verbrannt wurden. Ich war bei rituellen Zirkeln zur Feier der Sonnenwende, der Tagundnachtgleiche und des Vollmonds an der Pagode am Vilano Beach nördlich von St. Augustine, der spirituellen Heimat meiner lesbisch-separatistischen Schwestern. Morgana, die 1977 die Pagode schuf und eine enge Freundin ist, hat diese Rituale geleitet und mich das meiste von dem gelehrt, was zur täglichen Praxis der Zunft gehört. Ich habe auch von Starhawk und Z. Budapest geleiteten Zirkeln beigewohnt und ihre Bücher zur Erschaffung von Ritualen gelesen, die ich hinten in meinem Garten, in meinem Wohnzimmer und auf dem Rollin-Campus geleitet habe. Die Leitung ritueller Zirkel mit Frauen, die nie irgendeine heidnische Zeremonie abgehalten haben, gibt mir die Gelegenheit, meine Spiritualität zu verkünden und Selbsterfahrung zu machen. Ich hoffe, daß jede Frau, die an meinem Zirkel teilnimmt, begeistert und bestärkt daraus hervorgeht und die Lebenskraft spürt, die sie mit der Erde verbindet. Auch wenn wir Kräfte entwickeln und bündeln und spüren, wie unsere kollektiven Energien aufsteigen, möchte ich doch, daß wir uns sehr erdverbunden fühlen. Vielleicht ist Spiritualität nicht das rechte Wort.

Jan: Mir gefällt »religiös« noch immer. Es gibt ja verschiedene etymologische Bedeutungen, aber eine der besten ist »sich miteinander verbinden«. Ich glaube, genau das ist in meinem Leben mit feministischer Spiritualität passiert. Es hat eine Menge Dimensionen miteinander verbunden.

Rosemary: Wundert es dich nicht, wie viele an der Spitze der lesbisch-feministischen Bewegung ehemalige Nonnen sind? Glaubst du, daß die Klosterschulung uns alltägliche Sichtweisen eingab, um Verzettelung und Verwirrung mit (endlich) einer Neigung zu verbissenem Perfektionismus zu bannen? Ich bin noch immer davon besessen, keine Minute zu vergeuden, und ich bin nie zufrieden, daß ich genug getan habe. Wie ist das bei euch?

Pat: Ein paar Dinge, die ich aus dem Kloster übernommen habe, sind keine schlechten Qualitäten, sondern waren dort fehlgeleitet oder masochistisch. Zum Beispiel das Schuldkapitel. Im Kloster war das absurd, doch heute kann ich meine Fehler benennen, sagen, wenn ich etwas Falsches getan habe. Ich bin imstande, mich zu entschuldigen oder zuzugeben, daß ich mich geirrt habe, offen darüber zu sprechen und ohne Schuldgefühle zu empfinden. Das schätze ich an mir.

Jan: Ich habe viel über das gelernt, was Alice Walker »die Strenge der Besonnenheit« nennt. So haben mir beispielsweise Leute oft gesagt: »Wieso hast du vom ersten Augenblick an gewußt, daß sie ein Arschloch war?« Ich weiß nicht genau, wieso ich das wußte, es sei denn, daß ich eine Art der Besonnenheit entwickelte, weil ich soviel Zeit hatte, sie zu kultivieren, und sie wurde zwangsläufig im Innern bestärkt. Wir entwickelten eine Fähigkeit zu erkennen, wer ein Freund war und wer nicht. Manche Feministinnen nennen sie psychisch. Ich glaube, es war ein Erkenntnisvermögen. Ich will damit nicht sagen, daß ich immer richtig liege oder daß ich immer die Spreu vom Weizen trennen kann; aber meistens sind meine Erkenntnisse zutreffend.

Pat: Ein Verantwortungsgefühl für die eigene Bürde war ebenfalls im Kloster inbegriffen. Wenn du aßest, wurde erwartet, daß du hinter dir aufräumtest und bei der Essenzubereitung mithalfst. Die Teilung der Haushaltspflichten zwischen Jan und mir ist gerecht. Das war nicht schwer zu erreichen. Wir haben in unserer Freundschaft nie über Verantwortlichkeiten gestritten. Keine von uns hatte das Gefühl, sie übernähme mehr als die andere. Ich bin für diese Jahre der Einübung einiger meiner besten Fähigkeiten dankbar. Ich habe eine Begabung zur Freundschaft. Wie bei jedem Talent ist es so: Je mehr du es trainierst, desto besser wirst du. Was Freundschaften anbelangt, sind diese Jahre rückblickend die fünf besten meines Lebens gewesen.

Jan: Als ich Lillian Fadermans *Surpassing the Love of Men* las, stellte ich fest, daß die Gründe, warum romantische Freundschaften einander anzogen, auch in Klosterfreundschaften existierten. Wir waren eine Gemeinschaft von Gleichen. Wir waren in etwas Größerem als uns engagiert.

Pat: Viele Strukturen, obwohl sie rigide waren, offenbaren eine Weisheit, von der lesbische Feministinnen meines Erachtens profitieren könnten. Wir lebten zwar gemeinschaftlich, doch wurde ein Sinn für Privatheit bestärkt und unterstützt. Abends, wenn du in dein Zimmer gingst, obwohl du zugegebenermaßen gern jemand dagehabt hättest, war es gut, die Vorhänge zuziehen oder die Tür schließen zu können und deinen eigenen Raum zu haben. Du wurdest nicht gestört.

Rosemary: Die Silentium-Regel vermisse ich am meisten.

Pat: Ohne die hattest du keine Zeit zum Nachdenken, zum Lernen, dich zusammenzuraffen. Außerdem, obwohl das Gefühl vorherrschte, in deiner Klasse wären alle gleich und würden gleich behandelt, wurden Frauen, wenn sie älter wurden und ihre Zeit investiert hatten, von einem gewissen Arbeitspensum befreit, das immer den jüngeren Schwestern zufiel, die weniger Zeit investiert hatten. Durch die Arbeit verdientest du dir allmählich, ausspannen zu können. In der Frauenbewegung habe ich das Gefühl, daß wir diese Anerkennung nie finden können. Alle sollten ewig gleich sein. Können wir nicht zu Beraterinnen jüngerer Frauen aufsteigen? Die Nivellierung, die im Namen der Schwesterschaft oder der Abschaffung der Hierarchie stattfindet, läßt nicht zu, daß Frauen den Respekt oder die Anerkennung bekommen, die sie verdienen.

Jan: Oft habe ich das Gefühl, daß viele meiner Studentinnen im Ausdruck ihrer Individualität zurückhaltend sind. Im Namen irgendeiner amorphen feministischen Gleichheit soll niemand hervorstechen.

Pat: Im Kloster entwickelte sich eine subtile Alternative zu dieser Nivellierung. In derselben Nonnengemeinschaft konntest du einen gewissen Status erlangen, ohne hierarchisch zu sein.

Jan: Das Gute in meiner Gemeinschaft, vor allem im Noviziat, war die Verbindung von Hand- und Kopfarbeit. Ich meine damit nicht nur die Verrichtung häuslicher weiblicher Handarbeit. Wir lernten beispielsweise Tischlern, Arbeiten, die Frauen dazumals normalerweise nicht verrichtet haben. Maos Rezept für einen guten Bürger wurde in einigen Gemeinschaften ins Auge gefaßt. Ich weiß noch, daß ich täglich sowohl intensive Studienphasen wie intensive Handarbeitsphasen hatte. Der plötzliche Wechsel war schwer, doch auf die Dauer eine gute Kombination. Ich lernte, einen Hammer zu halten und Bauarbeiten zu verrichten, was ich sonst nie gelernt hätte. Darin lag eine Menge Weisheit.

Pat: Mich wundert, daß ich mich an keinen großen Neid erinnern kann, obwohl es wegen der Leistungen anderer Frauen Grund genug dafür gab. Alle in meiner Gemeinschaft, die einander nahestanden, waren stolz auf die Leistungen der anderen. Es gab Raum für viele Frauen, sich zu vervollkommnen, und das nicht auf Kosten anderer. Zwar hatte jede von uns ihre speziellen Freundinnen, doch hatten wir auch erotische oder fast erotische Gefühle für viele andere.

Rosemary: Wie können wir bei unserer Frage nach der lesbisch-feministischen Ethik unsere Leidenschaft für politische Korrektheit moderat halten? Wie können wir Neigungen zu rigider Orthodoxie widerstehen und unsere multikulturelle Vielfalt hochleben lassen? Wie können wir Werte aufstellen und Dogmatismus vermeiden?

Jan Wir wollen Werte definieren und sagen können, welche Form diese Werte annehmen sollen, ohne intolerant und dogmatisch zu sein.

Pat: Und doch haben wir das Gefühl, daß gewisse Werte richtig sind. Wir wollen Normen setzen, die nicht relativ sind, und gleichzeitig Rigidität vermeiden. Wir brauchen elastische Grenzen, an die wir uns halten, Grenzen, die sich erweitern können.

Glossar

Abtei: Gebäude oder rechteckige Anordnung von Gebäuden, die durch überdachte Gänge verbunden sind (Kreuzgänge) und die einen Innengarten umgeben; Sitz einer klösterlichen Gemeinschaft.

Abgeschieden lebende Nonnen: Frauen, die das Gelübde abgelegt haben und ihr ganzes Leben mit Beten und Arbeit hinter Klostermauern verbringen.

Abtötung der Sinne: Beschränkung des Einflusses der Sinne, um sich im Gebet zu sammeln, z. B. durch Senken des Blickes oder Falten der Hände unter dem Skapulier.

Anwesenheit Gottes: Das Unterbrechen der Arbeit für einen Augenblick, um zu beten oder sich zu sammeln; wird angekündigt durch: »Denkt daran, Schwestern, wir befinden uns in der Anwesenheit Gottes«, wenn Schwestern leichtfertig handeln.

Apostolat: Sendung, Auftrag, Funktion, auch Amt der Apostel; im modernen Katholizismus auch für Sendung der Kirche als ganzer, besonders für Aktivität der Laien, gebraucht.

Armut: Eines der drei Ordensgelübde, mit dem man den Besitz privaten Eigentums aufgibt.

Askese: Streng enthaltsame Lebensweise und Selbstüberwindung, um zu einem höheren geistigen Zustand zu gelangen.

Aspiranz: Vorklösterliche Übungszeit für Schülerinnen, bevor sie ins Noviziat eintreten.

Außenschwestern: Nicht abgeschieden lebende Nonnen, die das einfache Gelübde abgelegt haben, in einem Kloster leben und sich um die körperlichen Bedürfnisse eines Ordens kümmern; sie dienen als Bindeglied zur Außenwelt, indem sie die Tür öffnen, einkaufen gehen, etc.

Beichte: Nach gemeinchristlicher Auffassung ein persönliches Schuldbekenntnis, nach volkstümlichem, katholischem Sprachgebrauch das Bußsakrament.

Blinder Gehorsam: Ausführung aller Befehle eines Oberen, ohne diese in Frage zu stellen; wird von Ordensmitgliedern als eine Tugend oder die Erfüllung des Gelübdes angesehen.

Cingulum: Gürtel aus einer Schnur, Hanf oder Leder, der das Ordensgewand in der Taille zusammenhält.

Dispens: Schriftliche Erlaubnis des Papstes, vom Ordensgelübde entbunden zu werden.

Dogma: Kirchlicher Lehrsatz mit dem Anspruch unbedingter Gültigkeit, z. B. die Lehre, daß die Muttergottes nicht starb, sondern in den Himmel auffuhr.

Doktrin: Offizielle Lehre der katholischen Kirche.

Doxologie: Im christlichen Gottesdienst Lobpreisungsformel, z. B. die letzten Worte des Vaterunser.

Dunkle Nacht der Seele: Stadium des asketischen/mystischen Lebens, gekennzeichnet durch persönliche Trostlosigkeit oder Unfähigkeit zu beten, beschrieben in den Schriften der Teresa von Aquila und des Johannes vom Kreuz.

Einkleidungstag: Festlicher Tag, an dem die Postulantinnen ihre Ordensnamen und -trachten bekommen und förmlich in den Orden aufgenommen werden; wird als Hochzeitstag angesehen, weil die Nonne, die ein Hochzeitskleid trägt, »Braut Christi« wird, während der Chor singt: »Veni, sponsa Christi« (»Komm, Braut Christi«)

Eucharistie: siehe Heilige Kommunion

Exklaustration oder Exklaustrierung: Entbindung von Ordensleuten vom Leben in der klösterlichen Gemeinschaft; sie behalten bestimmte Rechte und Pflichten in ihrem Verband.

Fastenzeit: Bußezeit von Aschermittwoch bis Ostersamstag, zur Vorbereitung auf Ostern.

Ferialtage: Tage liturgischer Feier zur Erinnerung an Ereignisse im Leben Jesu, Marias und der Heiligen.

Flagellation: Asketischer Brauch zur Buße und Selbstdisziplin, kommt von der mittelalterlichen körperlichen Bestrafung eigensinniger Mönche her; wird in den meisten Orden nicht mehr angewandt.

Formation: Bezieht sich auf »Sisters Formation Movement«, das 1957 gegründet wurde, um die Ausbildung junger Nonnen durch die Integration spiritueller, geistiger, sozialer und apostolischer Entwicklung zu verbessern.

Frühmette: Erste von den kanonischen Stunden, ursprünglich »Vigil« genannt, die um Mitternacht zelebriert wurde oder in der ersten Hälfte der Nacht oder aber genau vor Morgendämmerung.

Gaben des Heiligen Geistes: Charakteristische Eigenschaften, die mit dem Zustand der Gnade einhergehen, z. B. Geduld und Freundlichkeit.

Gehorsam: Eines der drei Gelübde, die von Ordensmitgliedern abgelegt werden, daß sie die Normen und Konstitutionen der Gemeinschaft befolgen werden.

Geißel: Peitsche aus Leder, mit Riemen mit Metallenden, kleinen Ketten oder Schnüren aus geknotetem Seil; zum Flagellieren der nackten Schultern, Schenkel und des Gesäßes, als Mittel zur Buße; begleitet von Bußpsalmen; begann im 13. Jahrhundert, und wurde, in gemäßigter Form, noch bis vor kurzem angewendet.

Gelübde (öffentliches, ewiges, zeitliches): Versprechen, das Gott öffentlich gemacht und durch die Kirchenhierarchie sanktioniert wird; Versprechen zur Keuschheit, Armut und zum Gehorsam im klösterlichen Leben.

Gemeinde: Örtliche Kirche und Bezirk, dem sie dient.

Generalat: Amt, Amtszeit, Amtssitz einer Generaloberin eines katholischen Ordens oder einer Kongregation.

Generalkapitel: In katholischen Ordensgemeinschaften die Versammlung des Obern und der bevollmächtigten Mitglieder aus den Ordensprovinzen oder einzelner Klöster.

Generaloberin: Höchste Oberin einer Ordensgemeinschaft, häufig auch Generalsuperiorin genannt.

Gnade: Gabe oder Segnung, die Gottes Gunst anzeigt.

Gregorianischer Gesang: Einstimmiger, unbegleiteter Gesang mit lateinischen Texten für biblische Gebete, v. a. Psalme.

Guimpe: Gestärktes Tuch, das Hals und Schultern einer Nonne bedeckt; Nonnenschleier.

Habit: Charakteristische Tracht der Mitglieder von Orden, die zeigt, zu welcher Kongregation sie gehören.

Heilige Kommunion: Abendmahl in der katholischen Kirche; Sakrament der Eucharistie oder liturgische Feier, in der Brot und Wein geweiht und empfangen werden als Leib und Blut Christi, in Gedenken an das Letzte Abendmahl.

Heiligenbilder: Kleine farbige religiöse Bilder von Gott, der Gebenedeiten Jungfrau oder den Heiligen, manchmal mit Gebeten oder Bibelzitaten, die man an Ferialtagen den anderen Schwestern schenkt.

Heilige Regel: Frühe klösterliche Normen für das Klosterleben, niedergeschrieben von den Heiligen Benedikt, Augustinus, Dominikus und Franziskus.

Hierarchie: Bestimmung der Ränge im Orden, z. B. kann der Rang von der Zeit seit dem Eintritt in den Orden abhängen.

Hochamt: Offizielle öffentliche Andacht in der katholischen Kirche; besteht aus Psalmen, Kirchenliedern und Gebeten, die in Abschnitten rezitiert werden, die kanonische Stunden genannt werden, wie z. B. Frühmette, Laudes, Vesper und Komplet.

Hostie: Geweihtes, ungesäuertes Abendmahlsbrot in Form einer kleinen, runden Oblate, das Leib und Blut Christi *sein* soll und in Form von Brot auftritt; wird als Eucharistie in der Heiligen Kommunion empfangen und in der Monstranz zur besonderen Anbetung ausgestellt.

Inklination: Haltung der Ehrfurcht und der Unterordnung für Nonnen während der Gebete und Ordensübungen; mittlere Inklination: Verneigung des Oberkörpers senkrecht zum Boden; tiefe Inklination: Verneigung so tief wie möglich.

JMJ: Abkürzung für »Jesus, Maria, Joseph«, die oft oben auf eine Seite als Widmung geschrieben wird.

Kanonisches Recht: Katholisches Kirchenrecht, in dem die Normen festgelegt sind, die diese Kirche als Institution bestimmen; Verletzungen dieses Rechts ziehen Tadel und Exkommunizierung nach sich.

Kasteiungen: Private Bußübungen, um körperliche Begierden zu beherrschen und zu bestrafen, wie z. B. Wollust oder Völlerei; wird durch eine Superiorin oder den Beichtvater auferlegt oder von einer Schwester selbst gewählt; z. B. Fasten, Schlafen ohne Kissen oder im Sitzen, Tragen eines Metallgegenstandes oder eines Gurtes, um sich physischen Schmerz zuzufügen.

Katechismus: Kleines Lesebuch (oft in Frage und Antwort) für den Religionsunterricht.

Keuschheit: Eines der drei feierlichen Gelübde beim Eintritt in den Orden, vielfach genauso gedeutet wie das priesterliche Zölibat, um die Liebe nur zu Gott und den Mitschwestern innerhalb einer allgemeinen klösterlichen Gemeinschaft hinzulenken.

Kleines Marianisches Offizium: Abwandlung des Hochamtes.

Kloster: Abgeschlossener Teil eines Nonnenordens, den die Nonnen ohne Erlaubnis nicht verlassen und Außenstehende nicht betreten dürfen.

Komplet: Abend- und Schlußgebet des Stundengebetes der katholischen Kirche.

Kongregation: Ordensgemeinschaft, deren Mitglieder nur einfache Gelübde ablegen.

Konstitution: Statuten oder Satzung eines klösterlichen Verbandes.

Kreuzzeichen: Religiöse Geste, bei der man die Fingerspitzen der rechten Hand auf Stirn, Brust und rechte Schulter legt, um den Umriß des Kreuzes an seinem eigenen Körper nachzuzeichnen; wird bei Beginn und Schluß von Gebeten und Unterricht gemacht.

Liturgie: Bezeichnet eucharistischen Gottesdienst (Messe) und alle öffentlichen Feiern, Rituale und Gebete.

Magistra: Anrede für Schwestern, die mit der religiösen Ausbildung der jungen Schwestern betraut sind.

Maikrönung: Sitte in katholischen Schulen im Mai; Prozession, während der man Hymnen an Maria singt und eine ausgewählte Person eine Blumenkrone auf eine Statue der Maria als Königin des Himmels und der Erde setzt.

Marianische Andacht: Rituale, Gebete und Gottesdienst zu Ehren der Jungfrau Maria.

Mission: Auftrag, der einer Schwester gegeben wird, aber auch der Ort, an dem sie den Auftrag ausführen soll.

Mitgift: Auch dos, Aussteuer; Geld von der Familie einer Frau, wenn diese in einen Orden eintritt; sie bekommt es zurück, wenn sie ihn wieder verläßt, und es wird dem Orden geschenkt, wenn sie stirbt.

Monstranz: Goldenes Gefäß zum Tragen und Zeigen der geweihten Hostie.

Mutter: Anrede für die Ordensoberin.

Mystik: Form des religiösen Erlebens, bei der durch Versenkung schon im jetzigen Dasein die Vereinigung mit dem Göttlichen vollzogen wird.

Novene: Katholische Frömmigkeitszeit, bei der an neun aufeinanderfolgenden Tagen Fürbittandachten abgehalten werden; seit dem 17. Jahrhundert beliebte Einleitung von Festen und Lebensentscheidungen.

Novizin: Klosterfrau, die noch kein öffentliches Gelübde abgelegt hat, während ihrer Vorbereitungszeit.

Novizinnensemester: Gruppe von Frauen, die gleichzeitig in einen Orden eintreten und dort ihre religiöse Ausbildung erhalten.

Noviziat: Nach katholischem Kirchenrecht mindestens einjährige Vorbereitungszeit für Novizinnen; auch Bezeichnung für die Wohn- und Ausbildungsstätte.

Oratorium: Abgesonderter Klosterraum für Gebete, Studien oder Unterricht in religiösen Fragen.

Ordensbräuche: In manchen Gemeinschaften traditionelle Sitten wie z. B. nur einmal am Tag essen während der Fastenzeit oder Niederknien während des Singens bestimmter Psalme.

Particularexamen: Stilles nächtliches Ritual in den meisten Klöstern, bei dem man sich eine Reihe von Fragen stellt, um sein Gewissen auf Sünden und Verfehlungen zu erforschen, die man tagsüber begangen hat, z. B.: »Habe ich heute gelogen?«, »Habe ich meine Augen gesenkt gehalten?«

Pastoraldienst: Arbeit in der Kirchengemeinde, die von Priestern und Nonnen geleistet wird.

Postulat: Erste Phase (6 Monate bis ein Jahr) im Ordensleben, bevor man seinen Klosternamen und sein Habit bekommt; immer weniger praktiziert.

Priorin: Oberin eines selbständigen Klosters, das nicht Abtei ist.

Prostration, auch Proskynese: Niederstrecken und Berühren des Bodens mit der Stirn; Gestus der extremen Ehrerbietung und der Selbsterniedrigung.

Provinz: Geographischer Teil eines Ordens; wobei eine Anzahl von Klöstern der gleichen Superiorin unterstellt ist.

Refektorium: Speisesaal in Ordenshäusern.

Regelbuch (die Ordensregel, die Heilige Regel): siehe Konstitution

Sakristan: Küster, Mesner; kümmert sich um die Altargewänder und -gegenstände.

Sakristei: Nebenraum in der Kirche für den Geistlichen und die gottesdienstlichen Geräte.

Schleier (den Schleier nehmen): Kopfbedeckung, die die Heilige Jungfräulichkeit symbolisiert; ebenfalls Ausdruck, der den Akt bezeichnet, wenn eine Postulantin eingekleidet wird.

Schuldkapitel (culpa): Offizielle Ordensversammlung, bei der Schwestern öffentlich bekennen, wenn sie die Ordensregel oder die Konstitution verletzt haben (keine Sünden), Verfehlungen anderer erwähnen und eine Buße auferlegt bekommen, die sie tun müssen; wöchentlich abgehalten, manchmal auch weniger häufig, meistens freitags.

Seligpreisungen: Tugenden wie z. B. Demut und Friedfertigkeit, von Jesus in der Bergpredigt verherrlicht worden (Matt. 5: 3-12; Lukas 6: 20-26).

Silentium: Früher übliche klösterliche Praxis; Vermeiden von Gesprächen, außer zu bestimmten Zeiten und Orten, um zu beten; immer in der Kapelle, im Refektorium, im Schlafsaal und auf dem Friedhof; normales oder einfaches Silentium verbot unnötiges Sprechen während eines Arbeitstages; heiliges, geweihtes Silentium vom Nachtgebet bis nach dem Frühstück jeden Morgen verbot jegliches Sprechen.

Skapulier: Bis zu den Füßen reichender Überwurf über Brust und Rücken bei manchen Ordenstrachten.

Spezielle Freundschaft: Bezieht sich auf Freundschaften zwischen Schwestern, die andere ausschließen; wird als schädlich fürs Ordensleben angesehen und als Vorstufe zu einer lesbischen Beziehung.

Sponsorin: Schwester in einem Orden, die die ersten Kontakte zwischen einem Mädchen, das in den Orden eintreten will, und dem Orden ermöglicht.

Stigmata: Das plötzliche Auftreten der Leidensmale Jesu am Leib eines lebenden Menschen, besonders an Händen, Füßen und an der Seite, aber auch an Kopf, Schulter oder Rücken; wird als große Gnade göttlicher Gunst angesehen.

Suscipe: Gebet in der Messe, bedeutet »Empfange!«; es leitet den feierlichsten Abschnitt ein, während dem Brot und Wein zu Leib und Blut Christi werden.

Unfehlbarkeit: Doktrin, die besagt, daß der Papst immer die göttliche Wahrheit verkündet, wenn er vom Heiligen Stuhl aus spricht.

Urlaub: Zeitabschnitt, in dem man für einen besonderen Zweck nicht im Kloster ist.

Versammlung: Wird von den meisten Ordensgemeinschaften jährlich abgehalten, um Dinge zu diskutieren, die das Ordensleben betreffen.

Weihwasserbecken: Verzierter Behälter, z. B. ein Marmorblock, der Wasser enthält, das von einem Priester gesegnet wurde; beim Betreten der Kirche tauchen die Katholiken ihre Finger hinein und schlagen das Kreuz, indem sie Stirn, Brust und Schultern berühren.

Zelle: Name für den privaten oder Schlafraum einer Nonne oder eines Mönches.

Zölibat: Vorgeschriebene Ehelosigkeit und sexuelle Enthaltsamkeit der katholischen Geistlichen; Gelübde, das als ein Versprechen an Gott gedeutet wird.

George, Uwe
In den Wüsten dieser Erde
Ein packender Report über
die Geheimnisse der Wüste
und ein faszinierender
Bericht über die Entwick-
lungsgeschichte und das
zukünftige Schicksal
unseres Heimatplaneten.
432 S. mit Abb. [3714]

Knaur®
Ursula
Goldmann-Posch
**Tagebuch
einer
Depression**

Mit aktuellem Anhang

Goldmann-Posch, Ursula
Tagebuch einer Depression
Eindringlich und ehrlich
schildert Ursula Gold-
mann-Posch in ihrem
Buch die Hölle ihrer
Depression und ihre ver-
zweifelte Suche nach Hilfe.
Mit einem aktuellen
Anhang versehene Aus-
gabe! 192 S. [3890]

Graff, Paul
AIDS - Geißel unserer Zeit
700 000 Bundesbürger
dürften in 5 Jahren mit
dem Erreger infiziert sein.
Das Buch gibt mit solider
Kenntnis Auskunft über
die bisher verfügbaren
AIDS-Fakten.
176 S. [3815]

Johnson, Robert A.
Der Mann. Die Frau
Auf dem Weg zu ihrem
Selbst.
Aus der Analyse der Grals-
legende und des Mythos
von Amor und Psyche ent-
wickelt der Psychoanaly-
tiker Robert A. Johnson ein
neues Bild der weiblichen
und der männlichen
Psyche. 192 S. [3820]

Kneissler, Michael
Gebt der Liebe eine Chance
Liebe hat Menschen in die
Verzweiflung getrieben, zu
Ungeheuern gemacht,
ihnen alles Lebensglück
genommen. Dieses Buch
ist all jenen gewidmet, die
sich mit dieser Tatsache
nicht abfinden wollen und
für Veränderungen offen
sind. 256 S. [3823]

Bogen, Hans Joachim
**Knaurs Buch der modernen
Biologie**
Eine Einführung in die
Molekularbiologie.
280 S. mit 116 meist farbi-
gen Abb. [3279]

Hodgkinson, Liz
Sex ist nicht das Wichtigste
Anders lieben – anders
leben.
Die Illusionen der 60er
und 70er Jahre, ein unge-
hemmtes Sexualleben
werde die Menschen
befreien, haben sich nicht
bestätigt. Liebe kann nur
zwischen zwei Menschen
stattfinden, die sich
respektieren. Diese und
andere Thesen stellt Liz
Hodgkinson in ihrem
Buch auf und kommt zu
der Erkenntnis: Liebe
ist nur möglich im zölibatären Leben.
Ca. 176 S. [3886]

Kubelka, Susanna
Endlich über vierzig
Der reifen Frau gehört die
Welt.
Eine Frau tritt den Beweis
an, daß man sich vor dem
Älterwerden nicht zu
fürchten braucht. Ihre
amüsanten und ermun-
ternden Attacken auf
überholte Vorstellungen
garantieren anregende
Lektürestunden.
288 S. [3826]

Anders leben

Sheehy, Gail
Neue Wege wagen
Ungewöhnliche Lösungen
für gewöhnliche Krisen.
Gail Sheehy, Autorin des
Bestsellers »In der Mitte
des Lebens« zeichnet Por-
traits von Frauen und
Männern, die mit Mut und
Kraft einen neuen Anfang
gewagt haben.
640 S. [3734]

Kubelka, Susanna
Ich fange noch mal an
Glück und Erfolg in der
zweiten Karriere. Dieses
Buch ist für alle geschrieben, die nicht in Schablo-
nen denken und sich nicht
mit vorgegebenen Lebens-
formen begnügen wollen.
208 S. [7663]

Senger, Gerti
Was heißt schon frigid!
Intimsachen, die auch
jeder Mann kennen sollte.
Eine »Liebesschule« nicht
nur für Frauen.
208 S. [7681]
Gute Männer sind so!
Männern sowie Frauen
wird dieses mit einem
Schuß Humor geschrie-
bene Sachbuch, das auf
den Erkenntnissen neue-
ster Sexualwissenschaft
und angewandter Psycho-
logie beruht, helfen, sich
besser zu verstehen und
richtig zu behandeln.
208 S. [7680]
Sinnenfreude
Lebenslust
100 Regeln für eine neue
Sinnlichkeit.
Die bekannte Journalistin,
Buchautorin und Fernseh-
moderatorin hat in diesem
Buch hundert Regeln zur
Entfaltung einer neuen
Sinnlichkeit aufgestellt.
208 S. [7704]

Schönberger, Margit
Rettet uns den Mann!
Ein Leitfaden für Frauen,
die auf eigenen Füßen
stehen und dennoch in
Männerarmen liegen
wollen. 272 S. [7698]

Strömsdörfer, Lars
Ich such' mir einen Partner
Ein Ratgeber für alle, die
nicht immer Single sein
wollen. 128 S. [7702]

Turecki, Stanley /
Tonner, Leslie
Das lebhafte Kind –
fordernd und begabt
In diesem umfassenden
und auch für den Laien
verständlichen Buch
geben die Kinder- und
Familienpsychiater Turek-
ki/Tonner den Eltern ein
komplettes Programm an
die Hand, mit dessen Hilfe
sie ihr Kind besser ver-
stehen, lenken und seine
positiven Seiten verstär-
ken können. 320 S. [3859]

Rat & Tat